日语教育与日本学研究
——大学日语教育研究国际研讨会论文集（2019）

主编／刘晓芳　钱晓波

副主编／毛文伟　徐曙　杜勤　邹波

华东理工大学出版社
·上海·

图书在版编目(CIP)数据

日语教育与日本学研究:大学日语教育研究国际研讨会论文集.2019 / 刘晓芳,钱晓波主编.—上海:华东理工大学出版社,2020.5
 ISBN 978-7-5628-6168-3

Ⅰ.①日… Ⅱ.①刘… ②钱… Ⅲ.①日语-教学研究-高等学校-文集②日本-研究-文集 Ⅳ.①H369.3-53②K313.07-53

中国版本图书馆CIP数据核字(2020)第048309号

项目统筹 / 周璐蓉
责任编辑 / 周璐蓉 刘 溱
装帧设计 / 戚亮轩
出版发行 / 华东理工大学出版社有限公司
　　　　　　地　址:上海市梅陇路130号,200237
　　　　　　电　话:021-64250306
　　　　　　网　址:press.ecust.edu.cn
　　　　　　邮　箱:zongbianban@ecust.edu.cn
印　　刷 / 江苏凤凰数码印务有限公司
开　　本 / 787mm×1092mm 1/16
印　　张 / 24.5
字　　数 / 636千字
版　　次 / 2020年5月第1版
印　　次 / 2020年5月第1次
定　　价 / 498.00元

版权所有　侵权必究

绿阴更繁盛，玉竹长新枝
——第十一届大学日语教育与日本学国际研讨会记

在这春未尽、夏初临之际，同济大学外国语学院照例又迎来了一年一度的盛会。2019年5月10日至12日，由教育部高等学校外国语言文学类专业教学指导委员会日语专业教学教导分委员会、中国日语教学研究会上海分会主办，同济大学外国语学院日语系、新世界教育集团、华东理工大学出版社承办的"2019年大学日语教育与日本学研究国际研讨会"在同济大学外国语学院隆重举行。

今年是"大学日语教育与日本学研究国际研讨会"创办11周年，也是同济大学连续十年举办该类型研讨会。本次国际研讨会邀请教育部高等学校外国语言文学类专业教学指导委员会日语专业教学指导分委员会主任、天津外国语大学原校长修刚教授，中国日语教学研究会会长、吉林大学外国语学院院长周异夫教授围绕目前国内的日语教育现状、日语课程建设等问题，邀请日本放送协会加藤昌男先生、东京大学名誉教授井上健、名古屋大学教授杉村泰围绕日本文学、日语语言学等问题做了大会的基调演讲。

本次国际研讨会吸引了国内外近百所高校的170余位专家、日语研究者参会。其中包括北京大学、复旦大学、上海交通大学、上海外国语大学、北京外国语大学等国内知名院校，以及东京大学、京都大学、大阪大学、名古屋大学、北海道大学、早稻田大学等日本知名院校。专家们和日语研究者们就各自的研究课题进行了发表和讨论。

本次国际研讨会延续以往的传统，设立"研究生学术论坛"，分日语语言学、日本文学、日语教育、日本社会文化四个会场，邀请资深学者对研究生的研究成果进行点评、指导，并根据研究内容逐个打分。经过专家的严格评审，最终评选出了优秀论文奖。

本次国际研讨会不仅得到了同济大学科研管理部的鼎力支持，而且受到了外国语学院领导的热心关切。李立贵书记在研讨会的开幕式上致辞，吴赟院长对本次大会的成功召开表达了衷心的祝福。同时，外国语学院日语系的近60名志愿者也以优质的服务助力本次国际研讨会，给参会者们留下了深刻的印象。

自2009年开始举办的大学日语教育与日本学研究国际研讨会，已成为在同济大学发展成熟起来的学术品牌之一，成为国内日语界的标杆会议，受到了国内外日语研究者们的普遍认可和高度好评。所谓"十年磨一剑，今朝试锋芒"，本国际研讨会将从本届开始，在中日两国的专家、日语研究者的关怀与大力支持下，继往开来，迈向新的征程。我们希望，本国际研讨会作为全国乃至中日两国日语研究界的学术品牌，创造出更丰富更优秀的学术成果，让更多的研究者脱颖而出，飞向更辽阔的学术天地。

目　录

教育

活動理論による中国語学習への応用
　　—上海における日本人小中学生を対象として— ………………………………… 張曉蘭(1)
旧韓国学部編纂漢文教科書と日本 ……………………………………………… 張三妮(7)
媒介语在日语教育中的应用——基于外语教学法与跨文化交际教学的考察与实践 ……… 王琳(15)
明治「国定」前の修身教科書における儒学道徳観 ………………… 方光鋭　王健(22)
日语听说教学中基于雨课堂的移动学习模式探索 ………………… 于亮　韩兰灵　汤明昱(28)
日语专业研究生日本文化导论课程建设的几个问题 ……………………………… 张艳萍(36)
提高双专业复合型外语人才培养质量对策研究 ……………………………………… 王盟(40)
中国における簿記教育の発展現状及び日本語複合人材育成の取り組み ……… 徐学超(45)
中国における大人数クラス「日本語特訓班」の実態とその検討 ……………… 瀬口誠(50)
中国国内での実践を前提としたCLIL原理による授業案フレームワークの提案
　………………………………………………………………………………… 奥村久美子(57)

语言

「イヌ」メタファーの中日英比較 ………………………………………………… 于楊(63)
トピックの選択における文脈的関連性とラポール構築 ………………………… 季珂南(69)
動詞連体形のテンス・アスペクト形式に影響する要素について—連体修飾構造を中心に—…
　……………………………………………………………………………………… 張曄(76)
浅谈汉语无定NP主语句相关研究中的争议点 …………………………………… 白晓光(80)
日本語の「焼ける」「焼く」「焼かれる」の選択について ……………………… 杉村泰(88)
日本語の文章における読解方略の明示とスモールステップ化 ……………… 石津みなと(95)
日语授受表达中的服务与恩惠、受益 ……………………………………………… 陈文君(102)
日中対訳から見るデアッテモ構文の実証的研究 ………… 鄒善軍　趙秀雲　趙聖花(109)

语言经济原则在明治时期汉字译词中的体现 ……………………… 王健　方光锐(115)

職場における命令文型の依頼表現に関する研究—「てください」を例に— ……… 付瑶(120)

中国人日本語学習者の卒業論文における「なければならない」の使用実態についての調査
　—日本語母語話者との比較を通して— ………………………………… 李成愛(127)

中国語の「给」(gěi)の日本語訳について ……………………………… 石金花　李軒(134)

文学

川端康成「山の音」における結婚生活の構造 ……………………………… 何曉芳(141)

季语的结构 ………………………………………………………………… 田建国(148)

菅原孝標女の『源氏物語』享受 ……………………………………………… 胡秀敏(164)

日本文学におけるアダプテーション
　—歴史的背景と三島由紀夫・安部公房の先駆的実践— ……………… 木村陽子(170)

社会学の観点からマクロの文学を考察する
　—危機管理者としての作家について— ……………………………… 花村嘉英(179)

试论《刺杀骑士团长》中的暴力性及创伤疗愈 ……………………………… 许静华(188)

王維の詩篇と「語文」および「国語」教材をめぐる比較考察 ……………… 堀誠(195)

西安阿倍仲麻吕纪念碑的和歌译者 ………………………………………… 金中(201)

現代中日の文学観の相違の一考察—芥川龍之介「地獄変」をめぐって— ……… 張静(207)

社会、经济、文化

茶の湯における牧谿画の受容
　—四大茶会記を中心にその人気の変化を考察— …………………… 汪寒(213)

论日伪对浙江沦陷区的社会奴化宣传——以《嘉兴新报》为例 ……………… 洪优(219)

日本国における高齢者による起業の現状と課題 …………………………… 渡部順一(225)

中日の大学生活に対する中国人日本語学習者の意識分析 ……………… 穆紅　成芳芳(235)

翻译

日文翻译小说的文体计量考察——以《人到中年》的两个译本为例 …………… 梁鹏飞(241)

日汉多重复句构造差异及互译方法探索 …………………………………… 张秀梅(249)

研究生论文

「～のだ」的时态意义分析——以夏目漱石的『こころ』为例 ……………………… 曹银阁（254）
「デサエ」についての一考察 ……………………………………………… 刘胭脂（260）
オンラインにおける言語学習の継続とそれに関わる動機づけ要因
　——バーチャル環境で学ぶ日本語学習者に対する縦断的調査から—— …………… 陳静怡（266）
黄遵憲没後の遺産相続騒動
　——均分相続と共有家産の関係をめぐって—— ………………………………… 錢海英（276）
基于AHP-SWOT分析试论当代中国的中学日语教育——以杭州东方中学为例
　………………………………………………………………………… 潘呈　张文碧（282）
日语形容词「重い」的通感比喻研究 ……………………………………… 傅慧青（290）
基于语料库的林少华译者风格研究——以《且听风吟》《挪威的森林》《海边的卡夫卡》为例
　……………………………………………………………………………………… 于菲（297）
类型学视角下综合性语言的合成指数及融合指数分析 ………………… 陈雄洪（304）
日本动漫电影《你的名字。》中的文化渗入 ……………………………… 洪紫荆（311）
日本語学習者における叙法副詞の使用——日本語学習者コーパスI-JASの分析を通して——
　……………………………………………………………………………………… 胡娜（317）
日本語学習者のメールから見られる言語転移
　——断り場面における中日表現の相違を通して—— ………………………… 馬云霏（323）
日本語作文学習における学習者オンライン協働の効果と課題 ………… 余文龍（331）
「たけくらべ」における「他者」とその「視線」 ……………………… 郭婷（338）
無縁社会とSNSの流行—社会心理学から— ……………………………… 羅栄霞（344）
学習者ビリーフから見る学習観問題の一考察
　——学習者ビリーフと自己評価を中心に—— ………………………………… 張心悦（351）
与格標識としての「に」に関する分析—意味地図モデルに基づいて—
　………………………………………………………………………… 吴忆钏　刘琛琛（361）
二战后日本遭遇的贸易摩擦及其应对策略研究——以日美贸易摩擦为中心 ……… 马莉鑫（370）
中国語"超～"の文法化についての一考察 ……………………………… 查雁豪（376）

研究生学术论坛获奖情况

2019年大学日语教育与日本学研究国际研讨会研究生学术论坛获奖情况 …………（382）

活動理論による中国語学習への応用
—上海における日本人小中学生を対象として—*

上海海洋大学　張暁蘭

1　はじめに

　グローバル化の進展により、仕事や留学のために中国に来ている外国人が増えつつある。特に、家族を呼び寄せて中国で生活している日本人が少なくない。2018年、日本外務省領事局政策課の統計[①]によると、中国に長期滞在している日本人は12万人を超えており、日本国外に長期滞在している日本人統計のうち2位の多さとなる。中国に長期滞在している日本人に関する詳細なデータが見当たらないが、上海に住む日本人小中学生は高い割合を占めていると推測できる。それらの日本人小中学生は、中国に来る前の中国語学習経験が無い人が多く、中国語学習という課題に直面している。本研究では、活動理論を枠組みにして日本人小中学生と中国語教師間でどのような教室活動が構築されているのかを明らかにする。

2　活動理論とは

　活動理論（Activity leaning）はVygotskyの発達の最近接領域理論から発展した理論で、Engeström（1987）が提唱した「拡張による学習（leaning by expanding）」に基づいて構築されている理論である。活動理論は集団的な創造活動を解釈する理論であり、「道具」「主体」「対象」「ルール」「コミュニティ」「分業」「成果物」という概念から成り立っており活動理論のシステムは図1で表すことができる。

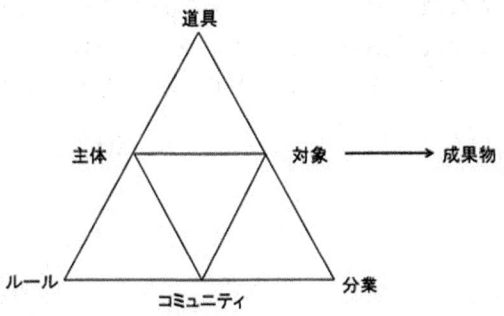

図1　活動理論のシステム（エンゲストローム 1999より作成）

---

* 本研究は2018年度上海市教育科学研究一般項目「在沪外籍学龄儿童的中文学习与异文化适应研究」（立項編号：C18067）の援助を受けて作成したものである。

活動理論は三つの世代を経てきた。エンゲストローム(1999)によると、第一の世代はVygotskyの理論を代表とする主体、媒介、対象という三角形モデルである。しかし、第一の世代では個人に焦点化されているという限界があり、第二の世代においてLeont'evがVygotskyのモデルを拡張し、「原始時代の集団狩猟」(Leont'ev 1981:210-213)を例に、個人的行為を集団的活動システムへ拡張した。そして、第三の世代では、Engeströmが個人と共同体の相互関係に焦点を当てて、「対話、多様なものの見方の枠組みや声、相互作用する活動システムのネットワークを理解できる概念的ツールを開発」(エンゲストローム 1999:4)した。Engeströmは活動の最小単位として図1を描き、活動の各要素が相互に作用しながら関係構築を行うと説明している。

上海に住んでいる日本人小中学生は中国語家庭教師による学習が多く、そこでは、小さな中国語教室がなり立てている。彼らの中国語学習に当てはめてみると、中国語教師の役割や中国語教室のリソースとして捉えられる「道具」があり、実践共同体である「コミュニティ」において、相互作用を通して「分業」し、「成果物」を作成していくプロセスとなる。このシステムの理論的思考におけるモデルの機能を考える際に、三つのステップ(図2-1から図2-4まで)がある。まず、第一のステップとして、対象の構成を図2-1のようにあげることができる。

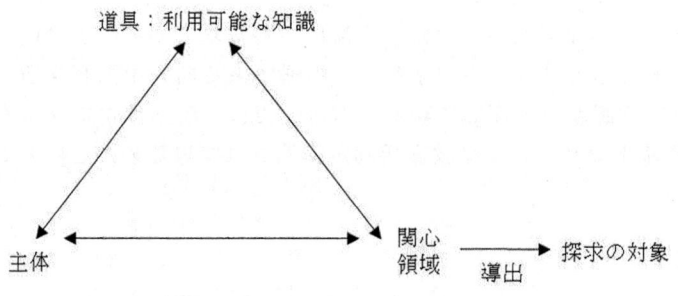

図2-1 対象の構成(エンゲストローム 1999:247)

図2-1で示しているように、主体が道具を利用し、関心領域から対象を生む。エンゲストロームはそれが暗黙のうちに行われると指摘している。理論構成の第二のステップは抽象化したものを具体化する段階で、図2-2の「モデルの構成」で表すことができる。図2-2で示した理論的モデルは、まだ完全な理論ではなく、理論を発展させるための道具と考える。つまり、主体はモデルを通して理論構築をするのである。その場合、「道具」をアナロジー、想像、演技、実験と細分化し、また、探求の対象からモデルを導出する。

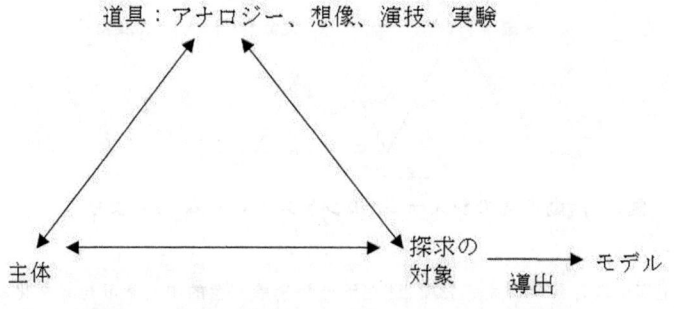

図2-2 モデルの構成(エンゲストローム 1999:248)

さらに、理論構築の第三のステップにいくと、図2-3の「具体への上向」が出てくる。理論では「モデルとモデルが表すものとの関係の、能動的で絶えず発展していく関係」(エングストローム 1999:248)であると指摘されている。

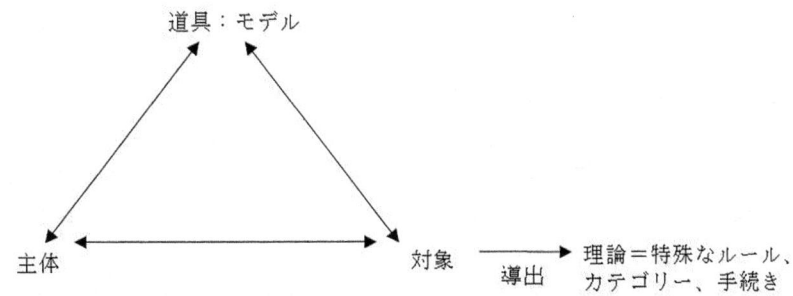

図2-3　具体への上向(エングストローム 1999:249)

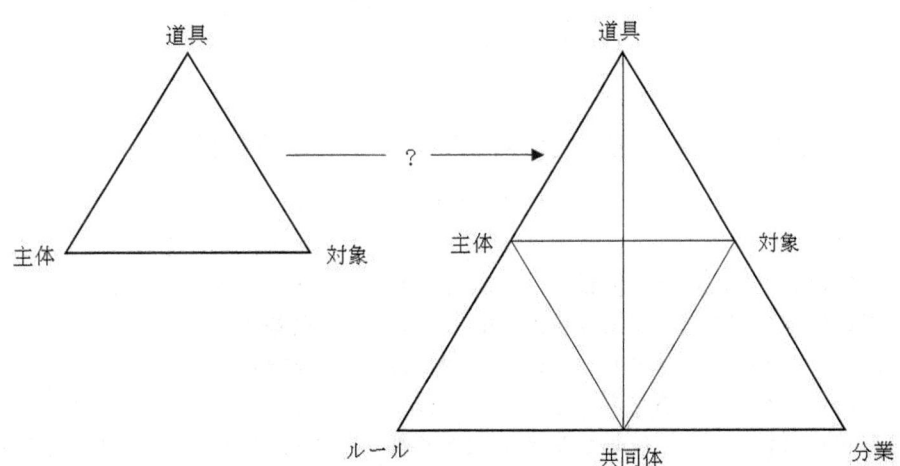

図2-4　個人的行為から集団的活動への移行(エングストローム 1999:249)

　図2-1から図2-3は理論の構成、モデルの構成、具体への上向を示しているが、まだ主体は個人に限られ、対象も同じである。構造的拡張は見られていないとエングストローム(1999)は指摘しており、「個人的で心的な行為の連続体から新たな集団的で物質的な活動システムへの質的移行」(エングストローム 1999:250)として、図2-4が挙げられている。このように、活動理論における理論的思考が構成されてきた。活動理論は人間の活動に多く応用されており、中国語教育の分野においても学習者の中国語学習活動の内実を詳細に描くことに特徴付けられる。例えば、中村・小柳(2007)は活動理論を分析の枠組みに、就学前教育における情報教育カリキュラムについて研究した。就学生が主体となる参加型カリキュラムにおいて、年齢が上がれば知識やスキルの量といった活動の道具が増えるが、低年齢の場合、知識やスキルの「素地」を習得すると考える。ここで重要となっているのは、知識やスキルの習得ではなく、ICTを道具として、個人がそれぞれ属する学級やグループといった共同体で、協働を通して豊かな学びを得ることが目的とされていることである。活動理論は学生の学習だけではなく、教師の学習にも応用できる。飯野(2009)は国際交流基金ブダペスト事務所日本語講

座を取り上げて、活動理論を用いて教師の参加実態を探った。分析の結果として、講師群という「コミュニティ」において、個々の講師が「主体」となることがわかった。また、教案・授業報告の提出、講師会・勉強会への出席、授業観察の受け入れといった「ルール」のもと、インターネット、教具、勉強会などの「道具」を用いること、主任講師、非常勤講師と「分業」することを通して、受講者に適した日本語教育という「対象」を目指すように働く。主体となる講師が活動システムへの参加を深めることと同時に、コミュニティに影響も与え、講座の発展を促していることがわかった。

活動理論において最も重要なのは、人間の活動について、実践共同体における社会的要素に注目して、他者との相互作用を捉えようとするところにある。活動理論を日本人小中学生の中国語学習に応用するならば、中国語教室は日本人小中学生と中国語教師の相互作用をする場であり、日本人小中学生が学習活動へ参加する場である。そこで中国語教師と協働を行い、中国語教師による援助を通して中国語を学習するのである。

活動理論を用いて、日本人小中学生の中国語学習を分析するのは教室内、つまり他者との相互作用に重点が置かれている。中国語学習は学習者個人にも深く関わっており、個人には多様な特徴があるが、本稿では日本人小中学生の中国語学習に最も影響を与える年齢および個人差につながる要因を取り上げてみていく。

3　中国語学習における年齢および個人差につながる要因

日本人小中学生は、中国に来る時の年齢や中国語学習の動機付けのような中国語学習における個人差によって、中国語学習の効果が異なってくる。中国語に限らず、第二言語習得においては、年齢が学習に大きく関わることが指摘されている。日本人小中学生が上海に来るのは保護者の仕事などのためであり、来る前に中国語の学習経験がほとんどないのが現状である。ただし、それらの小中学生の年齢は6歳から15歳に分布しており、中国語学習において有利な立場に置かれていると考える。

第二言語習得においては、年齢が学習に大きく関わることが指摘されており、Lenneberg(1967)は、人間の脳は12歳から13歳ごろまでに可塑性が失われ、この後では言語習得（特に文法）が難しくなるという臨界期仮説を提唱している。年齢以外の影響要素について、Ortega(2009)は、第二言語習得における個人差につながる要因を「認知（人間の学習や情報処理）」「動機等の意欲」「性格を含む情動」とまとめている。更に、「認知（人間の学習や情報処理）」は「適性」と「知能」を含んでいるとも指摘している。日本人小中学生の「認知（人間の学習や情報処理）」及び「性格を含む情動」については関連の先行研究が見当たらず、それを説明するためには調査や実験を行う必要があるため、本稿では議論しないこととし、日本人小中学生の動機付けについて、先行研究を通して論述していく。

動機付けも中国語学習に影響を与える大きな要素であるため、日本人小中学生の動機付けについても概観したい。Gardner(1985)によると、動機は「第二言語の学習意欲」「第二言語に対する態度」「第二言語学習に向ける努力」という3つの要素によって構成される。更に、動機の強さ・弱さに影響を与える先行条件として、「統合的態度」「志向」「態度」を挙げることができる(Ortega 2011)。「統合的態度」とは、外国語が使われるコミュニティに溶け込みたいという気持ちから起こる、第二言語学習への純粋な興味である。「志向」はさらに、「道具的志向」と「統合的志向」に分けられ、それぞれ目標言語の功利的な価値及び目標言語の社会・文化へ

の理解、同化を志向することを指している。「態度」とは、目標言語やその言語が使われる国の文化、人々に対する態度のことを指す。

　上海に来ている日本人小中学生は、現地校、インターナショナルスクール、日本人学校という3種類の学校に通っているのがほとんどである。それぞれの学校に通うのは保護者の意思と関連しており、また、中国語学習の動機付けの背景には保護者の働きが大きいと考えている。そのため、日本人小中学生の動機付けを明らかにするために、保護者についての調査も不可欠である。

4　終わりに

　本稿では活動理論による日本人小中学生の中国語学習への応用について述べてきた。特に、活動理論の発展及び中国語教室という場において、他者との相互作用に着目して分析する必要性を指摘した。また、学習は個人差があり、中国語学習に最も影響を与える年齢および個人差につながる要因を取り上げてみてきた。日本人小中学生の中国語学習の全体像を明らかにしようとするために、今後、日本人小中学生の中国語学習について授業観察を行い、学生、保護者、及び中国語教師に対して調査を行うこと、また、中国語学習について追跡調査を行うことも必要である。

注

①2018年度日本外務省領事局政策課海外在留邦人数調査統計表一覧 https://www.mofa.go.jp/mofaj/toko/page22_000043.html（2019年8月30日閲覧）によるものである。

参考文献

[1] 飯野令子.日本語コースにおける教師の学習―教師の参加の深まりと日本語コースの発展―[J].国際交流基金日本語教育紀要，2009(5):33-48.
[2] エングストローム，ユーリア.拡張による学習：活動理論からのアプローチ[M].山住勝広,松下佳代,百合草禎二,他,訳.東京：新曜社，1999.
[3] 中村恵，小柳和喜雄.就学前教育における情報教育カリキュラムに関する研究―エングストロームの活動理論をベースに―[J].教育実践総合センター研究紀要,2007(16):67-78.
[4] Engeström Y. Learning by expanding: An activity-theoretical approach to developmental research [M]. Helsinki: Orienta-Konsultit，1987.
[5] Gardner R C. Social psychology and second language learning: The role of attitudes and motivation [M]. London: Edward Arnold，1985.
[6] Lenneberg E H. Biological Foundations of Language[M]. New York: John Wiley，1967.
[7] Leont'ev A N. Problems of the development of the mind[M]. Moscow: Progress，1981.
[8] Ortega L. Understanding second language acquisition[M]. London: Hodder Education，2009.
[9] Ortega L. Second language acquisition, Handbook of applied linguistics [M]. New York: Routledge，2011.
[10] Vygotsky L S. Mind in society: the development of higher psychological processes[M]. Cambridge: Harvard University Press，1978.

作者情報
　氏名：張曉蘭
　役職名：講師
　所属機関：上海海洋大学
　連絡先：上海市浦東新区沪城环路999号
　メールアドレス：xl-zhang@shou.edu.cn

旧韓国学部編纂漢文教科書と日本

河南理工大学　張三妮

1　はじめに

　1905年に「第二次日韓協約」により大韓帝国①には日本の統監府が設置され、1910年までの五年間、植民地教育政策が本格化された（朴貞蘭 2013:41）。甲午改革以降教育改革の主体となった学部にも学政参与官、学部書記官として日本人が政府入り、教育政策を推進してきた。大韓帝国（1897—1910）の漢文教育が国語の成立にともなって次第にその地位を低下させたが、統監府設置の期間に近代学校制度の中で漢文科が最初に成立しており、その教科に必要な教科書が国家レベルだけでなく民間でも活発に編纂されている。

　漢文科教育の展開過程と当時漢文科教育の具体的な内容が盛り込まれた漢文教科書は韓国国内では注目されている。韓国では従来の漢文教育史研究においては、日本人による教育干渉が多く指摘されているが、従来の指摘ではまだ明らかにされていない統監府設置後日本人学部官僚の漢文教育観及びその主導下に編纂された漢文教科書の方に着目してみる必要がある。남궁원(2006)による開化期（1874—1911）韓国漢文教育と教科書の研究は筆者の関心に近いが、学部編纂と民間開発の教科書を分けて考えないのでは日本人学部官僚の働きを実質に捉えにくいと思われる。日韓教育関係に関する研究では、韓国の近代教育制度の成立に日本がどのように関与したのかを、「普通教育令」及び諸法令の制定過程を中心に明らかにする佐藤由美(2000)などがみられるものの、近代韓国における初等漢文教科書の複雑で複合的な展開、かつ漢文科教育の展開を推進した原因を検討する余地はまだ充分にあると思われる。本稿では植民地統治の出発点である統監府期の五年間、漢文科教育の展開と教科書編纂をより実質的に把握するために、日本人学部官僚の働きに関する研究を深めたい。

2　学校での漢文教育課程における日本の影響

　1904年2月「韓日議定書」調印とともに、8月には「第一次韓日協約＝韓日外国人顧問傭聘に関する協定」が結ばれ、韓国では日本による顧問政治が始まっている。そこで、学部には学政参与官と事務官を置いて教科書の編纂に従事させ、各級学校には日本人教師を採用して韓国人子どもの教育を担当している。新学制の教育諸法令制定に際して、韓国政府は日本人顧問の多くの意見をとり入れたが、その学部に1905年2月より日本人学政参与官として幣原坦(1870—1953)が就任した。1905年11月17日、「第二次日韓協約」を結び韓国の外交権を剥奪し、統監及び理事官を置いた。同月21日、統監府を京城に設置し、統監には伊藤博文(1841—

1909）が就任した。学政参与官として韓国の教育改革に参画してきた幣原が、1906年6月に統監伊藤に更迭されたのである。幣原の後任には三土忠造(1871—1948)が就き、統監府から俵孫一(1869—1944)が嘱託として学部に入った。のち小田省吾(1871—1953)が就任するまで三土は、学部に学政参与官、学部書記官として約二年間勤務した。各種法令の制定は、その延長として近代教育導入を名目に、実際の教育内容は日本人官僚による介入の深化が進まれていった。1905年以後は、改正・告示された初等・中等及び諸学校管制の内容において、日本による影響の強まりが見られるようになった。

1906年に「普通学校令」(1906年8月1日)公布、その内容も「普通学校令施行規則」(1906年9月4日)によって改正された。「普通学校施行規則」では、「小学校令」期の教科「読書」「作文」「習字」が「国語」に統合され、「国語」という教科名が初めて登場する。同時に、「読書」「作文」「習字」で教科活動の題材として扱っていた「漢文」が一つの教科目として独立した。明治以後日本の小学校では漢文科がないが、韓国ではすべての学校課程に「漢文」が独立教科として設定されていた。

「普通学校令施行規則」によれば、「国語」は「日常須知の文字と文体を知らしめ正確に思想を表彰する能力を養い兼ねて徳性を涵養し普通知識を教授する」漢文」は「普通の漢字及漢文を理解し兼ねて品性を陶冶することに資する」ことが要旨とされている。さらに、漢文の教授要旨においては「賢哲の嘉言善行を記述したもの及人の世に膾炙した文詞で学徒が理解しているものだけを教授すべし。国語と連絡することに務め時国文に翻訳すべき」ことが求められている。普通学校各学年の教科課程及教授時間をみると、この時点で「日本語」は、「国語」と同じく週6時間の教授時間が配当されていた。漢文は週4時間の教授時間が設けられていた。

1907年7月には「第三次日韓協約」が締結され、同10月には、官制改正がおこなわれる。その後も韓国の主権は縮小され、韓国併合直後の1910年10月1日に統監府は朝鮮総督府に改変された。1909年4月19日には再び「普通学校令中改正」(勅令第55号)が行われ、「国語」「漢文」の教科目を「国語及漢文」に統合すること、授業料の徴収を可とすること、教科書を検定することなどの改正がなされている。顧問制度から統監府設置後日本人学部官僚は、韓国の学部を掌握し、日本語教育を強化しようとしながら、代わりに国語と漢文の教育を徐々に弱める方向に旋回したものである。

以上で検討したように諸法令によって日本人学部官僚による教育干渉とともに普通学校では近代学制における漢文の教育課程の整備が進められた。また、従来の「小学校令」と違い、「普通学校令」及び以降の諸法令によって漢文の教育目的や内容、国語対漢文の割合が具体的に明記された。これを遵守して編纂された漢文教科書は、それ以前のものと大きく区別されると考えられる。この「普通学校令施行規則」で示された漢文「普通の漢字及漢文を理解し兼ねて品性を陶冶する」の方針が漢文教科書にどのように具体化され、推移したかについては次節において学部編纂漢文教科書と日本人学部官僚の働きを検討してみたい。

3　日本人学部官僚と学部編纂漢文教科書

3.1　日本人学部官僚の漢文教育観

1906年韓国学部の学政参与官として任命された三土は急速な教科書編纂に従事し、3ヶ月ほどで日本語・朝鮮語・漢文・算術・地理・歴史・図画の教科書を一手に作ったという。当時、学

部本庁に日本人官僚は少なく、三土は教育行政全般の業務を行っていたが、官公立普通学校の教育課程の編成や教科書の編纂に最も心血を継いだものである。学部編纂教科書頒布の1906年～1908年の間で三土は学部の教科書編纂を主導したが、普通学校で漢文科の教科設定自体について否定的であった。総督府視学官高橋濱吉が「保護時代の教育」の教科用図書の編纂、検定及認可をまとめたところで三土が1908年6月20日官立普通学校職員会での説明的な演説を載せている。(高橋濱吉 1927：175)

  元来四個年程度の初等教育を施す学校において漢文を課するは抑も理由の無き事なり。漢文は世界中にて最も難学の国語にして、此を幼少の児童に教ふるはもっとも困難なり。然れども韓国にては幾百年以来の久しき学問と謂へば漢文を学ぶこと、教育と謂へば漢文を教ふることゝ思ひ、漢文を教へて教育の能事茲に畢れりと信ずる者多きが故に、漢文を教科目に加へされば父兄たる者が其の子弟を普通学校に入学せしめざる実況なり。因りて韓国現状に照し今日にも普通学校において漢文を課する必要有り。

漢文科の設置については、普通学校に朝鮮人が集まらずその募集が困難だった[2]背景もあり、朝鮮の伝統的な教育機関である書堂に対抗する必要性などを踏まえ、現実的配慮から漢文教授の必修化を決定したと考えられる。総督府学務課長として朝鮮教育令策定に参画した弓削幸太郎は「万一普通学校で漢文を教へなかつたなら当時学校に生徒を送る父兄は殆んど絶無であつたと信ずる」(弓削幸太郎 1923：138)と回想している。こうした中で、編纂された漢文教科書『漢文読本』(1907、全四冊)は『国語読本』『日本語読本』と同時期に出版され、普通学校で使われていた。三土は渡韓以前、1897年（明治30年）、東京高等師範学校を首席で卒業すると、付属中学校の助教諭兼訓導に就任、教育家としての活動に従事していく。この時から教科書の内容や編纂法に関する論文を寄稿し、その所見を表明した。また『中等国文典』(全三巻)、『女子国語文典』『新漢文読本』『中学国語読本』(全10巻)を編纂した実績がある。渡韓以来、三土は韓国人教育のため教育課程の編成と同時にそれに見合った教科書の編纂も手掛けていたのであるが、この一連の事業に対して、周囲では三つの疑問が取り沙汰されるようになっていた。それは教育課程に地理と歴史がないこと、日本語を初学年に課すこと、漢文読本が難解であることといった不評があった。(高橋濱吉 1927：176)

  韓国の現在の状況を考えて、学科科目中、暫定的に入れたものである。その教科書を編纂する際に孔孟の遺言と此れに則りたる嘉言善行を主とし、古人の胚炙したる勝事美談等を集めてなるべく学び易き順序に配列したり。此れを適当に教授するには従来書堂において教へたる童蒙先習、千字文に比して学び易かるべきを信ず。

先の三土が行った教科書編纂法をめぐる論争には「重野安繹・竹村鍛同纂漢文読本入門を批判す」がある。漢文教材の選択配列等に関しては、それなりの自信があったのであろう。三土は韓国社会世論の反発などを考慮して漢文科を設置して、しかも、従来から漢文教育の教材より一歩進んだ教科書を作ったと信じていた。上述した職員会で「嘉言善行」を「なるべく学び易い順序に配列した」という児童の発達段階に配慮していると説明したのである。

然るに普通学校教員に漢文読本は童蒙先習千字文等に比して解し難しと言ふ人の
　　尠からざると聞き実に異常たることに思ふ。抑々千字文は漢文中に頗る解し難きも
　　のにして詩、書、易経等に比すべきものなり、千字文は千字中に同字が一も無く四
　　字式韻文を著けて宇宙間の萬象を記述したるものにして、前後脈絡関係が無く其意
　　義甚だ解し易からざるものなり。次に童蒙先習は千字文に比すれば難易の度を同じ
　　うせず、支那の歴史と韓半島の歴史の大要と人倫道徳の綱領とを極めて簡略に叙述
　　したるが故に児童をして此を理解せしむるは到底不可能なり。(中略)
　　　元来漢文を学ぶに惟だ文字のみ読みて其の意義を深く探らず、文字のみ読み得れ
　　ば乃ち漢文を能く読みたるものと思ふは韓国人士の通有たる謬見なり。単に文字の
　　み知るに止まらず。千字文童蒙先習の意義を探らんとせば何者も頗る解し難しきも
　　のなり。書堂教師中にも能く千字文の意義を解得する者は多からずと信ず。彼等は
　　真箇千字文童蒙先習を教授するにあらず。宛然僧侶の誦経の如く素読するに止まる
　　のみ。

　新しく作った漢文教科書に関して韓国社会の好評を期待しただろうが、実際の世論がそうで
なかったため、困惑したものである。朝鮮半島において初学入門教育に使用された教科書
は、まず中国伝来の『千字文』が、ついで朴世茂（1487—1564）撰『童蒙先習』が行なわれてい
た。『童蒙先習』は内容は序、五倫、儒学総論、中国および朝鮮の歴代要義（歴史）からなって
いる。本文は吏読による吐を割注として入れている。三土は従来の初学用書『千字文』『童蒙
先習』などが児童にとっては理解できないと主張しており、その学習が誦経のように過ぎな
いと見ていたのである。
　日本国内における漢文教育は、中等学校以上の教育機関を中心に行われた。明治初期には
江戸期刊行の漢籍の素読や漢作文などが主要な学習手段として行われていたが、明治中期に
「国語」教科書が形成されるとともに漢作文は不要となり、道徳教材へと傾斜していった。そ
こで旧来の丸本教科書ではない近代的なさまざまな編集型漢文教科書が登場することとな
る。ところが、漢文学習の長い伝統を持つ朝鮮においては、三土が考えた日本での一般的な
教材や編集理念が必ずしも馴染みがない等の理由から、韓国の教育現場において齟齬が生じ
たのであった。韓国人教員の『漢文読本』が難解だといった意見に、三土は次のように反論し
ている。

　　　普通学校諸君が漢文読本を千字文童蒙先習に比し解し難しと云ふは、学徒を本位
　　として思ふにあらずして、自己が解し難しと思ふに因りて学徒も亦解し難かるべし
　　と思ふにすぎざるなり。

　先に述べた「普通学校令」及び以降の諸法令によって編纂された漢文教科書は、それ以前の
ものと大きく区別される。19世紀末から20世紀初頃は現実社会に対応した漢文の位置が模索
されていた時期であった。統監府設置後日本人学部官僚は韓国の学部を掌握し、日本の強い
影響が見られる教育制度の整備が進んでいた。日本人学部官僚の三土は韓国人教育のため新
たに作られるべき学校制度は何よりも漢文を排除するか、少なくとも制限するものでなけら
ばならないと考えていた。当時韓国社会の反発に対応するため国家レベルの漢文教育が「嘉
言善行」の方針で国民道徳としての役割を担うようになった。新しく編纂された漢文教科書

が韓国人側の難解だという不評があったところで、三土は韓国人教員が新しく編纂された教科書及学習法に馴染み薄いだけで難しく思われ、子供本位の判断ではないと弁解を加えていた。

この「普通学校施行規則」で示された漢文「嘉言善行」の方針が上述した漢文教科書にとのように具体化され、推移したかについては次節において『漢文読本』(1907)と『漢文入門』(1908)を例に検討したい。

3.2　学部編纂『漢文読本』(1907、全四冊)と『漢文入門』(1908)

学部編纂『漢文読本』(1907)は巻一と巻四の現物のみ確認できるが、両巻とも標題が存在せず、各学課に課数がつけられているのみである。またその学課が担っている徳目や主題は標題という形では明示されていない。巻一は全五十二課で、懸吐が施さずの漢文体である。以下は巻一の第一課を見ていこう。

第一課
孔子名丘,魯人也。
孟子名軻,鄒人也。
子孔子之弟子也。
子思孔子之孫也。
子思師曽子。孟子師子思。

第一課は孔子、孟子、曽子と子思についての単文である。第二課以下各学課の内容は、『論語』『孟子』『史記列傳』『戦国策』『古今辭文類集』『列女伝』『太平御覧』『宋史』『春秋』など、中国の伝統的な典籍の中では簡単かつ教訓的なものを選択している。第二課と第五十二課を見てみよう。

第二課
人一能之,己百之。
人十能之,己千之。
一尺布尚可縫。
一斗粟尚可舂。
回也,聞一以知十。
賜也,聞一以知二。

第五十二課
虞芮之君相與爭田,久而不平。乃相謂曰,西伯仁人也,盍往質焉。乃相與朝周,入其境,則耕者讓畔,行者讓路；入其邑,則士讓為大夫,大夫讓為卿。二国之君感而相謂曰,我等小人,不可以履君子之庭。乃相讓以其所爭田為閒田而退。天下聞而歸之者四十余国。

第二課は『中庸』『史記』『論語』からとったものであり、第五十二課は『史記・周本紀』の「虞芮の訟」から短縮されたものである。『漢文読本』(1907)の内容の特質は「賢哲の嘉言善行」(남궁원 2006；141-142)と結論づけられている。これらの内容の選択と単元の組織は、1906年9

月1日に発表した「普通学校令施行規則」による漢文科の教授要旨と一致する編纂である。しかも、漢籍の丸本を超えて、内容の改変・選択を行っている。巻一から巻四への教材文の分量と配列は、三土が言う「勝事美談等を集めてなるべく学び易き順序に配列」という易から難への教育的配慮を持っていると言えよう。

　三土が主導した学部編纂の『漢文読本』と朝鮮在来の『千字文』『童蒙先習』との教材配列が大きく異なっているのは自明であるが、「易から難への教育的配慮」と「品性を陶冶する」という編集者の意図から文章を選択・丸出して配列していることが特徴づけられる。ただし、『漢文読本』が難解だと思われる理由を三土の後継者であり、後に総督府内務部学務局編輯課長を務めた小田の言葉で裏付けると、次のようなことが分かる。

　　　（五）漢文教材は動もすれば抽象的に陥り易きを以て成るべく具体的材料を選び、小学・論語・孟子等より取れるものあるも、また慎思録・先哲叢談の如き日本の漢籍より取れるもあり、富士山・中江藤樹の如き我国の事物史伝をも加ふ。また朝鮮に於いては漢文には句読を施さざるも、その代わりに「吐」を附する例にして、之なきときは学修極めて困難にして(下線は筆者による)、時としては教授を誤ることあるを以て、同読本中の漢文教材には尽く「吐」を附し、又書く文章の典拠を示せり。
　　　（小田省吾 1917：16）

　日韓併合後も総督府の教科書編纂を続けた小田『朝鮮総督府編纂教科書概要』を残しているので参考になる。併合後の変化として、漢文教材は『小学』『論語』『孟子』といった儒教の経典だけでなく日本の漢籍からも取材されているところであるが、懸吐を導入していることに注意されたい。韓国の教育伝統が顧みられずに経典の適宜編集される三土の学部編撰『漢文読本』が教材の選択・配列だけでなく、漢文体という表記法ゆえの不評を受けたとも考えられる。図版の示すように『漢文読本』巻四(1908年印刷)に本文の行間にハングルによる下書きが至る所で施されている。

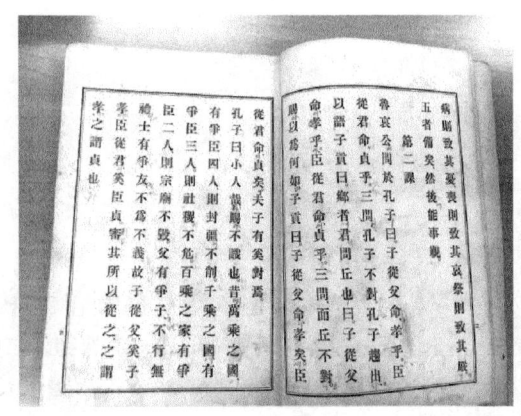

図1　学部『漢文読本』(1907)巻四　（玉川大学所蔵）

　三土の主導の下に作られた『漢文讀本』の内容とレベルがあまりにも難しいという批判を解消しようとする目的もあろうし、また漢文教育における初歩的な漢文読解能力を伸ばすことが必要に感するために製作したのが『漢文入門』(1908)である。『漢文入門』は1908年4月学部

で発行したが、『漢文読本』(1907)は発刊されてから1年余り過ぎた時点で発行されたわけである。伝統的典範になる文を例文として取らずに編纂者が製作した文章を介し、文章の構造を理解するように設計されたものである。当書は、再び発行されずに『普通学校学徒用漢文讀本』(1909)の巻一として吸収された。『漢文入門』は普通の漢字、簡易の漢文の学課の後には19課の長文が存在し、その内容は編纂者が製作した文章によって構成されており、言語運用の読解能力の拡張としての役割を有していたことが指摘できる。

『漢文読本』(1907)と『漢文入門』(1908)は訂正・刪削を経て『普通学校学徒用　漢文讀本』(1909、全四冊)という題で学部より発行された。当時儒学者や私立学校の漢文教師が作ったものがたくさん出版されていたが、문규영(2014)もそれらに比べて「系列性」「連繫性」「位階性」(문규영 2014:32-35)による漢文法の段階的な構成が行われる画期的な教科書だと評価されている。当書は日韓併合初期であった1913年まで、普通学校で使用されていた。激変の時代を走って行く中で上述した漢文教科書が学部によって編纂され、植民地期に入っても暫く使用し続けていたこととなった。

4　終わりに

1906年、三土が学部参与官として赴韓し、公立教育の課程設置と学部編纂教科書を主導した。難易度順の配列方法が行われる『漢文読本』は韓国人側から難解だという不評があった。その編纂理念と教材配列に当時の韓国人が馴染み薄い一方、植民地朝鮮期からの連続面に着目しつつ懸吐も施さずの漢文体も難解の一因だと本稿では明らかになった。漢文読本』(1907)は編纂理念が進んでいるものの、韓国社会の教育伝統も顧みられずに編纂されただけで、強い反発を招くことになるのも避けられない。その翌年に編纂した『漢文入門』(1908)は漢文の文章構造を学んで言語運用の読解能力の拡張に主眼を置いており、色濃く日本の漢文教育近代性を反映することになるのである。本稿は日本が韓国における国家レベルの「近代漢文教科書」へ与えた影響の一斑を具体的に示したものであるが、韓国側の対応についてこれからの課題としておきたい。

注
① 1895年下関条約により、清国に朝鮮が自主独立国であることを認めさせ、朝鮮国が誕生する。「大韓帝国」は1897年から1910年までの間に李氏朝鮮が使用していた国号である。また、現在の大韓民国（韓国）と区別するため、「旧韓国」と呼ばれることもある。
② 古川宣子(1993)の推計によると、朝鮮人の普通学校への就学率は 1910 年で 1.0%、1911 年で 1.5% という。ちなみに書堂への就学率の推計は 1911 年時点で 6.6%である。

参考文献
＜漢文教科書＞
[1] 朴世茂『童蒙先習』韓国中央国立図書館
[2] 学部『汉文読本』1907.玉川大学所蔵
[3] 学部『汉文入門』1908.玉川大学所蔵
[4] 学部『普通学校学徒用汉文読本』1909.玉川大学所蔵
＜論著＞
[1] 渡部学.朝鮮在来民間初等教科書「童蒙先習」の転進相―総督治下朝鮮民衆の民族陶冶保衛[J].思想，

1972(5).

[2] 佐藤由美.植民地教育政策の研究:朝鮮1905—1911[M].東京:竜渓書舎,2000.

[3] 李万圭.朝鮮教育史(下)新教育篇[M].リウル:乙酉文化社,1996.

[4] 朴貞蘭.「国語」を再生産する戦後空間—建国期韓国における国語科教科書研究—[M].東京:三元社,2013.

[5] 古川宣子.植民地期朝鮮における初等教育—就学状況の分析を中心に—[J].日本史研究,1993(370).

[6] 小田省吾.朝鮮総督府編纂教科書概要[M].[出版地不明]:朝鮮総督府,1917.

[7] 문규영.「普通学校学徒用汉文読本」研究[D].경산:영남대학교교육대학원,2014.

[8] 남궁원.한국개화기한문과교육의전개과정과교과서연[D].서울:성신여자대학교대학원,2006.

作者信息

  姓名:张三妮

  职称:讲师

  单位:河南理工大学外国语学院日语系

  联系地址:河南省焦作市山阳区世纪路2001号河南理工大学外国语学院日语系

  电子邮箱:s-hitomi@hotmail.com

媒介语在日语教育中的应用
——基于外语教学法与跨文化交际教学的考察与实践

上海交通大学 王琳

媒介语是指在教授某一目标语言时使用的语言。20世纪80年代以后，重视培养交际能力的交际教学法逐渐成为外语教学法的主流；培养外语交际能力需要外语环境，禁止使用媒介语，这样的教学理念也为广大外语教师所接受。然而，在重视交际教学的背景下，仍有很多研究支持和强调媒介语在外语教育中的作用。日本近年来在媒介语的研究方面积累了不少成果，比如国弘(2015)、谷守(2016)等分别从教学法、日本语教育等方面探讨研究了使用媒介语的问题。我国关于外语教学中媒介语问题的研究多集中于教师在课堂上使用母语教学的利弊分析，比如周星等(2006)曾对国内英语教学媒介语的研究进行了总结，李敏(2018)以日语教学为例分析了母语教学的利弊。

支持使用媒介语教学的研究多强调媒介语在语法、词汇等语言教学中的作用，认为使用媒介语与目标语言进行对比，可以提高学习者的语言认知能力。那么既然使用媒介语和目标语言的对比有助于外语学习，它的作用是不是可以扩大到语法和词汇之外的领域呢？特别在强调培养跨文化交际能力的今天，是否可以借助媒介语增进学习者的跨文化理解呢？本文欲从外语教学法、跨文化交际教学以及教学实践这几个方面考察和思考这些问题。

1 外语教学法的变迁与媒介语的应用

在外语教学中，媒介语是指教授某一目标语言时使用的语言，包括学习者的母语，也可以是目标语言与学习者母语以外的第三种语言。根据是否使用媒介语进行教学，外语教学法大致被分为语法翻译法、直接法和间接法。

1.1 外语教学法的变迁

语法翻译法作为外语教育的传统教学方法，主要特征是以阅读目标语言为目的，注重学习语法，语法翻译法也被称为翻译法。翻译教学法的历史可以上溯到中世纪的欧洲拉丁语、希腊语等古典语言的教学，能够阅读文献获取知识为其语言教学主要目的，教学方法主要是把原文逐字逐句翻译为母语。在近现代的外语教育中，尽管对语法翻译法的理解因人而异，但对其主要特点的认识一致：教学内容上注重分析句子语法，以语法学习为主。翻译法教学注重读写训练，忽略听说相关训练，成为其被诟病的主要原因。

欧洲工业革命之后，随着外语交流需求的扩大，外语教学更加注重会话，各种直接教学法应运而生。直接法不使用学习者母语或其他媒介语，而直接用目标语言进行教学，促成学习者习得目标语言。直接法不是特定的教学方法，而是以幼儿习得母语的过程为模型开展外语教学，学习者在没有母语或是媒介语介入的环境下，借助手势、图片等方式理解目标语言，优先培养学习

的听说能力。比如在现代仍然很有影响的听说法就是直接教学法的代表。20世纪50年代以后,在美国开发的听说法被广泛用于外语教学。听说法可上溯至第二次世界大战期间,为在较短时间培养掌握外语口语能力的军人,以口语教育为中心,通过大量的反复练习或模仿、背诵促使军人具备外语会话能力。听说法禁止使用媒介语,教学以口语训练为中心,益于培养学习者听说能力,但不断重复练习句型的学习方式也被批判会妨碍学习者灵活运用语言,影响交际能力的提高。

再者,没有媒介语介入的教学会降低课堂效率,还会增加学习者和教师的压力,因此实际上很多教学并没有严格限制媒介语的使用。随着语言学、心理学等学科的发展,欧美各国学者在批判听说法的同时也不断开发出新的教学法。这些注重培养交际能力的教学法一般统称交际教学法。交际教学法以激发学习者能动为中心,注重培养学习者交际能力,通过角色扮演、任务练习等活动让学习者掌握在不同语境下正确表达意图的能力。交际教学法主张语言学习初期也要逐步培养读写能力,不禁止使用媒介语或是学习者母语,认可教学中必要的翻译(高见 1996:158)。相对于直接法而言,认可使用媒介语的教学法被称为间接法。因为教学目的和方法不同,间接法有别于语法翻译法。

1.2 使用媒介语的优点

从教学法的历史变迁来看,教学中是否应该使用媒介语教学,除了直接法主张不使用母语或媒介语之外,大多数教学法对此并没有严格的规定。各教学法因其基础理论、教学目标等不同,所主张的操练方法也各不相同。很多研究都支持和强调媒介语在外语教育中的作用。

使用媒介语教学的优点可以归纳为缓解学习者的焦虑情绪,帮助学习者理解目标语言的语法规则,增强学习者对语言的认知能力,便于教学,等等。很多日本学者都强调使用媒介语对学习者的语言认知有积极的作用,"使用母语介入外语学习,让学习者意识到语言差异"(楢和 2006:143)。谷守(2016:100-101)也认为语言教育中包含语言文化,不使用媒介语很难解释;使用媒介语并不会妨碍学习者交际能力的提高。

使用媒介语有几种情况,一种是教师教学使用媒介语而教材全部是目标语言编写;一种是教师只用目标语言授课而教材中会使用媒介语;再有一种就是教师授课会适当使用媒介语,教材编写也使用媒介语。我国的媒介语研究多把使用媒介语等同于教师使用母语授课,本研究探讨的媒介语,是指在教学中使用媒介语开展教学活动,不特指教师教学媒介语。

2 日本语教育中媒介语使用概况

据谷守(2016)的研究,在日本的外语教育领域,文部科学省颁布的中学、高中的英语《学习指导要领》中并没有明确要求不使用媒介语,英语教育实践中采用直接法教学是因为教师母语是英语,且授课内容为会话课;而在日本语教育领域默认禁止使用媒介语也只是因为直接教学法相关的练习方式被保留了下来(谷守 2016:90)。另外,如日语教材《大家的日语》,虽然教材中没有使用媒介语,但是配套开发的参考书有很多其他语言版本。

关于我国日语教育使用媒介语的状况,目前暂时没有搜索到比较全面的研究,在此从大纲、教师和教材三个方面略加考察。

2.1 教学大纲对使用媒介语的意见

我国高等教育的日语专业教学大纲分为基础阶段和高年级阶段两部。2001年版《高等学校日语基础阶段教学大纲》在教学原则的第5部分规定:

"学习外语的过程,也是将本民族语言与对象语比较的过程,应坚持对比的原则,通过比较,搞懂对象语在语系、语序决定词在句子中地位的方式、词尾变化、敬谦的表达方式、标点符号等方

面与母语的不同,树立自觉防止母语干扰的意识。"(教育部高等学校外语专业教学指导委员会日语组 2001:8)

《基础阶段教学大纲》提出通过母语和日语对比来促进日语语言学习,防止母语的负迁移。而早在1990年版的大纲中对教学中处理母语和目标语言的关系有比较详细的指导:"组织教学用日语,有利于创造外语环境,增强语感,减少心译活动和本族语的干扰"。但"在必要的情况下或在难点集中的时候,适当使用本族语和对象语的对比,会有助于学生理解对象语的特点。使用本族语要适度,以免影响听、说、读、写等语言技能的训练和提高。"(教育部高等学校外语专业教学指导委员会日语组 1990:10)

在2001年版《高等学校日语高年级阶段教学大纲》对具体课程提出的指导意见中,没有明确说明日语语言课与日本文学课是否可以使用母语,要求日语综合技能课程中除翻译课及其他课中的个别章节外,均应用日语授课,社会文化课程也要求教师应用日语授课。

从各个阶段的大纲要求来看,高等院校日语专业教学要求教师用日语授课,虽然没有严格规定禁止使用母语,但母语教学多是为了和目标语言进行对比,母语和日语对比的目的也是为了日语语言学习的需要,防止母语的负迁移等。

2.2 教师与教材使用媒介语的概况

在外语教育中是否使用媒介语,与教师的关系更为密切,与教师认可的外语教学理念、教学方法相关。课堂教学往往融入了多种教学方法,如高见(1996:151)所言,现在教学中多采用折中教法(间接法)。以交际法、任务法开展教学并不意味着禁止媒介语的使用。

目前关于国内教师使用媒介语进行日语教学情况的相关调查较少。颜幸月通过对中国台湾几所大学的会话课调查总结出教师会在六个方面使用媒介语开展教学:比较中日语言结构、翻译教师的讲解和课堂命令、创造宽松课堂气氛、讲解日本文化、解释语法以及提问确认学生是否理解学习内容。周星(2006:15)对我国英语教学的考察分析认为"很少有教师完全使用目标语进行课堂教学,而且不同教师在目标语和母语的使用上差异较大"。结合大纲等指导教学的文件推断,目前我国日语教学中普遍的做法是日语教学为主,使用媒介语为辅。教师在课堂上除了使用媒介语组织课堂教学外,主要还是讲解语法、对比语言文化差异。

我国高等院校日语专业教育使用的日语教材多为自编教材,在日语基础阶段全部采用日语编撰的情况较少。媒介语(中文)多用于单词、语法的讲解。对比《综合日本语第二册修订版》(简称《综合日本语》)、《新编日语(重排本)2》(简称《新编日语》)两种日语专业教材,如表1所示,每一课的构成大致都包括课文、语法讲解、单词、练习几个方面。除《新编日语》每一课有一个"功能用语"板块为日汉对照外,两本教材的课文都是日语语篇,也没有配备课文翻译;课文翻译被收录于配套教学参考书。两种教材的语法讲解都使用中文,单词也有对应的中文解释。《综合日本语》每一课讲解语言文化的知识专栏也使用中文。

表1 两种日语教材构成与使用媒介语情况

教材	课文	语法讲解	单词	知识专栏	课文译文	练习
《综合日本语》	▲	★	★	★	■	▲
《新编日语》	▲★	★	★	■	■	★

符号说明:(▲)不使用媒介语;(★)使用媒介语;(■)无此项目

练习既能检验学习者对学习内容的掌握情况,也是外语学习的操练方法。练习题型和教学法

有很大关系,比如替换练习源自听说教学法,提倡反复练习句型来习得外语;重视交际的教学法倡导的是回答问题、任务练习这些能锻炼学习者语言运用能力的习题;而对译练习来自语法翻译法。表2对比了两本教材的题型。《综合日本语》的练习构成主要以句型替换为主,也有任务练习题型。《综合日本语》配套的练习册题型更丰富,包括助词填空、中译日等题型。《新编日语》课本习题主要有填空、句型替换、回答问题、中译日和看图说话。

表2 两种日语教材的练习题型与媒介语使用情况

教材	回答问题	替换练习	语法填空	任务练习	中译日	日译中	看图说话
《综合日本语》	▲	▲	■	▲	■	■	■
《新编日语》	▲	▲	▲	■	★	■	▲

符号说明:(▲)不使用媒介语;(★)使用媒介语;(■)无此项目

从以上两种教材的练习量来看,无论哪种教材,都是替换练习量最多,可见教材的练习编写更注重词汇或句型的学习。即使是有媒介语介入的中译日习题,从内容上来看也只是词组、句型、语法的练习。会话翻译,也非交际为目的的练习。比如《新编日语》第6课练习七(周平,陈小芬2017:102):"那东西我从来没买过。""南京路有家不错的商店。""是吗?不过,我不太熟悉南京路,能不能给我画一张地图?""嗯,对了,如果明天可以的话,我可以和你一起去。""真的吗?你能和我一起去看看,那可是帮了我大忙了。"翻译这几句话,没有任何要求,甚至不知道是什么样的两个人在说话。这种翻译题侧重的是语法、词汇的对应翻译。如果要进行跨文化交际练习,在翻译任务中还需提示说话的双方身份、性别、年龄等信息。

3 跨文化交际能力的培养与媒介语的使用

3.1 何为跨文化交际能力

跨文化交际是指具有不同文化背景的人们之间进行的交际。跨文化交际能力的具体定义目前并没有统一,在高等院校日语专业教学大纲中提到要培养学习者跨文化交际能力,但也没有具体阐述这一能力的内容。

比较有影响的研究有 Byram 在1997年提出的跨文化交际能力模型。Byram 认为跨文化能力由语言能力、社会语言能力、谈话能力和跨文化能力组成,其中跨文化能力构成要素是态度、知识、技能和文化批评意识;培养跨文化态度,获得跨文化知识,培养解释和联系的技能、发现和交往的技能,培养文化批评意识是外语教学培养目标(Byram 2014:xvi-xvii)。Byram 认为技能的培养也是对文化敏感性的一种培养,"重要的不是传授知识,而是培养学生的发现技能。"(郑晓红,2018:82)

我国学者文秋芳提出"跨文化交际能力包括交际能力和跨文化能力两个部分;交际能力包括语言能力、语用能力和变通能力;跨文化能力包括对于文化差异的敏感、对于文化差异的容忍以及处理文化差异的灵活性。"(胡文仲 2013:4)

Lázár 等在欧洲评议会的欧洲现代语教育中心培养跨文化交际能力的教育模型认为,文化既包括艺术和文学这些"看得见的文化",也包括社会习俗、价值观、态度等"看不见的文化",而看不见的隐形文化是培养跨文化交际能力时必不可少的内容,注意到他国文化差异的同时,学习者才会意识到自国的准则、价值观和态度。他们尝试按照"了解自他文化的相关内容→比较自他文

化反省自国文化→尊重他国文化"这一流程开展外语教学(松浦依子,宫崎玲子,福岛青史 2012:95)。

从以上的研究和实践来看,虽然对跨文化交际能力的概念提法不同,但是对跨文化交际能力所包含的基本内容认识一致:跨文化交际能力不等同于外语语言能力,还包括对文化差异的理解和态度、对文化的评判等众多内容;跨文化指多元文化,包括自身文化,"客观评判文化问题(Byram 2014:xvii)"是跨文化教育的最终目标。虽然很多学者指出,培养学习者的跨文化交际能力是一个复杂而长期的过程,不仅依靠外语教学,也要通过其他学科的培养(胡文仲 2013),但不可否认,外语教育在培养学习者的跨文化交际能力方面的作用仍然举足轻重,培养和提高学习者的语言交际能力仍然是外语教学的主要目标,与此同时,如何在外语教学中培养跨文化能力是目前应该再深入探讨的重要课题。

3.2 跨文化交际教学与媒介语的使用

从跨文化交际能力的内容来看,外语教学既要培养学习者的语言交际能力,也要培养学习者对文化差异的敏感性,增进其对自他文化的认知,让学习者理解语言背后的隐性文化。比较文化差异,理解自国文化,不使用媒介语(母语)很难实现。

笔者曾经把日语敬语的交际会话改编为汉日对译练习,让二年级学生练习,分析后发现学生练习中的错误,多数来源于没能充分理解日语与日本社会文化之间的关系。比如下面的例句(1):

(1)(場面:係員が他会社の中田と電話しているところ)
中村に至急中田様にご連絡するように伝えましょうか。
(1a)学习者的误译:可以向中田先生转达一下中村有急事要联系他吗?
(1b)学习者的误译:要把中田先生的紧急联络这件事传达给中村吗?
(1a)(1b)都错误理解了"ご連絡する"的行为主体,可见学生对话题中出现的说话对象和人物关系并没有完全理解。日语中的称呼语对学习者来说看似简单,但因为中日文化、语言习惯的差异,学生在使用时常常弄错。

(2)(場面:係員が他会社の者と電話しているところ)
(中田が)何時に帰ってくるかわかりませんので、こちらからお電話差し上げるようにさせましょうか。
(2a)学习者的误译:因为不知道他几点回来,让我再联系您吧。
(2b)学习者的误译:我也不知道几点能回来,所以还是我这边给你打电话吧。
日语中的称呼语丰富,"こちら"可以指我,也可以指我们。虽然(2a)(2b)都把它译成了"我""我这边",但按照日语的人际关系原则,"こちら"指代的是本公司中田,应该译为"我让他给你打电话"。

翻译产出反映的是译者的思维和语言习惯,让学习者能迅速用日本人的"内、外"意识思考和表达,非一日之功。特别是中译日练习时,学生受到母语、思维习惯的影响更加明显。

(3)(場面:他会社の人と自社の田中のことを話しているところ)
我告诉田中让他给你回电话。
(3a)学习者误译:私は田中さんにあなたにご連絡するように伝えます。
学习者熟悉用"○○さん"称呼他人,而忘记了日语人际关系的内外准则——和外公司人说自己公司的同事时不用敬称。一看到汉语的"你",就用"あなた"。看到"我"就要用"わたし",而忘记日语中第一、二人称都经常被省略。(3a)错误的主要原因还是受母语思维影响。

翻译的过程是目标语言和母语(媒介语)之间转换的过程,也是跨文化比较、跨文化理解的过程。汉日翻译练习不仅是词汇、语法的练习,也可以是培养跨文化交际能力的一个途径,既为教师

提供指导方向,又为学习者提供自我发现、自我反思文化差异的素材,还能磨炼母语表达能力。在培养跨文化交际能力时,把翻译作为操练方法或教学活动活用到日语基础阶段的教学中是有意义的。

4 结语

外语教学法的创立与外语教育培养目标、教学条件或者相关学科的研究发展水平相关。外语教学实践中是否使用媒介语要根据教学目标、教学效率和教学内容判断。在强调培养跨文化交际能力的今天,使用媒介语开展外语教学应该还有更多空间可以探讨。培养学习者的跨文化交际能力,既要继续注重培养学习者的语言交际能力,也要兼顾跨文化能力。而这两种能力都需要培养学习者对自他语言文化的认知,需要提高学习者对语言文化差异的敏感性,在此过程中,翻译练习这样的跨文化对比教学既可以作为方法,也可以作为内容。

本文限于篇幅,论述粗略,希望借此机会抛砖引玉。如何开展培养学习者跨文化能力的外语教学,以及教学中以怎样的方式、量化研究及教学实践来有效使用媒介语等,许多问题仍有待我们继续深入探讨和研究。

参考文献

[1] 國弘保ярин.語学教育に於ける文法翻訳法と直接法[J].日本橋学館大学紀要,2015(4):37-45.
[2] 髙見澤孟.初めての日本語教育2 日本語教授法入門[M].東京:アスク,1996.
[3] 谷守正寛.日本語教育における媒介語活用の課題と考察[J].言語と文化,2016(3):81-102.
[4] 楢和千春.文法訳読方式教授法を再考する:母語による世界観の構築の観点から[J].鳥取環境大学紀要,2006(4):139-145.
[5] 松浦依子,宮崎玲子,福島青史.異文化間コミュニケーション能力のための教育とその教材化について—ハンガリーの日本語教育教科書『できる』作成を例として—[J].国際交流基金 日本語教育紀要,2012(8):87-101.
[6] Byram M.Teaching and Assessing Intercultural Communicative Competence[M].上海:上海外语教育出版社,2014.
[7] 胡文仲.跨文化交际能力在外语教学中如何定位[J].外语界,2013(6):2-8.
[8] 李敏.母语作为教学媒介语的利弊分析:以日语教学为例[J].内蒙古师范大学学报(教育科学版),2018(8):76-81.
[9] 彭广陆.守屋三千代.综合日语第二册修订版[M].北京:北京大学出版社,2010.
[10] 郑晓红.跨文化交际视角下的教材评价研究:与 Michael Byram 教授的学术对话及其启示[J].外语界,2018(2):80-86.
[11] 周平,陈小芬.新编日语:重排本2[M].上海:上海外语教育出版社,2017.
[12] 周星,毛卫娟.外语课堂教学媒介语研究述评[J].外语与外语教学,2006(4):14-17.
[13] 日语专业基础阶段教学大纲研订组.高等院校日语专业基础阶段教学大纲[M].北京:高等教育出版社,1990.
[14] 教育部高等学校外语专业教学指导委员会日语组.高等院校日语专业基础阶段教学大纲[M].大连:大连理工大学出版社,2001.
[15] 教育部高等学校外语专业教学指导委员会日语组.高等院校日语专业高年级阶段教学大纲[M].大连:大连理工大学出版社,2000.

作者信息
姓名：王琳
职称：副教授
单位：上海交通大学外国语学院日语系
联系地址：上海市闵行区东川路800号杨咏曼楼外国语学院日语系（200240）
电子邮箱：wlwanglin@sjtu.edu.cn

明治「国定」前の修身教科書における儒学道徳観

大連理工大学　方光鋭　王健

1　はじめに

　明治5年(1872年)に洋学者が中心となって起草した「学制」が公布され、日本の近代学校教育が始まった。学科の多様化に伴って、従来絶対的地位を占めた儒学が相対化され、漢学、国学、欧学の複雑な確執が続いた。徳育に関しては、インテリ層、世論一般は迷い、混乱、葛藤の状態にあり、西洋道徳と東洋道徳のいずれに基づくべきかをめぐって、明治の半ばまで激しい議論が行われていた。様々な議論の中で、実際の教育現場の状況はどうであったのか。本研究は明治の初頭から明治35年(1902年)頃教科書「国定」制度の頒布まで、普及率の高いか、「小学校教則」に例示されたいわゆる基準修身教科書における儒学道徳観の実態を分析していく。

　先行研究は、明治の徳育教育と近代化との関係、明治の修身教科書に分かれる。海後宗臣、吉田熊次『教育勅語渙発以前における小学校修身教授の変遷』『教育勅語渙発以後における小学校修身教授の変遷』、などは教育史的視点から教科書及び関連公文書を収集、整理した。明治の徳育と近代化に関しては、源了圓「教育勅語の国家主義的解釈」、松本三之介「明治前期保守主義思想の一断面―政治と道徳の問題を中心に―」、沼田哲『元田永孚と明治国家―明治保守主義と儒学の理想主義―』などがある。高橋文博(2005)「明治十年代の道徳教育―修身教科書を中心に―」では、修身教科書を明治の大きな時代背景、漢・洋の文脈にまで目配りして論じることはせず、修身教科書の類型や教授法などに重点を置きながら修身教科書における「君臣関係の双務性」など和文脈に偏って論じており、一貫して見られる儒学道徳の諸要素については特に検討していない。本稿は先行研究を踏まえて、明治の徳育に関する諸論説を十分配慮した上で、修身教科書における「儒学道徳観」の表れ方に焦点を当てる。

2　儒学道徳観と西洋道徳観の融和

　明治期の初等修身教科書の実態を考察するには、「教育大旨」の発布を境目に大きく二つの時期に分けられる。第一期は明治の初頭から明治12年(1879年)までで、個人主義実学主義を打ち出す社会思潮にあり、第二期は明治12年(1879年)以後となり、「教学大旨」が発布し、「我祖訓国典」を想起するブームにある。即して、東洋道徳観、儒学をベースにした修身教科書が用いられている。明治初年から明治20年(1887年)頃までは、教科書が民間と文部省から自由に出版された時代で、教科書の種類が著しく多い。明治20年(1887年)頃から明治35年

(1902年)頃にかけては、検定制度が導入され、教科書の種類は著しく少なくなった。表1は明治初年(1868年)—明治12年(1879年)の代表的修身教科書を纏めた。

表1 明治初年(1868年)—明治12年(1879年)「教育大旨」発布までの代表的修身教科書

序	作者	書名	出版時期
1	中村正直	『西国立志編』	明治3年(1870年)
2	箕作麟祥	『西泰 勧善訓蒙』(前、後、続篇)	明治4、6、7年(1871、1873、1874年)
3	福沢諭吉	『童蒙をしへ草』	明治5年(1872年)
4	上羽勝衛	『勧孝邇言』	明治6年(1873年)
5	渡部温	『俗通 伊蘇普物語』	明治5—8年(1872—1875年)
6	城井寿章	『近世孝子傳』	明治8年(1875年)
7	阿部泰蔵	『修身論』	明治7年(1874年)
8	青木輔清	『小学教諭 民家童蒙解』	明治7年(1874年)
9	ファン・カステール	『小学修身口授』	明治7年(1874年)
10	永峰秀樹	『智氏家訓』	明治8年(1875年)
11	疋田尚昌	『画挿 本朝列女傳』(ママ)	明治8年(1875年)
12	和田順子	『蒙訓 勧懲雑話』	明治9年(1876年)

2.1 明治初年(1868年)—明治12年(1879年)

明治期はいわゆる文明開化の時代であり、欧米の文化風俗が尊ばれ、盛んに輸入・紹介された。明治12年(1879年)までは、欧米の教科書を翻訳・翻案したものが多くて、翻訳教科書時代とも呼ばれている(海後宗臣,仲新 1961:9)。明治12年(1879年)以後と比べると、この時期の修身教科書は明らかに西洋に目を向くようになったが、それにもかかわらず従来の儒学道徳観の代表的な徳目「孝行」「女徳」が優位を占めている。

表1が示されるように、12冊の中で4番『勧孝邇言』、6番『近世孝子傳』、11番『画挿 本朝列女傳』(「列女」はママ)が従来の江戸時代の修身書の系統に属し、それ以外の9冊は全部翻訳、翻案教科書である。3冊の旧系統の修身書のうち、2冊は専ら「孝」に関するもので、1冊は女徳の類に属する。他の翻訳修身書は多様な徳目によって構成され、一つの徳目に焦点を当てた修身書は「孝」と「女徳」に関するもののみであった。伝統的な徳目の中では特に「孝」「女徳」が重視されていたことは示されている。また、江戸時代の「女徳」修身書が続けて使用されたため、明治に入っても東洋風の女徳は依然としてある程度認められ、期待されていたと言える。同期の教科書の中で『小学教諭 民家童蒙解』はとりわけ注目に値する。冒頭から堂々と『論語』『礼記』『中庸』を引用し、仏典、聖書も含め、東洋的、伝統的な道徳と西欧的開明主義的道徳とを折衷し、宗教信仰に拘らず、有益なものはすべて吸収しようとする意図が窺われる。勿論、これは教科書の著者・明治知識人一般の漢学の素養にも大いに関わっている。例えば、中村正直『西国立志編』はイギリス人スマイルズの『セルフヘルプ』の翻訳であるが、「序」

と「自助論第一編序」は流麗な漢文で書かれ、翻訳文は漢文片仮名交じり文である。「自助論第一編序」では、「天生斯民。欲人人同受安楽。同修道徳。同崇智識。同勉芸業。豈欲此強而彼弱。此優而彼劣哉。故地球萬国。当以学問文芸相交。利用厚生之道。相互資益。彼此安康。共受福祉。如此則何有乎較強弱競優劣哉」と述べている。つまり、人類の文明はそれぞれ異なっているが、優劣はなく、互いに学び合い、共に益を得るべきだという。洋書の翻訳修身書といっても、東洋文化を捨て去ろうとするわけではない。著者の中村はクリスチャンで西洋事情に詳しく、洋書の翻訳を手がける一方、東大で漢文学・中国哲学を教授するほど完璧な漢学者でもあった。

つまり、一般に翻訳教科書の時代と言われるにもかかわらず、当時の知識人にとって漢学の存続、漢洋の共存・融和・折衷は自明のことだったのである。

2.2　明治12年（1879年）—明治33年（1900年）

明治12年（1879年）に「教学大旨」が発布された後、儒教主義の徳育方針が主流となったが、東洋と西洋の道徳観が同時に一つの教科書に盛り込まれているケースは極めて多い。代表的教科書は以下の表に纏めた。

表2　明治13年（1880年）—明治33年（1900年）代表的修身教科書

序	作者	書名	出版時期
1	西村茂樹	『小学修身訓』	明治13年（1880年）
2	亀谷行	『修身児訓』	明治13年（1880年）
3	木戸麟	『小学修身書』	明治14年（1881年）
4	元田永孚	『幼学綱要』	明治15年（1882年）
5	東京府	『画挿 小学女礼式』	明治15年（1882年）
6	文部省	『小学作法書』	明治16年（1883年）
7	文部省	『小学修身書 初等科之部』	明治16年（1883年）
8	文部省	『小学修身書 中等科之部』	明治17年（1884年）
9	丹所啓行・前川一郎	『普通 小学修身談』	明治19年（1886年）
10	末松謙澄	『修身入門』	明治25年（1892年）
11	末松謙澄	『小学修身訓』	明治25年（1892年）
12	末松謙澄	『高等小学修身訓』	明治25年（1892年）
13	東久世通禧	『尋常小学修身書』	明治25年（1892年）
14	末松謙澄	『修身女訓』	明治26年（1893年）
15	東久世通禧	『修身教典』	明治33年（1900年）

明治12年（1879年）以後の修身書は儒教主義の徳目を主体としているが、西洋文明の徳目を排斥せず、自然に融合されている。西村茂樹『小学修身訓』では、中国古典、日本の近世教科

書、西欧の著書からの内容がすべて含まれている。文章の出典を見ると一目瞭然であるが、例えば、『小学修身訓』上巻は『論語』（謙遜）、『中庸』『大和俗訓』（勧学）、『西国立志編』（勤勉）、「路塞夫高コセフコキル」（誠実）、「彼利の修身学」（仁愛、愛憐）、「約瑟麦」（女性を尊敬すること）などから構成されている。木戸麟『小学修身書』では、西欧の例話はあるが、それを東洋道徳の項目に入れて東洋化している。丹所啓行・前川一郎『普通 小学修身談』の例話は内外古今人士にわたると著者が述べている。末松謙澄『修身女訓』の徳目では、西洋的モラル「博愛」の内容は東洋的道徳の「忍耐」「忠義」等といった徳目に取り込まれている。東久世通禧『高等小学修身書』では、西洋的モラルの「博愛」「公益」と東洋的倫理道徳の「孝行」「信義」、日本固有の「敬神」等の徳目が等置されている。つまり、修身書の中では儒学道徳観と近代化、西洋文明が対立するものと見られているわけではなく、相互補完的なものとして積極的に取り扱われている。それについては、二つの方面を注目に値する。一方、明治の初年から明治20年（1887年）頃、教科書は民間から自由に出版された時代で、最初教科書と意識して書かれていなくて、その後ベストセラーの読み物を教科書として使用されたケースは多かった。したがって、これらの修身教科書は当時の世間一般の人々の道徳的志向や思想需要を反映する一面もあった。もう一方、表2に示されたように、明治20年（1887年）頃から明治35年（1902年）まで教科書の検定制度が導入されたため、上述した「和」「漢」「洋」の融合を重んじる道徳観は体制側の性格にも繋がるのではなかろうか。

3　国家主義に支えられた儒教主義修身教科書

明治の修身教科書において、「孝行」は明治初年（1868年）から最も重要な「徳目」として扱われており、明治12年（1879年）以後も全く変わっていない。「孝」は東洋倫理道徳の中核的存在の一つとなり、明治の国家主義にも緊密に関連する。以下はテキストに沿って、具体的に分析していく。

『高等小学修身訓』巻一は26課からなっているが、最初二課の徳目は「孝行」の内容で、他の徳目は全部一課ずつ異なっている、巻二は25課からなり、最初三課が全部「孝行」の内容で、他の徳目は一課ずつ異なっている。『高等小学修身書』は16部分からなって、「孝行」「忠君」の徳目は二課ずつ占め、それ以外の徳目は一課ずつ占める。他の修身教科書を見ても、ほぼ同じような比例の配分で、「孝行」と「忠君」が圧倒的に重要視される。また、「忠」と「孝」の徳目を合わせもつ内容が多数存在し、他の徳目であっても、「忠」の内容が散見する。例えば、『修身教典 尋常小学校用』第2課「和気清麻呂公、及その姉」は「孝」の徳目に盛り込まれているが、「和気清麻呂公は、忠義な人で、ありました」から語り始めている。それに、「忠」と「孝」が常に一緒に説かれ、「忠」と「孝」の同質性が強調されている。「孝行」がこれほど大切にされるのは、従来の東洋道徳で「孝行」が最高の「徳」であったこと以外に、「忠」「孝」の同質性から、「孝」は「忠」の元と考えられたからである。明治政府にとって、国体の統一を図る意味で、最も重視した徳は「忠」に他ならなかった。「忠」「孝」は明治政府が自由民権運動と戦う武器になりえた。明治23年（1890年）に「教育に関スル勅語」が発布された後、「忠」と関連して天皇・国を賛美する内容が各徳目に広く浸透するようになる。例えば、『修身教典　尋常小学校用』第28課「義勇公に奉せよ」は「義勇」を語る内容であるが、冒頭で「我が大日本帝国は二千五百年の昔より、末ひとたびも、外国のあなどりをうけしことなし。これ、全く、代々の天皇の、御武徳の高きと、われ等の祖先たちの、義勇をもって御国を守りたりしことなし」と「天皇」

と祖先の業績を語っている。さらに、類似した「万世一系」を強調する内容は各種の教科書で繰り返してで語られる。天皇に直接言及しなくても、『尋常小学修身書』のように、「国家」「よい日本人」「わが国」「挙国一致」「自信」「忠」「祖先と家」「護国」のようなタイトルで広い意味の「愛国主義」ひいては「国家主義」の内容が多数収録されている。

　明治修身書に国家主義が協調されたのは、西村茂樹の論説と関連付けて理解しやすいだろう。明治12年（1879年）「教学大旨」以後の修身教科書を分析する際に、西村茂樹は非常に重要な人物である。「教学大旨」によって儒教主義の徳育方針に変更され、それに即した修身教材が必要となった。西村が編集局長に任命され、誓旨に基づいて『小学修身訓』といった標準教科書を執筆した。その後、彼は徳育に関心を持ち続け、明治20年（1887年）に東京・一ツ橋外の大学講義室で「日本道徳論」を講義し、明治31年（1898年）に愛知県南北設楽八名三郡教員講習会で「道徳教育講話」を講演した。政府の教育方針により近い西村の徳育思想を開陳した以上の二篇には、「国」「民族」「愛国心」などのキーワードが頻出する。

　西村は「日本道徳論」で、「文明開化ハ固ヨリ希望スベキコトナレドモ、国アリテコソ文明開化モ要用ナレ、若シ其国ヲ失フコトハ文明開化モ施ス処ナカルベシ、故ニ今日ノ勢ニテハ、全国民力ヲ合セテ本国ノ独立ヲ保チ、併セテ国威ヲ他国ニ耀カスヲ以テ必須ノ務ト為サルベカラズ、此ノ如キ希望ハ何ヲ以テ之ヲ達スルヲ得ヘキカト問ハゞ余ハ之ニ答ヘテ国民ノ智徳勇、即チ道徳ヲ高進スルコトヨリ他ノ方法アルナシト曰フベシ」「国民の道徳ナキコトハ決シテ他国ノ畏敬ヲ受クル能ハズ」と述べている。つまり、徳育は国の独立と文明開化の前提であり、手段であるという発想が見られる。言い換えれば、国の独立、国の富強を目指して徳育が施されなければならないという国家主義的道徳論が読み取れる。さらに、「自国ニ誇ルト云ヘバ、道徳ニ背クコトノ様ナレドモ、其實ハ愛国心ヨリ発スルコトニテ、極メテ称美スベキノ感情ナリ」とあるように「愛国心」が強調されている。（西村茂樹 1942）この国家主義的発想の基底には、「国民ノ道徳衰替」が国の「危乱滅亡」をもたらすという危機感があった。こうした最も基本的かつ重要な出発点から、西村茂樹は儒教主義の徳育を選んだ。西村の思想に代表されるように、明治12年（1879年）以後の修身教科書は国の独立を守り、そのために愛国心を培うという国家主義的発想によって貫かれているのである。

　ところが、注意すべきなのは、「儒教」倫理に基づく修身教科書は学問を勧めるに当たり必ずしも「漢学」を推奨するわけではない。むしろ、修身書全体の「愛国」「忠君」のテーマに合わせて設けられた「学問」の徳目においては、何よりも「国学」を重視する趣旨が強く打ち出されている。例えば、『高等小学修身書』（巻之二）第十「学問」では、「荷田東麻呂は、幼き時より、学問を好み、あつく、国学に志せり。（中略）当時、漢学のみ、盛におこなわれて、国学を修むるもの、甚、すくなかりければ、東麻呂、大に、之をなげき、自、これが振興を任として、ひたすら勉めけり」と語られ、最後に東麻呂の出世を加えて、国学の有用性が強く推奨されている。

　つまり、明治の修身教科書の儒教主義の背景には、皇道主義、国家主義が潜んでおり、場合によって皇道主義、国家主義と完全に重なり合っている。そして儒教倫理は西欧文明の対立者、反対者として登場するのではなく、儒学と近代化・西欧文明の対立は国家主義の下で、功利主義的に和解されたのである。

4　終わりに

　明治日本の徳育は初頭の国学、漢学、洋学の対峙から出発し、初期の西洋モデルの翻訳修身教科書時代を経て、また儒教主義の修身教科書に戻っていく。このような紆余曲折の中で、儒学道徳観は挫折したり、復興したりしたが、完全に消滅することなく西洋道徳観と融合・並存し、場合によって、国家主義の道徳観とも融合し、体制側との妥協によって、長く自身を保持した。このプロセスは明治の修身教科書に如実に反映され、また日本の近代教育の発展とともに、修身教科書を通じて「仁」「義」「忠」「孝」など庶民道徳規範をはじめとした儒学道徳観が明治の若い世代に広く浸透した。当初は政治も文化も西洋モデルに切り換えようとしたかに見える明治日本において、この事実は非常に注目に値するのである。

参考文献

[1] 海後宗臣,吉田熊次.教育勅語渙発以前における小学校修身教授の変遷[M].東京：国民精神文化研究所,1934.

[2] 海後宗臣,吉田熊次.教育勅語渙発以後における小学校修身教授の変遷[M].東京：国民精神文化研究所,1935.

[3] 源了圓.教育勅語の国家主義的解釈[M]//坂田吉雄.明治前半期のナショナリズム.東京：未来社,1958.

[4] 松本三之介.明治前期保守主義思想の一断面―政治と道徳の問題を中心に―[M]//坂田吉雄.明治前半期のナショナリズム.東京：未来社,1958.

[5] 沼田哲.元田永孚と明治国家―明治保守主義と儒学の理想主義―[M].東京：吉川弘文館,2005.

[6] 高橋文博.明治十年代の道徳教育―修身教科書を中心に―[M]//西村清和,高橋文博.近代日本の成立　西洋経験と伝統.京都：ナカニシヤ出版,2005.

[7] 海後宗臣,仲新.日本教科書大系 修身[M].東京：講談社,1961.

[8] 西村茂樹.道徳教育講話[M]//吉田熊次.日本教育先哲叢書 第二十巻.東京：文教書院,1942.

作者情報

　　氏名：方光鋭
　　役職名：講師
　　所属機関：大連理工大学
　　連絡先：遼寧省大連市甘井子区凌工路2号
　　メールアドレス：2745195265@qq.com

　　氏名：王健
　　役職名：講師
　　所属機関：大連理工大学
　　連絡先：遼寧省大連市甘井子区凌工路2号
　　メールアドレス：jj74@163.com

日语听说教学中基于雨课堂的移动学习模式探索*

大连理工大学 于亮 韩兰灵 汤明昱

1 背景

在教育信息化迅速发展的今天,学习方式和途径逐渐从远程学习、电子学习向移动学习转化。移动学习是结合了数字化技术和移动技术,借助电脑、移动电话等各种智能设备开展的学习方式。跟传统学习方式相比,其最主要的特点是能够让人们随时随地搜索到自己所需要的学习内容,进行学习,具有一定的交互性,可以对教学效果进行在线评价。(张翠荣 2012)"雨课堂"是由学堂在线和清华大学在线教学共同研发的基于"互联网"和"微信"的移动学习平台,是教育部在线教育研究中心"智慧教学"项目的最新成果,雨课堂的软件界面全部基于 PPT 和微信,通过增强这两个软件的既有功能,实现了在课外教师可以推送视频、语音、课件到学生的手机上,在课内可以进行师生之间的实时沟通反馈等功能。在利用信息技术辅助教学方面,"雨课堂积极利用信息推送、实时互动等移动互联网手段,将师生和教学内容的距离拉得更近,互动更加便捷、准确、人性化,并能够对完整教学过程进行跟踪监测和实时评估……充分利用学生自己的智能手机,不会受限于公用教具,能够加入更多个性化的学习引导和充满情境性的教学设计。"(王帅国 2017:26)

本研究以日语听说课堂的教学实践为例,对基于在线教育工具——雨课堂的移动学习模式进行探究。旨在立足课程特点,选取雨课堂中适合的功能,打造日语听说课线上线下混合式教学模式,最终实现提高学习兴趣,提升教学质量的目标。

2 国内外研究现状

从2016年4月1日雨课堂正式对外开放测试使用至今,已经有超过100万名师生使用雨课堂开展教学活动,形成了一定的教学使用经验以及教学成果的总结。

王帅国(2017)介绍了雨课堂的软件系统、特点和优势,以及"幻灯片同步与'不懂'反馈""课堂习题应答系统""'手机课件'推送""'弹幕式'课堂讨论""数据采集分项"等5个功能要点,并阐述了它在教学场景中的理念创新及其在实践应用中的运行情况。同时,文章还针对如何在移动互联网与大数据背景下开展高等院校教学改革,如何有效利用教学工具开展混合式教学等研究方向进行了相关探讨。最后通过分析问卷调查发现,雨课堂受到了老师和学生们的广泛喜爱。

在英语教学实践研究方面,主要以杨芳(2017)进行的 MOOC 与雨课堂的混合式教学实践为

---

* 本文为2017年度辽宁省社科规划基金项目(L17BYY014)的阶段性成果。

主。教师可以通过雨课堂分享与课程相关的 MOOC 视频、习题、语音的课前预习、课堂教学课件和课后复习资料,还可以布置限时习题,现场统计学生的答题正确率、答案分布情况,及时了解每个学生对知识点的掌握情况。学生可以随时随地学习并将遇到的问题标记为"不懂",实时反馈给教师,或"收藏"学习内容,以用于课后复习。此外,在授课过程中开启弹幕功能,以活跃课堂气氛,集中学生的注意力。在确保课前—课中—课后的每一个教学环节都能够进行实时互动的基础上,雨课堂可以采集学生所有的学习行为数据,帮助教师量化了解学习效果,把握学习轨迹,从而及时调整授课进度与侧重点,更好地实现教与学的融合。

相比英语,日语方面的雨课堂教学实践研究还不多,较有代表性是张腾飞(2019)进行的基于雨课堂的《基础日语》翻转课堂实践研究,以《新编日语 重排本 3》第十一课「コピー食品」(仿制食品)为例,详细介绍了课前—课中—课后的雨课堂活动设计,并设置了问卷调查,结果显示绝大部分学生对该模式表示欢迎,认为该模式可提升课前预习、课后复习的效果,课堂的趣味性以及学习兴趣。

同时,也有许多研究指出了雨课堂移动教学的局限性,比如:(1)雨课堂的使用受到教室电脑硬件设备的局限;(2)雨课堂与某些 PPT 插件有不兼容的现象;(3)雨课堂的视频插入功能只支持优酷、腾讯、哔哩哔哩等网站的视频上传,而日语相关 MOOC 资源较少,教师自己制作的日语学习视频或微课视频,必须先上传至这些网站之后才能插入到雨课堂中。

3 实践概要

3.1 基本情况

课程名称:日语听说(四)[①]

实践对象:中日国际软件学院[②]大学二年级学生(下学期),平均日语水平为日本语能力测试 N3—N2 之间。共92人(3个行政班),雨课堂实践在3个班级同时展开。

由于课程内容较多,课时量少,学生其他专业课程课业较重,日语自主学习意欲较低(与日语专业学生相比),所以本着提高课堂效率,提高学习积极性的原则,选取了雨课堂中适合本课程的部分功能作为课堂教学的辅助,课下则采用预习、复习的形式,通过雨课堂监督、检查、掌握学生的学习情况。

3.2 课内实践

此处以"3月26日 翻译练习"为例进行说明。教师创建班级,邀请学生扫描二维码,实名加入班级,接着发送"翻译练习"的 PPT 到班级。练习共2道题,都来自网络,一道是日本店家误译的中文请学生改错,另一道是较长的日语请学生翻译成中文。

请学生用投稿的方式作答,并投屏共享,同时使用"随机点名"请学生选出最好的翻译。开启弹幕模式,学生可以匿名发送即时想法,如有问题可以点击"不懂"。见图1。

图1　翻译练习课堂参与情况

课内雨课堂使用小结

（1）雨课堂十分依赖网络以及手机电量,课上需要通过手机操作进行互动的时候经常有学生表示网络不通或手机没有电而无法参与。

（2）雨课堂在外语教学课堂中的使用有一定局限性。首先由于班型小,出缺席情况教师一眼既知,同时教师如果进行提问,一般都是有针对性的,会根据所提问题的难易度来选择合适的学生回答,所以"随机点名"的功能略显多余。其次,如果是听说课程,诸如弹幕、图片评论这类互动设置很多时候效果还没有直接让学生用日语来表达观点好。另外从上图也能看出学生对于这种互动的反馈也呈现出一定的差异,而且弹幕和图片评论的质量也较难保证,不限制好反倒会影响正常教学。

（3）通过课堂发布测试题来当堂检验教学效果是非常好的方法,建议提前编辑好测试题并上传到试卷库备用,如果课堂上临时添加,可能会造成课堂教学中断等情况。

3.3　课下实践

雨课堂的课下实践主要分为课前发布预习资料和课后发布作业。题型主要为客观题、主观文字题、主观口语题等。可以设置提交截止时间以及公布答案的方式。因为本课程的特点,所有预习和复习作业都需要用到"音频"或者"视频",但是由于雨课堂的限制,只能将音视频资料先上传到指定网站,才能链接到雨课堂课件中,或者通过班级 QQ 群发送音视频资料,学生下载到手机后,再打开雨课堂完成预习或复习。

3.3.1　课前预习

比如第19课「阿波踊り」,教师事先将自己搜集到的阿波舞蹈相关视频(也可以选择原网站已有的视频)和教材的听力音频上传到优酷网站,将链接添加到雨课堂课件,并设置主观口语题,要求学生在雨课堂内用语音回答,主观题需要教师手动批改(见图2a)。

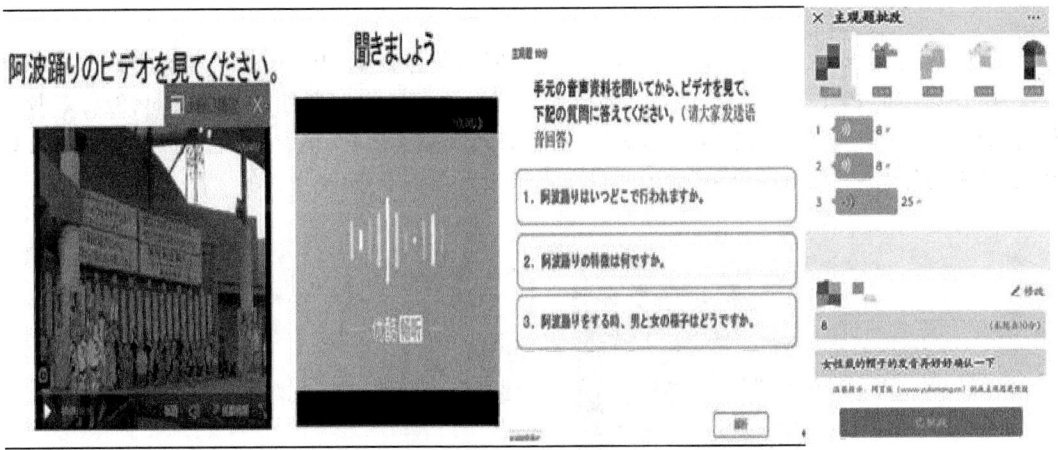

图2a　课前预习题及批改

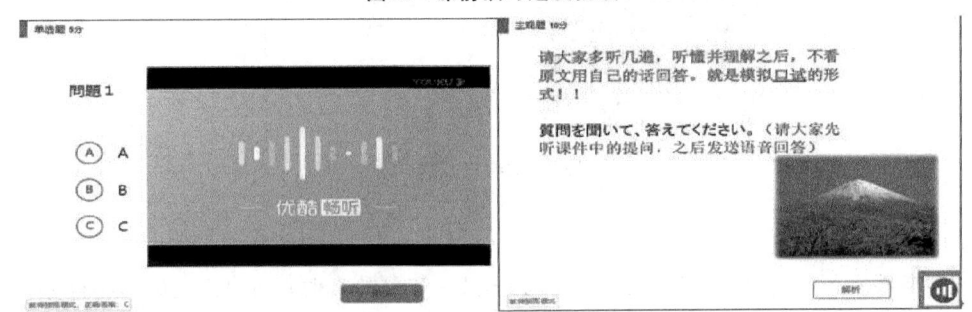

图2b　课前预习题的改进

课前预习题还可以设置听力选择题（音频文件仍然需要上传到指定网站，再链接到雨课堂课件），以及无文字的听音回答题，需要教师在上传课件到课件库时录制提问语音（见图2b右下角红框中语音标志），学生预习到这一页就会听到教师的提问。与图2a相比，此处需要学生先听懂教师的日语提问之后再用日语回答，进一步加强了听力和口语的练习。

3.3.2　课后作业

本课程中后期加入了大量日本语能力测试N2级别的听力真题，通过在雨课堂发布试卷的方式来考查学生的掌握情况，及时解决听力问题是非常方便的。首先需要将网络资料按照雨课堂模板编辑成文档，上传到雨课堂的试卷库（如图3a）。

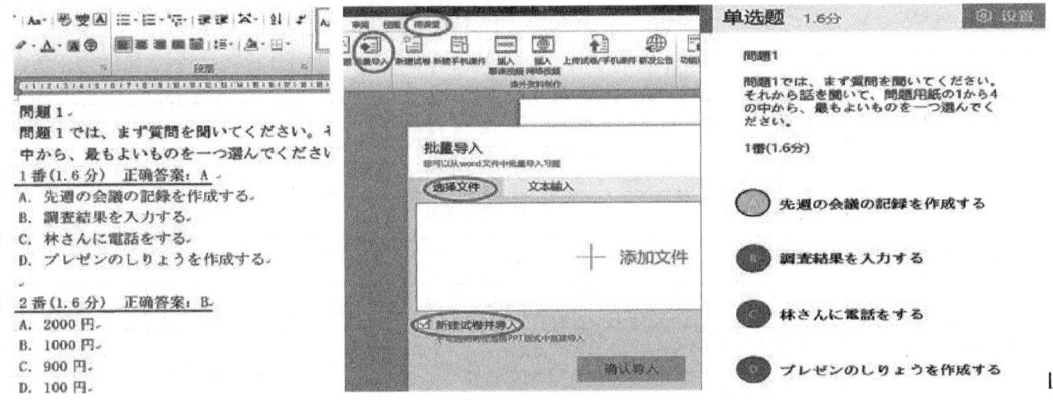

图3a　试卷制作与上传

试卷根据教学安排发布到班级,并规定作答时间和截止日期。由于听力音频通常是一个完整的文件,贯穿整个 PPT,所以无法像上文那样上传到网站再链接到课件的某一页,只能将音频文件传到班级 QQ 群,学生下载后边听边做题。截止时间后做答情况、正确率、平均分等数据都可以查询到,听力原文可以通过"公告"的形式发布以供学生自查学习(见图3b)。

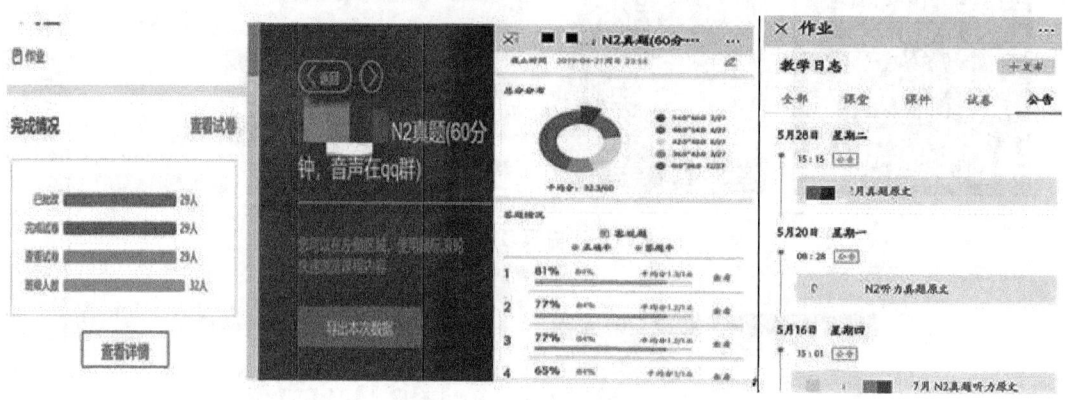

图3b　试卷完成情况

3.3.3　仿真测试

本学期共发布了9次真题试卷(随机选择具体某一年份的真题),将每次正确率进行分析比对发现,在日本语能力测试 N2 级别听力的"课题理解""要点理解""概要理解""即时应答""综合理解"五大题型中,"概要理解"的正确率最低,仅有57.4%。其他四种题型相差不大(见表1)。2013年12月的真题 B 班和 C 班完成人数都不足10人,所以不计入统计。"概要理解"开头只有背景介绍句子,无设问,无文字选项,形式多为较长的个人独白,题材涉及科技、社会、经济、健康等方方面面,难度大,所以正确率最低。

表1　历年真题仿真测试正确率统计　　　　　　　　　　　　　单位:%

		课题理解	要点理解	概要理解	即时应答	综合理解
2010年7月	A班	79.6	80.5	69.8	75.6	73.2
	B班	73.6	71.3	70.2	72.8	76.8
	C班	81	71.8	74	72.9	70.5
2010年12月	A班	89	70.8	52.4	73.3	80
	B班	68.4	76	62.6	77.5	78.5
	C班	73.4	66.8	62.6	76.2	64
2013年7月	A班	70	76.6	56.4.	73.6	79.8
	B班	62	66	54	66.7	75
	C班	54	58	48	50.8	55
2013年12月	A班	67.4	68.5	72.8	78.2	70.8

(续表)

		课题理解	要点理解	概要理解	即时应答	综合理解
2014年7月	A班	92	65.8	53	67.9	68.8
	B班	72.8	56.3	54.4	70.8	50.25
	C班	61.8	58.3	55	52.1	54.5
2014年12月	A班	78.2	70.3	55.6	66.4	54.5
	B班	64	55.2	47.2	58.3	61.8
	C班	65.4	52.5	53	60.8	47.5
2015年12月	A班	54.8	64	52.2	60.2	59.8
	B班	54.4	58.5	53.4	65.3	58
	C班	52	53.3	58.2	60.3	55
2016年7月	A班	68.2	75.7	41.8	71.6	57
	B班	66.8	69.3	50.2	68.1	65.5
	C班	69.4	61.3	49.2	63.1	53.5
2016年12月	A班	73	62.3	57.4	71.8	59
	B班	60.8	71.8	68.8	70.6	63.5
	C班	62.8	61.2	64	66.6	63.3
平均		68.6	65.7	57.4	67.7	63.8

"课题理解""要点理解""综合理解"三类题型,相对来说有较为固定的设问方式,或者有文字选项,有一定的解题技巧。而"即时应答"则包含句型语法、单词、惯用句、日本文化等多个考查面,再加上语速快、题设短,很难即时做出正确选择。虽然在表1中正确率为第二,但不排除学生随机选择,而三选一的正确率要高于其他题型的四选一的可能。根据雨课堂的测试反馈,将每次"即时应答"中正确率低于30%的题目进行汇总(表2)后发现,绝大多数都是N2级别语法相关题目,而且有的还多次出现。很多学生没有将语法题和听力题结合起来,呈现在纸面上的语法题可能做对,但是转换成听力题就不一定能听懂了。

表2 "即时应答"部分正确率低的题目统计

年份	题号	考察内容
2013年7月	4	二级语法(割に)
	5	二级语法(敬语)
	7	二级语法(〜っぱなし〜)
2013年12月	10	单词(ざっと見積もる)
2014年7月	6	二级语法(〜ことにする〜)
	11	单词(案外)
2014年12月	2	二级语法(使役、授受、敬语)

(续表)

年份	题号	考察内容
2015年12月	6	二级语法（～はともかく～）
	8	惯用表达（～ばよかったんだけど～）
	10	二级语法（もう少しで～ところだった）

3.3.4 雨课堂课下实践小结

（1）通过"作业完成时长"可以发现学生是否认真完成了预习和作业。比如后期的真题作业，完整的音频文件是53分钟，可有的学生只用了1分钟就作答完毕，明显是敷衍了事的态度。

（2）与QQ、微信、百度云等相比，雨课堂较为适合布置口语作业，无须下载，也不用担心记录会被删除（本次作业不删除的情况下），不是聊天式的反馈，而是全周期的客观数据。但是学生做口语作业时，只能发送9段语音，每段不超过60秒，或者用手机录制完整的音频通过网页版上传，但网页版又不支持直接上传音频文件，需要压缩之后才可以，检查作业的时候需要下载—解压—播放，并不方便。

（3）上传到视频网站（优酷）的视频有广告，会浪费学习时间。

（4）由于听力题的音频文件上传到网站（优酷）就变成视频格式，播放时会出现对话框，如果题目本身还有其他信息，这个题目界面就比较混乱，甚至出现遮挡选项的情况（如图4）。

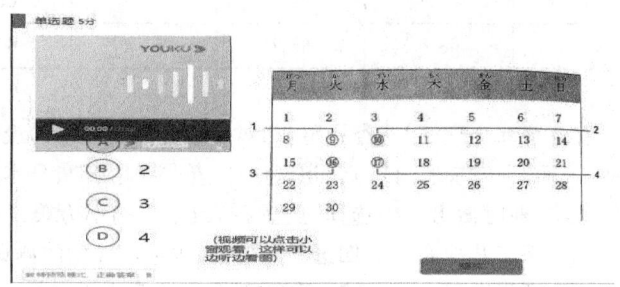

图4　图片听力题界面

4 总结

雨课堂有趣、新颖的形式激发了学生的学习兴趣，同时帮助教师量化分析学生学习情况，让教学从经验驱动向数据驱动转换。总体来说，部分功能对教学工作还是能起到帮助和促进作用的。但是从日语听说课程的角度来看，"不支持音频文件"是致命伤。同时，雨课堂需要学生的积极参与才能顺利进行，才能得到准确的教学数据，如果使用不得当，造成学生的逆反心理，使他们胡乱作答反而得不偿失。如何适度、高效、精准地使用雨课堂是我们接下来应该思考的问题。同时还要了解学生的学习水平，积极调研学生对课程的意见与建议并及时做出反馈，从而使教育技术更好地推动课堂教学的进步。

注

①必修科目。64课时。使用的主要教材为《中级日语听解教程》（大连理工大学出版社）、《每日の聞き取り（中級）》（凡人社）。教学目标：要求学生掌握多种生活场景中的日语表达，能够进行一般性的语言交流，达到

日本语能力测试N2级听力水平,并具有一定的跨文化交际能力。
②即大连理工大学-立命馆大学国际信息与软件学院,该学院是中日两国政府在高等教育本科层次上设立的第一个中外合作办学机构,主要专业有"软件工程"和"数字媒体技术"。日语作为通识与公共基础课程,学习两年。

参考文献

[1] 张翠荣.移动学习在职业教育教学中的应用研究[D].天津:天津大学,2012.
[2] 王帅国.雨课堂:移动互联网与大数据背景下的智慧教学工具[J].现代教育技术,2017(5):26-32.
[3] 杨芳,张欢瑞,张文霞.基于MOOC与雨课堂的混合式教学初探:以"生活英语听说"MOOC与雨课堂的教学实践为例[J].现代教育技术,2017(5):33-39.
[4] 张腾飞.基于"雨课堂"的翻转课堂模式在《基础日语》课程中的应用[J].智库时代,2019(7):178-179.

作者信息

姓名:于亮
职称:副教授
单位:大连理工大学开发区校区外语教育中心
联系地址:大连市经济技术开发区图强路321号
电子邮箱:yuliang_1979@aliyun.com

姓名:韩兰灵
职称:副教授
单位:大连理工大学开发区校区外语教育中心
联系地址:大连市经济技术开发区图强路321号
电子邮箱:lanling@dlut.edu.cn

姓名:汤明昱
职称:讲师
单位:大连理工大学开发区校区外语教育中心
联系地址:大连市经济技术开发区图强路321号
电子邮箱:296525854@qq.com

日语专业研究生日本文化导论课程建设的几个问题

西北大学 张艳萍

在西北大学日语专业硕士研究生培养方案中,根据我校硕士研究生培养目标中的课程体系,设置了专业平台课和专业方向课,专业平台课被定为专业必修课程,专业方向课属于选修课程。日本文化导论属于专业平台课程,是硕士必修课程之一,也是硕士研究生选择的主要研究方向之一,该课程在硕士生培养之中占重要地位。自该课程开设以来,任课教师积极投入教学并引导学生投入到日本文化学习与研究之中,尤其是中日两国文化渊源关系,似乎更容易吸引学生。但是在研究生学术成果中,没有出现特别优异的成果,而且将日本文化作为硕士毕业论文选题的学生为数较少。为了使学生对日本文化研究产生浓厚兴趣,提高对日本文化研究的关注度及学术成果的产出,必须在该课程建设中梳理其中存在的问题,并思考解决这些问题的对策。

1 日本文化导论课程存在的问题

1.1 日本文化导论课程的现状

硕士研究生培养目标就是完善学生的知识结构,培养学生的研究素养和研究能力,提高学术成果。培养目标要贯彻于整个培养环节,最终目的就是培养其独立研究的能力。硕士研究生课程和学生知识结构、研究方向紧密结合,日本文化导论课程是完善日本文化知识结构和培养学生研究日本文化理论与方法的课程,但是,在近几年的硕士生培养中,学生对日本文化研究兴趣不是特别的浓厚,学术成果不佳,该课程的引导作用甚微。同时,由于本校的日语硕士点成立时间较短,各个方向的研究力量比较薄弱,研究成果积累较少,所以需要通过课程建设,精准解决课程中存在的问题。

1.2 课程教材与教学相关的问题

首先,硕士研究生日本文化导论课程国内没有统一的使用教材,甚至日语专业本科生和硕士生使用的教材也没有明显区分。在笔者服务的大学,基本是任课教师自选教材。目前,在国内能搜集到的日本文化史或者概论类的书籍有叶渭渠的《日本文化史》和《日本文化通史》,姜建强的《另类日本文化史》,王勇的《日本文化》,韩立红的《日本文化概论》,王秋菊的《原典·日本文化论》,吴松芝等编著的《日本文化探究》及阿尔伯特·克霍格著、李虎译的《哈佛日本文明简史》等。其中既有中国专家编撰的中文版和日文版的教材,也有美国专家编撰的英文教材的汉译版。中国专家编撰的教材是站在中国立场上分析日本的文化事件的,也存在偏重中日交流史的书籍,美国专家编撰的教材则站在美国的角度分析问题,偏重有所不同,存在一定的差异。而且因教材编者不同,教材讲授的内容、文化事件的立场、分析的深度及文化理论等也不尽相同。无论中文还是日文版本,有的教材稍显陈旧,对日本最新文化现象明显存在未涉及之处,其他相关的日本文化论著不适合

作为日本文化导论课程的教材。同时,在笔者接任该课程之前,存在使用中文版教材的现象,对巩固和提高学生的日语语言水平作用较小,甚至拉低了学生的日语表达水平,学生既觉得索然无味,也无法掌握日本文化事件中的专业术语。

其次,按照硕士生的培养方案,该课程实际授课课时是36学时,无论是哪个版本的教材都无法全部授完。因此,如何选定教材,如何搞教材建设,如何既结合教材又关照学生的研究重点地授课,课程内容如何删减等都是该课程建设的重大问题。

1.3 专业知识结构和独立研究能力的问题

日本文化专业知识的内容相当庞大,其内容时间跨度特别长,关于文化的研究理论因专家而不同,丰富多样,每个研究方向的相关参考资料非常繁多。所以无论哪个版本的日本文化导论课程教材,在构建学生专业知识结构方面既有所长亦有欠缺,而且,在有限时间内,任课教师要将日本文化通史讲述透彻并要求学生掌握,又要求学生具备良好的知识结构,是不太现实的。同时,任课教师的研究领域亦不可能那么宽泛,必然对教材的关注部分各异。所以,在课程建设中,任课教师必须提前拟定学生的阅读书单,指导学生有效阅读相关参考书籍,查阅相关论文资料,完善日本文化专业知识结构。在阅读过程中思考,发现问题并解决问题,这就是独立研究能力,也是学生普遍欠缺的能力。

1.4 学生的问题意识与论文选题的问题

硕士研究生通过日本文化导论课程,大量阅读相关书籍及参考资料,完善了日本文化专业知识结构,逐渐培养了日本文化的感受能力,体会到不同文化之间的差异,具备了较为宽广的视野和知识素养,掌握了日本文化史中的文化事件,也掌握了研究理论与研究方法。但是,仍存在学生的日本文化研究的问题意识不强,不知如何选题的现象,造成这一现象的原因是,学生在教学过程中只是被动接受知识,调查不深,资料阅读不够,没有经过自己分析思考,学习过程中缺乏问题意识及独立研究问题的能力。如何从所掌握的文化知识中培养问题意识和确定自己的选题也是一个难点。

1.5 高素质的专业教师梯队建设问题

一个大学日语专业硕士点的成立,需要其本科专业教学长期的积累与教师队伍建设质量的提升。尤其是教师队伍建设尤为重要,一定要宏观把握教师研究方向的平衡,明确划分语言学、文学、文化学等学科,哪一个研究方向的教师都不能缺少,且年龄分布均匀,形成一个梯队,在各自的研究领域相互传承,积累研究成果,壮大研究团队,提高授课质量。同时,建设高质量高素质的专业指导教师队伍也是日本文化导论课程持续发展的必备的软实力,本校在该方面还存在不足之处。

2 针对日本文化导论课程存在问题的解决对策

2.1 课程的教材建设与改善授课方法的对策

首先,教材建设是课程建设示范作用的标志。目前,国内学者编撰的可以供硕士研究生日本文化导论课程使用的教材为数较少,适合国内硕士生使用的日本学者编撰的教材也为数较少,而文化理论的参考书目为数不少,还有大量的相关参考资料,教材选定比较困难。在笔者收集的日本文化史相关书籍中,石田一良等编著的《日本文化史概论》比较适于教学,其优点是文化事件分析忠实于历史,既有研究理论又有研究方法,正在本校的日本文化导论教学中试用。该教材美中不足的是内容特别庞大,因此,笔者在备课时,去其烦冗部分取其精华,形成了一份教案。即使是精简教案,按照原始文化、古代文化、中世文化、近世文化、近代文化顺序授课,也几乎无法完成其

内容。因此，在实践中，笔者按照近代、近世、中世、古代、原始的顺序授课，即使最后剩下部分内容，但是对学生研究日本文化最关注的部分没有影响，效果比较好。其次，发扬传统授课方式的优势，课堂以学生为中心，发挥研究生的自主学习能力，任课教师提前给学生布置课程的阅读任务，达到积累知识量、完善知识结构的目的，让学生思考并发现对日本文化的兴趣点。其三，采取课堂讨论形式与现代化手段结合的授课方式，让学生就自己关注的某个问题，结合课前阅读，继续深入查阅论文书籍，在课堂上发表资料综述，就该问题总结前人的学术成果及价值，探讨尚未解决的问题或者存在的相异之处。以讲授中世文化课程为例，每位学生在20余个问题中选择4个左右进行查阅，如阿国与歌舞伎的诞生，中世纪的人本主义，丰臣秀吉为何禁止天主教，藤原惺窝、林罗山与朱子学，山崎暗斋与垂加神道，朱子学在日本的变化，德川幕府时代的四民政策，加茂真源、本居宣长与复古思想，中江藤树与阳明学，町人文化的特征等。查阅后在群内共享，采用课堂发表后集体讨论的授课方式，使教材、学生及学生关注的问题有机地结合为一体。最后，本课程组的教师利用现代化多媒体教学手段，以自己的研究方向为主线，将研究成果及关注的问题录成视频或者网课，让学生在课外观看，扩大学生对日本文化研究的认知，学生可以根据自己的需要，选择性地收看。

2.2 达到教学目标的对策

在研究生教学过程中，始终贯穿着教学目标。课堂上不单要传授知识，重要的是培养学生发现问题、解决问题的综合能力及高级思维，训练他们独立研究的能力和思维。首先，在教学中，任课教师先列举几个案例示范如何分析，但案例不能太多，例如"朱子学在日本中世文化中的际遇"，总结得出幕府为了维持意识形态统治而采纳了朱子学思想，但是朱子学是中国科举制度必考的科目，日本则不然。再者，以朱子学为指导思想的日本幕府将军、武士阶层和中国式大夫阶层，生活环境及背景大不相同，显然朱子学思想在日本有不服水土之处。另外，还以"近代文化中日本神道教的国教化"为案例进行了研讨，认识到神道教原本是日本传统的民俗宗教，而其国教化是出于政治、宗教目的及道统自立愿望的决策。学生抓住了论题的本质，发现问题认识问题解决问题的综合能力有所提高。其次，结合学生的文化知识，指出与该论题相匹配的研究理论与研究方法，研究理论与方法是硕士研究生教学中绝对不能忽视的重点，并一定要植根于学生的思维之中，不可或缺。其三，教师给学生布置调查截至目前该论题的国内外研究现状的课后作业，每人承担一部分，学生在调查过程中，往往只注重调查国内的研究资料而忽视了国外部分，不能全面反映研究现状，这点需要注意。最后，课堂发表个人的调查结果，总结该论题的研究要旨和最新研究成果，关注该论题的学术动态和研究前沿，将最新研究成果融入课堂，讨论该论题尚未研究之处、各人不同观点及有待解决的新问题。以此，既教授了研究理论和方法，培养了学生的独立研究能力，又训练了学生如何选题，可以达到提高学术创新能力和研究素养的教学目标。

2.3 任课教师的研究导向和该课程必须遵循的原则

在硕士生培养方案的课程体系中，每一位任课教师都有自己主攻的研究领域，所以在整个授课过程中，容易产生研究导向问题。在该问题上，主张优先考虑学生研究的志趣及长期关注的问题，不能勉强学生选择研究方向必须和某个导师保持一致。任课教师根据自己的研究方向进行学术引导，让学生试选一个日本文化小问题着手研究，参加研究生学术活动，完成一篇学年论文，逐渐规范学术论文写作，并引导学生参加学术交流会，逐渐积累研究成果，让学生有获得感。笔者认为，在该课程中必须要遵守以下几个原则。(1)活用教材及教案的原则，避免照本宣章，要扩大学生的阅读量，开阔视野。(2)以问题意识为导向的原则，让学生带着问题意识上课和阅读，发现日本文化中存在的问题。(3)学术引导原则，在学术研究方面，吸纳学生参与任课教师的科研项目，积极参加各种学会，掌握学术前沿动态，引导学生发现问题、思考问题、解决问题，学以致用。

3 小结

某一精品课程的建设,不但需要该校的该专业具备该课程的教学历史及科研积累,还需要课程建设组长远的计划,多种因素综合在一起才能成功。关于硕士研究生日本文化导论课程建设,笔者在此主要讨论了目前的四个主要问题及应对策略:必须编撰适合本校研究生的教材或者教案,并将其投入到教学之中,这是该课程建设的重点;在课程建设中,必须达到教学目标要求,具体教学方法可以根据学生的关注点适当调整;在问题案例分析中,培养学生的问题意识、独立研究能力及研究素养,使学生有获得感;任课教师引导学生,以问题为导向,参与教师的科研项目,参加学术会议,发表论文,培养学生发现问题、研究问题的能力,为今后的独立研究打好基础。该课程建设的长远目标是建设一支年龄呈阶梯状分布的日本文化研究能力强的高素质的教师梯队,提高教学质量,加强研究成果,培养人才。

参考文献

[1] 张兴华."概论"课从教材体系向教学体系转化的几个问题[J].中国大学教育,2019(3):63-67.
[2] 韦立新.2017年度中国的日本文化研究[J].日语学习与研究,2018(5):82-89.
[3] 克雷格.哈佛日本文明简史[M].李虎,林娟,译.北京:世界地图出版公司,2014.
[4] 麦克盖根.文化研究方法论[M].李朝阳,译.北京:北京大学出版社,2011.
[5] 巴克.文化研究—理论与实践[M].孔敏,译.北京:北京大学出版社,2013.
[6] 鲍尔德温等.文化研究导论[M].陈东风,等,译.北京:高等教育出版社,2004.
[7] 罗钢,刘象愚.文化研究读本[M].北京:中国社会科学出版社,2000.
[8] 韩立红.日本文化概论[M].天津:南开大学出版社,2003.
[9] 叶渭渠.日本文化史[M].桂林:广西大学出版社,2003.
[10] 叶渭渠.日本文化通史[M].北京:北京大学出版社,2009.
[11] 王秋菊.原典·日本文化论[M].北京:北京大学出版社,2015.
[12] 姜建强.另类日本文化史[M].上海:上海交通大学出版社,2014.
[13] 王勇.日本文化[M].北京:高等教育出版社,2001.
[14] 吴松芝,刘君梅,董江洪.日本文化探究[M].北京:中国文史出版社,2014.
[15] 内藤湖南.日本历史与日本文化[M].刘克申,译.北京:商务印书馆,2018.
[16] 津田左右吉.日本的神道[M].邓红,译.北京:商务印书馆,2011.
[17] 石田一良.日本文化史概論[M].東京:吉川弘文館,1968.
[18] 桑原武夫.明治維新と近代化[M].東京:小学館,1984.
[19] 中野明.日本文化論[M].東京:朝日新聞出版,2015.

作者信息

姓名:张艳萍
职称:副教授
单位:西北大学
联系地址:陕西省西安市长安区学府大道一号西北大学外国语学院 邮编710127
电子邮箱:976797272@qq.com

提高双专业复合型外语人才培养质量对策研究

大连交通大学 王盟

随着经济全球化的发展,近年来社会、企业对外语人才的培养提出了更高的要求,对纯语言型外语人才的需求越来越少,人才需求多元化的趋势使得培养具备外语与其他学科素养的复合型人才成为经济社会发展的客观要求。大连交通大学紧抓软件产业机遇,结合社会对外语人才的需求,创办了"日语+软件工程""英语+软件工程"专业,着重培养双专业复合型的外语人才,这已经成为我校的办学特色之一。

大连交通大学通过十多年的摸索与研究,建立了一套较为完善的双专业复合型外语人才培养模式。本研究以此为前提,着眼于社会对双专业复合型人才的需求特征,结合外语教学的特点,即实践教学比重大的特点,探讨该模式是如何培养出本领过硬的高素质复合型外语人才,更好地适应经济社会发展需求的。

1 研究内容

1.1 外语人才培养的经验与问题

一直以来人才培养质量问题是高校工作的重点,关于如何提高人才培养质量的研究也是各大高校积极探索的课题,提高外语人才培养质量也不例外。通过对各兄弟院校进行调研,并结合近年相关研究,归纳总结出提高外语人才培养的经验如下:

(1) 建立完善的课程体系和培养方案,以提高人才培养质量。
(2) 从教学手段与方法入手,探寻适合外语教学的方法与手段,从而提高外语教学质量。
(3) 加强师资队伍建设以提高教学质量。
(4) 教材建设,编写适合专业特色的教程,内容更新颖,从而提高人才培养质量。
(5) 增设实践教学环节,培养学生兴趣爱好,让教学与实践更好地结合。
(6) 加强校企合作,促进国际交流与合作。

同时,总结近年来研究情况,发现现有外语人才培养主要问题如下:

(1) 多数学校没有充分考虑到社会对人才的多元化需求,缺乏与其他学科交叉合作的立场,单纯地从外语教学的角度考虑人才培养模式、教材的编写、外语第二课堂的开设等。
(2) 多数学校坚持走传统语言文学为主的道路,虽然也增加了实践教学环节,能够体现在外语第二课堂的设置上,但是由于担心会削弱外语专业的人文性,降低其整体学科水平,所以力度不够大。
(3) 虽然也提倡校企合作,推进国际交流与合作,但是没有充分利用社会资源导致合作发展迟缓。

(4) 每个对策研究相对孤立,没有彼此关联起来,形成一个相互促进、相互提携的良性发展。

在回顾我国各高校外语人才培养模式创立发展过程的基础上,总结提高复合型外语人才培养的历史脉络与经验,发现现阶段主要存在以下几个方面的问题。

第一,改革思路不够发散,缺乏与其他学科交叉合作的思路,复合型外语人才培养模式没有得到充分体现。

第二,由于担心会削弱外语专业人文性,从而降低其整体学科水平,所以改革力度不够大。

第三,改革方法比较单一、孤立,没有充分地利用社会资源,形成一个相互促进、相互提携的良性发展。

1.2 提高双专业复合型外语人才培养质量的对策

系统梳理当前人才需求现状,在先行研究的基础上,参考国内外提高人才培养质量的经验,设计双专业复合型外语人才培养创新策略。改变以往对策研究的不足,选择更加符合人才培养质量需求的内容与形式,充分利用社会资源,做到知行统一。

对策一,修订完善双专业复合型外语人才培养方案。

总结以往外语人才培养质量对策研究经验,并根据社会对复合型、应用型外语人才的需求,首先应该构建一个更为合理、更为完善的人才培养方案,这是提高双专业复合型人才培养质量的前提。复合型外语人才的培养不能缺少学科交叉课程的设置,但由于以往对复合型外语人才培养理解不够透彻,人才培养定位不够准确,同时课程设置中学科交叉课程的设置为选修课,往往流于形式,同时在实践环节课程中也没有复合实践课程,不能很好地突出双专业复合型外语人才培养的目标,无法保证人才培养质量。因此有必要对培养目标、规格及复合融合课程设置等一系列问题进行深度改革,重新修订培养方案。

对策二,重视学科交叉复合课程的建设。

以往的课程建设主要集中在专业基础课和主要专业课的建设上面,忽略了学科交叉复合课程的建设,缺乏与其他学科交叉合作的思路,培养复合型外语人才的目标没有得到充分体现。

虽然在2011版的培养方案中已经开设外语与软件工程交叉融合的"IT日语""IT英语""软件工程概论(日语)"等复合课程,但因为不够重视课程建设,不能很好达到课程开设的最终目标。因此在新修订的培养方案的推动下,加强了对复合课程的建设。具体对策如下:

(1) 选出骨干教师进行学科交叉知识的集中培训,培养"双师"素质,其目的是使外语教师能用外语讲述IT行业的相关基础知识。

(2) 组织骨干教师针对复合课程编写教程。

(3) 改革考核形式,加大平时考核的比重,更加注重学生平时的学习状态和学科交叉知识的实际运用能力。

对策三,改革教学方法,加大实践环节的力度。

外语教学本应该更加注重实践环节,但是以往的教学比较侧重理论知识的讲解,对实践过程不够重视,因此学生的实际听说能力较弱。为了改变现状,需要改革外语教学法,加大实践环节的力度。

首先,改革教学方法,增加课内实践教学学时。

以"日语视听说"为改革试点课程,进行了如下的改革。(1)通过多样化的教学手段,活跃课堂气氛,调动学生的能动性,从视听说多模态训练学生听说能力,从而达成有效地提高学生视听说实际运用能力的目标。(2)压缩听解理论讲解时长,加大课内实践力度,讲解与实践比重为1:3,即课内1/4精讲+课内3/4实践,从而提升课内教学效果。突破传统逐句讲解的方法,大大缩短听解理论的讲解时间,留出更多的时间进行课内互动实践。(3)强调课内与课外有效结合,同时辅以任

务型教学法、情景教学法和联想教学法,使得理论讲解与实践运用有效结合,从而达到提升教学效果,提高学生自主学习能力的目的。(4)考核形式多样化,期末试卷成绩只占总成绩的40%,采取多次评价和随时评价等方式,突出过程性,同时注重差异评价,为教师全面了解学生提供准确和动态的依据,也可以使学生更清晰地掌握自己的实际情况,利于激发他们学习的动力,挖掘学习潜能,改进学习策略等。

将听力课程改革取得的经验和成果逐步推广到外语教学的其他科目中,不断加大课内实践学时,让学生有更多机会进行外语实践,从而不断提升双专业复合型外语人才培养的质量。

其次,丰富课外实践活动,并鼓励学生积极参与。

过去对学生的实践能力的培养不够重视,所以课外实践活动也相对单一而贫乏,学生兴趣不高,教师指导又不够及时,从而没有收获良好的效果。因此采取了以下对策:一是丰富课外实践活动的形式与内容,让学生感兴趣;二是制订活动时间表,保证实践活动能定期举行,不再存在临时通知不到位的情况;三是指定教师专门负责,保障了教师的指导及时到位;四是建立奖励机制,鼓励学生积极参与,对能够长期坚持参加,或在各种竞赛中取得名次的学生给予加分或学分的奖励。

学生通过课外实践活动不仅能够灵活运用专业知识,而且也能拓宽知识面和视野,提升对知识的综合运用能力和实际分析解决问题的能力。

对策四,积极推进校内外实习基地的建设。

以往校外实习完全靠学生自己寻找,难度大而且对学生的激励也不够。因此会有相当一部分的学生放弃寻找。学校、学院为了解决这个困境,积极有效利用优秀校友资源、外教资源和社会资源,进行校内外实习基地的建设,为学生提供接触社会实习实训的机会,为与企业的无缝对接奠定基础。同时对派遣到基地实习的学生也有专业知识、学习成绩的要求,本着自愿报名、择优录取的形式来选拔实习生,学生就有了动力,能更好地完成学业,参加实习,为将来找到称心的工作做充分的准备。

社会实践活动能够使学生走出校园,走出国门,走向社会,是培养锻炼学生适应社会,自我解决问题的能力的重要渠道,也是促进学生健康成长的有效途径,它增强了学生服务于社会的思想觉悟,并能更新学生观念,树立其正确的世界观、人生观和价值观。

1.3 提高复合型外语人才培养质量的对策的实施策略

首先,抓重点,以点带面。外语教学中听说能力是培养的关键点,也是学生最难掌握的外语技能。应该首先解决重点问题,所以外语教学方法改革与实践环节设置改革并不是在全部课程全面铺开,而是以《日语视听说》课程为试点,逐步展开。经过一年的对策实施,将听力课程改革所积累的经验和取得的成果逐步运用到外语教学的其他科目,以此带动外语教学整体教学水平的提高和教学质量的提高。

其次,课内实践与课外实践齐头并进。外语实践是学生掌握听说读写译五大外语技能的重要途径。鼓励学生积极参与各项实践活动,无论是课内还是课外的实践活动都不能漏掉。课内实践环节是对新知识的强化训练,而课外实践环节是对综合运用已学过的知识的能力的培养。课外实践活动可以本着自主自愿的原则,保证人人都有机会,同时也激励了学生努力学习,不断提升自身能力与素养。

最后,突出特色课程。双专业复合型人才培养本身就是我校办学特色,因此学科交叉的复合课就是特色课程。重视特色课程的建设,旨在培养学生用外语讲述IT行业知识,以外语为交流工具,进行行业专业操作。首先要培养几名骨干教师具备"双师"素质,然后再组织编写复合课程的教材。要让复合课程有人上课,有具体内容讲授,而不是仅仅流于形式。

2 研究结论

本课题围绕提高双专业复合型外语人才培养质量的对策问题进行研究。通过现状调查研究明确了提高复合型外语人才培养质量的问题点,根据我校现有资源和"日语＋软件工程""英语＋软件工程"两个双专业复合型外语人才培养的现状,结合企业、社会对复合型外语人才的需求研究制定对策,力求突破已有模式的束缚,创新解决问题的途径与对策。

对所制定的一系列对策,具体贯彻实施一年期间,结果总结如下。

首先,以服务和推动地方经济发展为主要目的,进行复合型外语人才培养的研究。其中,修订和完善双专业复合型外语人才培养方案就是解决复合型外语人才培养质量问题的关键。

满足软件产业的人才需求,紧密围绕软件产业所涉及专业的特点,以软件行业发展为目标导向,以高校与行业共同培养复合型外语人才的双赢方式为前提,以解决复合型外语人才培养质量问题为核心,实现学校育人与企业用人实现无缝对接。这可以说就是双专业复合型外语人才培养的内涵。抓住内涵,明确人才培养定位,合理规划双专业课程的设置与衔接,形成一套科学、合理、实用的培养方案是十分重要的。因此在本课题开展初期,就集中力量修订培养方案。摒弃以往对削弱专业性的顾虑,解放思想,大大压缩了专业课的学分,加大实践环节的学时和学分。同时课程设置更具有复合型的倾向,如开设商务礼仪、信函写作、企业文化等课程,更好地服务今后的就业需求。完善的双专业复合型外语人才培养方案为接下来的一系列对策的设定提供了理论依据,起到了指导性作用。

从2014级学生开始实施本课题组修订完成的培养方案,目前进展良好,学生的双专业课程学习的压力大大减轻,让学生有更多参与实践的时间和空间,为提高人才培养质量提供了保障。

其次,学科交叉融合的双专业复合型外语人才培养模式是根据社会经济的需求打造的特色人才培养模式,保证了人才输出的优势。

复合型人才培养的关键特色就在于两个专业的交叉融合,因此在课程设置上也突出了该特色,开设了"IT日语""软件工程概论(日语)"等专业复合课程。同时加大了复合课程的建设力度,以骨干教师为首,逐步面向全体教师进行跨学科交叉知识的培训,提升总体师资力量和"双师"素质,在本课题组成员的带动下组织编写复合课程的教材。另外,作为综合考核学生专业水平的毕业论文实践课程,也力求创新,突出体现了复合型外语人才培养的要求,即要求学生用外语来书写软件专业毕业设计所开发程序的内容。从专业课到实践课都加大了复合的力度,保证特色名副其实,确实有效地提高了复合型外语人才的培养质量。

最后,积极推进国内外实习基地建设,使学校教育与企业育人紧密结合,更好地实现课堂教学环节与课外实践环节有机结合。

要主动适应市场对人才的需求的变化,改变观念,加大人才培养改革力度,进一步强化外语实践教学环节,不能让学生一直停留在课堂上。实践教学要实现校内外相结合、课堂内外相结合,充分体现教育教学与社会实践相结合。让学生走出课堂,鼓励学生积极参加各种实践活动,在与社会不断接触的过程中学会运用专业知识解决实际问题,从而提高学生独立思考、分析问题、解决问题的能力并使他们逐渐具备团队合作精神、创新精神和创业精神。

随着经济全球化的发展,走出校门,走出国门去体验社会是很有必要的,要让学生在学到更加先进的专业知识与技能,提高获取新知识和信息的自主学习能力的同时,开阔视野,提升个人的综合素质。于是我们大胆假设,勇于创新,突破以往形式单一、交流层次单一的状况,不仅要走出去,还要引进来,积极推进与国外相关企业、学校的交流合作,积极推动学校国际化发展,提高学校声誉,同时也为教师提供国际交流进修的机会,为学生提供更好的实习平台。

通过不懈的努力,保证了所有对策都比较顺利地实施,较好地提高了双专业复合型外语人才培养的质量,具体表现如下。

(1) 以日语视听说课程为试点的教学方法改革取得了阶段性的成功。通过对学生的问卷调查分析得知学生普遍能够接受新的教学理念,并且很喜欢实践教学环节,激发了学习外语的热情,提高了自主学习的能力。从期末考核成绩来看,不及格率大幅度下降到5%以内,同时优秀率也有了一定的提升,说明收到了良好的教学反馈,达到了预期目标。

(2) 通过丰富课外实践活动,提高了外语综合运用能力。其中演讲俱乐部培养的学生代表学校参加演讲比赛获得了优秀的成绩。不断地参与实践活动增强了学生的自信心与成就感,提高了复合型外语人才培养质量。

(3) 社会实践活动,尤其是企业实习实训让学生切实地了解了企业对就职的要求。因此近几年来学生积极参加各种校内外举办的相关技能的培训并获得资格证,如日本簿记考试、IT资格认证、翻译资格考试等。同时对考核专业水平的英语专业八级考试、日本语能力测试N1考试的重视度也逐步提升,累计过级率均超过90%,为今后的就业奠定了基础。

(4) 由于专业定位准确且特色突出,又注重人才培养的质量,近几年来,每年就业率都超过90%,几乎每个学生都能找到称心的工作。同时从近几年就业单位反馈的信息来看,用人单位很满意,树立了良好的口碑,为后续毕业生就业奠定了良好的基础。另外,在高就业率的影响下,招生发生了从调剂至本专业到第一志愿报考本专业的变化。

本课题的研究取得了一定的成果,达到了预期目标,也能为相关人才培养质量问题提供参考。但仍然存在复合课程的设置不够丰富,对外交流还不够频繁等现实问题。因此,提高双专业复合型外语人才培养质量的对策研究还需要不断解放思想,创新对策,与时俱进。

参考文献

[1] 邢丘丹,李雯.对日软件外包人才需求分析[J].技术与创新管理,2009(1).
[2] 徐维祥.创建一体化双专业复合型人才培养模式[J].中国高等教育,2009(7).
[3] 许立,钟恩升,吴爱萍,等.双专业复合型人才培养模式重构研究[J].高等农业教育,2010(8).
[4] 董振宇,王莉莉.面向软件外包行业的人才培养方案讨论[J].吉林工商学院学报,2010(11).
[5] 郑秀梅.多模态话语分析视角下提高高校外语课堂教学质量研究[J].黑龙江高教研究,2014(9).
[6] 闫丽俐.工科院校英语专业发展思路初探:基于多元人才观[J].郑州航空工业管理学院学报(社会科学版),2014(10).

作者信息

姓名:王盟
职称:副教授
单位:大连交通大学外国语学院日语系
联系地址:大连市甘井子区万科蓝山15#
电子邮箱:wadlmm@163.com

中国における簿記教育の発展現状及び日本語複合人材育成の取り組み

大連東軟信息学院　徐学超

1　はじめに

　2015年の国際交流基金の統計によると、中国には950,000人以上の日本語学習者がおり、日本語の専攻は「小さな言語」ではなく、真の「大きな言語」と呼ぶことができよう。同時に、世界経済の変化により、中国における日系企業は様々な分野に進出し、その業務範囲は幅広く、企業の人材に対する要求が多様化する傾向がある。筆者から見れば、昔のようなシングルタイプの日本語の人材は、もう人材市場の要求に適応できないと言えよう。「語学力＋α」「日本語＋簿記知識」「日本語＋IT知識」など、所謂「複合人材」が必要とされている。故に、日本語を専攻している学生にある程度の財務知識を教え、簿記資格を持たせることも時代の要請であろう。

2　先行研究

　2012年、日本の公的機関である全国経理教育協会（ZENKEI）と大連TAC現代教育協会は力を合わせ、「全経簿記検定」を中国に導入し、中国で簿記教育のトレーニングとテストの拠点を設立した。それが契機となり、中国における簿記に関する研究は始まった。今日までの「簿記教育」「日本語＋簿記」をめぐっての研究に関し、主に2つのカテゴリに分けられる。1つ目は簿記の発展歴史と簿記検定試験のシステムに関する研究である。賽那（2012）は、日本の簿記試験制度の歴史、内容について論じている。中国も日本の簿記試験制度に学ぶべきだと提案し、非政府組織は中国の会計検定試験を組織、管理すべきだと指摘した。二つ目は簿記教育に対応した教育体系の構築、簿記教育の実施法に関する研究である。董海礁（2018）は、日本語簿記コースの指導におけるタスクベース（TBLT）の指導法の適用について議論し、タスクベース（TBLT）の指導法は、日本語簿記コースの指導に明らかな利点があることが実証された。呉双（2018）は、教育現場のニーズにより、「キーワード」教育法の合理的な使用は、簿記教学の質向上に効果があると指摘した。

　以上のように纏めてみると、簿記教育のあり方、教授方法などについての研究はまだ手探りの段階であるが、喫緊の課題と言えよう。そこで、本稿は上記の点をを踏まえつつ、全国経理教育協会大連事務局の担当者のインタビューと大連地区主要大学の現地調査を元に中国における簿記教育の発展現状をまとめ、そして日本語複合人材の育成方法を提言したい。

3 中国における簿記教育の発展現状

3.1 簿記講座の開講状況

簿記とは、簡単にいえば「一定のルールに従って、お金やものの出入りを帳簿に記録し、計算・整理すること」である。簿記の学習は、業務(経理・財務 BPO)に対する専門知識を高めることができるだけでなく、企業活動の基本的な仕組みを理解し、仕事を行う上での計数感覚を養うこともできる。故に、「日本語＋簿記」人材の育成はますます注目される。今回の調査により、中国では現在東北経済財政大学、大連外国語大学、大連東軟情報学院、大連民族大学、吉林外国語大学、上海商学院、青島工学院、恵州学院、三江学院、常州大学、嶺南師範大学、江西農業大学など、計約70校の大学において、簿記教育が実施されていることが分かった。地域分布に関しては、東北部で簿記課程を有する大学の数が最も多く、開講率は34.6％であり、続いて中国華南地方で、開講率は23.9％である。

表1 2019年3月まで中国の大学における簿記講座の開講状況

区分	総学校数	開講数	開講率
大専計	206	10	4.9％
東北	78	24	34.6％
華北	73	9	12.3％
華東	176	34	19.3％
華中	67	4	6.0％
華南	46	11	23.9％
西南・西北	64	6	9.4％
大学計	426	64	15.0％
総計	651	77	11.8％

(出典: 日本全国経理教育協会の統計をもとに筆者が作成したもの)

3.2 簿記検定試験の受験状況

日本全国経理教育協会(ZENKEI)は、2012年に中国に進出して以来、大学、日本企業、および日本向けBPO事業を持つ企業を支援し、資金を提供し、簿記教師のトレーニングを行ってきた。大連、上海、青島などの都市で簿記3級の公共福祉訓練を開催し、何百人もの大学教師が訓練に参加した。教師の教育レベルの向上により、簿記試験に参加した学生は、申込数の面にしろ、合格率の面にしろ、明らかに向上した。簿記教育への関心がますます高まる中で、簿記資格試験を受ける人数も年々増えている。簿記3級の場合、2018年度簿記資格試験を受けた人数は、1,019人、年々増えつつ、合格率のほうも、前年度の合格率を上回っている。

表2　2018年度中国における簿記検定試験の受験状況

	級別	東北	華北	華東	華中	華南	合計
申込数	1級会計	103	11	14	—	10	138
	1級工業	44	4	8	—	5	61
	2級商業	424	32	70	—	82	608
	2級工業	2	—	2	—	—	4
	3級	512	106	380	7	137	1,142
受験数	1級会計	98	9	12	—	10	129
	1級工業	41	4	7	—	5	57
	2級商業	407	29	66	—	78	580
	2級工業	2	—	1	—	—	3
	3級	500	104	364	6	135	1,109
合格者数	1級会計	66	3	5	—	4	78
	1級工業	34	2	5	—	5	46
	2級商業	241	17	45	—	56	359
	2級工業	1	—	1	—	—	2
	3級	432	87	291	5	87	902
合格率	1級会計	67%	33%	42%	0%	40%	36%
	1級工業	83%	50%	71%	0%	100%	61%
	2級商業	59%	59%	68%	0%	72%	52%
	2級工業	50%	0%	100%	0%	0%	75%
	3級	86%	84%	80%	83%	64%	80%

（出典：日本全国経理教育協会の統計をもとに筆者が作成したもの）

3.3　大学以外の簿記教育

　簿記の知識はあらゆる分野で活かせる。それ故に、多方面でのスキルアップを目指す社会人にも人気が高い。簿記資格取得をきっかけに税理士として独立したり、社内で昇進したりする社会人は多く存在している。今回の調査では、仕事が終わり、またTAC大連現代教育機構に通い、簿記資格を取るため、勤勉に勉強してる社会人が毎年増えていることがわかった。2018年度の合格率のほうから見ると、2級工業、2級商業を除き、簿記3級も、1級も、社会人の合格率が学生のほうを上回っていることが明らかである。特に、1級会計の場合、社会人の合格率が61%であり、学生の30%に対し、大きなギャップがある。その原因はやはり企業で会計経験を持つことにあると思う。

表3　中国における簿記検定合格率

	学生	社会人
1級会計	30%	61%

(続き)

	学生	社会人
1級工業	59%	84%
2級商業	63%	62%
2級工業	100%	50%
3級	75%	84%

(出典：日本全国経理教育協会の統計をもとに筆者が作成したもの)

4　大連地区日本語複合人材養成の取り組み

　複合人材の育成により適した体系に改善するため、カリキュラムの再検討、日本語学科（コース）内に目的に合ったより小さなコースの設置、教材作り、企業との連携などの方法を取り入れる必要がある。

　今回の調査では、中国大連地区の主要大学においては、すでに「語学力＋α」所謂複合人材育成に取り組み始め、人材養成カリキュラムを実施し、「語学力＋α」人材養成の定員増加が実施されていることがわかった。

表4　「語学力＋α」複合人材育成の実例

大学名	複合人材育成のモデル	特色
東北財経大学 （国際商務学院）	日本語＋専門知識	「2＋2プログラム」 日本立命館大学太平洋学部と提携。最初の2年間大連で日本語を学習、残り2年間は提携校で専門知識を学習
大連理工大学 （機械設計学院）	日本語＋専門技術	日本語強化クラス（50名/学年） 1年目に日本語を集中的に学習、残り4年間で機械技術を学習する
大連東軟信息学院 （日本語学部）	日本語＋財務知識	企業オーダー型クラス（20名/学年） 2年間日本語を学習、N2に合格してから、財務知識を学ぶ、全経簿記検定試験3級/2級資格を取得

(出典：筆者の現地調査をもとに筆者が作成したもの)

　上記の示すように、より実用性のある人材を育成するため、各大学は企業のニーズを熱心に研究し、企業専用のコースの開発や、海外の著名コースの導入、企業による教育事業の参入計画などに取り組んでいる。

　また、大学教育の大衆化が進んだ中国においては、将来の役に立つ勉強がしたい学生の割合が年々増えている。そのため、大学側も学生に対し、幅広い教育のメニューを提供すべきであり、その取捨選択は教育の受益者たる学生が行うべきである。

5　まとめ

現在、日本の企業は国際競争の真っ只中にあり、いずれの企業も実力のある人材、とりわけ簿記会計の知識を身につけた有用な人材を求めている。日本語の学習が単純な言語交流から、多元的になっていく。中国における各大学で日本語を専攻している学生に対し、日本語に加え、より高度で専門性の高い簿記知識と技術を身に付けさせる必要がある。簿記資格を持つ学生たちが「日本語＋簿記」という複合型人材、将来の日本をになう人材になり、その結果、簿記資格を持つことは就職に有利になると思われる。

私の意見として、一見役に立つのかわからないが世の中を変える可能性を秘めた基礎研究を学ぶのか、明日から社会で使える実践的な学びをするのかは、単純な偏差値の序列ではなく、学生が何を志望するかで、その機会を与えるべきではないだろうか。学生が求めるものを与える大学、大学を出てすぐ使える人材を育成する大学、それを目指していくことが、大学のあり方ではないかと筆者は考えている。

参考文献

[1] TAC簿記検定講座.合格テキスト日商簿記3級[M].東京:TAC株式会社,1999.
[2] 赛娜,居尔宁.日本簿记制度对我国的启示[J].财会通讯,2012(13):103.
[3] 曲淑艳,植木英直.日式簿记基础教程[M].北京:外语教学与研究出版社,2016.
[4] 董海礁.探索任务型教学法在高校日本簿记原理课程教学中的应用[J].河南教育(高教),2018(4):48-49.
[5] 吴双.日式簿记原理课程中"关键词"教学法的应用[J].经济师,2018(5):109.

作者信息

　　姓名:徐学超
　　职称:副教授
　　单位:大连东软信息学院
　　联系地址:大连市软件园路8号大连东软信息学院日语系A6-310
　　电子邮箱:xuxuechao@neusoft.edu.cn

中国における大人数クラス「日本語特訓班」
の実態とその検討

湖南大学　瀬口誠

1　はじめに/背景

　日本語教育は少人数クラス（small class）を志向している。例えば、日本における日本語学校のクラス設置基準では、1クラスの上限を20人以下に設定している。世界的に見ても、外国語教育では少人数クラスが主流であり、少人数クラスの方が教育効果が高いという報告は多い。中国の学校教育では、1クラス55人以下がクラス設置基準となっており、中国の大学における日本語授業でも40人以上のクラス少なくはない。諸外国の例を見ると1教員あたりのクラス人数は20—30人と規定しており、本稿では、それ以下を少人数クラス、それ以上を大人数クラスと規定する。

　クラス規模効果の古典的研究では、20人以下になると学習効果が大きくなり、学生の感情的な側面、教員に対する効果共に大人数クラスより大きくなるとされる。クラス人数が100人を超えると、批判的思考の修練に逆効果だという報告もある（Hornsby D J，Osman R，De Matos-Ala J 2013）。しかし、少人数クラスが大人数クラスに比べて最適であるとは言い切れない。一般的にクラス規模が大きくなれば授業満足度に負の影響を与えるが、一定規模以上になると満足度が下降から上昇に転ずる場合もあるとする報告もある。また、効率性の観点からは、大人数クラスの方がよいという報告もある（中井俊樹 2006）。クラス規模効果の有効性は、未だ明確になっていない争点である。

　少人数クラスが志向されるのは、大人数クラスには多くの問題があり、1人の教師では管理や解決が困難とされているからである。特に外国語教育における大人数クラスの課題は、次のようにまとめられる。(1)教室内が騒がしくなる、(2)学生の集中が続かない、(3)教師がそれぞれをチェックしたり、フィードバックすることが難しかったり、できなかったりする、(4)発表のチャンスが均等にならない、(5)教員との信頼関係を築くのが難しい、(6)安全に配慮しにくく、学生が授業に集中できない（ベー・シュウキー 2017）。

　中国では、300人を超える大人数の日本語会話クラスが存在しており、前述した大人数クラスの諸困難を克服して成果を上げているクラスがある。本稿では、中国において笠川幸司が行っている大人数の日本語会話授業「日本語特訓班」が、どのような方法的条件のもとに成立しているのか、そしてその成果はどのようなものであるかを検討する。

2 調査方法

資料①「特訓班後の自由作文/感想文」(公众号「日语学习沙龙」)
- 実施日:2016年2月から2018年12月
- 調査対象:2016年冬と夏、2017年冬と夏の四回の特訓班に参加した男女
- 有効回答数:61

資料②「参加者アンケート調査」(ネットアプリ「问卷星」でのアンケート調査)
- 実施日:2019年3月1日
- 調査対象:2019年1—2月の特訓班に参加した男女
- 有効回答数:67

資料③「特訓班学習進捗度調査」(ネットアプリ「问卷星」でのアンケート調査)
- 実施日:2019年7月21日と8月14日(特訓班の初日と最終日)
- 調査対象:2019年7—8月の特訓班に参加した男女
- 有効回答数:初日382、最終日346

3 日本語特訓班

3.1 笈川幸司と日本語特訓班

中国北京の清華大学や北京大学で日本語教師をしていた笈川幸司は、2006年3月、北京市内で日本語を学ぶ大学生を集めて日本語会話特訓合宿を始めた。開始当時の特訓内容は、朗読と暗記と発表、すなわち笈川が作った教科書を暗記してスラスラと発表できるようにする反復練習(block practice)であった。笈川の指導を受けた学生たちは、国内外の各種日本語スピーチ大会で続々と優勝し、それが評判になって特訓班参加者は飛躍的に増加していった。そして現在も毎年夏休みと冬休みに10日間合宿型の日本語特訓班が開催されている。

特訓班参加者は毎回100人を超え、中国人学生だけでなく、中国に留学している日本人学生、日本に留学している中国人学生、評判を聞きつけた教師も参加するようになった。

表1 2019年夏の特訓班参加者属性(n=382)

	高校生	大学1年生	大学2年生	大学3年生	大学4—5年生	大学院生	社会人	その他
総数	7	107	159	66	14	5	14	2
%	1.83%	28.01%	41.62%	17.28%	3.66%	1.57%	4.19%	0.52

3.2 特訓班への参加目的

資料①によれば、参加者の特訓班参加前の状況は、「理想の大学に入れず日本語科に配属され失意の中で日本語を学んでいた」「図書館で悶々と単語と文法の学習しかしていなかった」「なんとなく変化を望んで特訓班に参加した」など、44%(27人)が日本語学習に対して今の状況を変えたい、変化を望む記述をしていた。資料③から参加目的を見ると、「日本語で流暢に話したい」(81.68%)、「日本人と交流したい」(69.11%)、「発音を矯正したい」(69.11%)、「スピーチが上手になりたい」(60.21%)、「文法・語彙能力を高めたい」(46.34%)などであった。また、どの学年でも「発音を治したい」が特訓班参加の主要目的の一つになって

3.3 特訓班の授業内容

特訓班の授業は、10日間毎日朝8時半から昼休みを挟んで夕方6時頃まで、朗読と暗記と会話の徹底した反復練習（block practice）によるアウトプットが特訓班の授業である。

> 日本語で伝えたいことがとくにないから、上手にならない。そこで、まず頭の中に"日本語の領域"を作ることから始めなければと思い、朗読を重視するようになりました。何度も同じセンテンスを朗読するうちに、日本語の脳を作っていくのです。それでも日本語で説明できない学生には、まず賛成か、反対か、という簡単な答えだけでもいいから言えるように、という指導していきました。（中島恵 2018）

1フレーズを5回6回、時には10回も流暢になるまで繰り返し読む。発音に問題があれば、文や単語を分解して短く読みやすくして、何度も繰り返し読む練習を行う。

特訓班の授業の流れは、初日から3日目までは、発表で使う「型」を朗読して覚え、それを使って対面練習を行う。覚えた型を使い、1つのテーマについて1分話し、4—6人とお互いに発話練習を行う。これを1ターンとすれば、1ターン10—15分程度。これをテーマを変えて4—6ターン行う。午前と午後の各授業の最後には、発表者3人と司会者1人を舞台に登壇させて日本語発表会を行い、比較的上手な人の発表を全員で聞く。これにより、上手な人の発表を共有できるだけでなく、200人もの学生の前で話したり、大勢の前で司会をする機会も生まれる。

3.4 特訓班授業の三つの方法

特訓班は、(1)自分の話を組み立てる「型」、(2)お互いの話に集中する「握手」、(3)教室諸活動を円滑にする「円陣」、この三つの特徴的な方法によって成り立ち、それを支える幾重ものテクニックによって様々な困難を克服している。紙面の制約により、以下に特徴的方法を簡単に紹介する。

3.4.1 自分の話を組み立てる「型」

特訓班の教科書に記載され、毎日練習する「型」は、短い文型ではなく「まとまりのある話の構成」のことである。すなわち、特訓班では、一文一文を覚えるのではなく、始めと終わりがあるまとまった話を一括にして覚えるのである。基本の型1は簡単な3行の型（5—10秒）である。この最初の3行の型を原型として、徐々に行数や言葉を増やしていく。型2は2行追加して10—15秒で答える5行の型、型3は15—20秒、型4は20—30秒、型5は30—40秒、型6は40—50秒、2019年夏特訓班教科書掲載の最終形態の型7では、50—60秒で話す複雑な型を覚えて練習する。

これらの型を積み上げ、類似する様々なテーマについて話す練習を繰り返す。型を習得するために、まず、笈川と一緒に何度も何度も繰り返し朗読して暗記する。そして、型を使って4—6人と同じ発表を繰り返し練習する。これによって、「五、六人目からはメモを見る必要もなくなってくる。誰もが『日本語が上達した』という感覚を味わうことができるのだ。外国語を上手に話す秘訣はひとつ。それは同じ内容を繰り返し何度も話すことだ。会社の上司が部下に対して何度も同じ内容の話をする。そのとき、上司は常に流暢に話しているのにお気づきだろうか。同じ内容の話なら、誰だって流ちょうに話せる」（笈川幸司 2013：157）。

3.4.2 お互いの話に集中する「握手」

100人以上が集う特訓班では、練習をする相手は学校も出身も学年も異なる初見の相手である。突然そのような見ず知らずの相手と会話練習をするなら、相手との信頼関係もないうえに緊張する。そして、先行研究でも挙げられているように、100人以上の学生が一斉に発話練習を行うと、教室内は相手の話が聞こえないほど騒がしくなる。そのため、発話者の言葉は周りの声に掻き消されてしまう（トムソン木下千尋 2017）。そこで笈川が導入したのが「握手」をしながら会話練習を行う方法である。「握手をしながら相手と話をすると、周りの雑音が聞こえなくなる」（笈川幸司 2013:156）という。これにより、雑音の中でもお互いの話に集中することができるようになる。

特訓開始前、参加者の79.32％が日本語を話すときに「非常に緊張する」或は「ちょっと緊張する」と答えていたが、まだ型を覚えきれていない初日の練習が終わった時点で緊張すると答えた人の割合は31.41％に減少した。10日間の練習後、その数字は10.78％にまで減少した。握手は、相手との会話練習の緊張感を緩和する方法になりうると示唆しているように思われる。しかし、緊張感を打ち消すには、それだけでは十分ではない。

3.4.3 教室活動を円滑にするチーム「円陣」

初見の相手と緊張感を抑えて会話練習をスムーズに行うために特訓班が導入しているのが、チーム「円陣」である。特訓班参加者は学校も出身も年齢も民族も異なる。そのような初見の相手と、短時間で一つのチームになるのは難しい。信頼関係がない場合、不安や心理的圧迫が生まれ、アウトプットを阻害する消極的態度をもたらす要因になる（鎌田修ほか 1996）。

チームとは、何かのタスクをこなす過程で信頼関係が生まれ、まとまりのあるチームとして成長していくものである。それを短時間で達成するために導入されたのが、「円陣」である。特訓班では、1対1の握手練習の次の段階に、4—8人のチームを作って発表練習を行っている。特訓班における円陣体験者への記述式アンケート（2019年2月）によれば、回答者の86.67％が「円陣をした後、チームメイトと仲良くなった」と答えている。そしてその効用は、自由記述式回答から4点にまとめることができる。「やる気や元気が出てくる」（18.6％）、「仲良くなり、友達ができる」（19.7％）、「結束が固まり、チームの一体感が生まれる」（19.1％）、「自信が生まれる」（18％）。

円陣を導入した2017年以降、笈川によれば、「特訓班全体の雰囲気はよくなり様々な活動がスムーズに進むようになった」という。

4 特訓班の成果

特訓班は、これまで終了時にテスト等の評価を行わなかったため、その成果を測ることは難しかった。2017年夏の特訓班に参加した女子学生は、参加後の自身の変化を次のように書いている。「私はますます自信を持てるようになり、勇気を持つようになったことに気づきました」この「自信」や「勇気」は具体的に何を意味するのか、これまで明確にされてこなかった。本稿では、資料②と③のアンケート調査に基づいて、特訓班参加者が特訓班で得た「自信」や「勇気」を、会話練習時の緊張感の減少と発話時間が伸びたことに焦点を当てて論じる。

4.1 特訓班参加理由

まず、参加者の特訓班参加目的を確認する。資料③の結果(複数回答)によれば、上から「日本語で流暢に話したい」(81.68％)、「日本人と交流したい」(69.11％)、「発音を矯正したい」(69.11％)、「スピーチが上手になりたい」(60.21％)、「文法・語彙能力を高めたい」(46.34％)であった。目的の達成という観点から考えれば、参加目的の「日本語で流暢に話したい」「スピーチが上手になりたい」をどれだけ達成したのかを明確にする必要があると思われる。

4.2 特訓班の習得課題と成果

資料②の質問「特訓班参加前、人前で話すときに何を言っていいのか分からなかったり、緊張していましたか？特訓班に参加した後は、人前で話すのに慣れましたか？緊張しなくなりましたか？」は、82.09％の回答者が「同意する」と答えている。また、「以前は人前で話すとき、一言で終わったりしていました。現在は1分、或は4分間も即興スピーチを自由に話すことができます」この質問に対しては68.66％の回答者が「同意する」と答えている。

資料③でも同様に、特訓班初日に「あなたは自分の意見や考えを流暢に相手に伝えることができますか」という質問に、回答者の42.41％が「ほとんど伝えることができない」「少し伝えることができる」「どちらとも言えない」を選んでいたが、最終日にはその割合は12.72％にまで減少した。

型の習得と即興力に関してはどうであろうか。以下にデータを提示する。

表2 型の習得状況

	型1	型2	型3	型4	型5	型6	型7	どれも使えない
初日	33.77％	29.02％	27.49％	25.13％	39.01％	40.58％	8.9％	3.4％
最終日	41.33％	39.31％	40.17％	42.49％	50.29％	55.78％	22.25％	1.16％

注：教科書23—25頁の型を使った練習について。あなたは教科書を見ずに、どの型まで流暢に使えるようになりましたか。

表3 発表内容を考える時間

	0秒	30秒以内	60秒程度	90秒程度	2分程度	3分程度
最終日	4.34％	44.8％	25.14％	8.09％	8.67％	8.96％

注：あなたは型を使った発表練習の時、考える時間は何秒で十分ですか。

表4 発表メモ書きの有無

	書いた	時々書いた	全く書かなかった
初日	65.9％	25.14％	8.96％
最終日	25.72％	52.89％	21.39％

注：あなたは発表練習の時、発表原稿を書きましたか。

5 考察

第2節で特訓班の方法を概観したように、特訓班の授業は「型」を覚えて何度も反復練習を

する。「型」は、最も簡単な3行の型1(5—10秒)から徐々に文や語句を増やして積み重ね、型7(50—60秒)を最終目標にして練習を繰り返す。まず一人の相手と握手をしながら練習し、同じ話を複数の相手に繰り返し話して型の習熟を図り、チームになって5—6人の前で型を使って発表を行う。人によっては200人以上の前でスピーチすることもある。それから、テーマ提示後に話す内容を「考える時間」は、初日に3分間程度あった時間が、徐々に縮小し、特訓班中盤以降は考える時間が30秒以内になる。

表2から、10日間の特訓によって、およそ半数の参加者が特訓班後半には型5と型6の習得したことが分かる。型5や型6が使えるようになった学習者は、型7の習得に挑戦して22.25%の学生がそれを使って練習をしていたことも確認できた。表からは、それぞれの型の習得が進んだことが確認できるが、簡単な型の習得が100%になっていないことに疑問を呈する向きもあるだろう。これは、例えば型1を全員が習得できていないことを意味するのではなく、敢えて練習しなかったために回答時に選択しなかったと考えられる。また、例えば型5を習得したと認識している学習者は型4の選択肢をチェックしなかったとも考えられる。

特訓班後半の練習では、ランダムに出されるテーマについて発話内容を考える時間は0から20秒以内である。すなわち、全員が0秒で発話できる練習、即興練習を行っている。表3から、49.14%の学習者が30秒以内或は考える時間なしで発話できるようになったと認識しているのは、どんなテーマでも覚えた型に当てはめて発話できるからだと、考えられる。そして表4から、特訓班後半では、発表メモを見ずに話せる学習者は8.96%から21.39%に増加したことが分かった。

以上から、特訓班における10日間の学習により、日本語を話すときの緊張感が減少し、上位の型の習得によって発話時間が伸び、即興発話ができるようになった学習者が増加したことが確認できた。特訓班参加者が10日間の特訓班で得た「自信がついた」や「日本語を話す勇気が生まれた」とは、緊張せずに型を使って意見を言えるようになったこと、使える型のバリエーションが増えて話す時間が伸びたこと、そして話す内容を考える時間が短い即興発話ができるようになったことを指していると考えられるのである。

6　おわりに

本稿では、笈川幸司が中国で10年以上続けている日本語「特訓班」の特徴的方法を概観し、参加者が得た成果を検討した。特訓班参加者は、10日間の授業の中で型を練習して積み上げ、1対1の握手練習を繰り返し、チーム発表練習を繰り返すことによって、使える型のバリエーションを増やしていくことを確認した。特訓班参加者は、より上位の型の習得によって発話時間が伸び、即興で話せるという成果を得られ、それが「自信」と「勇気」の醸成になっていると考えられる。

特訓班の成果は質的な面からも検討する必要がある。また、数多くの技巧については紙幅の都合で十分に触れえないのが残念である。これらの点については別の機会を得たい。

参考文献
[1] 笈川幸司.こうして僕は自分の生き方を見つけた[M].東京:東洋出版,2013.
[2] 鎌田修,川口義一,鈴木睦.日本語教授法ワークショップ[M].東京:凡人社,1996.
[3] ベー・シュウキー,カトローニ・ピノ.日本の大学における大人数英語コミュニケーション授業―イン

タラクションを増やす方法に注目して—[J].長崎大学言語教育研究センター論集,2017(5):51-63.

[4] トムソン木下千尋.第10章　大講堂における講義は実践コミュニティになれるか?[M]//外国語学習の実践コミュニティ.東京:ココ出版,2017.

[5] 中井俊樹.クラス規模は授業にどのような影響を与えるのか[J].名古屋高等教育研究,2006(6):5-19.

[6] 中島恵.中国の若者を惹き付ける「カリスマ日本語教師」の熱血人生[EB/OL].(2018-5-25)[2019-5-23].https://diamond.jp/articles/-/170891.

[7] Hornsby D J, Osman R, De Matos-Ala J. Teaching large classes[M]// Large-Class Pedagogy. Stellenbosch: AFRICAN SUN MeDLA, 2013:7-17.

作者情報

　　氏名:瀬口誠
　　役職名:講師
　　所属機関:湖南大学外国語学院
　　連絡先:湖南省长沙市岳麓区岳麓南路湖南大学12舎601
　　メールアドレス:1341177190@qq.com

中国国内での実践を前提としたCLIL原理による授業案フレームワークの提案

厦門大学　奥村久美子

1　序論

　Content and Language Integrated Learning（以下、CLIL）は、内容言語統合型学習とも訳される、「言語と教科内容を同時に教えることを目的とした外国語教育の原理」（渡部他 2011）である。日本では主に英語教育学分野で注目を集めているが、近年では、奥田ら（2018）によって日本語教育に特化した入門書が出版されるなど、日本語教育分野にも積極的に取り入れようとする動きがある。従来、日本国内で実施されてきた日本語教育は、その大部分で直接法が採用されており、自ずとContent-Based instruction（以下、CBI）の実践につながるケースが散見する。CLILとCBIは、その原理や実践法のほとんどを共有しているが、成立背景、実践に際しての柔軟性に相違点が認められる（渡部他 2011：2-3）。

　中国の大学では、2002年6月から全国日本語四級試験・同八級試験が実施されている。これらの試験内容は、日本語文法のみならず、文化や文学にまで渡り、合格には画一的な学習では身につけることが困難である知識が求められる。また、中日の協定大学間での交換留学、双方の学位が取得できる2＋2制度の実施等、交流機会も増えている（国際交流基金 2017）ことから、内容学習と言語能力向上を同時に実現できる内容学習型指導法が有効であると考えられる。CLILでは、外国語能力の向上を目的とした何らかの内容学習が主であり、計画的かつ意図的に目標言語の習得、運用能力を身につけることが重要視される。CBIがネイティブの教授者によるESL使用者への教授原理であるのに対し、CLILはEFL使用者へのノンネイティブ教授者による教授原理であるため、中国国内の大学でノンネイティブ指導者による内容学習型の講義を行うのであれば、CLILのほうがより実践的かつ効果的な指導を行えるのではないだろうか。

　本稿では、日本国内の専門学校で実施したCBI原理の授業計画をCLILに転用することで、より実現可能性と学習効果が高い教授モデルの提示を試みる。

2　CLILとCBIの共通点と相違点

2.1　概要

　渡部（2011：2-4）によれば、CLILとCBIには、その原理・運用技法に共通点が非常に多く、CLILとCBIを同一視する向きもある。日本国内でも、近年急速に関心が高まっているとは言え、理論の詳細、CLILとCBIの差異に関する理解が深まっているとは言い難いのが現状であ

る。両者とも、言語学習のみに重きを置かず、習得目標言語を使用して、環境問題や社会問題、あるいは文化等の「内容（contents）」を学ぶと同時に、言語能力を向上させ、思考力そのものを高めることを目的としている点が共通しているが、根本的な成立背景、学習環境等が異なっている（表1）。

　アメリカで形成されたCBIは、習得目標言語（英語）が第二言語であるのに対して、欧州連合（以下、EU）発祥であるCLILはあくまで外国語として他言語を習得することが目的である。これは、CLILの形成背景に、欧州評議会が提唱する複言語主義（plurilingualism）があり、EUでは母語以外に二言語以上を習得することが推奨されているためだ。EUの成立により、加盟国間、EU圏内での移動に制限がなくなったことで、他言語を母語とする人間同士の交流が増え、経済活動の機会も劇的に増加した。複言語主義は、必要に応じて、異なる言語で自身の意思や意見を相手に伝える能力を持ち、また意思疎通のための言語が自身の母語によるものばかりではないという価値観を有していることを表すものであり（柳瀬2007）、決して複数言語を同程度に使用することを求めるものでも、ネイティブレベルの言語能力を求めるものでもない。また、CLILの学習者は、成立背景からもわかるように、いわゆる「学校に通う生徒」とは限らず、学習目的も多様性に富む。そのため、CBIよりも実践における枠組みが柔軟であり、多様な授業の有り様を受容できると言えるだろう。

　従来、日本国内で実施されてきた日本語教育は、上述したCLILに内包される複言語主義とはかけ離れていると言っていい。学習者にとっての日本語は、習得しないと日本での生活が立ち行かなくなる第二言語であり、また日本社会の価値観において、複言語主義、あるいは多言語主義といったものは非常に希薄な存在であると言えるだろう。このため、日本国内の日本語教育で実施される内容重視型と称する授業は、表1に見るCBIが主たる原理であると考える。

表1　CLILとCBIの概要比較

	CLIL	CBI
成立時期	1995年	1980年代
言語環境	FL	SL
教育環境	不定	学校
教授者	非母語話者	母語話者
学習者	不定	学校の生徒

2.2　CLIL理論

　前述したように、CLILとCBIには、共通する点が非常に多い。具体的には学習内容や授業活動、あるいは学習成果として求めるもの（渡部 2011:2-4）であるが、当然全く同じものであるはずがなく、渡部（2011:4-5）はCLILについては、「内容」「言語」「思考」「協学」の四要素を有機的に結びつけた点が画期的であるとしている。CLILには、「強形」「弱形」「hard CLIL」「soft CLIL」等の呼称があり、授業内の使用言語割合、言語学習に重きをおくか、内容学習に重きをおくか、授業回数等により、様々な調整が可能であり、教授者の数だけバリエーションが

存在すると言っても過言ではない。表2は渡部(2011:10)を筆者が一部改変したもので、CLILのバリエーションについてまとめたものである。教授者は、学習者の状況やニーズ、到達目標によって各項目を調整し、有機的に授業を作り上げていくことが可能になっている。

また、CBIとの相違点として、CLILではB. Bloomによって考案された思考分類を援用する。この思考分類は思考の難易度を「記憶」→「理解」→「応用」→「分析」→「評価」→「創造」の六段階に分けたものだが、CLILでは「記憶」→「理解」→「応用」をLower-order Thinking Skills（以下、LOTS）、「分析」→「評価」→「創造」をHigh-order Thinking Skills（以下、HOTS）とし、CLILの四要素を効果的に組み合わせた授業を行うことで、LOTSからHOTSを目指すことがひとつの目標である。

表2 CLILのバリエーション

Light CLIL 単発的/小回数	← 頻度・回数 →	Heavy CLIL 定期的/多数回
Partial CLIL 授業の一部	← 比率 →	Total CLIL 授業の全部
Bilingual CLIL 中国語・日本語	← 使用言語 →	Monolingual CLIL 日本語

（渡部他 2011:10より、一部改変）

3 研究背景

日本国内の日本語教育機関では直接法が採用され、原則的に初級の文法学習からネイティブ教授者が日本語で指導を行う。このような機関では、「初級」と銘打たれた主教材を3ヶ月から半年で修了するが、同時に学習者のニーズに応える形で文化学習、体験型学習の授業を設けるところもある。直接的に語彙や文法を教授するわけではないが、このような場で使用される言語も自ずと日本語のみとなる。CLIL理論で言うところのhard CLILに相当する状況であるが、このような状況下では、教授者に明確な意図がなくとも、学習者の語学力を向上させる効果が出ることがある。

中国国内の大学では、専攻分野として日本語を学ぶ学生もいれば、第二・第三外国語科目として日本語を選択する学生もいる。学習動機や学習目的も様々であり、当然のことながら目標習熟度も異なる。さらに、教授者も日本語母語話者と非母語話者が混在している状況であることを鑑みると、内容学習と言語能力向上を確たる目的としたCLIL原理が一般的になれば、学習者の能力向上の一助になるのではあるまいか。以上のような観点から、今回は、筆者が過去に実施した「日本文化総合理解」と題されたCBI原理の授業案を例にとり、CLIL原理を基盤とした授業案への組み替えを試みた。

4 授業案フレームワーク

4.1 CBI型授業実践例

表3は、2015年9月から12月にかけて、筆者が日本国内の専門学校日本語課程で実施した授

業概要である。教育機関の教育方針を示すため、項目は当時の授業報告書（授業開始前に学校側から提供され、空欄を担当講師が埋めるシラバスの代替品）のものを採用している。強調部分が教育機関側で記入したものであり、この部分については、教授者の任意で変更はできないシステムになっていた。受講者の国籍内訳は中国・韓国・アメリカ・タイ・インドの多国籍クラス(19名)であり、授業頻度は週に一回90分、全10州であった。この授業は「日本文化総合理解」と題され、「日本の文化体験を通じて、日本文化を深く理解する」ことが目的である旨が事前に告知されていた。受講者の日本語レベルは、JLPTのN1からN4までと幅広く、授業内での日本語使用に難がある者もいたが、同国人からの通訳、あるいは媒介語を使用することで対処していた。

表3　日本で実践したCBI型授業

内容	「茶道」(あるいは華道)を体験して日本文化を学ぶ
授業詳細 (授業で実際に行うことと、テストについて明記のこと)	「茶道」を題材とし、以下の順で講義、及び実践 1. 教師の茶事実践観察 2. 資料VTR視聴 3. 資料(教師作成・専門用語リスト、段取りの説明書)の読み込み 4. グループワーク(ディスカッションを含む) 5. 実践(お茶席の体験) 6. レポート
授業目的	「茶道」(あるいは華道)の体験
評価方法	レポート(感想・反省点・自己評価できる点について、日本語能力と合わせて採点)

　この授業の問題点は、a.使用言語のコントロール不足、b.言語学習の観点から見た準備不足、c.評価法の妥当性の担保欠如の三点であると考える。これらはいずれも、「茶道を体験する」ことに重きを置いた結果、教授者も学習者も、学習効果より目に見える実践成果を重視したことに起因する。「体験した結果、どのような成果を得ることを目的とするか」という検討が不十分であり、そのため、評価方法をレポートとしたが、19名中15名が「おもしろい経験だった」「楽しかった」「正座が辛かった」「抹茶が口に合わなかった」といった感想の域を出ない内容に終始し、日本文化に関する理解や日本語能力の向上に関する効果の有無については確認できなかった。

　CBIはCLILと同じく、内容学習にも重点を置いた指導法ではあるが、教授者が母語話者であることに加え、日本国内の日本語教育機関では自ずと母語が異なる学習者が混在することになり、媒介語の積極的な使用は現実的ではなく、CLILのように学習対象言語の使用量を調整することは基本的にない。学習者の習熟度に合わせた文法項目、使用語彙の難易調整で対応するのが、直接法のセオリーであると言っていいだろう。また、CBIの効果を理解した上で、内容重視型の授業を行なっているというよりも、上述したような環境と人材的事情によって結果的にCBIとも取れる形態の授業になっていることは否定できまい。

4.2 CLIL原理を援用した授業案

4.2の授業例を中国国内の大学で実施することを前提に、CLIL原理によって改案したものが表4である。2.2で示したCLILの思考理論に沿って、授業内で短中期的なLOTSとHOTSの反復を行い、最終的には全授業修了時点でHOTS到達を目指したものであり、評価方法はポートフォリオを活用することを提案する。CLILでは、学習者の学習状況、習得度を把握するために、欧州評議会によるヨーロッパ言語共通参照枠（Common European Framework of Reference for Languages：CEFR）を活用しており、評価ツールとしては、「ヨーロッパ言語ポートフォリオ（European Language Portfolio：ELP）」がある。ELPについては、立田（2017）でもポートフォリオの有効性が認められる可能性が高いことを示しており、一定の効果が期待できる。

表4　CLIL原理による日本文化理解を目的とした授業案

授業目的	日本の「おもてなし」精神の学習と実践
言語	「茶道」を題材とし、以下の順で講義、及び実践 1. 文献読解・資料動画視聴に必要な新規語彙・重要文型の学習 2.「茶道」で重視する「接待」精神の理解について、グループ調査 3. 2について、他グループとのセッション、及びディスカッション 4. 2・3から自身で考える「おもてなし」案の構築 5. 4についてクラスでプレゼンテーション 6. 実践 7. レポート提出
思考	低次思考力　上記1・2に該当 高次思考力　上記3〜7に該当
協学	グループ活動・調査活動により、コミュニケーションを図る
評価方法	ポートフォリオ作成と、ポートフォリオに準拠した結果報告レポート

5　CLILの援用に関する利点と注意点及び、今後の展望

CLILは非母語話者が教授者であることを想定しており、学習者の習熟度、達成目標に応じてバリエーションを選択できる。また、CBIと同様、協働学習を取り入れることによる学習者間でのスキャフォールディング、相互のフィードバックによる気づき、内省といったものの機序も期待できるだろう。また、ポートフォリオ作成過程に不可欠な自己評価といった、学習者自身が自分の知識や語学力を客観視する機会があることで、より自立した学習を促進する可能性も考えられる。

一方で、教授者の語学力不足、過度な学習者への配慮から、外国語学習については不足が生じる可能性も否定はできない。また、Monolingual CLILになればなるほど、教授者側の準備負担が増加し、授業の実施が困難になる場合もある。バリエーションが豊かであり、多様なニーズに応じた授業の実現が可能であるからこそ、理想とする授業と現実の見極めが重要になると言えるだろう。

今回作成した授業案をもとに、中国国内の大学でCLILを活用した授業を行い、内容理解・語学力の変化、学習者のモチベーションに関する調査を実施したいと考えている。モチベーションは、大学という学習者自身に選択の余地があまりない環境下での外国語習得に関して重要な要素であり、語学力の向上に不可欠な継続的な学習行動の維持に深く関わっているためである。四年間という、決して短くはない大学での学習期間をより有効に活用する教育を実現するための一助としたい。

参考文献

[1] 奥野由紀子,小林明子,佐藤礼子,他.日本語教師のためのCLIL（内容言語統合型学習）入門[M].東京:凡人社,2018.
[2] 佐藤雅彦,宮本律子.CLILを用いた日本語教育の試み—中級読解・作文クラスでの事例—[J].秋田大学教育文化学部教育実践研究紀要,2014(36):139-150.
[3] 立田夏子.教養教育英語科目におけるポートフォリオの活用—ヨーロッパ言語ポートフォリオの応用可能性—[J].弘前大学教養教育開発実践ジャーナル,2017(1):31-41.
[4] 渡部良典,池田真,和泉伸一.CLIL 内容言語統合型学習 上智大学外国語教育の新たなる挑戦 第1巻 原理と方法[M].東京:ぎょうせい,2011.
[5] 柳瀬陽介.複言語主義(plurilingualism)批評の試み[J].中国地区英語教育学会研究紀要,2007(37):61-70.

作者情報

氏名：奥村久美子
役職名：外国人講師
所属機関：厦門大学
連絡先：大阪府大阪市東住吉区湯里5-16-17(546-0013)
メールアドレス：kmk_okumura@yahoo.co.jp

「イヌ」メタファーの中日英比較

上海交通大学　于楊

1　はじめに

　メタファー研究は新奇のメタファーだけ視野に入れ、「言葉の語彙的欠落を埋める装置」（アリス 2010:5）と見なす「装飾説」のアプローチから、メタファーのグループの遍在性を重要視する「概念メタファー」①アプローチに発展してきている。Kövecses（2002）によると、メタファーによく使われる根源領域は人間の身体、健康と病気、動物、植物、建物と建築物、機械と道具、ゲームとスポーツ、金銭と商業活動、料理と食べ物、熱と寒さ、光と暗闇、力、動きと方向性など、多くの言語に共通してみられる。一方、概念メタファーは「特定の文化において、強い物理的な存在様式をもち、風習、行動、象徴、人工物などの社会文化的実践を通して表出される」（李 2014:7）。つまり、それぞれの文化が違えば、言語メタファーの表現も違ってくるわけである。

　そこで、本稿では最も多用の動物メタファーの中から人間に古くから親しまれている「イヌ」をキーワードに選定し、その意味と品詞上のメタファー特徴に基づいて、英語、日本語それから中国語の共通点と相違点を考察する。

2　先行研究

　比較研究では、魯・呂（2013）は中国と日本語の動物メタファーを比較し、両言語には対等と不対等の現象が存在すると論じた。張（2017）は概念メタファーの視点から、中国語と英語のコーパスの用例を例挙し、イヌの目標領域を人物・性格域、感情・態度域、社会・関係域、形・時間・天気域とまとめた。また、李・黄（2019）は情緒域、性格域、行為域、職業域から英語のイヌの概念メタファーを分析し、人間が目標領域の中心であると結論した。今までの研究では、主に動物の意味分析を中心に、ことわざや成語を対象としたものがほとんどである。

　本稿は、ことわざではなく、あくまでも語の視点に立ち、語と語の連結により、根源領域の「イヌ」自身の意味を考察したい。また品詞的変換に注目し、意味と品詞の関連性を言語別に見てみたい。「イヌ」に関する言葉はそれぞれの言語にはいろいろな言い方があるが、今回の考察は便宜上英語では「dog」、日本語では「犬」、中国語では「狗」に限定する。用例は中納言、COCAそして辞典の例文を用いる。

3　語連結の中の「イヌ」

　人間も動物の一種であるため、動物を表す語はメタファーとして人間の性格、性質を示す場合が多い。「イヌ」は人間が野生動物の中から家畜として獲得した最初の動物であり、飼い主に忠実で、家族の一員として認められているが、「忠実性」のイメージがあまり延長されず、単に「人」、特に「男」に喩えられるのが普通である。

3.1　英語の「dog」

　『プログレッシブ英和中辞典』によると、「dog」は限定形容詞を伴って、「やつ、男」という意味をさす。使用例をさらに細かく分けてみると、三種類のパターンが見られる。

　人をけなすときに「sly dog（ずるいやつ）」「dirty dog（下劣なやつ）」「dead dog（何の役にも立たないやつ）」「lazy dog（ものぐさなやつ）」のように使われる。また、「可憐な、かわいそうな、大変な」人に対して、「homeless dog（フリーター）」「tired dog（疲れきったやつ）」と言うことができる。「やつ」という日本語訳からもわかるように、「dog」には軽くからかう気持ちが入っていて、話し相手への同情、反語、軽蔑など情緒的ニュアンスが伴っている。

　一方、人をほめるときに「top dog（勝者、支配者）」「gay dog（愉快なやつ）」「jolly dog（陽気なやつ）」「lucky dog（運のいいやつ）」といった言い方がある。中には「top dog」という言い方はすでに定着し、「オバマ大統領」や女性「社長」にも使える（例1、2）。

　（1）President Obama attended. But he was the top dog. Nobody is supervising.（COCA 2012 SPOK CBS_48Hours）

　（2）But she is coy when asked whether she wants to be the top dog. She would not say she aspires to be CEO.（COCA 2010 NEWS Atlanta）

　さらに、英語の「dog」は人間だけでなく、「失敗作、くだらないもの、だめな物」など物を指す場合もある（例3）。

　（3）That use refrigerator was a real dog.（プログレッシブ英和中辞典：574）

　物を指す用法ではほかに「（演劇や音楽などの）失敗作」「扱いにくい馬」「商品価値のない物」「儲からない商売」「デザインの悪い服」といった意味になることもある（松井 2002：21）。要するに、英語の「dog」は「形容詞＋dog」の形で人間から一般のものまで幅広い対象に喩えられることができる。

3.2　日本語の「イヌ」

　英語の「dog」と比べると、日本語の「イヌ」は単独としてのメタファー用法がずっと少ない。『大辞林』には、「比喩的にまわし者、スパイ」の意味合いだけ載せてある。語例として「警察の犬」「権力者の犬」など、英語と違って「名詞＋犬」のパタンが多いが、BCCWJからはこういった用例は検出できなかった。

　犬は嗅覚がとても敏感で優れているし、不審者や敵が近づけば、吠えて飼い主に知らせたりするために、従来から番用、狩猟用の牧畜犬、警察犬、軍用犬、今になって盲導犬として飼育され、人なつっこく単純で飼い主に忠実なイメージをもっている。一方、飼い主に媚びへつらう態度を取っている面もある。人間社会に投射されると、強者に媚びて弱者を叩くような使い方が生まれるわけである（例4）。

　（4）今の社民党も某国の犬としてワンワン吠えているけど。日本を敵視している外国からエサもらってる。（BCCWJ 2005 Yahoo!知恵袋）

　また、媚びの意味が含まず、英語の「dog」と同様の「やつ」の意味として使われている「負け

犬」という言葉が面白い。本来の意味は「ケンカに負けて尻尾を巻いて逃げる、弱い犬」のことであったが、例5と例6のように使用領域が拡大され、人間社会にどこにでも見られる権力競争に勝てない弱い者を、男女問わず「負け犬」と呼ぶことができる。

（5）子どもたちに惨めな思いをさせない生活をどうやって確保していけるかが心配で、夜も眠れず、男として負け犬にはなりたくない、一家心中も視野に置いて、どうするかを寝床の中で一睡もせず、一人で、朝まで考えました。（BCCWJ『明日を探して』古閑雅之：星雲社，2004）

（6）仮に逃げられたとしても今後"負け犬"という汚名を背負い続けなければいけなくなることは目に見えています。（BCCWJ『このダジャレで生きのびろ！』多治家礼：角川春樹事務所，2002）

犬の社会の秩序が人間社会に投射されているといえるであろう。最近では婚活が難しく、「未婚・子なし」の女性のことを指すことが多く、再び流行語として再出発した（例7）。

（7）「負け犬」とは、三十代以上の子どもがいない未婚女性。"勝ち犬"に対して「負け！」と開き直り、結婚という既成概念にとらわれない人生を送る。（BCCWJ『ダカーポ』実著者不明：マガジンハウス，2004）

「犬」のメファターはずっとマイナスのイメージと認識されがちであるが、今度、「負け犬」に対し、「勝ち犬」という言葉も出てきた。「負け犬」の言葉全体は「汚名」のようなマイナスイメージを持っているが、「犬」だけに関しては、ただ単に英語と同じように「やつ」という意味を含めるようになっていると言わざるをえない。

3.3 中国語の「狗」

中国語の「狗」に関する言葉は、「走狗（悪人の手先）」「落水狗（窮地に陥った悪人）」「頼皮狗（恥知らず人）」など、いい意味での使い方はまったくない。「狗」の前の修飾語には「走（早いスピードで前のほうを走ったり、走り回ったり）」「落水（水に落ちる）」「頼皮[2]（ごろつき行為、ずるをする）」など動作行為を表す動詞を用いる事が多い。英語の「形容詞＋dog」や日本語の「名詞＋犬」のパタンとまた違っている。

ネット用語の発展により、日本語の「負け犬」の意味に似ている「単身狗（独身の人）」という言葉がはやってきた。日本語の「負け犬」と違って、主として主体の自嘲気味に使われている。もともと中国語には「光棍儿（独身男性）」「単身汉（単身漢、独身男性）」「単身貴族（独身貴族）」という言い方（図1）があり、それぞれ「結婚しないが、経済状況がよく、上品な生き方をする男性」と「結婚できない男性」のことをいうが、「残された負け犬」の自嘲ぎみのニュアンスが薄い。新語の「単身狗」はその語彙的欠落を補うことができる。また、女性はみずから「単身狗」と名乗ることもある。

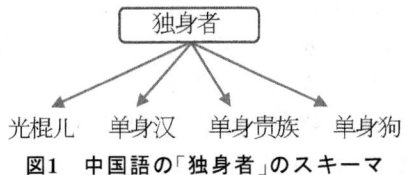

図1　中国語の「独身者」のスキーマ

上記のような造語パタンにまねて、「大四狗（就活で忙しい大学四年生）」「高中狗（受験勉強で大変な高校生）」「自費留学狗（自費留学で大変な留学生）」「IT狗（仕事が忙しいIT技術者）」

など数多くの新語が作られた。「狗」は勉強、生活、仕事でつらく感じている人の代名詞となっているようである。メタファーにより、言葉の面白みが味わえるだけでなく、その高い生産性により、語彙の豊富さがまして、もともと新奇だったメタファーも徐々に慣用メタファーに進展していくのである。これはまさにメタファーの魅力だろう。上記の「犬」メタファー及び語連結の特徴をまとめると、表1になる。

表1 「イヌ」メタファー及び語連結パタン

	ニュアンス			喩える対象		語連結パタン
	ポジティブ	中性的	ネガティブ	人	物	
英語：dog	○	○	○	○	○	形容詞＋dog
日本語：イヌ	×	新語だけ	○	○	×	名詞＋の＋イヌ
中国語：狗	×	新語だけ	○	○	×	動詞＋狗、名詞＋狗

4 「イヌ」の品詞的転換

4.1 接辞的用法

「イヌ」は接頭辞として複合語を形成することができる。それぞれの言語においては、接辞の生産性に程度の差が見られる。

英語での接辞的用法がもっとも多く、主に「dog＋名詞」と「dog＋形容詞」の二種類である。『プログレッシブ英和中辞典』の見出し語に「dogberry(愚かな役人)」「dog days(停滞した不振の時期)」「dog-end(無価値な残り物)」などの語例がリストされ、みな「だめ、価値がない、役に立たない」というネガティブなイメージが強く、物に喩える「dog」の場合とまったく同じ意味合いである。

一方、後者の例は「dog-eared(みずぼらしい、使い古した)」「dog-poor(ひどく貧しい)」「dog-tired(くたくたに疲れた)」などで、「dog」は後ろの形容詞を強調する役割を果たし、「たいへん、ひどく」という意味になり、主にマイナスの意味合いで使われる。

日本語でも、英語と同じく「無駄」の意味を持っている「犬死」という言葉がある。また人を罵るときに使う「犬侍」と「犬畜生」なども強いネガティブ感がする。非常に特別なのは日本語の「犬」は植物にかかって、植物名になるところである。例えば、『大辞林』には「犬がや」「犬がらし」「犬桜」「犬樟」など20語ぐらいある。これらの植物は悪臭があったり、普通の品種と比べて小さかったり、材として劣ったりするものばかりである。やはり「犬」に対する「役に立たない、だめ、無価値」のイメージの延長線にあると考えられる。

中国語では、「狗」を用いる成語やことわざ、慣用俗語が多いにもかかわらず、接頭語としての使い方が本当に少なく、主に人を罵る下品で砕けた言葉ばかりである。たとえば、「狗奴才(奴隷根性の人、悪人の手先)」「狗杂种(畜生)」。また、「狗」だけでなく、「狗」のいろいろな器官や生理現象を用いて、さらに軽蔑する意を表す「狗腿子(走狗)」「狗屁(理屈なし)」「狗屎(くだらない、いやな人)」などの言い方がある。要するに、中国語の中の「狗」は英語や日本語以上に、「イヌ」にたいしてネガティブなイメージが強く感じられる。

4.2 品詞転換

ある動物を指す語は人間の性質や行動を描写するために、メタファーとして用いられる

と、しばしば形容詞形もしくは動詞形になるとダイグナン（2010）は英語コーパスの頻度データを使って証明した。

英語の「dog」は名詞から動詞と形容詞への文法的転換が見られる。ただし、動詞メタファーの場合、語幹を変えることはないのに対して、形容詞メタファーに派生する場合は通常、接辞を必要としている。例文8の人間の「尾行する」行為は、犬が不審者の後をつけることとまさに同じであるため、メタファー用法が容易に生じたわけである。また、犬が追跡することに対して断固たる意志を持って、目標が見つかるまであきらめず退かない性質から、例9のような「厄介なことがつきまとう」意味、そして例10の「長く続く断固たる」というメタファー用法に模写されるわけである。

（8）Four of them behind us. They've been dogging our back trail for the past hour.（COCA 2015 FIC Bk：Shawn Brien Mans laughter）

（9）A second problem dogging the dwarfs is yet another consequence of their halfhearted shine.（COCA 2014 MAG Astronomy）

（10）Curiosity, the desire to make a difference and dogged determination are just a few of the qualities needed to solve murder cases.（COCA 2012 NEWS Denver）

もともと英語では品詞間の転換が頻繁にみられ、つまり同一の語に名詞や動詞の品詞が混じっている場合はごく普通である。そういうわけで、「dog」のメタファー用法に品詞転換の現象が起きたのも容易なのである。

一方、日本語では品詞を識別するために、意味だけでなく、語形（語尾）も重要な役割を持っている。物名詞が直接動詞、しいては形容詞に転換するのはほとんど不可能に近い。従って、日本語の「犬」のメタファーには品詞転換がみられない。

また、中国語では語形は品詞を決める上でまったく役に立たないが、物名詞からの品詞転換もごくまれである[③]。

文法的転換における言語間の差異をまとめるのは表2である。

表2 「イヌ」メタファーの文法的転換の特徴

	接頭辞としての生産性	品詞変化	
		動詞に	形容詞に
英語：dog	○	○	○
日本語：イヌ	○	×	×
中国語：狗	○	×	△

（注：△は限られた場合にしか使えない）

5 終わりに

三言語における「イヌ」のメタファーイメージを考察することにより、イヌのメタファーとしての使用は非常に独特で意味の範囲が限定されていて、人間の行動を描写するために比較的自由に話者によって用いられることができるというダイグナンの結論を証明した。どの言語においても、「イヌ」のマイナスイメージが強いこと、そして「劣ったもの、だめなもの」の意味合いは共通して言えるであろう。

しかし、英語では、「イヌ」のメタファーに「なかなか偉い人」「仲間」としての使い方もあり、「イヌ」に対して、中性的に捉えているのに対して、日本語と中国語は新語以外、「イヌ」に対するイメージが英語よりずっとネガティブである。そういうわけで、罵る言葉としての使い方が生まれ、それから接辞としての生産性が低いことにつながっているのではないかと考えられる。

言葉は常に変化している。自嘲気味の「単身狗」「負け犬」の反対語の「勝ち犬」といった言葉の誕生が「イヌ」メタファーに新たなイメージを与えることによって、人間の認識自身もだんだん変わっていくのであろう。

注

① 概念メタファーはLakoffとJohnsonの1980年の著作、Metaphors We Live By(『レトリックと人生』)によって提出された。
② 「頼皮」は中国語では、「別頼皮(ずるをするな)」のような動詞の使い方のほかに、「太頼皮了(とてもあつかましい)」「要頼皮(ずるをする)」のように形容詞や名詞としても使える。
③ 例外もある。たとえば、「牛」の場合、中国語では「这个人很牛(この人はとてもすごい)」というように、形容詞的用法がある。また、地方の方言では「狗」を「友達として失格だ」という意味合いで使う地域がある。

参考文献

[1] アリス・ダイグナン.コーパスを活用した認知言語学[M].渡辺秀樹,大森文子,加野まきみ,他,訳.東京:大修館書店,2010.
[2] 國廣哲彌,安井稔,堀内克明.プログレッシブ英和中辞典[M].東京:小学館,1997.
[3] 松井真.メタファーの普遍性と文化的変異についての一考察[J].山形県立米沢女子短期大学紀要,2002(37):19-30.
[4] 松村明.大辞林[M].東京:三省堂,1999.
[5] 籾山洋介.認知言語学入門[M].東京:研究社,2010.
[6] Kövecses Z. Metaphor: A Practical Introduction[M]. Oxford:Oxford Univer-sity Press,2002.
[7] 中国社会科学院语言研究所.现代汉语词典[M].北京:商务印书馆,1985.
[8] 李爱华.日语汉字词的隐喻研究[M].上海:上海交通大学出版社,2014.
[9] 李琳,黄阳.认知凸显观在"狗"的英语习语中的隐喻修辞格研究[J].科教汇,2019(5):179-180.
[10] 张玮.基于语料库英汉"狗"的概念隐喻[J].西安外国语大学学报,2017(2):11-14.
[11] 张贵月.浅析汉英语言中"狗"的文化内涵[J].赤子,2015(6):89-90.
[12] 洪帅.没有贬义的"××狗"[J].语文建设,2015(9):65-66.
[13] 鲁畅,吕楠楠.中日动物谚语概念隐喻的比较[J].沈阳师范大学学报,2013(1):93-95.

作者信息

姓名:于杨
单位:上海交通大学
职称:讲师
联系地址:上海市闵行区东川路800号
电子邮箱:uyou@sjtu.edu.cn

トピックの選択における文脈的関連性とラポール構築

上海対外経貿大学 季珂南

1 研究背景と目的

　初対面の会話場面では、相手の関心事がお互いによく分からないので、「何を話すか、あるいは話さないか」に関して心理的に不安定な状態に置かれる。さらに、接触場面では、参加者間にトピック選択の文化的差異が存在すると考えられるため、トピック選択の適切さがより一層問題になる可能性がある。これまでの研究では、大学生同士の初対面の雑談におけるトピックの選択を分析した三牧(1999,2013)の一連の研究が代表的であろう。その中で、話題選択の選択源に関する3つのストラテジーの1つとして「直前の発話」が挙げられている。つまり、先行トピックと関連づけたトピックの選択はポライトネス・ストラテジーの一つとして認めているのである。しかし、ラポール構築との関係に関しては、言及していない。
　では、実際の中日大学生接触場面ではトピックがどのように選択されているか。そして、トピック選択における文脈的関連性がラポール構築とどのような関係を持つか。これらの問いに答えるために、本論文は中日大学生の接触場面における初対面の雑談および、雑談後のフォローアップインタビューの報告を分析し、考察する。

2 ラポール

　「ラポール」はもともと心理学の用語であるが、臨床心理学キーワード辞典では「相互に信頼しあい、安心して自由に振る舞い、感情の交流が行える関係が成立している状態を表す」(坂野 2000)と定義されている。
　近年、言語学分野の研究でも「ラポール」という用語の使用が見られるようになった。各研究における解説をまとめて本研究は、ラポールとは、人と人が一緒にいる際の心地よさ、あるいは調和的関係であると定義する。

3 トピック間の連結タイプ

　先行トピックと後続トピックとの関係を内容面から分析した研究には、村上・熊取谷(1995)が挙げられる。村上・熊取谷(1995:103-104)は、「新出型」「派生型」「再生型」という3つのタイプに分け、それぞれ次のとおり定義している。
　(1) 新出型: 先行トピックの中で言及されていないことが後続トピックになる場合である。

（2）派生型：先行トピックで言及された事象からトピックが選ばれる場合である。
（3）再生型：隣接トピックの間では一見新出型に見えるつながりが、実はそれ以前のトピックで語られた内容が再度後続トピックとして導入される場合である。

この3つの連結タイプの文脈的関連性の度合いについて、村上・熊取谷（1995：106）は「派生型」が最も強く、「再生型」はこれより弱く、「新出型」はさらに弱いとしている。では、トピックの選択における文脈的関連性の強弱がラポール構築に影響するだろうか。

三牧の一連の研究では、話題選択の選択源に関する3つのストラテジーの1つとして「直前の発話」が挙げられている。つまり、「派生型」のトピック選択をポライトネス・ストラテジーの一つとして認めているのである。しかし、「派生型」のトピック選択とラポール構築との関係に関しては、言及していない。本論文は、話題の継続性を保つという点からすれば、文脈的関連性が強いトピックの選択は、会話内容面の一貫性を持つと考える。会話の内容が深まったり、広がったりすることにより、参加者間の共通基盤がより上手く築かれるため、「派生型」のトピック選択が多いほど、ラポール構築は促進されるといえそうである。

では、今回の調査においてラポール構築の状況が順調のペアは不調のペアより「派生型」のトピック選択が多いのか。文脈的関連性からみるトピックの選択において、順調ペアと不調ペアとの間にどのような相違点があるのか。

4　データ

4.1　初対面の雑談
中国人日本語学習者（C01～C10）と日本人大学生（J01～J10）各10名で任意に組んだ10ペアの初対面、または初対面に近い会話[①]（1回40～60分、合計約9.2時間）である。

4.2　フォローアップインタビュー（FUI）
会話の後で20人の対象者全員に個別に約1時間実施し、会話当時に感じたことや、相手への印象などを報告してもらい、各ペアのラポール構築の状況を調べた。その結果、会話参加者双方がラポール構築の状況を肯定的に答えたペアもいれば、会話参加者双方、あるいはどちらか一方が否定的に答えたペアもいる。本論文では、前者をラポール構築が順調であるペアとし、後者をラポール構築が不調であるペアと認定し、それぞれを「順調ペア」「不調ペア」と呼ぶことにする。

4.3　文字化の規則
本研究では収録した会話データを文字化した。本稿の文字化の方式は、土岐他（1998）を参考にして定めたが、一部独自の記号を筆者が付け加えた。

表1　文字化記号

#	1秒以下の沈黙	/	重なりの始まり
###	1秒を超える沈黙	‖	重なりの終り
***	不明瞭な発話	[↑]	上昇イントネーション
―	母音の伸ばし	[→]	平板イントネーション
{ }	非言語/付加説明	[↓]	下降イントネーション
( )	あいづち発話		

5 話題②の区分

本研究では、「上位話題」が変わるところにおける行動を分析対象とする。その切れ目をより客観的に認定するため日本語母語話者2人に認定作業を依頼したが、一致率は86.8%となる。不一致の箇所は今回の分析対象からは除外した。

6 分析結果

6.1 「派生型」の回数とラポール構築

計153のトピックを「派生型」「再生型」「新出型」に振り分けた結果を表2に示す。

表2 「派生型」「再生型」「新出型」のトピックの選択状況

ペア		選択者	派生型		再生型		新出型		トピック総数	
順調ペア	ペア1	C01	7	14 (56.0%)	1	1 (4.0%)	6	10 (40.0%)	14	25 (100%)
		J01	7		0		4		11	
	ペア3	C03	3	5 (26.3%)	0	0 (0.0%)	7	14 (73.7%)	10	19 (100%)
		J03	2		0		7		9	
	ペア4	C04	1	8 (57.1%)	0	0 (0.0%)	2	6 (42.9%)	3	14 (100%)
		J04	7		0		4		11	
	ペア6	C06	1	3 (27.3%)	1	1 (9.1%)	6	7 (63.6%)	8	11 (100%)
		J06	2		0		1		3	
	ペア8	C08	5	6 (66.7%)	1	1 (11.1%)	1	2 (22.2%)	7	9 (100%)
		J08	1		0		1		2	
	合計	C	17	36 (46.2%)	3	3 (3.8%)	22	39 (50.0%)	42	78 (100%)
		J	19		0		17		36	
不調ペア	ペア2	C02	4	5 (41.7%)	3	3 (25.0%)	3	4 (33.3%)	10	12 (100%)
		J02	1		0		1		2	
	ペア5	C05	4	7 (28.0%)	2	2 (8.0%)	13	16 (80.0%)	19	25 (100%)
		J05	3		0		3		6	
	ペア7	C07	2	9 (60.0%)	1	2 (13.3%)	2	4 (26.7%)	5	15 (100%)
		J07	7		1		2		10	
	ペア9	C09	8	9 (64.3%)	0	0 (0.0%)	3	5 (35.7%)	11	14 (100%)
		J09	1		0		2		3	

(続き)

ペア		選択者	派生型		再生型		新出型		トピック総数	
不調ペア	ペア10	C10	2	2	1	1	1	6	4	9
		J10	0	(22.2%)	0	(11.1%)	5	(66.7%)	5	(100%)
	合計	C	20	32	7	8	22	35	49	75
		J	12	(42.7%)	1	(10.7%)	13	(46.7%)	26	(100%)

　まず、順調ペアと不調ペアの合計欄をみると、いずれも「再生型」が一番少なく、「新出型」が「派生型」の選択数をやや上回っている。全体的にみれば、順調ペアが不調ペアより「派生型」のトピック選択が多いとはいえない。さらに、個別に各ペアの状況をみると、「派生型」のトピックの選択比率が60%を超えているのは、順調ペアのペア8(66.7%)、不調ペアのペア7(60.0%)とペア9(64.3%)の3つのペアしかない。そのうち、ラポール構築が順調であるペア5組の中ではペア8だけである。この結果からすれば、「派生型」のトピックの選択がラポール構築の結果を左右する必然的な要因ではないようである。

　しかし、ペア8の参加者にあたるC08とJ08はフォローアップ・インタビューにおいて、話題を考えることに苦労がなく、話しやすかったというような報告をしている。この報告をペア8のトピックの選択状況と照らし合わせると、C08とJ08との間でトピックの内容が次から次へと派生することにより、共通基盤がどんどん築かれていたことが推測される。

　ペア8の事例では、「派生型」のトピック選択がラポール構築を促すという一般的な推論が成立しているといえよう。では、なぜ同じく「派生型」のトピックが多く選択されていたペア7とペア9は、結果的に会話参加者の関係構築が順調ではなかったのであろうか。この疑問を解決するために、「派生型」のトピック選択における前後文脈を詳しく調べてさらに分析を進める。

6.2 「派生型」の前後文脈とラポール構築

　今回のデータにみられた「派生型」トピックの前後の文脈を調べると、自分の先行発話に関連づけて新しいトピックを持ち出す「自分発話派生型」と、話し相手の先行発話に関連づけて新しいトピックを導入する「相手発話派生型」の2種類のあることが分かった。以下、データに見られた会話例を提示する。

表3　自分発話派生型のトピック選択の例

309	C02	あー[→]これは‖あー[→]いい　うん せんせいにしつもん/しました(うんうん)‖うん にほんじんは にんげん あ あなたがにんげんではない とか うん こんなはなしがでてくる でて きたとき うん どういうきもちをもってですか/(おー[↓]{笑い})うん‖せんせいは うん ぶじょくな きもちが ぜんぜん ない(うんうんう/ん)で‖す たぶんにほんじはー こんなひょうげんが あります(おーー[↓])カルチャーのいちぶぶんですー(うん)うん#
310	J02	あー/ー[↓]
→311	C02	せん‖せいは タムラ {仮名} せんせいはやはりいいせんせいですよ
312	J02	{笑い} いい/せんせい

(続き)

| 313 | C02 | わたしは‖　あー[→]タムラせんせいがとてもすきです　かのじょはー　わたしたちの　はなすときの（うんうんうん）まちがった　しśないします |

注：新しい話題を開始する発話は→で示す。文脈的に関連のある発話は太字・斜体で示す。以下同

　上の会話では、311でトピックは「カルチャショック」から「タムラ先生」に変わっている。C02は自分の発話309に関連づけて新しいトピックを持ち出しているので、「自分発話派生型」のトピック選択である。

表4　相手発話派生型のトピック選択の例

951	C07	うんげき（うんうん）jingju {中国語}（ジンジュエン）うん　jingju　つまりにほんの**かぶきみ/たいなもので**
→952	J07	あっ　あー‖**わたしかぶき　でたことあるんですよ**
953	C07	あー[→]/そう
954	J07	{笑い}‖しゃしんがあります　かぶきー{携帯で探す様子}あった　これです{笑い}これわたし

　上の会話では、952で「中国の舞踊」から「歌舞伎」に変わった。J07は相手の発話951に関連づけて新しいトピックを持ち出しているので、「相手発話派生型」のトピック選択である。

　では、表2に示された計68の「派生型」のトピック選択は、それぞれ「自分発話派生型」と「相手発話派生型」に振り分けた結果を次の表5に示す。

表5　「自分発話派生型」と「相手発話派生型」の選択状況

	ペア	選択者	ⅰ）自分発話派生		ⅱ）相手発話派生		「派生型」のトピック選択	
順調ペア	ペア1	C01	0	2	7	12	7	14
		J01	2	(14.3%)	5	(85.7%)	7	(100%)
	ペア3	C03	1	2	2	3	3	5
		J03	1	(40.0%)	1	(60.0%)	2	(100%)
	ペア4	C04	0	2	1	6	1	8
		J04	2	(25.0%)	5	(75.0%)	7	(100%)
	ペア6	C06	0	0	1	3	1	3
		J06	0	(0.0%)	2	(100.0%)	2	(100%)
	ペア8	C08	2	3	3	3	5	6
		J08	1	(50.0%)	0	(50.0%)	1	(100%)
	合計	C	3	9	14	27	17	36
		J	6	(25.0%)	13	(75.0%)	19	(100%)

(続き)

ペア		選択者	ⅰ）自分発話派生		ⅱ）相手発話派生		「派生型」のトピック選択	
不調ペア	ペア2	C02	3	3	1	2	4	5
		J02	0	(60.0%)	1	(40.0%)	1	(100%)
	ペア5	C05	1	2	3	5	4	7
		J05	1	(28.6%)	2	(71.4%)	3	(100%)
	ペア7	C07	1	1	1	8	2	9
		J07	0	(11.1%)	7	(88.8%)	7	(100%)
	ペア9	C09	5	5	3	4	8	9
		J09	0	(55.6%)	1	(44.4%))	1	(100%)
	ペア10	C10	2	2	0	0	2	2
		J10	0	(100.0%)	0	(0.0%)	0	(100%)
	合計	C	12	13	8	19	20	32
		J	1	(40.6%)	11	(59.4%)	12	(100%)

　合計を見ると、順調ペアも不調ペアも「相手発話派生型」が「自分発話派生型」より多い。しかし、順調ペアでは「相手発話派生型」が27回と「派生型」の75.0％を占めているのに対して、不調ペアでは「相手発話派生型」が19回で「派生型」の59.4％である。順調ペアは「相手発話派生型」が不調ペアよりもかなり多いことが分かる。

　また、順調ペアでは、CもJも「相手発話派生型」の方が「自分発話派生型」より多い。一方、不調ペアでは、Jは「相手発話派生型」が「自分発話派生型」よりはるかに多いのに対して、Cは、「自分発話派生型」の回数が「相手発話派生型」の回数よりも多い。この結果からは、順調ペアではCとJはお互いに相手が言及した事象からトピックを選び、バランスが取れているのに対して、不調ペアではJが相手の言及した事象からトピックを選ぶ一方、Cは自分の言及した事象からトピックを選んでおり、トピック選択には不均衡が生じたことがわかる。

　このようなトピック選択の不均衡は特に不調ペアのペア2、ペア9、ペア10にみられる。表4に示されたとおり、C02、C09、C10は「自分発話派生」のトピック選択を比較的に多く行った。では、ラポール構築に影響はあったのか。この3人のトピック選択に関して、フォローアップ・インタビューにおいて話し相手であるJ02、J09、J10に尋ねたところ、三人は相手のトピックの選択には話し相手への配慮が不足していることを示唆している。「ラポールマネジメント」理論の観点からすれば、話し相手の「公平の権利」、すなわち「平等に興味や関心を持つことをトピックにする権利があるという信念」を脅かしてしまう恐れがあると考えられる。

　以上の分析と考察をとおして、「派生型」のトピック選択は話題の関連性を持ち、会話内容面の一貫性を保つが、話し相手に関心のある事柄を取り上げる場合に限って、参加者間のラポール構築を促すような効果が出るという結論をえた。

注
① 10組中2組は今回の調査時点で面識があった。
② 会話の構成単位を指し、話された内容を指す「トピック」と区別に使用する。

参考文献

[1] 坂野雄二.臨床心理学キーワード[M].東京:有斐閣双書,2000.
[2] 土岐哲他.就労を目的として滞在する外国人の日本語習得過程と習得にかかわる要因の多角的研究 平成6年度～平成8年度科学研究費補助金基盤研究[A].研究成果報告書(課題番号06301099),1998.
[3] 三牧陽子.初対面会話における話題選択スキーマとストラテジー[J].日本語教育,1999(103):49-58.
[4] 三牧陽子.ポライトネスの談話分析—初対面コミュニケーションの姿としくみ—[M].東京:くろしお出版,2013.
[5] 村上恵,熊取谷哲夫.談話トピックの結束性と展開構造[J].表現研究,1995(62):101-111.

作者信息

姓名:季珂南
职称:讲师
单位:上海对外经贸大学
联系地址:上海市松江区文翔路1900号博萃楼204室
电子邮箱:nan.C121@suibe.edu.cn

動詞連体形のテンス・アスペクト形式に影響する要素について
—連体修飾構造を中心に—

上海師範大学　上海旅游高等専科学校　張曄

1　はじめに

　動詞はいいおわる形として使用される場合と比べて、名詞にかかり、連体形として使われる場合、テンス・アスペクト形式が変容することがある。たとえば、下の例では下線部の「壊れた」を「壊れている」に直しても、ニュアンスがやや違うかもしれないが、意味的には同じものを表していると言えよう。

　(1) 鞄と壊れた傘を床に置くと、気を取り直して財布からテレホンカードを取り出す。（『利己的殺人』）①

　いいおわる形と比べれば、動詞連体形はテンス・アスペクト研究においては常に周辺的なものだと思われているが、こんな変容が一体どんな条件のもとで行われるか、どんな構文的要因がそれにかかわるかを究明しなければ、現代日本語動詞のテンス・アスペクトを把握し切れないと思われる。それで、本稿では、今までの諸研究を踏まえ、動詞連体形のテンス・アスペクト形式に影響する要因を整理し、変容する条件や関連形式の使い分けなど今後の課題につなげていきたいと思う。

2　連体修飾構造の分類—＜内の関係＞と＜外の関係＞—

　テンス・アスペクトを表す場合、動詞連体形といいおわる形との違いはまず、両者の構文的な違いによるものだと考えられる。

　鈴木(1972)では、いいおわる形は普通、文の述語として、文末に位置し、文を締めくくる機能を果たすのに対し、連体形は文中において、名詞にかかり、連体修飾構造を構成し、限定・説明の役割を果たしていると述べている。したがって、動詞連体形のテンス・アスペクト形式の変容を考察するために、まず、連体修飾構造からみていかないといけないと思われる。

　寺村(1992)では連体修飾構造を＜内の関係＞と＜外の関係＞と二種類に分けて、それぞれ詳しく述べている。下の例では(2)は＜内の関係＞であり、(3)は＜外の関係＞である。

　(2) また、チラシに載せる写真を撮らせてくれれば、大幅に値引きします。（『「リフォーム」が危ない！』）

　(3) 本には仰々しい司祭服を着た神父が、信者の額に手を置いている写真が写っている。（『キリスト屋』）

両者の構文的性質については大島(2010)では詳しく述べているが、紙幅の関係で、本稿ではその一部を引用しておく。

（前略）

内の関係がいかなる名詞についても成立しうるのに対し、外の関係はある特定の名詞のみが形成できるものである。以上に見たように、外の関係の場合、連体修飾構造の形式を決めているのは個々の名詞が独自にもつ統語的・意味的性質である。言い方を変えれば、名詞が持つ特性が連体修飾節の統語形式に反映されているのが外の関係といえるだろう。内の関係では名詞がもつ統語的・意味的性質が統語形式に反映されるのではなく、主名詞（本稿ではカザラレ名詞という。筆者注）はあくまで2つの文のいわば「結び目」として機能する。このように、内の関係と外の関係は統語的性質をまったく異にするものである。

（後略）

（大島 2010：29）

(2)と(3)の例では、両者の構文的性質の違いが次の図のようにまとめられるだろう。

また、|チラシに（写真を）載せる|写真|を撮らせてくれれば、大幅に値引きします。

本には、|仰々しい司祭服を着た神父が、信者の額に手を置いている|写真が写っている。

＜内の関係＞においては、カザラレ名詞（写真）はほとんど本来動詞連体形（載せる）の補語に当たり、動詞連体形によって支配されている。それで、動詞連体形のテンス・アスペクト形式の変容は動詞そのものの性質によるところが多い。それに対して、＜外の関係＞においては、名詞の性質がより多く統語構造に反映されているので、動詞連体形のテンス・アスペクト形式は動詞そのものの性質というより、むしろ名詞の性質により多く影響されると予測できるだろう。したがって、動詞のテンス・アスペクト形式の変容について考察する場合、まず、連体修飾構造は＜内の関係＞か、＜外の関係＞か、弁別しなければならないと思われる。

3 連体動詞句の構文的特徴と動詞連体形のテンス・アスペクト形式の変容

高橋(1994：77)では連体動詞句について「動詞の連体形は、文中において、単独で、または、句や節というまとまりで、名詞にかかる。（中略）動詞または、動詞でむすぶ単語群を、あわせて、連体動詞句、または略して動詞句とよぶ」と述べている。

動詞連体形のテンス・アスペクト形式の変容は連体動詞句の構造とも関係がある。

寺村(1992)では次の二例をあげている。

a あの眼鏡をかけている（○　かけた）人は…
b あの人のかけている（×　かけた）眼鏡は…

寺村(1992)の研究をまとめれば、上の例aの下線部「かけている」を＜性情規定＞の用法とし、＜性情規定＞を表す場合、「かけた」に置き換えることができる。つまり、シテイルのシタへの変容が可能だとしている。それに対し、例bの場合は、主格語が前に来ることによっ

て、「かけている」は動的意味を持つようになり、「かけた」に置き換えられなくなるということになる。また、高橋(1994,2003)でも動詞連体形のテンス・アスペクト形式の変容を取り上げて、詳しく述べている。その結論でも、上の例aと例bの違いが説明できる。つまり、例aの場合、動詞は連体形で名詞にかかり、動詞らしさを失い、形容詞的に移行し、テンス・アスペクトから解放される傾向が強いのに対し、例bは動作の主体が連体動詞句に現れることによって、動詞連体形が述語性を保っており、テンス・アスペクト形式の分化を持つということである。言い換えれば、前者の場合、テンス・アスペクト形式の変容が起こりやすく、後者の場合は、起こりにくいのである。ただ、こんな動詞連体形の性質そのものによるテンス・アスペクト形式の変容は2で述べたような＜内の関係＞と＜外の関係＞とでは、一様に、行われるのではない。カザラレ名詞の統語的・意味的性質とほとんど無関係なので、＜外の関係＞より、むしろ＜内の関係＞において起こりやすい。

4　カザラレ名詞と動詞連体形のテンス・アスペクト形式

動詞連体形のテンス・アスペクト形式は動詞連体形そのものの性質だけでなく、カザラレ名詞からも影響を受ける。次の三例を見てみよう。

（4）来週一泊で下田へ行く予定です。（Yahoo!ブログ）
（5）と、確かに複数の人間が野営した痕跡と足跡が発見できた。（『エンジェル・ハウリング』）
（6）現在、現地スタッフを育てて、現地語で技術説明をする体制を整えている最中です。（『日本にしかできない技術がある』）

上の三例では、動詞連体形のテンス・アスペクト形式がほとんどカザラレ名詞によって決められ、カザラレ名詞の統語的・意味的性質を反映するので、連体修飾構造において、動詞連体形というよりも、カザラレ名詞の方が支配的であり、＜内の関係＞より、＜外の関係＞において、こんな現象が起こりやすい。この点は次の二例を比べてみると、より明らかになるだろう。

（7）で、ネットなどを駆使して調べた結果は以下の通り。（『Mini spirits』）
（8）ただ、英文学を専門としているものだから、各所で言及や援用する結果になったことをお許し願いたい。（『降誕』）

奥津(1974)の分類では、前者は＜相対名詞＞、後者は＜同格連体名詞＞である。＜相対名詞＞として使われる場合、典型的な「結果」構文は前項（連体動詞句）は常にその原因を表し、後項はその前項で表す原因による結果であり、動詞連体形は基本的にシタ形を取る。それに対し、＜同格連体名詞＞として用いられる「結果」にかかる連体動詞句は「結果」の内容を表す。その証拠としては、連体動詞句と「結果」の間には「という」の介在が可能である。「結果」の内容を表す連体動詞句における動詞連体形のテンス・アスペクト形式は連体修飾構造の構文的特徴による制限が少ない。テンス・アスペクト形式の分化は動詞の特徴であるのに、名詞の統語的・意味的性質にこんなに大きな影響を受けるとは、＜外の関係＞以外には、考えられないだろう。

5　まとめ

本稿では、動詞連体形のテンス・アスペクト形式と連体修飾構造及びその構成要素との関

係を考察した。結論は以下の表のようにまとめられる。

表　動詞連体形のテンス・アスペクト形式に影響する要素

連体修飾構造の種類	動詞連体形のテンス・アスペクト形式に影響する要素
＜内の関係＞	連体動詞句の構造と動詞（連体形）の性質
＜外の関係＞	カザラレ名詞の統語的・意味的性質

　　以上は、動詞連体形のテンス・アスペクト形式に影響する諸要素を連体修飾構造を中心に見てきた。どんな条件の下で、どんな影響があるか、動詞連体形のテンス・アスペクト形式にはどんな変容が起こるかについては、紙幅の関係で、深入りすることができないが、今後の課題にしたいと思う。

注
① 本稿では例aと例bはそのまま寺村（1992）からの引用であるが、それ以外の例文は「現代日本語書き言葉均衡コーパス中納言」から取った例文であり、下線は筆者がつけたものである。

参考文献
[1] 大島資生.日本語連体修飾節構造の研究[M].東京:ひつじ書房,2010.
[2] 奥津敬一郎.生成文法論[M].東京:大修館書店,1974.
[3] 鈴木重幸.日本語文法・形態論[M].東京:むぎ書房,1972.
[4] 高橋太郎.動詞の研究―動詞の動詞らしさの発展と消失―[M].東京:むぎ書房,1994.
[5] 高橋太郎.動詞九章[M].東京:ひつじ書房,2003.
[6] 寺村秀夫.寺村秀夫論文集―日本語文法編―[M].東京:くろしお出版,1992.

作者信息
　　姓名:张晔
　　职称:讲师
　　单位:上海师范大学旅游学院　上海旅游高等专科学校
　　联系地址:上海市奉贤区海思路500号
　　电子邮箱:chyoyo1982@aliyun.com

浅谈汉语无定 NP 主语句相关研究中的争议点

西安外国语大学　白晓光

1　前言

汉语研究中,无定 NP 主语句自20世纪80年代以来一直备受关注。Comrie(1989:160)指出,"主语有定,宾语无定"具有一定的普遍性。赵元任(1968:46-47)、朱德熙(1982:96)等很多学者都指出,汉语也有这一倾向。比如：

(1) a.人来了。b.来人了。　(2) a.书我已经看完了。b.我已经看完书了。

a 句中的"人""书"是有定的,b 句中的是无定的。当然,因为是倾向,所以必然也有例外。范继淹(1985)就列举了汉语中大量无定 NP 主语句的实例,引发了对这一问题的持续不断的热烈讨论。汉语中,主语有定宾语无定的倾向的确存在。那么,作为例外存在的无定 NP 主语必然要受到一定制约。无定 NP 主语具有什么特征,受到什么制约,它有什么特殊的篇章语用功能,这些问题就成了描写和解释的主要对象。但是我们也发现,在众多的研究中,学者间的观点差异很大,有时甚至是完全相反的,对所举的例子也经常一人一个看法。为什么会出现这种现象,它的根源在哪里,这是我们关注的地方。我们希望能通过对此问题的考察和梳理,对规范这一问题的研究提供些许帮助。

2　陈平(1987)对"有定/无定"的规定

名词短语的指称性一直是语言学界重点关注的问题之一。陈平(1987)梳理了与名词性成分相关的四对概念：有指（referential）/无指（nonreferential）、定指（identifiable）/不定指（nonidentifiable）、实指（specific）/虚指（nonspecific）、通指（generic）/单指（individual）。同时探讨了这四对概念在现代汉语中的表现形式及语法特征,掀起了名词有定性研究的热潮,这四对概念也成为其后研究的概念基础。对于"定指/不定指"（也称"有定/无定"）这对概念,陈平(1987)将其置于"有指"范畴下,从以下三个方面做了如下规定：

2.1　基本定义

发话人使用某个名词性成分时,如果预料受话人能够将所指对象与语境中某个特定的事物等同起来,能够把它与同一语境中可能存在的其他同类实体区分开来,则该名词性成分是定指成分。……相反,发话人在使用某个名词性成分时,如果预料受话人无法将所指对象与语境中其他同类成分区分开来,则该名词性成分为不定指成分。(陈平 1987:121-122)

2.2　定指成分的使用场景

第一种情况是,所指对象在上文(不只限于同一篇文章或同一次谈话,也可以延伸到在此之

前进行的全部语言交际活动)中已经出现过,现在对它进行回指。

第二种情况是,名词性成分的所指对象就存在于交际双方身处的实际环境中,可以靠眼神或手势作当前指示加以辨识。

第三种情况是,所指对象与其他人物之间存在着不可分离的从属或连带关系。凭借这种从属或连带关系,可以将其与语境中同类的其他事物区别开来,获得定指身份。

2.3 名词短语的外在形式与有定性

人称代词、专有名词、"这/那(量)名"一般用来表示定指成分,而一(量)名结构和量名结构一般用来表示无定成分。处于中间位置的光杆普通名词和数量名结构则表现出较大的灵活性。

2.4 名词短语的句法位置与有定性

强烈倾向于由定指名词(短语)充当的句子成分有:①主语;②"把"字的宾语;③数量宾语前的受事宾语;④双宾语结构中的近宾语;⑤领属性定语。强烈倾向于由不定指名词(短语)充当的句子成分有:①存现句中的宾语;②处所介词短语前的宾语;③双宾语结构中的远宾语;④复合趋向补语后的宾语。

3 无定 NP 主语句相关研究的争议焦点

围绕无定 NP 主语句,相关研究主要在以下几个问题上存在不同的见解。

3.1 无定 NP 主语的规定应基于形式或语义还是基于语用功能?

陈平(1987)指出,一(量)名结构和量名结构是最典型的无定名词形式。由于量名结构不能进入主语位置,因此,无定 NP 主语最典型的形式就是一(量)名结构了。光杆名词和数量名结构灵活性较大,依据句子结构以及语境的不同在有定无定上经常会有不同的解释。因此,目前有关无定 NP 主语句的研究绝大多数将一量名结构作为考察对象。我们来看魏红、储泽祥(2007:39-40)对此给出的解释:

"汉语的'数量名'结构,在静态情况下(不进入具体句子)总是无定性的,但在动态环境中(进入具体句子)不一定都是无定的,如'一句话说完,她流下眼泪'(《王朔文集》,147页),读者从上下文中完全可以知道'一句话'是什么,因此,它实质上是可以识别具体所指的。显然,语境的动态性迫使我们对有定、无定的区分产生动摇。但是,'一句话'本身并不是有定的,是'说完'等成分以及上下文限定了它。同时,'一个人也不认识'里的'一个人'本身也不是有定的,它的周遍性意义,是通过整个句子才能理解的。因此,我们采取这样一种策略:在静态情况下确定无定形式。那么,'数量名'结构就是汉语无定成分的典型的静态表现形式,由'数量名'结构充当主语的句子,就是无定 NP 主语句(包括'数量名'结构充当主语的周遍性主语句)。"

暂不论数量名结构与一量名结构的区别,单从此论述我们可以看到,将一量名结构作为无定 NP 主语研究对象的缘由无外乎是语境灵活易变,不好把握,而形式易掌控。说到底,是一种研究上的便宜。但是,有定/无定本身是一种语用范畴,仅从形式或语义上来规定研究对象,必然会偏离其本质,从而带来一系列问题。

首先,无定名词主语并不只有一量名(或数量名)结构这一种形式。虽然一量名结构是无定NP 主语的典型代表,但无定 NP 主语并不一定是一量名结构。仅从陈平(1987)的论述就可以看到,它还有一个代表是光杆名词形式。光杆名词与一量名结构在句法性质和语义语用功能上都存在很大差异,因此一量名结构的性质特征并不能代表无定 NP 主语的全部性质特征。纵观最近的一系列研究,大多都将无定主语这一研究对象限定在了一量名结构上,甚至不少研究无论是题目还是最后的总结性结论都以无定主语为主体,这很容易让人产生无定主语就是一量名结构,一量

名结构的特征就是无定主语的特征的印象。我们认为,一些学者将研究标题和结论限定于一量名结构的做法值得推荐。

其次,充当主语的一量名结构也并不全是无定主语。有定无定本身是语用的概念,受语境因素影响较大。一量名结构形式并不能保证其语用功能的有定。事实上,已有不少学者注意到了这一点。比如,魏红,储泽祥(2007)举出了让其产生动摇的"一句话说完,她流下眼泪"这个句子。其实这里的"一句话"是一种回指用法,按陈平的观点就是有定成分。

方梅(2019)也指出,与篇章中已有名词具有概念联想关系、部分与整体关系的一量名结构主语,真正表示数量的一量名结构主语等都不能作为无定 NP 主语来解读。如:

(3) 那官府的老爷就把胡氏提来审问:"你这小女子,为何要毒死你家老爷呀!""回父母官,老爷是吃粑粑死的呀!""乱说!打!"一伙差役举起板子围着胡氏就是一顿狠打。(引自王红旗2001)

这里的"一伙差役"与篇章中已有的名词概念之间具有概念联想关系,所指对象在语境中是可以辨识的。

可以看到,一量名结构内部在语用功能上仍然是不均衡的,其中有一些并不属于陈平所定义的无定名词。因此,仅从形式或语义上规定无定 NP 主语的做法值得商榷。

3.2 类指成分算不算无定成分?

陈平(1987)对四对相互对立的指称概念进行了规定和分析,但是对不同对之间的关系却没有做详细区分。围绕它们之间的关系引发了热烈的讨论。就无定 NP 主语句而言,通指(或称类指)与有定无定的关系最受关注。

如果我们把"类"看成是一个特殊的个体,一个区别于其他类的个体(特定的类个体),则也未尝不能将类指视为有定。但如果关注类指不指示特定个体这一点,则又与无定有相通之处。不同的学者在此问题上有不同的看法,这也导致对无定主语外延的理解产生了分歧。

刘丹青(2002)认为,有定无定始终是针对个体的分类,没有必要对类进行区别。类指是[-个体]的属性,它既非有定亦非无定。方梅(2019)在处理一量名无定主语时,将其分为"不定指'一量名'主语"和"类指'一量名'主语"两大类。可以看出,她遵循的是刘丹青(2002)的观点,将有定无定和类指区别对待。也就是说,如果从这一主张出发,类指主语就不能被视为无定 NP 主语。

刘丹青(2002)提出"光杆 NP 类指普遍假说",认为不带指称标记的 NP 都具有类指功能。当 NP 前有指示词、数量短语等指称标记时,光杆 NP 的类指义就被其他指称义覆盖;相反,当 NP 前没有指称标记时,NP 就具有类指义。"一+量"表示类指是个体转喻用法。光杆 NP 假如表达类指以外的指称义,则理解为其他指称标记的省略或零形式标记。

我们认为,这一规定仍然是从形式出发的,有些过于绝对。比如,在评阅论文时,我们常说"论文结构合理,……"。此处的"论文"虽是光杆名词,但却明显指的是当前手头的这篇论文,是有定成分,类指特征不明显。在展览会上,展品上有时会贴标签"展品来自……",此时的"展品"指的就是当前展品,有定特征明显,类指特征不明显。

与此相对,石毓智(2002)则认为,现代汉语拥有一个严格的"句法结构赋义规律",即"对于没有任何修饰语的光杆名词,以谓语中心动词为参照点,动词之前的被赋予有定的特征,之后的被赋予无定的特征。"比如,对于下面这个例子:

(4) 妇女儿童你保护,那野生动物虎背熊腰的,你保护它干吗?(姜昆《虎口遐想》,引自石毓智2002)

他是这样解释的:"表面上看来,'妇女儿童'是句首的光杆名词,并不是特定的某些人,有定的意义并不明确,便是实际上它仍有有定性。在说话者的比较域中只有两类特定的成员:'妇女儿

童'和'野生动物',相对于后者来说前者代表的是特定的一类事物。"很明显,在这里,他把类指成分看成了有定成分。但是,在之后论述形容词词性谓语句的主语时,他又说表示事物类属的光杆名词都不具有有定性质。我们注意到,之所以出现这种前后论述不一致的现象,主要还是出于对有定无定的判断是基于语义还是语用的差异。类指成分在语义层面可以视为非有定成分,但在语用层面却可以视为有定成分。问题是,有定无定这对概念本身是语用层面的,从语义上规定是否合适。这又回到了3.1的问题。

与刘丹青的类指区别于有定无定说、石毓智的类指有定无定模糊说不同,高顺全(2004)从信息传递的角度明确指出:"定指成分可以是已知的一个或几个具体的实体,也可以是已知的某类抽象的概念或性质。"刘顺(2004)也把通指(类指)成分看作是有定成分。

沈园(2003)在解释阶段性(事件性)谓语前的"无定"光杆名词主语(如例5)时指出,听者并不知道此时的主语("警察")具体指的是谁,因此可视其为无定成分。但对于为什么无定成分可以充当主语,他指出,可以将"警察"视为类指成分。如果把"类"看作个体,更高层面上的个体,而且是有定的个体,那么,这里的光杆名词就和有定名词做主语的情况较为相近,就符合"主语有定,宾语无定"的倾向了。可见,他也认为可把类指成分视为有定成分。从该文我们也可以看到,同一个"警察",既可视为无定成分,又可视为类指成分,还可视为有定成分。光杆名词指称特征的复杂性由此可见一斑。

(5) 警察来找过你。

但是,目前更多的研究是将类指纳入无定主语的范围内。因为大多数的研究将"一量名"这一形式规定为无定主语,而"一量名"结构有类指和不定指两种用法(方梅2019)。因此,多数研究都将无定主语分为类指和个体指两类,并结合句子叙述类型(事件描写还是属性描写)来进行论述。可见,由于类指成分自身的特性,在其有定无定的判断上造成了一定的分歧,并进而影响到无定NP主语的涵盖范围。

3.3 在有定无定的判断上需不需要考虑发话人的发话意图?

这个问题的答案似乎是很明确的。陈平(1987)早就明确指出:"定指和不定指这对概念涉及的核心问题是,发话人对于受话人是否有能力将名词性成分的实际所指事物从语境中同类事物中间辨别出来所做的判断。这同发话人本人是否具有这种辨析能力并无直接关系。"但是,一方面,在实际操作中,由于基于功能的研究一般都是从发话者的发话意图出发去研究不同语言表达形式的选择和应用的,因此,很容易在此问题上混淆不清。我们也发现,不少研究并没有准确界定这一点。另一方面,有些研究注意到,存在明明应该使用有定或无定成分,但说话人却故意使用不同指称特性的表达方式的现象。比如:

(6) a. 你说小美,一个女孩子,把自己打扮成那样!
　　b. (递过去一个苹果)饿了吧,先吃个苹果垫垫。
　　c. 快跑啊,狼来了。

(引自单宝顺2016)

ab中的"女孩子""苹果"一个是回指,一个是现场存在物,应该是有定的。但这里都用了无定形式来指称。c中的"狼"对于听者来说肯定不能确指,因此应是无定成分,但说话人却把它置于了句首主语位置上。一般认为,主语位置的光杆名词是有定的(石毓智 2002)。对此,单宝顺(2016)认为,这么用是基于特殊的交际意图。三种用法中的名词短语都可以理解为"类指"成分。a句强调"小美"是"女孩子"这一类中的成员,b句强调"不是饭菜而是苹果",c句强调"狼"这一类别的动物能够带来危害。

我们也在思考,说话人在说话时,是不是随时都在关注听者能不能判断区分出某一事物呢?比如:

(7) a. 说话人对听者(自己的儿子)说:"你真长能耐了!不仅不交医院费,还把人家护士打了!你咋不上天呢?!"

b. 说话人对自己的爱人(不知道具体事件)说:"他(儿子)可真长能耐了,不仅不交医院费,还把人家护士打了!他咋不上天呢?!"

在 a 句中,由于听者是当事人,所以"人家护士"应当是有定成分。而在 b 句中,由于听者不是当事人且是首次听说,因此"人家护士"应当是无定成分。但是,我们的问题是,说话人在说这句话时,在选择表达方式时,真的在考虑听者能不能确定是哪一位护士吗?我们觉得,说话人并没有考虑这些事情,他只是在强调"打护士"这件事情的存在及严重性。只要把这一信息传达到就足够了,没有必要去传达"有定/无定"这一层面的意义。语言的运用存在信息取舍的过程,我们所说的每句话并不是要将全部信息都要精确地收纳进去,这没必要也不可能。徐通锵(1997)也指出,语言的运用经历了一个"个别——一般——个别"的过程,由个别向一般的抽象转化过程中,必然存在具体信息的舍弃。因此,我们认为,在谈论名词短语的有定无定问题,特别是有定无定不好判断的光杆名词的有定性问题时,应该有一个前提,即说话人判断听者有没有能力去确定所指对于说话人的表达意图的实现是有价值、有作用的。纯粹地从客观的角度去考虑听者有无能力去确定所指,有时并没有什么意义。基于这一考虑,我们就可以将例(7)ab 两句中的"人家护士"都视为无定成分。

总体来看,发话人的发话意图在无定 NP 主语句中的作用,还没有受到充分关注,相关研究还比较少。

3.4 主谓语的复杂程度与无定主语的允准有直接关系吗?

一般认为,主语受的修饰限定越多,越倾向于有定性理解,也因此与"有定居前"的原则相匹配。

陈平(1987)指出:"领属性定语具有较强的定指性质,带有这类定语的名词性成分一般作定指理解。……一般性的定语成分,限定性越强、越具体,该名词性成分的定指性也就越强。"可见,有定性是相对的,有一个程度的问题。范继淹(1985)也指出,名词性短语随着限定性定语的增多,会越来越倾向于作有定理解。比如"一位医生告诉我……"中的"一位医生"是无定的,但如果换成"一位女医生""一位姓侯的女医生""首都医院一位姓侯的女医生""首都医院血液组一位姓侯的女医生"呢?限定性定语越多,越倾向于作有定理解。

但刘丹青(2002)指出,有定的领属定语不一定保证整个 NP 是有定的。比如"王大鹏家的狗"这个名词短语,在"王大鹏家的狗很凶"这句话中,可以加入指示词说成"王大鹏家的那些狗",因此可视为有定成分。但在"王大鹏家的狗很多"这句话中,却排斥指示词,因而不能视为定指,只能视为类指,是"狗"这个大类下的一个小类。

我们认为,受领属性定语修饰的名词短语,的确所指更为明确,但发话人既然不用确指的典型有定形式(比如加指示词),就有其不想强调、不想明确所指是谁的发话意图。因此,结合说话人的发话意图(与3.3的问题有一定关联),仍不宜将其视为有定成分。

另外,在具体的语境中,领属性定语的限定性有时也不明显。如:

(8) a. 他临走还拐走了<u>一只鸡</u>。　　b. 他临走还拐走了<u>我家一只鸡</u>。

c. 他临走还把<u>一只鸡</u>给拐走了。　　d. 他临走还把<u>我家的鸡</u>给拐走了。

e. 他临走还把<u>我家的一只鸡</u>给拐走了。

上述 a—e 中画线的名词短语从理论(宾语的无定倾向、"把"字宾语的有定性倾向、领属性定语的有指性等)上讲应该是有定性依次增强的,但无论有没有领属定语,都无法确切知道具体是哪一只鸡。a 中的"一只鸡"是无定形式,并且处于无标的无定宾语位置,因此无定性最强。但如果

置于具体语境中,a 中的"一只鸡"即使不加领属定语,听者也有可能很清楚是说话人家的鸡。

对于谓语,也有不少研究指出,无定主语句要成立,谓语必须复杂。比如,范继淹(1985),曹秀玲(2005),魏红、储泽祥(2007),朴珍玉(2015)等均指出了这一点。他们普遍认为,主谓语的细化是为了使主语的可识别度增加,以满足主语或句子的有定性要求。可见,这类观点仍然是在努力将无定 NP 主语句的成立条件向"有定居前,无定居后"的大原则靠拢。

但单宝顺(2016)指出,对无定 NP 添加限定性定语并不改变其无定性质,主语位置本来就不排斥无定成分,只是要求名词的信息量要足够。比如:

(9) a. **一个学生睡着了。 b. 一个学生跳楼了。

a 和 b 虽同为简单的一量名主语,但 b 表达事件信息量较大,易被交际双方所关注,因此就很自然。陆烁、潘海华(2009)进一步明确指出:"其实更确切地讲,问题的关键不是使主语或谓语有多么具体,而是使全句更明确简单判断的属性。……越是出乎听话人预料的事件,越是能够使用无定主语。"

我们认为,增加主谓语的细化程度,并不一定就能明确简单判断的属性。话题句也可以细化主谓语的描写。这里的关键还是向听者传达的整个事态的信息量够不够的问题,信息量不够,就没有传达的意义,一般不会说,因此会让人感觉不自然。只要说话人觉得这种量的信息有必要传达到听者就可以了。因此,形式上主谓语的细化与无定主语句在句法语义上的允准条件没有必然联系。

3.5 话题、主题、主语

为论述方便,我们这里暂把话题作为篇章层面的用语,主题和主语作为句子层面的用语。我们先说主题和主语的问题。

很多研究发现,一量名结构充当主语一般有两种用法,一种是不定指用法,一种是类指用法(参见方梅 2019)①。不定指用法基本上是"整个句子描写一个状况,提示一个场面,途径一个事实的出现"。(内田庆市 1993)。比如:

(10) 我上了正房台阶敲那挂着钩花窗帘的玻璃门。<u>一个穿小花袄身材窈窕的姑娘开了门笑盈盈地望着我</u>。(《王朔文集》,引自魏红,储泽祥 2007)

陆烁、潘海华(2009)也明确提到了这一点,指出它是"直接判断某个认知整体,是一个单步骤的简单判断"。事实上,结合日语来看更为清楚。这种类型的无定主语句,主语对应的日语都是"Nが"而不是"Nは",也就是说,都是主语但不是主题。由于汉语缺乏形态标记,主题和主语的区分并不像日语那样容易,因此,一直以来,在谈论无定主语时,总是把主语和主题混在一起讨论,不加区分。但实际上,主题—解说结构的句子和简单判断句是两种截然不同的类型,与主语有定无定有密切的关系,需要加以区分。

意识到事件句中一量名主语的这一"非主题性"特征,有着积极和重要的意义。但是,由于先行研究一般将无定 NP 主语句的研究对象限定在一量名结构上,因此,出现了不少研究将这一特征放大到无定主语身上。比如魏红、储泽祥(2007)指出,"无定 NP 主语不是话题,不能倒装,不能用'是'强调。非现实句也不能这样。""现实性无定 NP 主语句的主语后边不能停顿,非现实句有这种可能"。陆烁、潘海华(2009)也指出:"无定主语不是话题,也不能添加话题标记。"

将无定主语限定于一量名结构,自然会得出这样的结论。但问题是,所有的无定主语都不能是主题吗?主题必须都是有定的吗?

一般而言,既然是主题,自然是谈话双方共知的已知事物,应该是有定的。这似乎适用于任何一种语言。Kuroda(1972)就曾指出,主题只能作"有定"解或"类指"解。沈园(2003)也指出:"通常只有在假设某个或某些事物是受话人'已知'(包括'有定'和'类指')的情况下,我们才能和受话

人谈论事物的性质。"

但同时，沈园又举出像下例(11a)这种较为特殊的现象。

(11) a. 小王，<u>警察</u>来找过你。 b. 小王，(有)<u>一个警察</u>来找过你。

如果参照日语，a 句一般会说成"警察、尋ねに来たんだ"，其中的"警察"应该是句子主题而非主语。汉语本身也可以在"警察"后加语气词"呀"。因此，此句中的"警察"在句子中充当的应该是主题成分。同时，因听者无法确定"警察"具体指的是谁，因此可视为无定成分，于是就形成了一种较为特殊的"无定 NP 主题"。至于为什么主题会是无定名词，沈园给出了如下解释。

这种情况下的无定主题可以看成是类指，类指可以理解为更高层次上的有定个体，因此可以允准出现在主题位置。但这种情况必须要满足一个条件：说话人必须假设受话人会认为光杆名词所指的"类"具有某些与语境相关的特性。说话人认为受话人可以从更大的语境，包括物理语境、心理框架中去确认事物或人。如果不具备这一条件，光杆名词就无法出现在主语位置。就上例而言，邻居如果说 a 句，多半是认为小王犯了事惊动了警察。而如果改用 b 句，那么有可能邻居认为小王犯了事，但也可能邻居只是想说小王一个当警察的熟人来找过他。第二种意思不能用 a 句表达，原因就在于 a 句的使用必须以说话人假设受话人认为光杆名词主语所指的"类"具有某些与语境相关的特性为基础。

我们非常赞同沈园的观点。不过他举的例子主语都是施事，我们也想到了不是施事的情况。比如：

(12) a.（家人突然晕倒，说话人接到消息后匆忙赶到，问其他家人）"<u>医院</u>联系了吗？"

b.（说话人匆忙赶到交通事故现场，急忙问家人）"<u>保险公司</u>联系了吗？"

c.（全家人决定6点外出旅游，说话人因工作关系快到6点时才回到家。回到家第一句就问）"<u>行李</u>准备好了吗？"

这些句子中的画线名词都是受事成分，位于句首自然是主题，并且听者也无法确切明白是哪一个个体，因此都可理解为"无定主题"。这些场景有一个共同的特征是，主题名词与发话现场有密切的关联性，听者听到说话人在句首说出这一名词，也不会感到意外，或者说心里已经有一定的预期。说话人和听者能够立即达成默契，不会影响谈话的进展。这一点有些类似于陈平所说的"所指对象与其他人物之间存在着不可分离的从属或连带关系"这种情况。与谈话现场密切相关的事物，基于一般常识性知识，能够很快激活听者大脑中存储的信息。所以，从某种意义上讲，这些主题名词具有一定的有定性。当然，我们也可以遵从沈园的类指解释。

下面我们来看话题。话题涉及的是无定 NP 主语句的篇章功能。曹秀玲(2005)，魏红、储泽祥(2007)等不少研究指出，事件型的无定 NP(这里专指一量名结构)主语句有引进话题或转换话题的篇章功能。但方梅(2019)指出，不定指"一量名"主语在语篇中是偶现信息，不是叙事主线事物，其所在句子的篇章功能是提供背景信息，而不是引入新话题。

我们认为，这些看似截然对立的观点其实源于对"话题"这一概念的不同理解，源于对篇章语块大小的不同把握。方梅(2019)对语篇的划定范围更大。从更大的语篇来看，小范围内的话题很可能就不再是话题了。

4 结语

以上我们针对汉语无定 NP 主语句的相关研究，梳理了引发争议的几个主要因素。这些争议主要是围绕"有定/无定"和"主语/主题"展开的。在进行相关研究时，我们应该首先对这些问题加以界定。当然，要确定哪一种主张更合适并非易事，需要从语言研究的整体去把握。另外，对照其

他语言,借鉴其他语言的研究成果也可能会带来不一样的视角和思路。下一步我们将尝试把汉语与同为主题—解说结构的日语做一对比考察。

注

① 曹秀玲(2005)分别称为事件型和事态型,魏红、储泽祥(2007)分别称为现实性和非现实性无定主语,陆烁、潘海华(2009)分别称为简单判断句和通指句,名称不一,但所指大体一致。

参考文献

[1] 曹秀玲."一(量)名"主语句的语义和语用分析[J].汉语学报,2005(2):81-87.
[2] 陈平.释汉语中与名词性成分相关的四组概念[J].中国语文,1987(2):81-92.
[3] 单宝顺.从信息量原则看无定话题的入句限制[J].浙江理工大学学报,2016(6):266-272.
[4] 范继淹.无定NP主语句[J].中国语文,1985(5):321-328.
[5] 方梅.从话语功能看所谓"无定NP主语句"[J].世界汉语教学,2019(2):189-200.
[6] 高顺全.试论汉语通指的表达方式[J].语言教学与研究,2004(3):14-21.
[7] 刘丹青.汉语类指成分的语义属性和句法属性[J].中国语文,2002(5):411-422.
[8] 刘顺.现代汉语通指的指称地位和分布位置[J].山东师范大学学报,2004(1):26-30.
[9] 陆烁,潘海华.汉语无定主语的语义允准分析[J].中国语文,2009(6):528-537.
[10] 内田庆市.汉语的"无定名词主语句"[G]//大河内康宪.日本近现代汉语研究论文选.北京:北京语言学院出版社,1993.
[11] 朴珍玉.汉语无定NP作主语的指称类型研究[J].长春师范大学学报,2015(1):73-77.
[12] 沈园.汉语中另一种"无定"主语[G]//中国语文杂志社.语法研究和探索:第十二辑.北京:商务印书馆,2003.
[13] 石毓智.论汉语的结构意义和词汇标记之关系:有定和无定范畴对汉语句法结构的影响[J].当代语言学,2002(1):25-37.
[14] 魏红,储泽祥."有定居后"与现实性的无定NP主语句[J].世界汉语教学,2007(3):38-51.
[15] 徐通锵.有定性范畴和语言的语法研究[J].语言研究,1997(1):1-14.
[16] 赵元任.汉语口语语法[M].吕叔湘,译.北京:商务印书馆,1979.
[17] 朱德熙.语法讲义[M].北京:商务印书馆,1982.
[18] 科姆里.语言共性和语言类型[M].沈家煊,译.北京:华夏出版社.1989.
[19] Kuroda S. The categorical and the thetic judgment[J]. Foundations of Language,1972(9):153-185.

作者信息

姓名:白晓光
职称:副教授
单位:西安外国语大学
联系地址:西安市郭杜文苑南路6号外国语大学家属院5号楼2-102
电子邮箱:baixiaoguangmwl@163.com

日本語の「焼ける」「焼く」「焼かれる」の選択について*

名古屋大学 杉村泰

1 はじめに

本稿は日本語の「焼ける」(自動詞)、「焼く」(他動詞)、「焼かれる」(受身)の選択について、3種類のアンケート調査の結果をもとに考察したものである。その結果、例えば「火災で家(が焼けた/を焼いた/が・を)焼かれた)」において、日本語母語話者の96.6%が自動詞の「焼けた」を選択するものの、79.1%の人は受身の「焼かれた」も言えると思っていることなどを明らかにした。

2 先行研究と本稿の要点

日本語の有対動詞(相対動詞)における自動詞と他動詞の選択については、守屋(1994)など多数の先行研究がある。このうち守屋(1994)は事態を非人為的イベントと人為的イベントに分け、日本語では人為的イベントであっても自動詞が選択されることを指摘している。守屋(1994)の指摘は日本語の自他の選択に関して重要な指摘をしたものであるが、人為的事態は5種類に分類しているのに非人為的事態は1種類しかないこと、選択肢が自動詞と他動詞のみで受身が入っていないこと、母語話者判断が守屋一人によるものであるなどの点で改善の余地がある。

そこで杉村(2013a, 2013b, 2019)では非人為的事態を4種類、人為的イベントを8種類に分類し、自動詞と他動詞に受身を加え、日本語母語話者114名(杉村 2013a, 2013b)または116名(杉村 2019)を被験者として、全部で60問の自他受身の選択テスト(次節のテスト①)を行い、その選択率について考察した。

本稿では杉村(2019)のテスト①に加えてテスト②と③を実施し、特に「焼ける」「焼く」「焼かれる」の選択を中心に論じる。

---

* 本稿は平成28—32年度(2016—2020年)科学研究費基金[基盤研究(C)]「中国人日本語学習者におけるポートフォリオ型学習データベースの構築と文法習得の研究」(研究代表者:杉村泰、課題番号16K02809)による研究成果の一部である。

3 アンケートの概要

本稿では次の3種類のアンケート調査を組み合わせて分析する。テスト①は杉村（2019）で扱った60問と同じで、テスト②と③は同じ60問の出題形式を変えたものである。

①自・他・受身の三者択一テスト（選択率）
　自動詞・他動詞・受身のうち一番適切だと思うものを一つ選択する。これは実際にどれが選ばれるかを見るもので、各グループの自・他・受身の割合を「選択率」とする。日本人、中国人、韓国人を比較した。
（例）火災で家（が焼けた/を焼いた/が・を焼かれた）。
　・日本語母語話者（日本人）　　　　116人（2015年10月実施）
　・日本語学習者・N1合格者（韓国人）　66人（2015年月9実施）
　・日本語学習者・N1合格者（中国人）　212人（2015年9—12月実施）

②自・他・受身それぞれの○×テスト（許容度）
　自動詞・他動詞・受身それぞれについて、言えるか（○）言えないか（×）のどちらか一つを選択する。これは言おうと思えば言えるかどうかを見るもので、自・他・受身それぞれの「○」の割合を「許容度」とする。日本人にのみ実施した。
（例）（○/×）火災で家が焼けた。
　・「自動詞」：日本語母語話者（日本人）　115人（2018年10—11月実施）
　・「他動詞」：日本語母語話者（日本人）　116人（2018年10—11月実施）
　・「受身」：　日本語母語話者（日本人）　115人（2018年10—11月実施）

③自・他・受身のうち言えるものを全て選ぶテスト（選択率）
　自動詞・他動詞・受身のうち言えると思うものを全て選択する。②と同様に言おうと思えば言えるかどうかを見るものであるが、②は自他受身のうち1つだけ見て○×を判断するのに対し、③は自他受身の3つを比較しながら判断する点で違いがある。「自のみ」「他のみ」「受身のみ」「自と他」「自と受身」「他と受身」「自他受身全て」それぞれの割合を「選択率」とする。日本人にのみ実施した。
（例）火災で家（が焼けた/を焼いた/が・を焼かれた）。
　・日本語母語話者（日本人）　100人（2018年6月実施）

4 アンケート結果

4.1 対象の内発的変化

　例(1)は対象の内発的変化を表す典型的な例である。電池が切れて時計が止まるのは自然現象であるため、日本人も韓国人も中国人もほぼ全員が自動詞を選択している（図1-1）。この場合、日本人の自他受身別の許容度は自動詞が99.1%と高いが、他動詞も24.1%、受身も15.7%と少しある（図1-2）。しかし、自他受身同時選択では「自のみ」に集中することから、ほぼ自動詞文として認知されることが分かる（図1-3）。

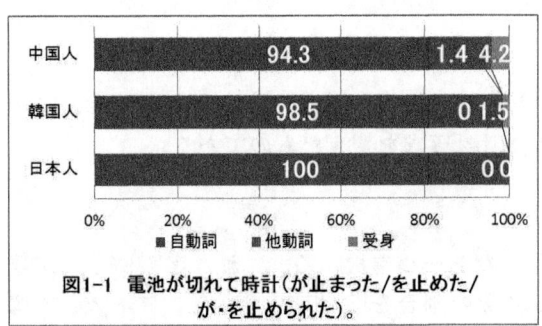

図1-1　電池が切れて時計（が止まった/を止めた/が・を止められた）。

(1) 電池が切れて時計（が止まった/を止めた/が・を止められた）。

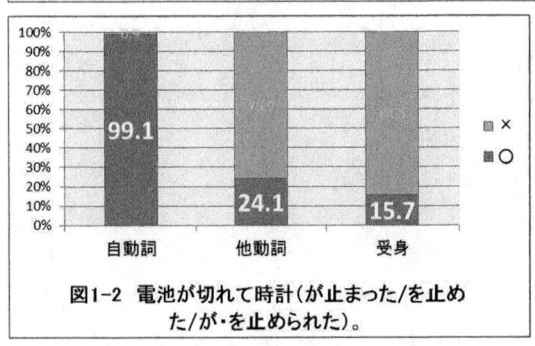

図1-2　電池が切れて時計（が止まった/を止めた/が・を止められた）。

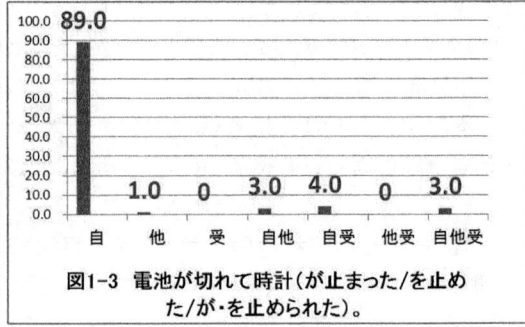

図1-3　電池が切れて時計（が止まった/を止めた/が・を止められた）。

4.2　意図的行為による対象の変化

例(2)は意図的行為による対象の変化を表す典型的な例である。コーヒーにミルクを入れるのは人間の意図的行為であるため、日本人も韓国人も中国人も他動詞を選択している（図2-1）。この場合、日本人の許容度は他動詞が100%で、自動詞と受身はほぼ0%であり（図2-2）、自他受身同時選択では「他のみ」に集中することから、ほぼ他動詞文として認知されることが分かる（図2-3）。

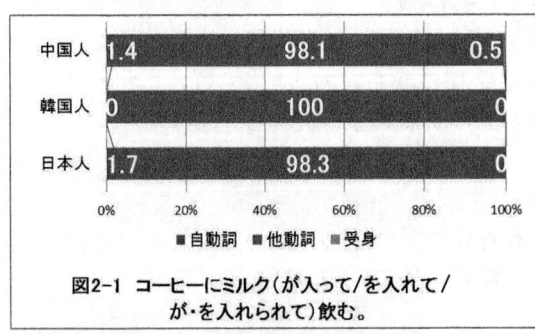

図2-1　コーヒーにミルク（が入って/を入れて/が・を入れられて）飲む。

(2) コーヒーにミルク（が入って/を入れて/が・を入れられて）飲む。

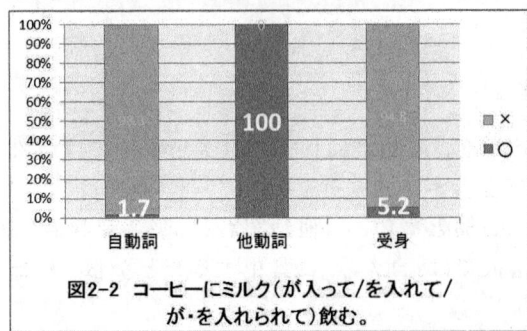

図2-2　コーヒーにミルク（が入って/を入れて/が・を入れられて）飲む。

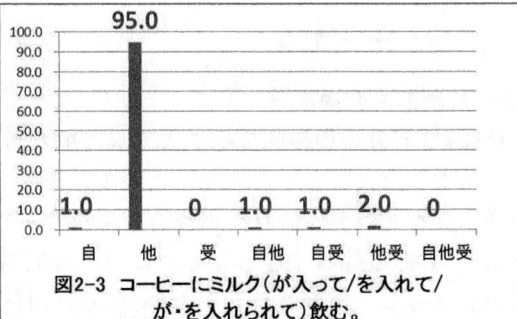

図2-3　コーヒーにミルク（が入って/を入れて/が・を入れられて）飲む。

4.3 「焼ける」「焼く」「焼かれる」の選択

次に例(3)—(7)の「焼ける」「焼く」「焼かれる」の選択について見る。まず、例(3)は特に火災の原因を特定しない場合である。この場合、日本人は火災を自然現象と捉えて自動詞を選択するが、中国人や韓国人は自然現象とも火災による外的な影響(被動)とも捉え、自動詞と受身の両方が選択される(図3-1)。この場合、日本人の許容度は、自動詞が100%と高いが、受身も79.1%とそれなりに高い(図3-2)。また、自他受身同時選択では「自のみ」が54%と一番多いが、「自と受身」も38%いる(図3-3)。このことから、同じ自然現象でも例(1)のような内発的変化とは違い、日本人も心の中では受身でも言えると捉えていることが分かる。しかし、実際に選択する際は、中国人や韓国人と違って自動詞に集中する。

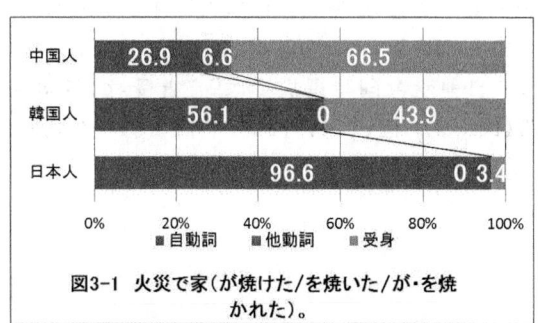

(3) 火災で家（が焼けた/を焼いた/が・を焼かれた）。

図3-1 火災で家（が焼けた/を焼いた/が・を焼かれた）。

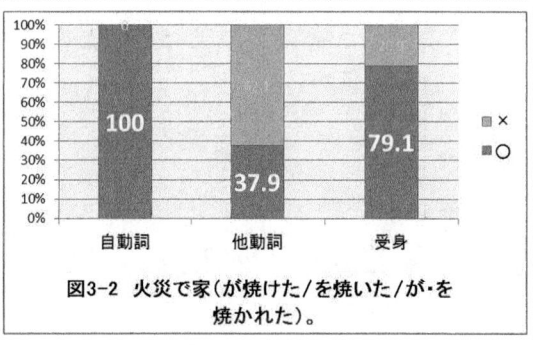

図3-2 火災で家（が焼けた/を焼いた/が・を焼かれた）。

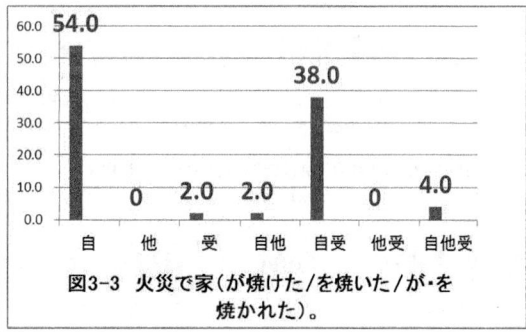

図3-3 火災で家（が焼けた/を焼いた/が・を焼かれた）。

次の例(4)は動作主の不始末による失火の場合である。この場合、テスト①—③とも例(3)と同じ傾向を見せている(図4-1〜4-3)。ただし、テスト②③において日本人の受身の許容度や選択率は例(3)よりやや低めになっており、被動のイメージが相対的に弱いことが分かる。

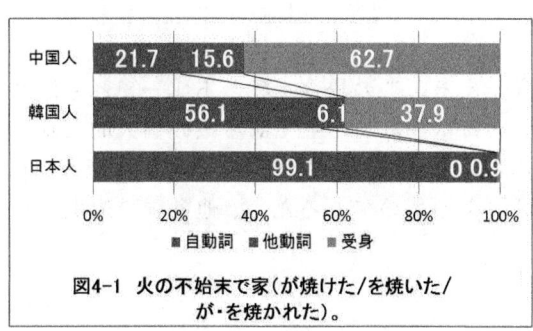

(4) 火の不始末で家（が焼けた/を焼いた/が・を焼かれた）。

図4-1 火の不始末で家（が焼けた/を焼いた/が・を焼かれた）。

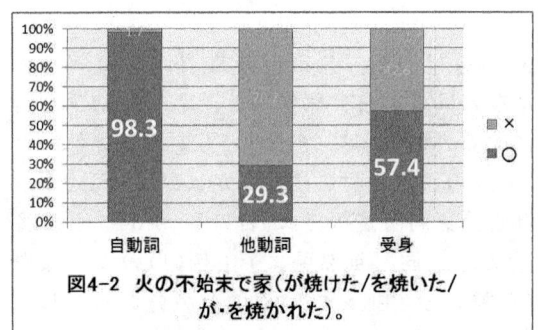

図4-2 火の不始末で家（が焼けた/を焼いた/が・を焼かれた）。

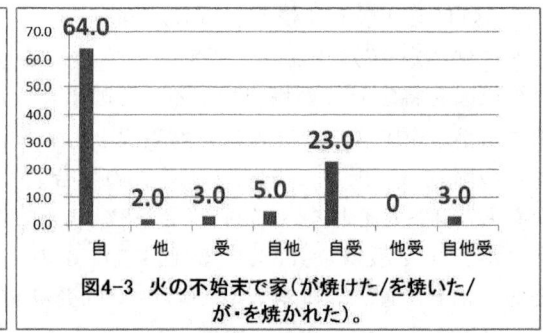

図4-3 火の不始末で家（が焼けた/を焼いた/が・を焼かれた）。

次の例(5)は空襲による人為的な火災の場合である。この場合も、日本人は中国人や韓国人に比べて自動詞の選択率が75.5%と高いが、受身も24.1%ある（図5-1）。この場合、日本人の許容度は自動詞と受身が100％近くあり（図5-2）、自他受身同時選択では「自と受身」が68％で一番多く、次いで「自のみ」の25％となっている（図5-3）。例(3)(4)に比べて例(5)で受身の割合が高いのは、人為的な被害によるものであるためである。ただし動作主の意図は前面に出ないため、他動詞の割合は低くなっている。

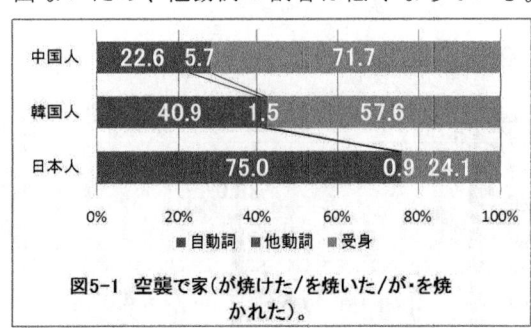

(5) 空襲で家（が焼けた/を焼いた/が・を焼かれた）。

図5-1 空襲で家（が焼けた/を焼いた/が・を焼かれた）。

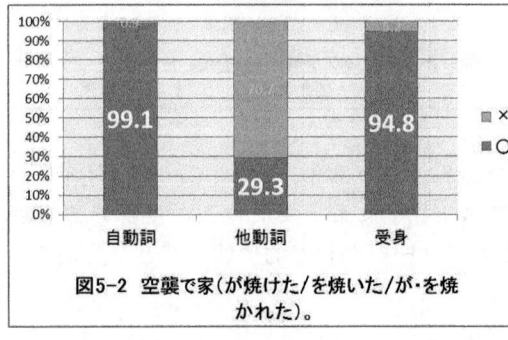

図5-2 空襲で家（が焼けた/を焼いた/が・を焼かれた）。

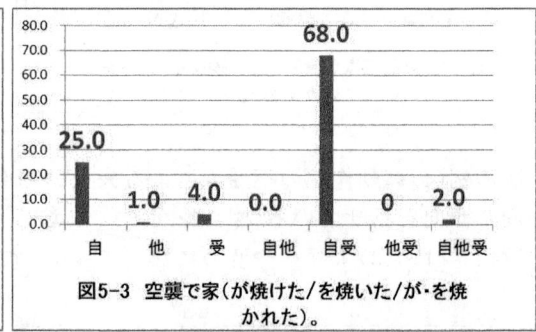

図5-3 空襲で家（が焼けた/を焼いた/が・を焼かれた）。

次の例(6)は動作主による意図的な放火の場合である。この場合、テスト①―③とも他動詞の割合が高くなっている（図6-1～6-3）。先の例(5)の空襲は動作主である敵の個人的な意図によるものではないため、動作主の行為に焦点の当たる他動詞の選択率や許容度は低くなっている。これに対し、放火は犯人の個人的な意図によるものであるため、他動詞の選択率や許容度が高くなると考えられる。

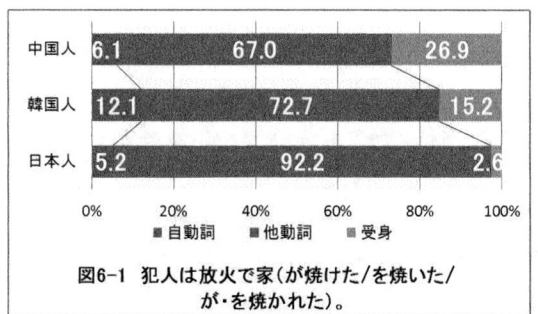

図6-1 犯人は放火で家（が焼けた/を焼いた/が・を焼かれた）。

(6) 犯人は放火で家（が焼けた/を焼いた/が・を焼かれた）。

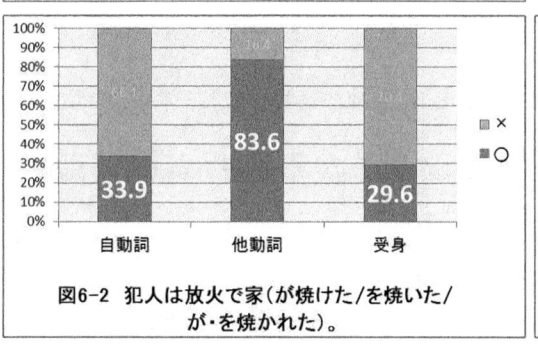

図6-2 犯人は放火で家（が焼けた/を焼いた/が・を焼かれた）。

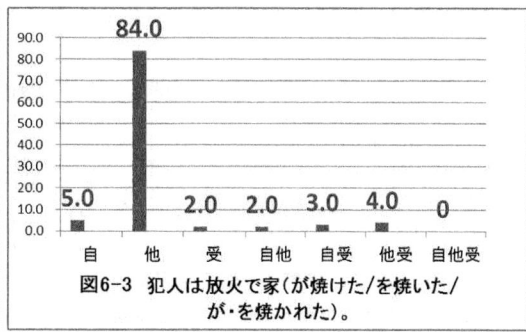

図6-3 犯人は放火で家（が焼けた/を焼いた/が・を焼かれた）。

　次の例(7)は「何度も」という言葉があるように被害の程度が大きい場合である。この場合、動作主による被害のイメージが強いため、日本人も韓国人も中国人も例(1)に比べて受身の選択率が高くなる（図7-1）。しかし、日本人の受身の許容度は例(1)に比べて10ポイントほど高いだけであり（図7-2）、自他受身同時選択は例(1)とほぼ同じである（図7-3）。この10ポイントほどの差が受身の選択率を高めていると考えられる。

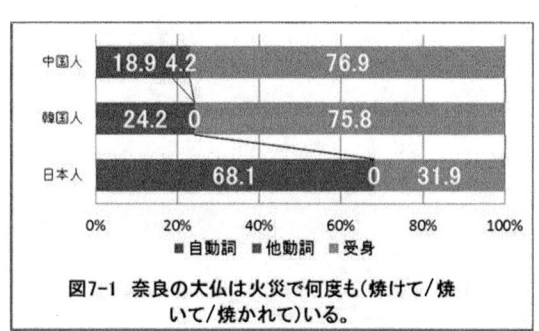

図7-1 奈良の大仏は火災で何度も（焼けて/焼いて/焼かれて）いる。

(7) 奈良の大仏は火災で何度も（焼けて/焼いて/焼かれて）いる。

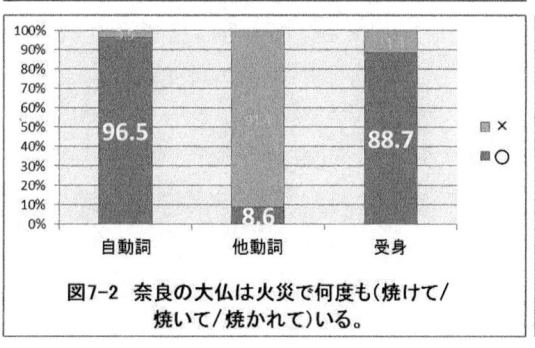

図7-2 奈良の大仏は火災で何度も（焼けて/焼いて/焼かれて）いる。

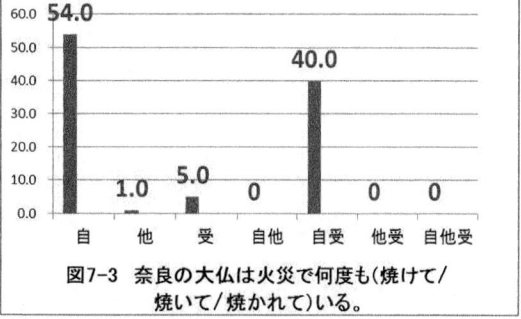

図7-3 奈良の大仏は火災で何度も（焼けて/焼いて/焼かれて）いる。

5 まとめ

以上、本稿では3種類のアンケート調査の結果をもとに日本語の「焼ける」「焼く」「焼かれる」の選択について考察した。その結果、「火災で家(が焼けた/を焼いた/が・を焼かれた)」において、日本語母語話者の96.6%が自動詞の「焼けた」を選択するものの、79.1%の人は受身の「焼かれた」も言えると思っていることなどを明らかにした。今後、他の場面についても考察し、日本語の自動詞・他動詞・受身の許容度と選択率の関係について明らかにしていきたい。

参考文献

[1] 杉村泰.対照研究から見た日本語教育文法—自動詞・他動詞・受身の選択—[J].日本語学,2013a,32(7):40-48.
[2] 杉村泰.中国語話者における日本語の有対動詞の自動詞・他動詞・受身の選択について—人為的事態の場合[J].日本語/日本語教育研究,2013b(4):21-38.
[3] 杉村泰.日本語の自動詞・他動詞・受身の選択—日韓中母語話者の比較—[M]//澤田治美,仁田義雄,山梨正明.場面と主体性・主観性.東京:ひつじ書房,2019:615-637.
[4] 守屋三千代.日本語の自動詞・他動詞の選択条件—習得状況の分析を参考に—[J].講座日本語教育,1994(29):151-165.

作者情報

氏名:杉村泰
役職名:教授
所属機関:名古屋大学
連絡先:日本名古屋市千種区不老町B4-4(700)
メールアドレス:sugimurayasushi@gmail.com

日本語の文章における読解方略の明示と
スモールステップ化

北陸大学　石津みなと

1　問題の背景

　外国人児童生徒等が日本の学校に通う際、最難関教科は「国語」であり、その効果的な学習方法が研究されてきた。だが、多くは第二言語習得の立場からで、第一言語としての国語教育を一斉授業の条件下で受ける外国人散在地域では実践が困難なものであった。その中、府川がシンポジウムで国語教育の基本的な内容として、メタ言語意識あるいはメタ言語認識の育成を提言するなど（中田 2015：20）、新たな国語教育の動きが出てきた。

　これに先立ち文科省は、2001年から2007年にかけ、外国人児童生徒等の日本語指導と教科指導を統合した「JSLカリキュラム」を開発し、公開した。「JSLカリキュラム」とは、第二言語としての日本語習得過程の子どもたちの日本語力と認知発達を切り離さないことを目的に、「トピック型カリキュラム」「教科志向型カリキュラム」を設け、日本語による「学ぶ力」の獲得を目指したものである。バトラー後藤（2011：257）は、それぞれの活動に必要な日本語表現を具体的に割り出した点、教科知識と言語内容双方の目標を具体的な内容ごとに明確に打ち出した点など評価した上で、日本語を母語とする学習困難児童の多さを踏まえ（刈谷 2008：17）、「言語面での支援は全ての児童生徒を対象に組み込まれてよい」と述べる。

　実際、JSL国語科は、「言語について考え、説明する力、すなわちメタ言語能力を身に付けることができるような支援が国語科の指導としてなされなければならない」と記す。他方国語教育も、21世紀型スキルにメタ認知の観点を挙げており、「メタ認知」が、日本語教育と国語教育をつなぐ具体的通路になりえ、全ての児童生徒に求められるスキルとして考えられるようになったと言える。

2　先行研究および研究目的

2.1　日本語教育の読解

　従来、外国人児童生徒等の読解支援は、「リライト」や「教科・母語・日本語相互育成学習」など第二言語習得からの支援が行われてきた。だが、いずれの支援も「取り出し」を前提とした外国人児童生徒等への支援が検討されており、府川やバトラー後藤の狙いと異なる。また、数学や理科などの教科でJSLカリキュラムの効果的な授業実践の報告があるが、国語の教科指導型カリキュラム「JSL国語科・言語スキル」（資料1）の活用報告はほぼ見られず、国語教育へ効果的な授業方法を提示したとは言えない。

2.2　国語教育の読解

2000年に入り読解方略をめぐる研究が散見される。そこからは、国語教育の読解授業が「内容読解型」から「論理読解型」へ変わってきたこと、読解方略の「意識性指導型」が多いことがわかっている。その上で国語科の課題に、読解方略の「選択性指導」「統合性指導」の必要性と、授業の「導入・読解・省察」に一連のつながりを持たせることが挙げられている（古賀2014）。また、読解方略の習得のために「相互教授」と「振り返り」が有効であり（渡邉 2011）（峰本 2014）、読解方略に何があるか（宣言的知識）を調べた山本（2016）は、21の方略（資料2）があることを明らかにした。

以上、読解方略として日本語教育から「言語スキル」が提示されているが、国語教育での活用はほぼない。そもそも読解方略の実践は、国語教育でも比較的新しく、効果が報告される一方、授業の一連のつながりの中での活用や児童生徒が方略を「選択」「統合」できるようにする指導など、課題が残されている。

更に、読解方略の宣言的知識（何があるか）は、山本（2016）とJSL国語科に記されているが、山本は学習指導要領や教科書、受験参考書といった日本語母語学習者を対象とした資料を参考に21項目を導いたのに対し、JSL国語科「言語スキル」は、第二言語教育の立場から知識やスキルを「話すこと・聞くこと」「書くこと」「読むこと」の3領域に分けスモールステップ化したものであるため、両者の分類や文言に異なりがある。またそれぞれは、宣言的知識を提示するが、手続き的知識（いつ使うか）と条件的知識（どこで使うか）が不明瞭であり、現場での活用が広がらない原因の一つだと思われる。

したがって本論では、日本語教育と国語教育が示す読解方略を読解理論モデルを使用し統合した上で、方略の明示と使用領域別にスモールステップ化したものを提示する。

3　日本語教育と国語教育を統合した読解方略

3.1　双方を統合する「構築―統合モデル」

読解方略の理論モデルは、McNamara，Ozuru，Best & O'Reillyの「4面モデル」やKintschの「構築―統合モデル」が有名である。両者の違いは読解の構造を示すか過程を示すかにある。すなわち4面モデルは、メタ認知を「読む準備」「単語や文等」「文章内容からの進化、発展」「文章の（再）構築化と統合」の4面で示し、「構築―統合モデル」は、読解過程をモデル化するため、ボトムアップとトップダウン双方のやりとりから成る「マクロ構造―ミクロ構造」「状況モデル―テキストベース」の二軸とそれらが交錯する4領域で表した。

このうち、古賀（2014）が国語授業の「導入・読解・省察」における読解方略の必要性を指摘するように、日本の学校教育で導入する理論モデルは、読解の過程を理論化したKintschの「構築―統合モデル」がふさわしいと言える。

そこで次に、「構築―統合モデル」にJSL国語科「言語スキル」および山本（2016）の読解方略を入れ、双方の関連性を考察した上で、読解方略の明示を試みたい。

3.2　読解方略の統合

Kintschの「構築―統合モデル」を図示した犬塚（2006）を参考に（図1）、国語教育の読解方略21方略（資料2）とJSL国語科「言語スキル」7項目39方略（資料1）をあてはめた結果を図2に示した。

犬塚が示すように、「構築―統合モデル」は読み手が Ⅰ スキル、能力をもとにテキストの読解を行うと考える。その際、テキストを Ⅱ 一文の理解から段落の理解へ、Ⅲ 段落の理解

から全体理解へボトムアップで理解していくと同時に、Ⅱ自身の身近な体験と比較しながら理解を確かなものにしつつ、Ⅳ書かれた内容を批判的に読むなどトップダウンからの理解を加えるなどし、結果として読み手は、テキストの解釈、評価、判断を行っているとする。

　図2は、***斜体太字***は国語教育の方略を、普通体は日本語教育の方略を示している。図から、国語教育の方略は主にテキストベースで使われ、日本語教育の方略はボトムアッププロセス、トップダウンプロセス全般で使われていることがわかる。したがって、テキストを読む際には、国語教育が培った方略がより具体的で効果があると考えられ、発展的な内容を扱う際には、日本語教育が挙げる方略が有効に働くと言えよう。

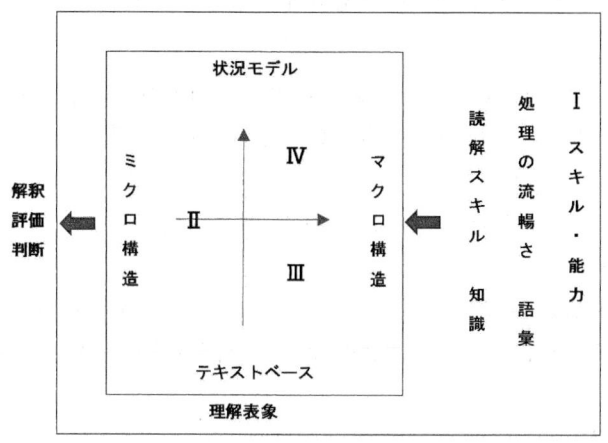

図1　「読解力」の測定（犬塚）に一部加筆

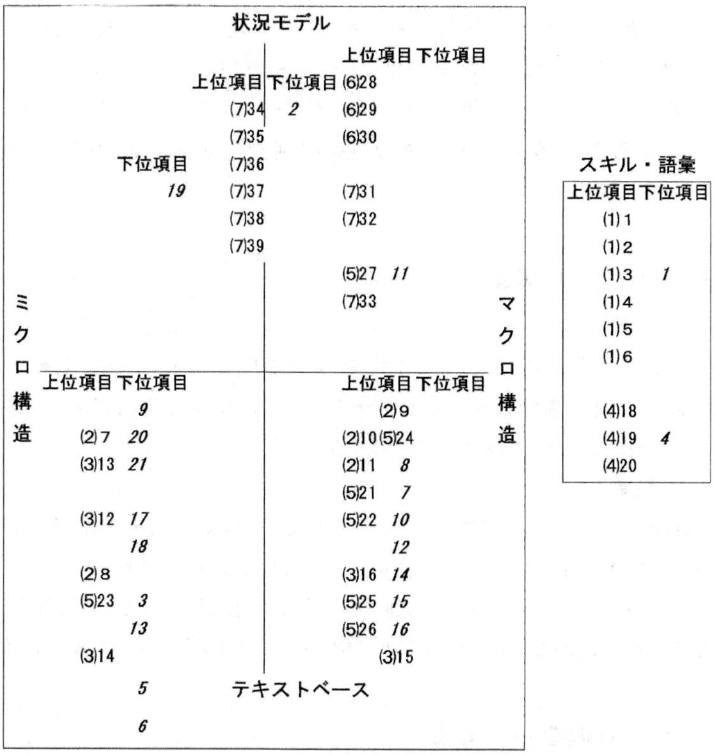

図2　日本語教育および国語教育の読解方略の統合

3.3 読解方略の明示とスモールステップ化

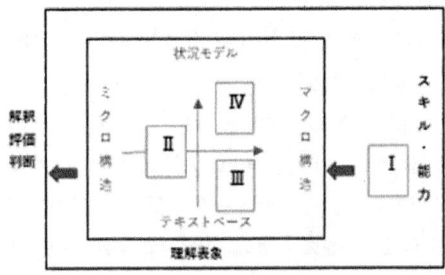

最後に、図2に示された国語教育とJSL国語科の方略を、読解のボトムアッププロセスに沿って分類し、方略の明示とスモールステップ化を行う。分類項目は部分から全体へ、Ⅰ「語彙」、Ⅱ「テキストベース・ミクロ構造/状況モデル・ミクロ構造」、Ⅲ「テキストベース・マクロ構造」、Ⅳ「状況モデル・マクロ構造」の4分類とし、下位項目があるものはそれも列記することにした。

Ⅰ「語彙」…方略数5

1わからないことを辞書で調べられる 2文脈の中での語句の意味がわかる 3同音異義語の区別ができる 4類義語とその使い分けがわかる 5慣用句が理解できる

Ⅱ「テキストベース・ミクロ構造」「状況モデル・ミクロ構造」
＜上位項目＞…方略数5
1指示語・接続語の役割がわかる 2キーワード・キーセンテンスが見つけられる 3事実と意見が読み分けられる 4文章の中心の部分と付加的な部分が読み分けられる 5自分の身近な例に置き換えながら読む
＜下位項目＞…方略数9
1主語は何か、述語は何か、確認しながら読む 2指示語の指示する内容を確認しながら読む 3繰り返し出てくる言葉は注意しながら読む 4類似した表現や言い換えた表現に着目しながら読む 5客観的な事実と筆者の意見とを区別しながら読む 6「～が大切だ」「～するべきだ」などの強調表現を意識しながら読む 7筆者の表現の仕方の工夫に着目しながら読む 8抽象的な表現が何を意味しているのか考えながら読む 9具体例をもとに、わからない箇所を推測しながら読む

Ⅲ「テキストベース・マクロ構造」
＜上位項目＞…方略数5
1自分の身近な例に置き換えながら読む 2登場人物の関係、心情の変化を把握できる 3起承転結や序論・本論・結論など、論理の構成パターンがわかる 4接続語に着目して構成図が作れる 5時間の経過や場面に着目した構成図が作れる
＜下位項目＞…方略数7
1段落ごとに主要な部分をマークすることができる 2本文の最初と最後に筆者の主張があるかを意識しながら読む 3何と何が比べられているか（対比構造）を意識しながら読む 4筆者の主張や意見が何かを確認しながら読む 5筆者の意見の根拠は何かを理解しながら読む 6接続詞に注意しながら読む 7原因が何で、結果が何か、その関係性を意識しながら読む

Ⅳ「状況モデル・マクロ構造」…方略数7
1題名やキーワードからの主題を考えることができる 2表題や目次を活用することができ

る 3既有の知識や経験、情報と照合しながら読むことができる 4書き手の考えと自分の考えの共通点・相違点が見つけられる 5主題について深く考えることができる/批判的な読みができる 6読んだことから課題を発見できる 7目的にあわせて文献や資料、メディアなどを選ぶことができる、多様な文章について、それぞれの表現の特色がわかる。

4 終わりに

　日本語教育と国語教育は想定する学習者が異なる教育だが、昨今は学校教育においてその連携が叫ばれてきた。特に外国人散在地域の学校においては、「取り出し」授業が難しく在籍学級での一斉授業が一般的で、何らかの方策が待たれている。

　今回、「メタ認知」をキーワードに、両教育の読解方略に関する研究成果をKintschの「構築―統合モデル」で統合し、日本語の文章を読むための読解方略の明示およびスモールステップ化の提示を行った。従来、現場の教師が経験則で教えてきた読解方略の宣言的知識(何があるか)、手続き的知識(いつ使うか)、条件的知識(どう使うか)が体系的にまとめられ、日本語教育と国語教育が培った方略がここに一つになったと言える。

　今後は、明示されスモールステップ化された読解方略を現場で使用し、その効果を検証する必要がある。内容重視の授業より読解方略の習得を目指す授業の方が学習効果を上げることも報告されている。さらなる実証研究が待たれる。

資料1　JSL国語科「言語スキル」
　(1)1　語句の意味や用法　わからないことを辞書で調べられる (1)2　語句の意味や用法　文脈の中での語句の意味がわかる (1)3　語句の意味や用法　同音異義語の区別ができる (1)4　語句の意味や用法　類義語とその使い分けがわかる (1)5　語句の意味や用法　対義語がわかる (1)6　語句の意味や用法　慣用句が理解できる (2)7　内容把握や要約　事実と意見が読み分けられる (2)8　内容把握や要約　キーワードとキーセンテンスが見つけられる (2)9　内容把握や要約　段落ごとの要点が把握できる (2)10　内容把握や要約　書き手の主張が把握でき、要約文が作成できる (2)11　内容把握や要約　登場人物の関係、心情の変化を把握できる (3)12　構成や展開　文章の中心の部分と付加的な部分が読み分けられる (3)13　構成や展開　事実と意見が読み分けられる (3)14　構成や展開　指示語・接続語の役割がわかる (3)15　構成や展開　時間の経過や場面に着目して構成が理解できる (3)16　構成や展開　起承転結や序論・本論・結論など、論理の構成パターンがわかる (3)17　構成や展開　わかりやすい説明の仕方がわかる/説得力のある論の進め方がわかる (4)18　表現の仕方　文末表現に着目し、筆者の態度や立場などの違いがわかる (4)19　表現の仕方　人物の行動や言動、表情の描写に着目し、心情を理解することができる (4)20　表現の仕方　多様な文章について、それぞれの表現の特色がわかる (5)21　主題や要旨と意見　文章の展開に従って、筆者の思考や心情を追うことができる (5)22　主題や要旨と意見　人物相互の関係が掴める (5)23　主題や要旨と意見　キーワードを抜き出すことができる (5)24　主題や要旨と意見　段落ごとに主要な部分をマークすることができる (5)25　主題や要旨と意見　接続語に着目して構成図が作れる (5)26　主題や要旨と意見　時間の経過や場面に着目した構成図が作れる (5)27　主題や要旨と意見　題名やキーワードからの主題を考えることができ

る (6)28　ものの見方や考え方　既有の知識や経験、情報と照合しながら読むことができる
(6)29　ものの見方や考え方　書き手の考えと自分の考えの共通点・相違点が見つけられる
(6)30　ものの見方や考え方　主題について深く考えることができる/批判的な読みができる
(7)31　情報の活用　読んだことから課題を発見できる (7)32　情報の活用　目的にあわせて文献や資料、メディアなどを選ぶことができる (7)33　情報の活用　表題や目次を活用することができる (7)34　情報の活用　資料（グラフ・絵・写真など）を活用しながら読むことができる (7)35　情報の活用　複数の情報を比較しながら読むことができる (7)36　情報の活用　必要な情報を取捨選択することができる (7)37　情報の活用　読んで得た情報を整理分類することができる (7)38　情報の活用　読んで得た情報を目的に合わせて再構成することができる (7)39　情報の活用　読んで得た情報を発信することができる

資料2　国語教育における読解方略（山本　2016）

　1漢字　読めない漢字は読めるように、書けない漢字は書けるようにする 2情報活用　本文以外の情報（脚注・語注や図表など）をよく読む 3キーワード　くり返し出てくる言葉は注意しながら読む 4語彙　新しい語句の意味は辞書を引いて調べる 5指示語　指示語の指示する内容を確認しながら読む 6主述　主語は何か、述語は何か、確認しながら読む 7接続詞　接続詞に注意しながら読む 8構成　段落と段落の関係や本文全体の構成を意識しながら読む 9事実と意見　客観的な事実と筆者の意見とを区別しながら読む 10主張の位置　本文の最初と最後に筆者の主張があるかを意識しながら読む 11題名　題名が何を意味しているかを意識しながら読む 12対比構造　何と何が比べられているか（対比構造）を意識しながら読む 13類似表現　類似した表現や言い換えた表現に着目しながら読む 14因果関係　筆者の主張や意見が何かを確認しながら読む 15因果関係　筆者の意見の根拠は何かを理解しながら読む 16因果関係　原因が何で、結果が何か、その関係性を意識しながら読む 17具体と抽象　抽象的な表現が何を意味しているのか、真剣に考えながら読む 18具体と抽象　具体例をもとに、わからない箇所を推測しながら読む 19具体と抽象　自分の身近な例に置き換えながら読む 20レトリック　「～が大切だ」「～するべきだ」などの強調表現を意識しながら読む 21レトリック　筆者の表現の仕方の工夫に着目しながら読む

参考文献

[1] 犬塚美輪.読解力の測定：プロセスとスキル[EB/OL].[2016-02-06].http://www.p.utokyo.ac.jp/sokutei/pdf/2005_02/p103-110.pdf♯search＝'第14回＋読解力の測定'.

[2] 刈谷剛彦.学力と階層[M].東京：朝日新聞出版,2008.

[3] 古賀洋一.説明的文章の授業実践における読解方略指導の展開—2000年以降を中心に—[J].国語科教育,2014(76),23-30.

[4] 中田敏夫.外国にルーツのある子どもと学び拡げることばの世界[J].日本語学,2015(10),12-21.

[5] バトラー後藤裕子.学習言語とは何か—教科学習に必要な言語能力—[M].東京：三省堂,2011.

[6] 峰本義明.メタ認知の観点を踏まえて、読解方略の適切な選択を意識させる授業[J].国語論集,2014(11),154-159.

[7] 文部科学省.JSL国語科の基本的な考え方・指導の方法[EB/OL].[2019-04-12].http://www.mext.go.jp/component/a_menu/education/micro_detail/__icsFiles/afieldfile/2015/10/06/1235805_001.pdf.

[8] 山本悟史.読解方略のメタ認知を促す高等学校国語科授業実践を目指して[J].国語の研究,2016(41),11-20.
[9] 渡邉久暢.高校国語科評論文における読解方略指導のあり方—学習者による「ふりかえり」に焦点をあてて—[J].福井大学教育実践研究,2011(36),1-12.

作者情報
　　氏名：石津みなと
　　役職名：講師
　　所属機関：北陸大学
　　連絡先：石川県金沢市太陽が丘1-1
　　メールアドレス：m-ishizu@hokuriku-u.ac.jp

日语授受表达中的服务与恩惠、受益

浙江外国语学院　陈文君

　　授受表达是日语独有的三位一体的表达方式,一直受到语言学界的关注,但鲜少有论文对授受表达的范畴语义展开讨论,在研究授受表达时基本以"恩惠"或者"受益"为核心句式的语义展开论述,但仔细深究,如果把"恩惠"或者"受益"作为授受表达的范畴语义,容易导致把"非恩惠""非受益"的授受表达排除在授受表达范畴之外。因此,在研究授受表达时,规定其范畴语义显得尤为重要。

　　范畴语义是与语法关系相关的词汇意义的一般化(奥田靖雄 1984:162),铃木康之(2004)指出授受表达作为语法范畴,由一些特定的授受动词实现其范畴语义。铃木康之(2004)的论述给本论文将要研究的范畴语义提供了理论依据。依照铃木重幸(1972)与铃木康之(2004)的标记方式,本论文授受表达的语法范畴由「シテヤル」「シテクレル」「シテモラウ」及其待遇表达组成。同时依照前人研究的标记方式,「シテヤル」「シテクレル」「シテモラウ」的补助性成分「(シテ)ヤル」「(シテ)クレル」「(シテ)モラウ」用「テヤル」「テクレル」「テモラウ」标记。

1　从授受表达定义看授受表达的范畴语义

　　最早把授受表达以及其待遇表达作为一个语法范畴进行研究的是松下大三郎(1928)。但此后的授受表达研究并没有对范畴语义作明确的规定,随着越来越多的学者研究授受表达,授受表达范畴语义也因学者的观点不同产生了分歧。比如围绕恩惠是不是表达形式本身所具有的语义这一问题,学者之间也存在分歧。丰田丰子(1974)认为授受表达是"说话人一方单方面的授受关系的表达",因此非恩惠的「テヤル」与「テクレル」都属于授受表达。而益冈隆志(2001)则认为授受表达是受益表达,是本动词恩惠意义的扩展。也就是说丰田(1974)和益冈(2001)在授受表达的范畴认定上存在截然不同的观点,而导致观点分歧的正是授受表达的范畴语义的不确定。因此想要明确授受表达的范畴,第一要务是明确授受表达的范畴语义。

　　前面提到鲜少有论文对授受表达的范畴语义展开讨论,但是我们可通过前人研究中对授受表达的定义看学者是如何规定授受表达的范畴语义的。最早把授受表达作为一个范畴进行研究的松下(1928)称授受表达为"利益态","利益态"这一命名很容易让人联想到受益,也就是说松下(1928)是从授受表达结果视点出发构建"利益态"范畴(自行他利态、他行自利态、自行自利态)。这种从结果视点出发的定义也常见于之后的研究,如山田敏弘(2004),把授受表达命名为「ベネファクティブ」,而「ベネファクティブ」就是受益的意思。

　　基于结果视点的概念还有"恩惠",但伊藤博美(2010)对"恩惠"和"受益"进行了细致的区分,指出"恩惠"是"受到事态或者与之相关的整体状况直接或者间接影响的受影响者内心产生的一

种情感",而"受益"存在两种情况,一种是"事件的参与者因动作主的行为而受益",另一种是"说话人一方因事态和与之相关的整体状况而受益"。

但不得不指出的是,无论是前人研究中定义里所提及的恩惠、受益,还是伊藤(2010)详细区分的恩惠和受益,都是从行为或者事态结果推导出的概念。授受表达事件由过程和状态两下位事件构成。前人研究中既有从结果视点下定义的,也有从过程视点下定义的。教科研东京国语部会言语教育研究小组编写的『文法教育—その内容と方法—』(1963:160)把授受表达(书中称「ヤリモライ」)定义为"动作的主体为他人做某事的表达"。铃木(1972:392)也把其定义为"为某人所做的行为"。高桥太郎(2003:19)把"为某人做的动作"定义为"服务「サービス」",这也是本论文"服务"概念的来源。

"服务"概念也可见于汉语"给"字句的研究。朱德熙(1979)在分析"我给妹妹买了一辆车"时,提到"妹妹"即是受者也是服务对象。朱德熙提出决定"妹妹"是受者还是服务对象由"给"的词性,即是动词还是介词决定。虽然朱德熙对于"给"的词性划分方法在之后的研究中引起很多争议,如沈家煊(1999)提到"给"的词类是划不清的,边界是模糊的,因此需要把握句式整体意义,等等。但这里涉及的争论是汉语"给"的词类界定,已经是另外一个课题。沈家煊用完形说解释"Ns+给+$N'+V_1+N(V_2P)$"句型是"对某受惠目标发生某动作",虽然没用"服务"的概念,但是与高桥(2003)提到的"服务"的定义——"为某人做的动作"有共同之处。

服务与恩惠、受益的区别是其所截取的是授受事件的过程还是结果状态。一般动作主为他人做某事时,其结果,他人往往受益,并产生恩惠情感。恩惠和受益是从接受者对服务的认知中产生的概念。但提供服务的是动作主,因此也可能存在动作主认为给接受者提供的是服务,但是行为结果接受者并不认为自己受益,因此也不产生恩惠情感的情况,如例(1)。

(1) 絶対言わなそうな男に「愛してる」っていわせんのがいいんじゃない。しょっちゅうそういうこと言うやつに言ってもらってもうれしくないもん。(丸山あかね、室井佑月『プチ美人の悲劇』)

因此,可以说相对于"恩惠""受益",把"服务"设定为授受表达的范畴语义使授受表达范畴涵盖的范围更广。

2 服务方向与动作方向、恩惠方向

在讨论服务的方向时,必须先明确服务方向与前人研究中所使用的动作方向和恩惠方向有何不同,以及为何要使用服务方向概念。

前人研究中,从恩惠方向与动作方向分析授受表达的可追溯到渡边佑司(1991)以后。其中最具有代表性的是山田敏弘(2004),他用恩惠方向和动作方向区分直接结构和间接结构的授受表达。山田(2004:30)提到直接结构是"动作所表示的方向与以说话人为中心的离心、向心方向相重叠",间接结构是"即使动作本身不含有方向性但恩惠方向指向间接的受益者"。图表表示如下:

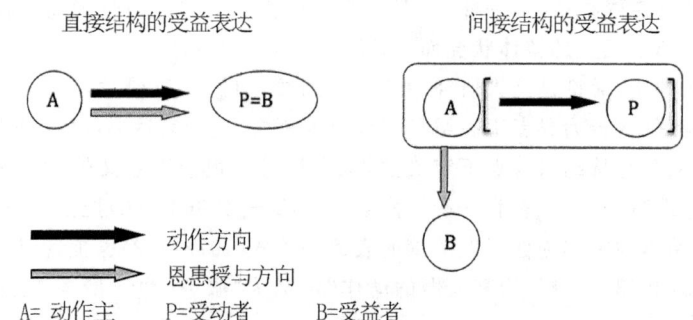

图1　直接结构的受益表达和间接结构的受益表达的方向性概念图（山田 2004：30）

山田（2004：31）指出当受益者不是前接动词的词项时基本上可以判断是间接受益表达，如例（2）是直接结构，例（3）是间接结构。

(2) いつかの答え、教えてあげる。（山田 2004：30）
(3) 田中は私のために走ってくれた。（山田 2004：29）

我们在这里讨论直接结构与间接结构并不是为了研究直接结构与间接结构的分类有何作用，而是为了分析恩惠方向、动作方向与服务方向哪个概念更适合描述授受表达的方向性。

2.1　动作方向的多义现象

山田（2004）把前接动词作为单独存在的句子成分，因此山田（2004）提到的动作方向与动作意义的方向相关联，恩惠方向与补助动词意义的方向相关联。如例（2）中前接动词「教える」具有方向性，而例（3）中前接动词「走る」没有方向性，因此很容易判断动作方向。但也存在一种情况，即有生命物不是前接动词的必须词项，但是却因授受表达成为事件的直接参与者。

(4) ウチの親分のようになって、母親に豪邸を建ててやるんだっていうんですよ。（向谷匡史『ヤクザという生き方』）

从动词的方向性来看，「母親に豪邸を建てる」短句容许度较低①，可以说「豪邸を建てる」动作不具有对人的方向性。动作之所以产生方向是因为前接动词「建てる」与「テヤル」组合构成授受表达，因授受表达的存在动作主行为所产生的物的所有权向受益者转移，因此动作产生了方向性。因此，动作的方向性是由「誰かに何かをシテヤル」这一结构决定的。如果用语义指向分析法②来看，例（2）中，前接动词指向受动者，即动作方向产生的依据，「テアゲル」指向受益者，即恩惠方向产生的依据。例（3）中「テクレル」指向受益者，即例（3）只有恩惠方向。但例（4）中指向受动者的是「シテヤル」，而「シテヤル」所产生的方向为服务方向。也就是说，同是授受表达句，指向受动者的成分出现了多种可能。也就是说动作方向存在多义现象。

(5) 动作方向＝动词本身的方向/服务方向

而当动作方向为服务方向时，动作方向与恩惠方向属于兼容概念，而不是平行概念。

2.2　恩惠方向的多方向性现象

前人研究中有很多学者关注到「シテクレル」句中恩惠方向的多方向性现象。山田（2004）用例（6）和例（7）说明「シテクレル」句中恩惠（这里的恩惠等同于受益）授予的方向可能存在多方向性。

(6) 何をしているか位は弟に話してくれたっていいではないか。（山田 2004：182）
(7) 友人は芳枝の床もつくってくれた。（山田 2004：182）

关于例（6），山田（2004）认为其受益者可以是动作行为的对象「弟」，也可以是与事件非直接

关联的"我"。同时山田(2004)认为例(7)中的受益者可以是直接结构中的「ノ」格名词性短语,也可以是间接结构的说话者。

接下来我们来仔细分析为何会出现恩惠方向多方向性现象。例(6)和例(7)这种存在多方向可能的「シテクレル」句中,动作对象或者动作对象的所有者是说话者一方的人。例(6)中的「弟」和例(7)中的「芳枝」之所以能成为受益者是因为他们是事件的直接参与者,而"我"虽然没有直接参与事件,但可以通过句法结构扩展分析其是否受益。

(8) a 友人は芳枝の床もつくってくれたが、芳枝はそのことを知らなかった。③
　　 b ありがたいことに、友人は芳枝の床もつくってくれた。

通过例(8)的句子扩展,我们可以看到不仅可以否定与事件直接相关的事件参与者的受益认知,还可以通过与「ありがたいことに」共起明确说话者的受益认知。也就是说"我"虽然没有直接参与事件,但是因事件整体状况而受益。也就是说会由于受益者的判断标准不同而存在两个层面的受益者。

(9) 判断标准Ⅰ:动作行为的对象是受益者
　　　 受益者:「弟」/「芳枝」
　　　 恩惠方向:听话人 → 「弟」
　　　　　　　　「友人」→「芳枝」
　　　 判断标准Ⅱ:因事件相关的整体状况受益的受益者
　　　 受益者:"我"
　　　 恩惠方向:听话人 → "我"
　　　　　　　　「友人」→ "我"

通过以上的分析,我们可以看到判断标准的不同导致恩惠方向出现多方向性现象。

2.3 单方向性的服务方向

在分析服务方向前,我们先来用层次构造分析授受表达句。

(10) 私は、　　その一人一人を、　ルミに　教えてやった。(赤川次郎『華麗なる探偵たち』)

だれが	なにを	だれに	どうした	替换成疑问词
服务的给予者	服务的对象物	服务的接受者	服务的提供	意义结构

(11) マキは　　私に　　ホオズキの実の鳴らし方を　教えてくれた。(小池真理子『夢のかたみ』)

だれが	だれに	なにを	どうした	替换成疑问词
服务的给予者	服务的接受者	服务的对象物	服务的提供	意义结构

(12) 私は　　いろいろな人から　いろいろなことを　教えてもらった。(横森正樹『夢の百姓』)

だれが	だれから	なにを	どうした	替换成疑问词
服务的接受者	服务的给予者	服务的对象物	服务的提供	意义结构

通过疑问词的替换,可以看到「シテヤル」「シテクレル」「シテモラウ」是句子的组成成分之一,可以说以「シテヤル」「シテクレル」「シテモラウ」为研究对象的分析是句法层面的分析,而以「テヤル」「テクレル」「テモラウ」为研究对象的分析是词法层面的分析,而服务的接受者存在于句法层面上,从语义指向来看,指向服务接受者的是「シテヤル」「シテクレル」「シテモラウ」,授

受表达「シテヤル」「シテクレル」「シテモラウ」在句法层面上的服务给予者与服务接受者有且仅有一个。因此服务方向具有单方向性特点。这与授受表达中的"授予→接受"这一单方向性特征相吻合。

3 「シテクレル」句中的服务方向

前面提到,服务的接受者存在于句法层面上,但在自然语言中,「シテクレル」句中的服务接受者很多时候未明示。因此需要明确服务接受者未明示时如何确定句子中有且仅有的一个服务接受者。回到前面所举的例子。通过第二部分例(8b)的句子扩展,可以看到例(7)存在说话人的主观认识,即说话人认识到动作主有服务意图。但我们须明确例(7)与例(13)是两个不同服务方向的句子,虽然在语用上,省略「私のために」时例(13)的句子形式与例(7)相同,但是动作主的服务意图指向句子成分的「私」,而不是使「私」成为句子成分的说话者。而例(7)中动作主的服务意图指向「芳枝」。当动作主有服务意图时,有且仅有一个的服务方向由动作主指向动作主服务意图所指向的接受者。

(13) 友人は私のために芳枝の床を作ってくれた。

但「シテクレル」句还存在动作主没有服务意图的句子,如例(14)。

(14) 赤ん坊が動いてくれた。(山橘幸子 1999)

就例(14)句中说话人的认识,山桥(1999)在分析例(14)时指出[補語…動詞(て形)]表示说话人捕捉到的事件,「くれる」表示说话者对事件产生的态度。山桥(1999)认为前接动词和补助动词是分别从属不同句法结构的成分,「クレル」作为独立的句子成分而存在。按照山桥(1999)的分析,例(15b)中,如果说话人捕捉到的事件是动作主与说话人不期而遇,说话人对此事件表示受益态度,那么例(15b)并无不妥,但是实际中例(15b)是非句。这也说明了如例(14)这种「シテクレル」句,把授受补助动词当做句子的一个独立成分考虑并不妥当,同时说明了句中的「シテクレル」并不仅仅表示说话者的受益态度。

(15) a それから半年ほどたって、四条河原町の交差点で女を紹介してくれた友人にばったり会ったので、事情を説明し、お前はあの子がいまどこにいるのか知らないかと訊いた。(宮本輝『にぎやかな天地』)

b *それから半年ほどたって、四条河原町の交差点で女を紹介してくれた友人がばったり会ってくれた。

仔细分析例(14)和例(15b)的不同,可以看到「友人」没有服务意图是说话人的认识,而「赤ん坊」没有服务意图是社会性认知。对于社会性认知,说话者可以主观赋予其服务意图,即说话者主观认为「赤ん坊」为说话者「動いてくれる」。但是对于说话者主观认定突然相遇的事件,说话人不可能再主观认为「友人」为说话者「会ってくれる」。

我们还可以通过例(16)和例(17)看到人的主观认识与社会性认知存在差异性。山田(2004)提到日语中的「ぶつかる」是为数不多的不能做「てくれる」前接动词的动词,这符合社会性认知。但是如果是在受益结果明示的情况下,说话者可以主观认定动作主为说话者「ぶつかってくれる」。

(16) ×見知らぬ男が私にぶつかってくれた。(山田敏弘 2004:52)

(17) 当然「危ねーな!」と思いますが、ふと「ぶつかってくれた方が金になるかな…」なんて思いませんよ!(笑)。まぁ無灯火は危険です。(国沢光宏のブログ)

也就是说例(14)中,因为「シテクレル」的存在,虽然社会性认知中动作主没有服务意图,但

说话者可以主观赋予动作主服务意图。此种「シテクレル」句中，因说话者主观认为动作主有服务意图，因此服务方向由动作主指向服务接受者（即说话者）。当动作主有服务意图时，如例（7），服务方向由动作主指向服务接受者（即说话者一方或者句子成分的「私」）。

4 「シテモラウ」句中的服务方向

「シテモラウ」句与「シテクレル」句都是向心性的服务方向，但是通过例（7）的句子扩展可以看到判定服务的主体不同。

（18）a 友人は芳枝の床もつくってくれたが、芳枝はそのことを知らなかった。

b *芳枝は友人に床もつくってもらったが、芳枝はそのことを知らなかった。

例（18a）中判定服务的是说话者，因此服务的接受者对于服务可以不知情。例（18b）中判定服务的是主语，因此例（18b）是非句子。因服务的判定者是主语，例（19a）中的「息子」不仅是服务行为的对象也是服务的接受者，而例（19b）中的「息子」只是服务行为的对象，因为「息子」可能并不接受服务行为。因此「シテモラウ」句中服务方向由动作主指向服务接受者（主语）。

（19）a 息子は先生に叱ってもらった。

b 先生に息子を叱ってもらった。

5 结语

本论文借助前人研究中授受表达的定义，比较了服务与恩惠、受益的内涵，确定授受表达的范畴语义——服务。同时通过分析动作方向与恩惠方向，指出动作方向存在多义现象，而恩惠方向存在多方向性现象，并通过层次构造分析明确服务方向有且仅有一个，再通过分析「シテモラウ」句与「シテクレル」句验证服务方向的单方向性。但本论文仍存在未解决的问题，如如何判断「シテクレル」句中动作主是否有服务意图等，这也为今后的研究提供了课题方向。

注

① 大曽美惠子（1983）指出「太郎は息子に家を建てた」是非句子。山田敏弘（2004）通过问卷调查得出68.8%的被访者认为「太郎は息子に家を建てた」句子不太自然或者非常不自然，也就是说容许度较低。

② 所谓语义指向指的是句中某一成分在语义上跟哪一个成分相关。通过分析句中某一成分的语义指向来揭示、说明、解释某一语法现象，这种分析手段就叫语义指向分析法。

③ 该例句及以下笔者例或者出处为网络的例句都经由多名日语母语者确认。

参考文献

[1] 伊藤博美.授受構文における受益と恩恵および丁寧さ—「てくれる」文と「てもらう」文を中心として—[J].日本語学論,2010(6):132-151.
[2] 大曾美惠子.授受動詞文と二名詞句[J].日本語教育,1983(50):118-124.
[3] 奥田靖雄.ことばの研究・序説[M].東京:むぎ書房,1984.
[4] 教科研東京国語部会言語教育研究サークル.文法教育—その内容と方法—[M].東京:むぎ書房,1963.
[5] 鈴木康之.ヤリモライ研究の半世紀[J].日本文学研究,2004(43):185-176.
[6] 鈴木重幸.日本語文法・形態論[M].東京:むぎ書房,1972.
[7] 高橋太郎.動詞九章[M].東京:ひつじ書房,2003.
[8] 豊田豊子.補助動詞「やる・くれる・もらう」について[J].日本語学校論集,1974(1):77-96.

[9] 益岡隆志.日本語における授受動詞と恩恵性[J].言語,2001(5):26-32.
[10] 松下大三郎.改選標準日本文法[M].東京:紀元社,1928.
[11] 山田敏弘.日本語のベネファクティブ―「てやる」「てくれる」「てもらう」の文法―[M].東京:明治書院,2004.
[12] 山橋幸子.受益表現「(-て)くれる」の機能と日本語教育[J].比較文化論業,1999(4):79-96.
[13] 渡辺佑司.授受表現における授受の方向性[J].東京外国語大学日本語学校論集,1991(18):35-48.
[14] 沈家煊."在"字句和"给"字句[J].中国语文,1999(2):94-102.
[15] 朱德熙.与动词"给"相关的句法问题[J].方言,1979(2):81-87.

作者信息
　　姓名:陈文君
　　职称:讲师
　　单位:浙江外国语学院
　　联系地址:浙江省杭州市西湖区留和路299号
　　电子邮箱:chinbunkun@hotmail.com

语　言

日中対訳から見るデアッテモ構文の実証的研究*

大連理工大学　鄒善軍　趙秀雲　趙聖花

1　はじめに

　『日本語文型辞典』(1998)が出版されてから、中国の日本語教師や日本語学習者のあいだで、本辞典は多方面にわたって使用されている。しかし、日本語の研究や教育を進めている中で、いくつかの問題点が散見されている。例えば『日本語文型辞典』は1998年に出版され、2001年に中国語版が出版された。出版年代が古いということもあって、日本語複文の分類は最新の研究に比べて若干の違いが見られる。また、その中国語訳も普遍的、常識的な翻訳にとどまっているので、最新の研究成果を取り入れる必要があると思われる。さらに、近年においては、コーパスに基づいた計量的研究が盛んに行われており、その分類や対訳傾向についても更に再整理する必要も出てきている。本研究では逆条件を表すデアッテモ構文を中心に、考察を進めていきたいと思う。

　デアッテモ構文は、一般的に中国語の"即使……,也……""即使……,都……""即使……,还……""虽然……,却……"などの形式に翻訳されるが、今回の調査では"即使……,也……"形式で訳されるパターンが、最も多いことが分かった。また、日本語のデアッテモ構文を中国語に訳した場合、有標形式に翻訳される傾向が見られる。

(1) a. たとえ中性的友人であっても、男と二人だけでハイキングへ行ったことが、縁談の相手に知られてはまずい。　　　　　　　　　　　　　（森村誠一『人間の証明』）
　　b. 因为即使是中性朋友,与男人结伴俩人郊游,若让未婚夫知道了,也总是有点不好。
　　　　　　　　　　　　　　　　　　　　　　　　　　　　　　　　（丁国桢译《人性的证明》）

(2) a. それが番組の終了とともに消える束の間の虹であっても、その虹の夢を見つづけるためにはどんなことでもやれる。　　　　　　　　　　（森村誠一『新幹線殺人事件』）
　　b. 虽然那只是片刻之间的彩虹。随着节目的终了就会消失,但是为了继续彩虹梦,什么事情都肯做。　　　　　　　　　　　　　　　　　　　　　（谭必嘉译《新干线谋杀案》）

　例(1)と例(2)で分かるように、デアッテモ構文は、中国語に訳す場合、"即使……,也……"や"虽然……,但是……"など、いろいろなパターンに訳すことができる。本研究ではその翻訳の傾向、実態、意味分布がどうなっているのかを明らかにする。

---

* 本研究は中国国家社会科学基金の研究課題『日漢条件句目標語型和源語型翻訳共性研究』(18BYY230)の研究の一部である。

2 先行研究

日本語記述文法研究会(2011)では、テモ形式を①「て」形の並列、②並列条件、③並列・逆条件、④逆条件といった四種類に分けている。また蓮沼他(2001)では、テモ形式の用法を①逆条件、②条件の並列、③疑問語と共起、④事実的条件文と反事実的条件文といった四種類に分けている。

一方、邢福义(2001)では、日本語のテモ形式にあたる中国語の複文を譲歩文と定義している。その代表的なものとして"虽然""即使""无论"などを使う文が挙げられている。『日本語文型辞典』(1998)では「逆条件」の場合は"即使……,也……"に訳すとされているが、実際"虽然……,却……"や無標などの形式に訳されることも少なくないので、『日本語文型辞典』では不十分なところがあると考えられる。

膠着語である日本語とは違って、孤立語である中国語は"意合"を中心とする言語である。「中国語の複文は一般的に意合法(parataxis)を用いており、日常言語生活において関連詞を用いない場合が最も多く見られる。更に意合法を用いる中国語では連結成分が必須項ではないのに対して、形合法(hypotaxis)を用いる西洋語ではその殆どの場合、連結成分が必須項である(王 1984:472)。この点は姚(2008)の『人民日報(連続文本)語料様本(1999—2002)』などの実例調査といった実証的研究により明らかにされている(コーパス全体846,973句の内、単文が31.1%、有標複文19.5%、無標複文が49.4%)。

本論では①逆条件、②疑問語と共起、③反事実的条件文、④事実的条件文といった四分類で研究を進める。

3 逆接条件を表すデアッテモ構文の意味

デアッテモ構文の意味用法の分類に関する先行研究が見つからないので、本節ではテモの意味用法の分類に基づき、デアッテモ構文で表す逆接条件複文を「逆条件」「疑問語との共起」「反事実的条件文」「事実的条件文」に分け、それぞれの定義や特徴をまとめる。

3.1 逆条件文

逆条件文とは、文脈の中に先に出てきた「条件—結果」の関係を否定する逆接の条件文を表す文である(蓮沼,有田,前田 2001)。例(3)で示したように、ふつう「友人であったらしてくれる」において、その「条件—結果」関係を否定すると、「友人であってもしてくれない」という逆条件文になる。逆条件文はそのほとんどが現在や未来の時制を表す。

(3) a. ちょっとした友人であっても、これほどのことはしてくれないだろう。

(東野圭吾『殺人の門』)

b. 即使再怎么深交的朋友,大概也不会为我做到这种地步吧。　　(张智渊译《杀人之门》)

3.2 疑問語との共起

デアッテモ構文の前に「どこ・どれ・どの・どんな・どんなに・どう・だれ・いつ・何」などの疑問語が入る場合は、後件では「いつも、必ず、当該の結果が起こる」という事態をあらわす。

(4) a. したがって誰が犯人であっても、「やっぱりそうか、それも考えたんだよね」というのだ。

(東野圭吾『名探偵の掟』)

b. 所以不论谁是凶手也会说句"哼,果然是那样,早已想到过了。"

(岳远坤译《名侦探的守则》)

3.3 反事実的条件文

前件が現在の状況や過去の事実と明らかに違う場合は事実に反する条件文となる。反事実的条件文は過去の時制だけを表す。

(5) a. 帝国軍の火力が一時的に衰えた理由が、攻撃法の転換によるものであることを一瞬でヤンは悟ったのだが、他の指揮官であっても、時間はかかったにしろビッテンフェルトの意図を察知するのは可能だったであろう。　　　　　（田中芳樹『銀河英雄伝説』）

b. 杨在倾俄之间，猛然洞察到帝国军的火力会一时变得衰弱，是因为转变攻击方式之故，换作是其他的指挥官，由许要花很长的时间才能想通毕典菲尔特的这个意图。

（蔡美娟译《银河英雄传说》）

3.4 事実的条件文

この場合のデアッテモ構文は条件と結果の両方が、実際に起こった出来事を表す。例（6）は前件では無標識になっているが、仮定的な逆接条件文が表す予想が、現実になった場合である。事実的条件文が表す事態は過去のことでなければならない。

(6) a. もっとも、多少できのよい冗談であっても、彼らが着こんだ緊張と危機感の甲冑をつらぬくのは困難であったろう。　　　　　（田中芳樹『銀河英雄伝説』）

b. 本来，不管效果多佳，立意多明显的笑话，要穿透围绕着他们的紧张和危机感的甲冑也是一件很困难的事。

（蔡美娟译《银河英雄传说》）

4　デアッテモ構文の意味用法分布と対訳傾向

4.1　デアッテモ構文の意味と中訳無標文分布状況

先行研究でもふれたように姚（2008）の調査結果によれば、計846,973句の内、単文が31.1%、複文が68.9%であり（図1の[A 単複文比]）、更に複文583,181句の内、有標複文が28.3%、無標複文が71.7%であった（図1の[B 有無標比]）。

これに対して今回①のデアッテモ構文の日中対訳例（全部178例）の中で、無標形式5.6%、有標形式94.4%であった（図1の[C 対訳標比]）。図1から次の結論が得られる。

(7) 結論1：デアッテモ構文の中国語訳文では無標文の割合が5.6%で、自然言語としての中国語無標複文比率と比べると、かなり僅かな数値である。その原因としては、中国語訳文では文法要素が直訳されたものが多くなると考えられる。

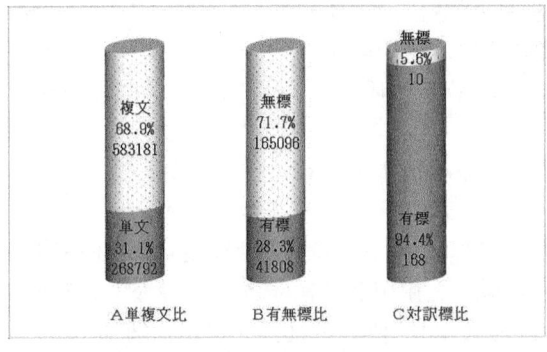

図1　単複文と有無標比

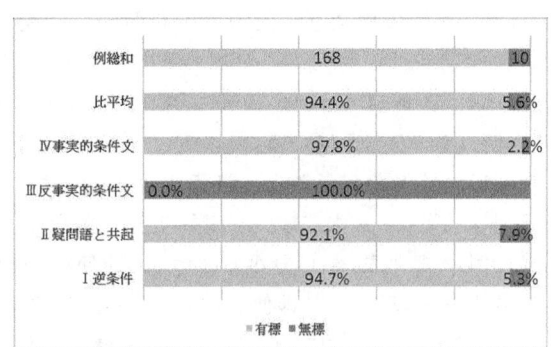

図2　中国語訳文標識有無比率の内訳②

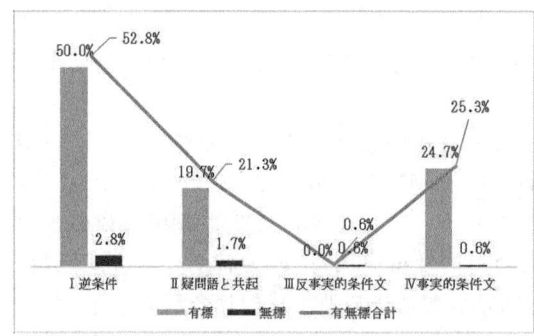
図3　意味分類と有標割合分布図

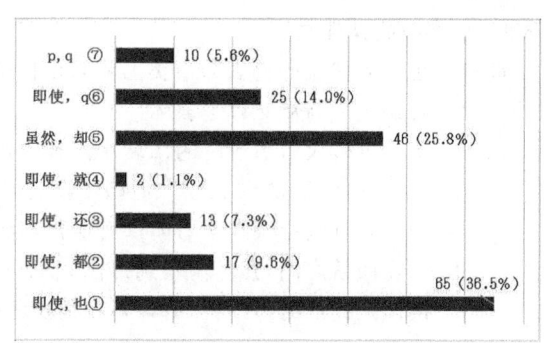
図4　中国語訳パターン分布

　有標と無標の比率の内訳を図に示すと図2のようになるが、どれでも無標の比率が低くなっている。つまりデアッテモ構文の意味4分類での無標比率の平均値（5.6％）と例総和（10例）からも分かるように、デアッテモ構文は中国語の無標複文で表す場合が極めて少ない。図2から次の結論が得られる。

（8）結論2：意味4分類の中国語訳文平均5.6％が無標形式である。これも中国語訳文は翻訳したものなので、文法要素が直訳されたものが多く占めると考えられる。

　図2のデータをデアッテモ構文（178例）全体におけるパーセンテージに置き換えてみると図3のようになる。図3ではⅠ形式の割合が最も多く、全体の52.8％（94＝89＋5）を占めており、この94例のうち有標対訳文が圧倒的に多く、89例で50％を占めている。図3から次の結論が得られる。

（9）結論3：デアッテモ構文の主要な用法は「逆条件」であり（52.8％）、そのうちの50.0％が有標文で表されている。

　先行研究でも触れたように、中国語の複文は日常言語生活において関連詞を用いない場合が最も多い。だが、今回の対訳例調査では無標形式が10例以外では、"即使……，也……""即使……，都……""即使……，还……""即使……，就……""虽然……，却……""即使……，q""p，q"が計168例あった（図1C，図2，図3）。用例数の順は無標形式を除き、主に"即使……，也……""虽然……，却……""即使……，q""即使……，都……""即使……，还……"などの順になっている（図4）。

4.2　デアッテモ構文に対応する中国語の文法標識

　デアッテモ構文を中国語では有標複文で表す傾向が強いことは4.1でみた考察によって、明らかになった。さらに、デアッテモ構文の中訳形式の7分類（①即使……，也……/②即使……，都……/③即使……，还……/④即使……，就……/⑤虽然……，却……/⑥即使……，q/⑦p，q）の内訳は表1のようになる。

　表1の統計から見ると、譲歩の意味を表す"即使"系の翻訳例が最も多い（122例）。一方、逆説の意味を表す"却"系の翻訳例の数がその次である（46例）。無標の翻訳例が最も少ない（10例）。また表1から分かるように"即使……，也……""即使……，都……""即使……，还……""虽然……，却……""即使……，q"などはデアッテモ構文を中国語に訳す場合の主な有標翻訳形式である。さらに「Ⅰ逆条件」の有標の中国語訳形式は"即使……，也……"類、"虽然……，却……"類、"即使，q"類の順になっているが、「Ⅱ疑問語との共起」の有標の中国語訳形式は"即使……，都……"類、"即使……，也……"類の順になっている。「Ⅲ反事実的条件文」は1例

しかなく、無標形式になっている。「Ⅳ事実的条件文」の有標の中国語訳形式は"虽然……，却……"類、"即使……，也……"類の順になっている。

表1　対訳例分布状況

デアッテモ178例	①即使,也	②即使,都	③即使,还	④即使,就	⑤虽然,却	⑥即使,q	⑦p,q	
Ⅰ逆条件	40	5	7	2	19	16	5	94
Ⅱ疑問語と共起	10	11	5	0	2	7	3	38
Ⅲ反事実的条件文	0	0	0	0	0	0	1	1
Ⅳ事実的条件文	15	1	1	0	25	2	1	45
合計	65	17	13	2	46	25	10	178

4.3　『日本語文型辞典』と本研究の分析の対照

以上の分析から得た結果を『日本語文型辞典』と比べると、大きな差が見られた。表2はその具体的な対照項目である。

表2　『日本語文型辞典』と本研究の分析の対照

	『日本語文型辞典』の中訳	本研究の中訳
Ⅰ逆条件	即使,也	即使,也(42.6%)
		虽然,却(20.2%)
		その他(37.2%)
Ⅱ疑問語と共起	不管怎么/不管多么	即使,都(28.9%)
		即使,也(26.3%)
		その他(44.8%)
Ⅲ反事実的条件文	即使,也	有標(0%)
		無標(100%)1例
Ⅳ事実的条件文	即使,也	虽然,却(55.6%)
		即使,也(33.3%)
		その他(11.1%)

表2から分かったことをまとめると次のようになる。

1)全体的にみると、デアッテモ構文の分類は両者ともほぼ同じであると言えるが、中国語訳では違いが見られた。2)「逆条件」の場合、『日本語文型辞典』には"即使……，也……"しか収録されていないが、本研究での考察では、その他のいろいろなパターンがあることが分かった。3)「疑問語との共起」の場合、『日本語文型辞典』には"不管怎么/不管多么"しか収録されていないが、本研究での考察では"即使……"などのパターンが見られた。4)「反事実的条件文」は『日本語文型辞典』には主に"即使……，也……"に訳されていないが、本研究での考察では1例のみで、無標形式になっている。5)「事実的条件文」の場合、『日本語文型辞典』には

"即使……,也……"しか収録されていないが、本研究での考察では主に"虽然……,却……"に訳されている傾向が強かった。

5　おわりに

　　以上の調査でわかるように、デアッテモ構文は中国語訳の場合、様々な訳し方が見られる。更に、『日本語文型辞典』の中国語訳と比べ、異なったところが見られる。要するに、日本語教育や辞書の編成する際、もっと詳しく調査し、注意する必要があると思われる。

注
① 日本語の作品40点とその中国語訳で、計178個の対訳例を得られた。
② 今回の調査では「名詞(形容動詞)＋デアッテモ」形式の例のみを統計した。

参考文献
[1] 鄒善軍,李光赫.日中対訳から見るテモ条件文の実証的研究[J].国際連語論学会 連語論研究(8)研究会報告,2018(42):66-76.
[2] 日本語記述文法研究会.現代日本語文法6：第11部　複文[M].東京：くろしお出版,2011.
[3] 蓮沼昭子,有田節子,前田直子.条件表現[M].東京：くろしお出版,2001.
[4] 前田直子.日本語の複文[M].東京：くろしお出版,2009.
[5] 益岡隆志.日本語の条件表現[M].東京：くろしお出版,1993.
[6] 李光赫,鄒善軍,汤明昱.日中対照から見る原因・理由文の諸相[M].大阪：風詠社,2015.
[7] 李光赫,鄒善軍.中国語複文の有標と無標の捉え方から見るト条件文の日中対照[J].国語学研究,2015(54):91-104.
[8] 李光赫,邹善军.日本文学作品中条件句翻译策略定量分析：兼与《日本语句型辞典》所记词条做比较[J].东北亚外语研究,2017(1):73-80.
[9] 邢福义.汉语复句研究[M].北京：商务印书馆,2001.
[10] 姚双云.复句关系标记的搭配研究[M].武汉：华中师范大学出版社,2008.
[11] 邹善军,李光赫.基于文字与视频语料库的日语连贯动作句对比研究[J].外语教育研究,2015(4):8-13.

作者情報
　　氏名：鄒善軍
　　役職名：講師
　　所属機関：大連理工大学
　　連絡先：遼寧省大連経済技術開発区図強街知潤山小区92号楼2-602
　　メールアドレス：zoushanjun@aliyun.com

语言经济原则在明治时期汉字译词中的体现

大连理工大学 王健 方光锐

1 语言经济原则的含义及研究现状

语言经济原则最初由法国学者马丁内提出,他认为语言经济原则是语言系统演变和发展的内在原理。其后很多学者对语言经济性的本质进了诠释。Zipf(1949)认为"省力原则"普遍存在于人类社会的各个领域,就语言系统内部来看,"说话人经济原则"的特征是相对于"冗余"而言的,以简化为目的。向明友(2001)提出,"确定话语经济与否决不能仅以用词多寡为依据。语用行为中,只有经过优化配置的言语才称得上经济"。他认为语言的优化配置就是最大效用地利用语言,有效利用正是语言经济性的体现。刘谨(2011)则进一步指出,语言的经济性不应该被简单地等同于简化或优化,它应该是在认知与交际的驱动下对语言系统的自然调节。徐正考、史魏国(2008)认为语言经济原则的含义是在表意明晰的前提下,为了提高语言的交际效率,尽可能采用经济简洁的语言符号形式,并指出该原则对语言的发展与演变有着重要的作用。综合上述观点,我们认为广义上的语言经济原则应具有两方面的要求:数量上的减缩和交际效果的提高。

随着对语言经济性本质的不断探讨,关于语言经济原则在不同语言发展中的体现及其作用的研究也大量展开。既有语言系统内部词汇、语音和语法层面上的静态研究,也有历时的动态研究。但多论述汉语与英语的语言现象,而少见日语方面的研究。国内可见的在日语范畴内研究语言经济原则的论文尚未充分就语言本身的语音、词汇、语法上的语言经济性进行分析。如林巧英(2012)对于日语流行语中存在的大量被年轻人青睐的缩略词的现象,从语言经济原则、语言的美学功能等角度对日语流行语的分类、兴衰机制进行深入分析和探讨。王璐(2017)对日语外来语表记方式进行阶段性的历史考察,分别论述了日语吸收葡萄牙、西班牙语、荷兰语以及英语词语的不同历史阶段,分析说明日语中外来语表记形式变化特征。上述研究选取词例都为新生词语,并认为舍繁就简的表记形式节约了语言资源,体现出语言经济原则。即对于"语言经济性原则"的本质倾向于给出"简化"的解释,而忽略了对原有词语的有效化利用而出现的"旧词新意"现象。

目前关于明治时期汉字译语的研究大多是从结构分析和语义对比的角度出发的,如与江户时期产生的和制汉语在形态与词义方面进行比较等。要想很好地理解与诠释明治译语的确立与内在演变过程,需要结合特定历史时期的社会需求,运用语言经济原则展开研究。

2 明治时期汉字译词的界定

语言内部有三大系统:语法、语音和词汇。其中词汇是语言中最活跃、最易于出现新内容或新形式的因素,它总是随着社会的变化发展而不断地发展或演变着。语言经济原则对词汇的作用也

较突出,主要体现在词汇形态、词汇生成以及词义变化的过程中。明治时期日本开启了近代化、西洋化历程,社会发生了深刻变革,出现了学习西方的热潮,日本人利用汉字创造了大量表示西洋事物及概念的译词,如下列单词(黎力 2013:74-75)。

政治及法律方面:政府、官庁、官吏、公務員、権利、義務、代価、法人等。
社会及文化方面:思想、理想、精神、学校、学生、唯物論、喜劇、悲劇等。
经济产业方面:商業、会社、企業、銀行、資本、保険、信托、証券、建築等。
交通通信方面:交通、鉄道、線路、汽車、自動車、自転車、道路、飛行機等。
体育和游戏方面:運動、体育、体操、陸上、水上、競技、競争、競泳、野球等。

这些典型的近代汉语词汇的发展演变受到语言经济原则的支配。

明治时期日本出现的汉字译词,又被称为"新漢語""訳語""明治のことば""字音語",主要是反映西洋近代科学概念的译词。本文的研究对象为上述类型的词语,从词源角度划分为以下三种情况:

①日本为吸收西洋文化而创造的新词①
②来自中国古代典籍的转用语
③来自近代中国出版的汉译西书中的借用语

明治时期出现的大量汉字译词是语言经济原则与汉字系统特殊性有机结合的产物。明治时期译词要表述的内容是既定的,即以英语为主的西学术语、概念。翻译西学术语是为了学习、掌握西方科学技术文化,促进社会进步。基于上述言语表述的内容和动机,在语言经济原则的作用下,译词的语言符号应具有形式表意明晰并易于传播的特征。本文试通过词汇的表记形式、造词法、词源三个方面的典型现象来论述语言经济原则在明治时期汉字译词中的体现。

3 明治时期汉字译词的特点

3.1 使用汉字的表记形式

汉字是音形意的统一体,通过视觉快速直观地反映内容,即便不清楚其读音,也可以准确地把握其含义。而假名等表音文字,因不具备表意性,在辨别语义上,大脑转换速度比汉字缓慢。而且明治维新前后的日本,西学教育尚未普及,如使用假名表示译词,普通民众无法了解其含义,新的概念等无法得到推广,因此明治时期的译词多以汉字词形式出现。据王鸣(2011)考察,明治时期曾经有过使用和语翻译的词例。如清水卯三郎在《ものわろのはしご》(1874)一书中提到,用「おほね」表示「元素」,用「まじろひもの」表示「化合・混合物」,用「ためしくだ」表示「試験管」等。这些词语并没有广泛流传,而是被汉字译词所代替。

在确保信息传达的前提下,与和语相比较,汉字在构词上也具有经济性,具有简单易记的特点。对比以下表达形式:

開港 = 港を開く貿易を始める
開封 = 手紙などの封を開く
開場 = 会場を開ける
開通 = 開けて通じる

上述含义如使用和语表达,则是解释性的短语形式,音节冗长,使用不便。对译同一个西语概念,在表意清晰的前提下,译词数量多少决定了能否符合经济原则的要求。相对于和语,汉字形式简短,含义明确,具有便利地传递和接收信息的优势。可以满足明治时期大量地翻译西书,理解西方文化的需要。因此使用汉字译介西学术语,既体现了经济原则的基本要求,也是词汇经济原则

在构词方面的要求。

3.2 派生法成为构词方式

明治时期的汉字译词多数是英语的译词。词缀派生法是英语的重要构词法之一，它借助于词缀构成新词。英语词缀分为前缀和后缀。汉字单字组词能力强，汉字可以作为接头词或接尾词，自由地与其他单字组合成词。因而英汉词缀在本质上相同的，都是构词语素，位置固定并且有词缀意义。所以针对英语中的接头词或是结尾词，汉语都能较为容易地做出相应的转换。如王鸣（2011）总结的以下词例所示：

-logy→ ……学、……術
-ist→ ……者
-lity→ ……性、……力、……度
-tion→ ……力、……法
-tive、-al、-tic→ ……的

在此基础上，明治时期产生了很多派生词或词组（黎力 2013:76）：

~観：人生観、世界観、主観、客観、悲観、楽観
~性：一般性、抽象性、可能性、現実性、必要性
~主義：共産主義、社会主義、人道主義、現実主義

词语使用相同的前缀或后缀，有利于使用者通过类推的方式获取词义，以最小的认知能量获取较大的认知效益。利用词缀的派生构词法压缩和简化了词语，简便灵活，表意也更加清晰，可成批量、成系列地出现新词。命名活动的经济性，是日语在语言经济原则作用下出现的新现象。

3.3 导入汉语借用语

借用语极大地丰富了本国语言系统，为本国语言发展提供重要的材料支持。中国近代早于日本近一百年引进西学。明末清初的汉译西书和英汉字典是日本近代新词、新概念的源泉之一。朱京伟（2002）从词汇史的角度划分了若干历史时期来研究西学东进对中日语言交流的影响。其中关于19世纪明治初期中日词汇交流的内容如下表：

表1 19世纪明治初期中日词汇交流

年代	中国	日本における創出と受容
1868—1877	1868 江南製造局翻訳館成立 英華辞典、漢訳洋書が多数出版	英華辞典、後期洋学書が日本で翻刻・利用される

江南制造局曾出版了一百七十多种译著，包括兵书、工艺、理化、算数、天文、政治、法律、商业、农业等各种科学（陈生保：2000）。著名的译书有《万国公法》《格物入门》《三角数理》《化学鉴原》《地学浅释》等。明治时期日本结束闭关锁国的政策，学习西方先进文化。1878年前后，日本有系统地、大量引进中文的译著和英汉辞典。日本的知识分子精通汉文，他们充分消化吸收了汉译西书中的各种知识，并将其中的汉字译词导入日语。

据沈国威（2012）考察，进入日语的前期汉译西书中的译词有"幾何、病院、地球、熱帯、御大、赤道"等数学、天文学、地理学的术语；后期汉译西书中的译词有"銀行、保険、資本、陪審、化学、植物学、細胞、鉛筆、陰極、陽極"等，以及大量的数学术语。

明治时期知识分子曾直接在译著中借用汉译西书的词语。郭玉洁指出（2004）西周翻译的《万国公法》中，使用了丁匙良译《万国公法》中的用语，如"遺産、慣行、関渉、管制、限定、国権、大局、

特派"等。中村正翻译的《自由之理》中,借用了《英华字典》中的词汇,如"所入、利益、製造、天下、善行、計策、真理、悪弊、契約"等。

来自汉语的借用词大量进入日语,固然有社会、经济、文化交流的因素。但从语言发展的内因看,主要源于语言经济原则的内驱性。在保证信息有效传递的前提下,人们的言语活动总是力求"省时、省力"。借用词进入日语系统避免了另外创造新词,节约了语言资源,是遵循语言经济原则的重要体现。

3.4 旧词衍生新义

明治时期日本人在翻译西方的新事物、新概念时,从中国古籍中发掘出已成为死语的词,赋予其新的含义,使其作为译词获得新生(刘凡夫 2011)。比如:"文明"一词出自《易·乾卦·文言传》中的"天下文明"。本意是"文采光明"的意思,用于翻译英语的"civilization",含义变为"表示人类所创造的财富的总和,特指精神财富,如文学、艺术、教育、科学"。冯天瑜(2007)认为近代日本采用中国古代典籍中的词语翻译西洋学术语时,将词义引申,令其义项单一化、精确化,并举例如下:

表2 来自中国古代典籍的译词

	古典义	对译的英语	作为译词的含义
物理	事物的常理	physics	自然科学的一个学科名目
組織	经纬交织,制作布帛,纺织义;诗文的造句构辞,或安排、整顿	tissue	生物学术语:机体中构成器官的单位
		organization	社会学术语:按一定目的、任务和系统加以结合,或所结合的集体
発明	使人聪明;说明;印证	invention	创造新的事物或方法
機械	便于操作的工具	machine	利用力学原理组成的各种工具

明治时期汉字译词中,旧词添新义的现象比较常见。如上述的"物理""組織"词义范畴已发生变化,"物理"古典词的词义收缩,从普通词变为自然科学的一个学科名;"組織"从普通词语变为生物学或社会学术语;"発明"和"機械"的词义发生了转移。这些原有词语产生新意,被广泛地应用于社会生活的各个领域,既节省了词汇,同时由于新词义与原有的词义之间存在着形式或意义上的联系,又为人们记忆新词提供了认识理据,减轻记忆负荷。

4 结语

综上所述,言语活动遵循经济原则是人类逻辑思维的必然结果。明治时期外有日本门户开放后迫切学习西方先进文明的需求,内有汉字独特的表意功能和强大的造词能力,并占据日语和日本文化的主体地位。在这种社会环境下,采用汉字译介西语,节省了文字资源,也减轻了民众的学习负担和认知障碍,从而促进了西语译词的良好普及。

但在日语语音系统相对稳定不变的情况下,同音异义的汉字译词大量增加,在交际中容易产生歧义。进入大正时期,西学日趋普及,外来语数量迅猛增加,逐一使用汉字表记翻译外来语的方式无法满足信息传播对时效性、准确性等的要求。并且英语在民众中的普及程度已经显著提高,因此使用假名音译外来语的方式逐步替代了使用汉字译词的方式。语言在发展过程中受到语

言经济原则的支配不断做出适时改变，进行资源的合理配置。因此还从需要历时的、动态的角度去考察，才能全方位探明语言经济原则对明治汉字译词的形成、演变起到的重要制约作用。

注

① 但如"俱楽部（クラブ club）、瓦斯（ガス gas）、浪漫（ロマン romantic）"等使用汉字的音译词不在本文探究范围。

参考文献

[1] Martinet A. A Functional View of Language[M].Oxford:Clarendon Press,1962.
[2] 向明友.论言语配置的新经济原则[J].外语教学与研究,2002(05):309-316,380.
[3] 刘谨."简化"还是"优化":论语言的经济性[J].安顺学院学报,2011,13(04):25-28.
[4] 徐正考,史维国.语言的经济原则在汉语语法历时发展中的表现[J].语文研究,2008(01):9-12.
[5] 王璐.语言经济原则分析框架下的日语外来语表记特征变化探微[J].黑河学刊,2017(02):37-38.
[6] 林巧英.日语流行语的分类与兴衰机制[J].长江大学学报:社会科学版,2012,35(08):83-84.
[7] 黎力.明治以来的日本汉字问题及其社会文化影响研究[D].天津:南开大学,2013.
[8] 王鸣.日本明治时期汉字译语考略[J].外语研究,2011(06):56-59.
[9] 朱京伟.19世纪以降の中日語彙交流と借用語の研究:研究の資料と方法をぬぐって[J].日本学研究,2002(00):60-78.
[10] 陈生保.汉语中的日语[J].日本学研究论文集.上海:上海外语教育出版社,2000.
[11] 沈国威.回顾与前瞻:日语借词的研究[J].日语学习与研究,2012(03):1-9.
[12] 郭玉杰.近代中国西方传教士汉译书对日语词汇的影响[J].北京理工大学学报:社会科学版,2004(S1):12-13.
[13] 刘凡夫.近代文化转型期的中日词汇交流[J].日本研究,2011(03):124-128.
[14] 冯天瑜.日本明治时期"新汉语"的创制与入华[J].中国科技术语,2007(01):55-59.
[15] 韩佳玲.英语构词的认知经济原则:建构外语学习者的词汇能力[J].吉林省教育学院学报,2008(11):58-59.

作者信息

姓名:王健
职称:讲师
单位:大连理工大学外国语学院外国语学院日语系
联系地址:大连市凌工路2号大连理工大学东门 外国语学院日语系
电子邮箱:jj74@163.com

姓名:方光锐
职称:讲师
单位:大连理工大学外国语学院外国语学院日语系
联系地址:大连市凌工路2号大连理工大学东门 外国语学院日语系
电子邮箱:2745195265@qq.com

職場における命令文型の依頼表現に関する研究
―「てください」を例に―*

大連東軟信息学院　付瑶

依頼行為に関する研究は言語行動の関連研究として、前世紀の70年代から研究し始められている。初期の段階において、サールは依頼の適切性条件理論を中心に、発話行為理論の体系化に努めていた。90年代に入って、依頼表現の研究は盛んになり、特に、異国語の対照研究が多くなっている。代表的な研究は、木村英樹（1987）の「～てください」をめぐっての日中対照研究、佐々木倫子（1995）の異文化間言語行為プロジェクトを基とした日英対照研究、堀江・インカピロム・プリャー（1995）の依頼表現理解をめぐる日タイ対照研究などが挙げられる。21世紀に入って、呂演秋（2001）の語用論からの研究、李志暎（2003）のビジネス場面の言語行動からの研究、張穎（2005）のストラテジーからの研究など新しい分野からの研究が注目されている。

1　先行研究

山岡・李（2004）[①]は中日依頼表現を究明するために、まず、依頼表現の構文特徴から五つの文型をグループに分け、その五つのグループはそれぞれ①遂行文型、②疑問文型、③願望文型、④命令文型、⑤条件文型である。更に、中国語と日本語の代表的な表現形式を整理し、各グループに入れた。

以上の研究は中日依頼表現を比較するための一般論的な分類であるが、職場という特定分野の日本語依頼表現の研究にも適用できるものである。しかし、山岡・李の研究は中日依頼の表現上と文法上の差異を論述しただけで、依頼の定型言語表現は具体的にどのような場合で、どのように使われているのか。また、文型別にどのような使用傾向があるのかについては、まだ言及されていない。本文で、筆者はこれらの問題点について考察しようと思う。

前節の調査結果で分かるように、職場の依頼表現には命令文型が圧倒的に多い。このうち、典型的な文型が「～てくれ」「～てください」である。なぜ、この二つの文型が多用され、また、どんな場合に使われるか、本論文では、この二つの文型について、それぞれ具体的に考察を加えようと思う。

---

* 本論文系2018年度辽宁省社科规划基金项目"中日语言推广政策比较研究"（项目编号：L18DYY005）的阶段性成果。

2 依頼文と命令文

　話し手が自分の利益を得るために、強引に聞き手に命令口調で依頼を行う「依頼文」では、「～てください」「～てくれ」をよく耳にする。しかし、「～てください」と「～てくれ」を単に依頼を表すモダリテイ形式とすることはしにくく、実質的には命令を表すのが主である。熊取(1995)は「依頼」に最も近いと思われる発語内行為は「命令」だと言っている。「命令」と「依頼」を峻別する最大の要因は、前者では話し手が聞き手に当該行動を要求する権力を持っている点であるとされている。サール(1969)も、「『命令』と『依頼』を別々に対処しなければないと言うわけではない」と述べている。「依頼」の形式を取りながら、「命令」をすることも可能である。

　「～てください」と「～てくれ」は一体「命令」に属するか、「依頼」に属するかと言えば、単なる文型上での判断ではできないだろう。ここでは、サールによる、依頼の適切条件を参考にしたい。

　依頼の適切性条件：
　命題内容：聞き手Hによる未来の行為A
　予備：1　HはAを行う能力がある。
　　　　　　話し手SはHが行う能力があると信じている。
　　　　2　HとSの双方にとって、通常の状況においてはHがAをすることは明らかではない。
　誠実：SはHにAを行ってほしいと望んでいる。
　本質：HにAを行わせようとする試み

　サールの適切性条件により、話し手＝依頼人、聞き手＝被依頼者＝動作主体と考えられるが、筆者は「命題内容：聞き手Hによる未来の行為A」に異議を持っている。ここで補充したいのは、「話し手＝依頼人＝動作主体」という状況も含められるべきである。なぜなら、筆者は「恩恵賦与」と「受益者」の方面から考えれば、話し手による聞き手への許可求めも一種の「依頼」であると考えている。

　例えば、
　○できれば、試験はあさって受けさせていただきたいんですが。
　○用事があるので、午後帰らせていただけませんか。
　○腹がすきました。何か食べさせてください。
　○それでは、その上司に面会させてください。

　以上の例文はただの「許可求め」より、その動作への許可を依頼すると見たほうがいいであろう。そのため、こういう時の「動詞使役＋てください（ていただく）」の表現も「依頼」と見なすことができる。

3 依頼表現の「～てください」

　「～てください」は命令文の依頼表現であり、待遇表現の角度から見れば、丁寧度、尊敬度が当然高くはない。どのような場合で使われるのかについて、職場文化の立場に立って、公と私、上と下という二つの側面から考察を加える。

3.1 研究対象

職場依頼表現のデータを採集するために、筆者は調査資料を職場行動をめぐる「企業小説」にした。小説の体裁及び作者の作風によって、依頼表現を描写する場面の数と表現方も相違があると思うが、本研究はできる限り、その特殊性を避け、言語資料の一般性を掘り出してみようと思う。

本文での対象資料とした企業小説は次の通りである。

表1　対象資料とした企業小説

書名	作者	出版社	出版年
『社員無頼』	源氏鶏太	角川文庫	1983
『企業家サラリーマン』	安土敏	講談社文庫	1989
『銀行人事部』	高杉良	徳間文庫	1992
『銀行合併』	山田智彦	講談社文庫	1994
『銀行支店長』	江波戸哲夫	講談社文庫	1995
『辞表撤回』	高杉良	講談社文庫	2000

3.2 調査結果から見た文型の使用傾向

本文の対象資料とは6つの企業小説である。依頼をする場合、どのような基本的な文型が使われているかを考察するために、まず、これらの対象資料から依頼に関する文型を抽出した。その上、山岡・李(2004)の分類法に従って整理し、職場における依頼表現の文型をまとめた。職場という特定の場で、どのような文型がよく使われているのか。まず命令文型であることは一目瞭然である。その次は遂行文型と疑問文型が多く使われている。それに比べてみれば、条件文型はあまり使われていないことも分かる。それを分かりやすく理解するために、下記の図1のようにまとめた。

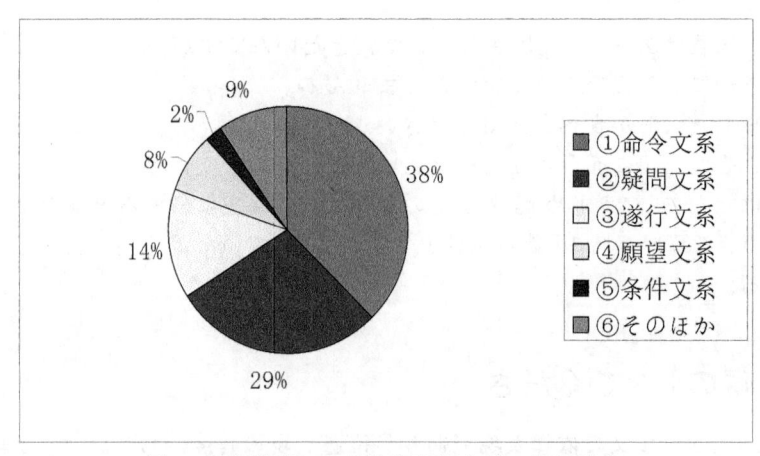

図1　調査結果による依頼表現文型の使用傾向

3.3 「～てください」の公私対立

「～てください」(～させてください)は「命令文型」に属するから、依頼行為を効率的に表出できる特性を持っていると思われる。しかし、依頼文としての命令文を正確に使えるように、使う場面に十分注意すべきだと思う。本文は、大量の実例を分析することによって、「～てください」の「使用場面」を考察してみる。

　言語資料の調査によって、「～てください」の使用場面を「公的な場面」と「私的な場面」に分けることができると考えられる。ここでの「公的場面」は仕事関係での依頼場面を指し、「私的な場面」は「公的な場面」に対して、事務的なことに関係なく、ただ職場生活での依頼である。

3.3.1 私的な場面

(1)柚木さんを呼んでください。(『銀行合併』66頁)

(2)柚木常務をすぐ呼んでください。面接の方もすぐに始めます。(『銀行合併』97頁)

(3)支店長、部長クラスの面会は10時30分からにします。それから、コーヒーをすぐ持ってきてください。(『銀行合併』95頁)

　言語資料に出てくる依頼場面の中で、「私的な場面」の「～てください」は数が多くはない。しかし、文例が少ないとは言え、この三つの文例によって、私的な場面での依頼は、大体「人呼び」「コーヒー入れ」などのような細々とした事であると判断できる。細々した事であるから、より簡潔的、効率的な「～てください」を用いるのはよりよい選択ではなかろうか。一方、内外関係の角度から見れば、ここでの「私的な場面」は必ず社内にいる親しい人間同士の依頼である。

3.3.2 公的な場面

(4)申し訳ありません。一台は来ているのですが、間もなく来ると思いますので、もう少々お待ちください。(『辞表撤回』69頁)

(5)それなら、今日の午後5時過ぎから5人に、そして、明日の午前10時過ぎに残りの5名に会いましょう。一人ずつ私の部屋に寄越してください。(『銀行合併』67頁)

(6)しかし、私は、その残りの1パーセントにすがりついてみます。真心から頼んで見ます。だから、後10日間だけ、株を売るのを待ってください。(『社員無頼』365頁)

(7)それじゃ、三階に二人の席を作ってください。それから私は四階にばかりこもっているつもりはありませんから、三階に二人の席を作ってください。決して広いスペースは要りません。(『銀行支店長』36頁)

　言語資料によると、「私的な場面」に用いる「～てください」が少ないのに対して、「公的な場面」には多いのである。「～てください」は職場依頼では正式な表現形式とされ、「公的な場面」でよく用いられていることが分かる。公的な場面では、話し手と聞き手の関係は必ずしも親しい関係だとは限らない。例えば、例(4)は、典型的なお客さんに対する内外の間、しかも親しくない人間同士の依頼である。しかし、例(5)、(6)のように、社内の親しい人間同士に行う依頼も存在している。そのため、「～てください」は「私的な場面」と比べて、「公的な場面」で幅広く使われていることが分かる。ただ、ここで注意すべきところは例(1)～(4)の「～てください」は「依頼」というより、「命令」的な感情が多く含まれていると感じられるであろう。(1)の「呼んでください」、(3)の「持ってきてください」は上の人が下の人に示す行為であるため、上の人の威圧的な立場から見れば、これらは上対下の命令にほかならない。しかし、話し手が受益的な立場だとすれば、聞き手は相手のために動作を行い、受益者も話し手

であるから、これらは「依頼」表現だと言っても構わないであろう。

3.4 「～てください」の上下関係

「～てください」は「命令文型」の依頼表現で、待遇表現から考えれば、このような依頼表現は地位の高い方から低い方に示すことが多いと考えられる。だが、実際の運用状況は三つの種類に分けられる。それは、「目上から目下への場合」「目下から目上への場合」「対等関係の場合」である。

「～てください」は「命令文型」の依頼表現で、待遇表現から考えれば、このような依頼表現は地位の高い方から低い方に示すことが多いと考えられる。だが、実際の運用状況は三つの種類に分けられる。それは、「目上から目下への場合」「目下から目上への場合」「対等関係の場合」である。その中で「目下から目上への場合」は20回で、割りに多い。「目上から目下への場合」と「対等関係の場合」はそれぞれ13回、3回である。数量から見れば、「～てください」は明らかに目下から目上への場合によく使い、目上から目下への場面での運用は少ないという傾向がある。そして、対等関係の場合では、あまり使われていない。次はこの三つの場面での運用状況を考察してみる。

3.4.1 目上から目下への場合

職場は上下関係がはっきりしている場所であるから、複雑な位相関係を持っている。依頼をする時も社会的地位の違いによって、使う言語表現の丁寧度も違うのである。その中で、目上から目下への依頼場面の言語表現は丁寧度が一番低いと言える。それに、依頼の言語表現の中で、命令文が一番丁寧度が低い表現であるから、目上から目下への場面で命令文の「～てください」を使うのは当然であろう。次は言語資料に出てくる実際の例である。

(8)柚木さんを呼んでください。(『銀行合併』66頁)

(9)支店長、部長クラスの面会は10時30分からにします。それから、コーヒーをすぐ持ってきてください。(『銀行合併』95頁)

(10)それなら、今日の午後5時過ぎから5人に、そして、明日の午前10時過ぎに残りの5名に会いましょう。一人ずつ私の部屋に寄越してください。(『銀行合併』67頁)

以上の文例では、上司が部下に「命令文型」の「～てください」を用いた。だが、「命令文型」には、「～てくれ」という「～てください」より丁寧度がもっと低い表現もあり、この場合はなぜそれを使わないのか。

3.4.2 目下から目上への場合

(11)しかし、私は、その残りの1パーセントにすがりついてみます。真心から頼んで見ます。だから、後10日間だけ、株を売るのを待ってください。(『社員無頼』365頁)

(12)よろしくお願いします。シテイコープがすでに了解している事実を重く見てください。(『辞表撤回』309頁)

(13)「変えません。それより、社長にお願いがあります。」「この会社の株を光和工業へお売りにならないでください。」(『社員無頼』309頁)

例(11)～例(13)までは話し手の部下から、聞き手の上司に示す依頼場面である。従来の研究の中では、目下は目上に依頼をする時は、「～ていただけませんか」「～てくださいませんか」「～ていただければ幸いと思います」などのような地位の高い方に依頼者の配慮を表し、依頼の応答に承諾するかどうかの空間を与える表現は多いのである。しかし、職場ではそうとは限らない。自分の上司であっても、丁寧度の低い「～てください」を用いる時もある。それは、依頼の場合、依頼の内容と関係するであろう。日本人は「職場」を「家」と見る観念が非

常に深いと言える。もし、依頼を行う場合は社内であるなら、その場合の依頼は「内」の人間同士の依頼として処理しなければならない。依頼する相手は上司であっても、より丁寧度の低い依頼表現でも使える。それは、家で親に依頼をする時は「～して」を使うのと同じようなことである。

3.4.3　対等関係の場合

言語資料での「対等関係の依頼場面」は少ないから、この場面で使う「～てください」の実例は3例しかない。文例は以下のようである。

(14)「お供をさせて下さいませんか。」「お願いします。そうでないと、私の気持ちがすまないのです。」(『社員無頼』265頁)

(15)それなら、ぜひ副頭取に復帰してください。いやとは言わせませんよ。(『銀行人事部』59頁)

(16)サウンドしてみなければ分かりませんが、善は急げです。上の方の了解を取ってください。私は東都ケミカルにアプローチして見ます。(『銀行人事部』312頁)

例(14)には、話し手と聞き手は同僚であっても、二人の関係が親密という感じがない。「～てください」は丁寧度が低い割には、同僚同士で使ったら、距離感を与える。確かに、例(14)の話し手と聞き手は表面的に同僚関係であるが、実際に地位上で差が存在している。この二人は社内でそれぞれ違う派閥に属して、聞き手は所在派閥の庇護で上位になるから、話し手はわざと相手を持ち上げて「～てくださいませんか」を使ったわけである。例(15)と例(16)での「～てください」の運用は簡潔で、他の人にはさっぱりした感覚を与える。同僚の関係であっても、業務上のものなら、個人感情を含まずに果断的に表すのが職場人間の備える品質だと思う。

前述のように、「～てください」の使用範囲は非常に広く、職場の依頼表現で重要な地位を占めている。しかし、「～てください」は社内での公私場面と上下関係で使うだけでなく、違う会社にいる人間の間で、即ち「内外」の間でも使われている。例えば：

(17)申し訳ありません。一台は来ているのですが、間もなく来ると思いますので、もう少々お待ちください。(『辞表撤回』69頁)

(18)実は、今、お宅のすぐ近くにいるんだよ。5、6分で行けると思うけど、時間を空けてください。(『銀行合併』97頁)

(19)高いんですね。お買い求めの際は是非だいしょ、三友銀行にお手伝いさせてください。(『銀行支店長』51頁)

以上の例から見ると、内外の依頼場面でも、「～てください」をも使われているのが分かる。しかも、このような場面での「～てください」の運用は違和感がなく、非常に自然に依頼内容を表している。つまり、依頼という表現は遠慮がちになればなるほどいいというわけではなく、「依頼相手」「依頼内容」「依頼場面」によって、一番適切な表現方法を選ぶことが重要である。

4　結論

本文は職場の「～てください」の使用について、「公私」「上下」関係から論述した。結果として、「～てください」は「依頼」としての使用範囲は非常に広く、「私的な場面」「公的な場面」「目上から目下への場面」「目下から目上への場面」更に、「内外」の場面でも使われている。依

頼対象の違いによって、「～てください」が反映している二人の親疎関係も違う。つまり、「目下から目上への場面」で使うなら、上司との親しい関係を表す。「目上から目下への場面」で使うなら、部下への配慮を表す。「対等関係」で使うなら、二人の距離感を表す。

5　今後の研究課題

「～てください」を更に究明にするためには、依頼表現における「命令文型」のもう一つの「～てくれ」と比較しながら説明する必要があると思う。それに、今回の対象資料より抽出したデータは十分とは言えず、調査方法も完全なものだとは言い難い。これから、言語資料を増やし、「～てくれ」の使用傾向、しかも「被依頼者」の依頼に関する応対方法も今後の研究課題にして、研究を更に深めていきたい。

注
① 山岡政紀・李奇楠「依頼表現の日中対照研究」(2004)を参照。

参考文献
[1] 熊谷智子,篠崎晃一.言語行動における「配慮」の諸相[M].東京:国立国語研究所,2006.
[2] 熊取谷哲夫.発話行為理論から見た依頼表現—発話行為から談話行動へ—[J].日本語学,1995(10).
[3] 鈴木睦.日本語における依頼表現[J].AKP紀要,1987(1).
[4] 前田広幸.「～てくださいとお～ください」[J].日本語学,1990(5).
[5] 山岡政紀,李奇楠.依頼表現の日中対照研究[J].日本語言文化研究,2004(5).
[6] Searle J R. Speech acts: An essay in the philosophy of language[M]. London: Cambridge University Press,1969.
[7] 李志暎.ビジネス場面における＜依頼、許可求め＞の言語行動—社会的役割によってどう違うのか—[J].言語文化と日本語教育,2003(25).

作者信息
　姓名:付瑶
　职称:副教授
　单位:大连东软信息学院
　联系地址:辽宁省大连市大连东软信息学院 A6-310办公室
　电子邮箱:fuyao@neusoft.edu.cn

中国人日本語学習者の卒業論文における「なければならない」の使用実態についての調査
—日本語母語話者との比較を通して—

山東科技大学　李成愛

1　はじめに

当為表現「なければならない」は、論文の中で論理的必然感を出したいときに使われることがある。しかし、「こうした表現を示すだけでは、読み手に主観的印象を与えてしまい」「前後の文脈にその主張を支える根拠を明示し、論理的必然性を保証することが重要」(石黒2012:118)である。しかし、中国人日本語学習者(以下:日本語学習者)の卒業論文には「なければならない」がよく使われ、その中には前後に主張を支える根拠を明示していない例もあり、客観性に乏しい印象を受けることがしばしばある。そこで、本論文では日本語学習者の卒業論文における「なければならない」の使用実態について調査すると同時に、日本語母語話者との比較を通して、「なければならない」の使用は日本語母語話者とどう違うのかを明らかにし、客観性を持つ学術論文にするため、今後の指導で必要なのは何かについて考えることにする。

2　先行研究

今まで日本語の作文や意見文において日本語学習者の意見述べの傾向を明らかにした研究は多数あり、杉田(1997)は、日本語母語話者は、状況や相手に応じて自分の立場や取るべき態度を微妙に調節し、それに合わせて様々なモダリティ形式を使い分けているが、日本語学習者の場合、上級者であってもそうしたことへの配慮に乏しくなりがちである指摘している。また、伊集院・髙橋(2010)は中国語母語話者は、相手に働きかけるモダリティを多用して相手の共感を得ることを重視するのに対し、日本語母語話者は独話的に述べることで相手への押し付けを回避する傾向があると述べられている。さらに、永谷(2017)は、JCK作文コーパス全文を対象に日本語学習者の文末のモダリティの使用実態を調査しており、日本語学習者は読み手への働きかけを表す「べきだ」「なくてはいけない(ならない)」といった「評価モダリティ」を積極的に用いる傾向があるとしている。「なければならない」の多用について指摘した研究には李(2007)もあり、中国語母語話者の日本語作文において使用頻度が最も高いのは主観的表現の「と思う」でその次に並ぶのが「のだ」「なければならない」「だろう」であり、「なければならない」の使用頻度が高い原因には中国語"应该……""必须……"との対応関係が比較的にはっきりしていることが関係していると指摘している。

以上のように、日本語学習者の意見述べの特徴について述べられた研究及び「なければな

らない」の多用現象を指摘した研究はあるものの、学術論文の中で日本語学習者と日本語母語話者の「なければならない」の使用実態を比較し、それぞれの特徴を明らかにした研究は見当たらないのである。そこで、本研究では上記の先行研究を踏まえ、学術論文の中で日本語学習者と日本語母語話者の「なければならない」の使用実態を明らかにしたうえ、論文作成時に日本語学習者に必要だと考えられる指導点を探ることを目指す。

3　調査データ及び調査の手順

日本語学習者のデータは中国国内で日本語を専攻とする四年生の卒業論文41部（平均文字数9,698字）であり、日本語母語話者のデータはインタネット上で公開されている『日本語の研究』の中の論文で、2018年第14巻1号が8部、2018年第14巻2号が10部、2018年第14巻3号が23部で合計41部（平均文字数10,151字）を研究対象とした。

調査の手順としては、まず、日本語学習者の卒業論文と日本語母語話者の学術論文から「なければならない」を含む文を抽出し、それぞれの使用頻度を調べる。「なければならない」の類似的表現として「なければ」の前半部が、「なくては」「なくちゃ」「なきゃ」「ねば」などの形があり、「ならない」の後続部も「いけない」「ならん」「なりません」などの形がある。しかし、森田・松木（1989）、日本語記述文法研究会（2009）、高梨（2005）とも意味の差はほとんどないとしており、ここでは「なければならない」で統一して取り上げ、その意味の差は考慮に入れない。また、今回の研究対象になるのは「なければならない」のように言い切りの形で終了している形式及び「と思う」「だろう」のように思考動詞や認識モダリティによって包まれた形式も含まれる。ただし、連体修飾節になっている場合は研究対象から除外する。

また、日本語学習者と日本語母語話者の違いを探るため、「なければならない」の意味用法、文章中の出現形式及び出現構造について調べ、上記の考察結果に基づいて学術論文において日本語学習者に必要だと考えられる指導点を探る。

4　調査結果と考察

4.1　「なければならない」の使用頻度

「なければならない」の使用頻度について調べた結果、日本語母語話者は41部中6部の文末に「なければならない」を使用しており、12例が見られた。それに対して、日本語学習者は41部中28部の卒業論文に「なければならない」を使用しており、その使用例は120例もあり、日本語母語話者より多く使用されているのは明らかである。

「なければならない」は日本語学習の初期段階で導入される文型であり、李（2007）で指摘されているように中国語の"必須……"との対応関係がはっきりしている。確かに日本語の「なければならない」はほとんどの場合、中国語の"必須"と訳せるが、王（2012）の研究のように、中国語の"必須"は必ずしも日本語の「なければならない」に対応するわけではない。しかし、これについて日本語学習者は十分に理解しておらず、ある状況においてそのことをすべきか否かの判断をする際は、つい中国語の"必須……"を日本語の「なければならない」と対応させ、その結果、多用現象が起きたのではないかと考えられる。

以上のように、卒業論文において日本語学習者の「なければならない」の使用は非常に目立っているが、その一文だけを見れば文法的に誤りであるとは言えない例がほとんどであ

る。しかし、文章の前後の流れから学術論文に相応しくない或は修正が必要となるものもあり、日本語学習者の「なければならない」の使用は日本語母語話者とどう違うのかを明らかにする必要があるように思われる。そのため、以下では「なければならない」の意味用法、文章中の出現構造、出現形式について考察を進め、日本語母語話者と日本語学習者の「なければならない」の使用の特徴を明らかにする。

4.2 「なければならない」の意味用法

「なければならない」の基本的意味は「その事態が実現しないことが許容されない、つまり、不可欠だ」(日本語記述文法研究会 2009:108)ということを表し、特徴的な用法は「規則、法律、自然のしくみなどにおいてその事態が必要であることを述べるもの」(日本語記述文法研究会 2009:109)であり、この用法は「話し手の評価という主観を離れた、客観的必要性を表している」(同上)とされる。また、「条件節や理由節と共起して、論理的必然性を表す」(同上)用法もあり、本研究では日本語記述文法研究会(2009)意味用法の分類に従い、次の表1のような分類を行った。

表1 「なければならない」の意味用法の分類

意味	用法	例文
①その事態の実現が不可欠	当為判断	あした、部屋代をはらわなければなりません
②規則、法律、自然の法則などにおいて必要	客観的必要性	1年生は前後期合わせて30単位以上取得しなくてはいけない
③何らかの根拠や状況から見て必然的	論理的必然性	2時間前に出発したのなら、もう到着していなくてはいけない

日本語母語話者と日本語学習者の「なければならない」の使用例を上記の3種類の意味用法の分類基準に基づいて分類していくと表2、表3の通りである。

表2 日本語母語話者の「なければならない」の意味用法の分類

意味	用法	使用例数		合計
①その事態の実現が不可欠	当為判断	12	100%	
②規則、法律、自然の法則などにおいて必要	客観的必要性	0	0%	12 (100%)
③何らかの根拠や状況から見て必然的	論理的必然性	0	0%	

表3　日本語学習者の「なければならない」の意味用法の分類

意味	用法	使用例数		合計
①その事態の実現が不可欠	当為判断	104	86.7%	120 (100%)
②規則、法律、自然の法則などにおいて必要	客観的必要性	9	7.5%	
③何らかの根拠や状況から見て必然的	論理的必然性	7	5.8%	

　表2、表3から分かるように、「なければならない」の三つの用法のうち、日本語母語話者は「当為判断」の用法が100％で、日本語学習者は「当為判断」の用法が86.7％を占めており、どちらも「当為判断」の意味用法で使われている割合が高いことが分かる。

4.3　「なければならない」の出現構造

　4.2から分かるように日本語母語話者にしろ、日本語学習者にしろ、「なければならない」の三つの用法のうち、「当為判断」の用法がよく使われていることは明らかであるが、両者の「当為判断」の例文だけを抜き出し、その出現構造及び出現形式について具体的に分析した結果、以下のような違いが見られた。

表4　日本語母語話者の「なければならない」の出現構造

出現構造	用例数
…ためには、…なければならない	4
…だけでは、…。…なければならない	1
…ため、…なければならない	1
…たければ、…なければならない	1
その他	5
合計	12

　日本語母語話者の「なければならない」の出現する構造を見ると、「…だけでは、…。…なければならない」のように、限定を表す表現「だけでは」と共起し、前述の内容だけでは不十分であることを表すと同時に、後述の内容が欠かせない条件であることを表す構造もあれば、「…ためには、…なければならない」のように、目的を表す「ために」と共起し、前述の目的を実現するために、後述の内容が欠かせないことを表す構造も少なくない。また、「…ため、…なければならない」のように、前述の原因・理由があるため、後述の内容が論理的に必要であることを示めす構造もみられた。要するに、日本語母語話者は研究を論理的に組み立てるうえで欠かせない条件や主張を提示する時や論理的な必然性を高めるために用いられていると考えられる。

表5　日本語学習者の「なければならない」の出現構造

出現構造	用例数
…ためには、…なければならない	13
…なら、…。…なければならない	3
…ので、…なければならない	3
…には、…なければならない	2
…ため、…なければならない	1
…ように、…なければならない	1
その他	81
合計	104

しかし、日本語学習者の場合、表5のように104例中23例に日本語母語話者と類似的な構造が見られたが、他の81例は「なければならない」だけを用いており、単に書き手の主観的判断を表しているような印象を与えてしまうのである。今後、卒業論文の指導において、事実や意見を客観的に述べる重要性についての指導が必要であるように思われる。

4.4　「なければならない」の出現形式

出現形式をみると、「なければならない」のように言い切りの形で終了している文がほとんどであるが、表6と表7のように思考動詞「と思う」や認識モダリティである「だろう」によって包まれた形式もみられた。日本語学習者の論文において「と思う」に包まれた形式が119例中1例であり、日本語母語話者において「だろう」に包まれた形式が9例中3例である。

表6　日本語学習者の「なければならない」の出現形式

出現形式	用例数
…なければならない	119
…なければならないと思う	1
合計	120

表7　日本語母語話者の「なければならない」の出現形式

出現形式	用例数
…なければならない	9
…なければならないだろう	3
合計	12

作文や意見文において日本語学習者による「と思う」の多用現象は今までの先行研究でも多数指摘されている。「と思う」は、「話し手の判断や意見を聞き手に向けて表明する表現」（日本語記述文法研究会 2009：184）であり、主語に「私」が想定できるので論文ではほとんど使われないのである。学術論文を書く際は、主観的な語は不向きであるため、「思われる」「考え

られる」「見られる」など客観性を重視したデータからの推論を示す表現を用いるように指導する必要があると思われる。

一方、日本語母語話者の使用例には「なければならないだろう」が9例中3例あり、「だろう」には「主張を控えにする断定回避の用法」（日本語記述文法研究会 2009:149）があり、3つの使用例から日本語母語話者は主観的判断を和らげて表現する狙いがあるように思われる。

5 まとめ

本研究は、日本語学習者の卒業論文における「なければならない」の使用実態を日本語母語話者との比較を通して明らかにしたものである。その結果として学術論文において「なければならない」の使用は日本語学習者のほうが著しく目立っており、「当為判断」「客観的必然性」「論理的必然性」の意味用法のうち、どちらも「当為判断」の用法でよく使われていることが明らかになった。とはいえ、論文における出現構造と出現形式には大きな違いが見られており、日本語母語話者の出現構造には、「ためには」「だけでは」などと共起した使用例が多く、研究を論理的に組み立てるうえで欠かせない条件や主張を提示し、論理的な必然性を高めるために用いられていることがうかがえる。また、出現形式は言い切りの形だけではなく、認識モダリティ「だろう」によって包まれた形式が見られ、書き手の判断の強さを和らげる狙いがあるように思われる。しかし、日本語母語話者と違って、日本語学習者の使用する「なければならない」は、前後に主張を支える根拠を明示していない使用例が多く、単に書き手の主観的判断を表し、客観性に乏しい印象を与えていることが確認された。

したがって、今後卒業論文について指導を行う際には、日本語学習者に書き手の主張を主観のみに基づく判断として示すのではなく、事実や意見を客観的に述べるように指導する必要があるように思われる。そのため、論文の中で「なければならない」を用いる場合は論理性や客観性を高めるため、前後の文脈にその主張を支える根拠を明示するように指導することが必要であろう。また、効果的に意見を述べる文末表現の指導も必要であり、日本語母語話者が頻繁に使用している表現を実際の使用例とともに提示すると同時にそれらの表現の使用を促すことも必要であろう。

参考文献

[1] 森田良行,松木正恵.日本語表現文型[M].東京:株式会社アルク,1989.
[2] 杉田くに子.学術論文における思考判断を表す文末表現の用法―「と思う」と「と考える」を中心にして―[J].言語文化,1997(34):105-112.
[3] 高梨信乃.義務・許容:新版日本語教育辞典[M].東京:大修館書店,2005:141-142.
[4] 李晨.中国語母語話者の日本語作文におけるモダリティ表現について[J].語学教育研究論叢,2007(24):239-249.
[5] 日本語記述文法研究会.現代日本語文法4[M].東京:くろしお出版,2009.
[6] 伊集院郁子,高橋圭子.日本語の意見文に用いられる文末のモダリティ―日本・中国・韓国語母語話者の比較―[J].東京外国語大学留学生日本語教育センター論集,2010(36):13-27.
[7] 石黒圭.この一冊できちんと書ける!論文・レポートの基本[M].東京:日本実業出版社,2012.
[8] 王其莉.日本語の「なければならない」と中国語の"必須"[J].日中言語対照研究論集,2012(14):19-33.
[9] 永谷直子.正確で自然な判断の表し方:わかりやすく書ける作文シラバス[M].東京:くろしお出版,2017:37-56.

作者情報
　氏名：李成愛
　役職名：講師
　所属機関：山東科技大学
　連絡先：〒266590　山東省青島市黄島区前湾港路579号山海花園 B23-2-101
　メールアドレス：18353203643@163.com

中国語の「给」(gěi)の日本語訳について

信息工程大学　石金花　李軒

1　はじめに

現代中国語には「给」(gěi)という言葉がある。「给」は、動詞、介詞、助詞など使い方が多いので、それに対応する日本語訳もさまざまである。本稿では、まず「给」の使い方を整理し、それから中日対訳コーパスに基づいてそれに対応する日本語訳も検討してみたいと思う。なお、論文分量の制限のため「V给」構造を除外することにする。

2　「给」の意味

2.1　「给」の基本的な意味

現代中国語において、「给」の使用頻度が非常に高い。蒋紹愚(2002)は「给」の意味の発展過程について、「给」は最初「授与」の意味を表わすと指摘している。志村良治(1995)は中国語の「与」「饋」「给」の関係について検討し、「给」の前身が「饋」であり、「给」が「饋」からきたものであるという結論を出している。これらによると、「给」の基本的な意味は「授与」で、よく授与動詞として使われているということが分かった。例えば、

(1)我给了弟弟一本书。(自編[①])
(2)老师说过在我生日的时候会给我一支钢笔。(自編)

2.2　「给」の意味の発展

「授与」の意味のほかに、「给」はいろいろな意味を持っている。蒋紹愚(2002)は「给」は「授与」の意味から、「使役」の意味を表わすようになり、さらに「受身」の意味も表わすようになったと指摘している。石毓智(2004)は『紅楼夢』を対象に、「给」の「受身」と「処置」の二通りの用法が形成された意味的基礎と統語的環境を検討した。洪波(2011)は「给」の語源についての研究を通して、清代以前に生まれた「给」は「与」と関係があり、清代中期以来の「使役」「受身」の用法は「给」自身の文法化によるものであると主張している。本稿では、これらの意味に基づいて、「给」の動詞、介詞、助詞などとしての使い方を紹介しながら、それらに対応する日本語訳も検討してみたいと思う。

3　中国語の「给」の使い方とそれに対応する日本語訳

現代中国語における「给」は普通動詞、介詞、助詞などとして使われている。

3.1　動詞としての「给」の使い方

「给」が動詞として使われる場合に、三つの意味がある。具体的に言うと次のようである。

3.1.1　相手に何かを与えること

これは「给」の基本的な使い方である。よく使われている基本的な文型は「NP1＋给＋NP2＋NP3」である。その中では、「NP1」は授与者で、「NP2」は被授与者で、「NP3」は被授与物である。構造的に見れば、「NP1」は主語で、「NP2」は間接目的語で、「NP3」は直接目的語である。この文型は普通「二重目的語構文」と呼ばれている。場合によっては、間接目的語の「NP2」か直接目的語の「NP3」が省略されることもある。

「给」が相手に何かを与えることを表わす場合に、それに対応する日本語訳は以下のようである。

（一）「与える」などの動詞を使うこと

動詞の「给」の意味は日本語の「与える」に似ている。中国語の「给」と日本語の「与える」はそれぞれの典型的な授与動詞である。したがって、動詞の「给」を日本語に訳す時、「与える」など授与の意味を表わす動詞を使うことがよく見られている。例えば、

(3)竟给人一种喘不上气来的感觉。(王蒙《活动变人形》)
　　人に息詰まるようなショックを与えるのだ。

一方、文の意味を理解した上で、適当な動詞を選んで訳すこともある。例えば、

(4)长官又给了他一藤条。(莫言《红高粱》)
　　旦那は、また鞭をくらわせた。

例(4)における「给」はただものの授与の意味だけではなく、「打つ」という意味もある。こういう場合に柔軟的に訳さなければ、訳文は原文の意味と食い違う恐れがある。

（二）授受動詞を使うこと

日本語における「あげる」「くれる」「もらう」などの授受動詞の基本的な意味は「给」に対応している。違っているのは授受動詞は方向性と恩恵性を持っていて、「给」はそれらを持っていないことである。したがって、原文は授与の方向性や恩恵性を強調している時、「给」に対応する日本語はほとんど授受動詞を使う。例えば、

(5)给他几个钱，撵走算啦。(莫言《红高粱》)
　　幾らか金をやって、追っぱらいましょう。

(6)你给我好几个饼子。想起来了吧，是不是？(浩然《金光大道》)
　　あんたが幾つも餅子をくれた。思い出せねえがなあ。

「あげる」「くれる」「もらう」などは授受動詞としての使い方のほかに、補助動詞としての使い方もある。したがって、方向性と恩恵性を持っている「给」を訳す場合に、「与える」などのような動詞の後について補助動詞として使われることもある。例えば、

(7)奶奶在高粱叶子垛边给他的温暖令他终生难忘。(莫言《红高粱》)
　　山積みされた高粱の葉の上で祖母が与えてくれた優しさを、かれは死ぬまで忘れなかった。

(8)给他一块红薯，领他一条活路，——教他几段"莲花落"，大鼓书。(陈建功《辘轳把胡同9号》)
　　李三淑は一本のさつま芋を恵んでくれたうえ、生きのびる道―「蓮花落」の数段、つまり大鼓書「民間芸能」を教えてくれた。

この場合に、注意が必要なのは視点と方向によって、適当な動詞と補助動詞を選び、授与関係を正確に訳すことである。例えば、

(9)"我给了他一枪！"(莫言《红高粱》)
　　「一発くらわせてやったさ！」
(10)给你个营长干。(莫言《红高粱》)
　　あんたは大隊長になってもらう。

一方、直接目的語の「NP3」は動詞としての使い方も持っている。こういう場合に、それに対応する動詞を使ってもいい。後ろに授受を表わす補助動詞が続けば、恩恵のニュアンスを強めることができる。例えば、

(11)不过,他也给了我一个安慰,答应找找线索。(鲁彦周《天云山传奇》)
　　でも彼は、あんとか手がかりをたずねてみよう、と私を慰めてくれたの。

(三)省略すること
場合によっては、「给」を訳さなくても原文の意味を正確に伝えることもできる。例えば、
(12)那就给碗清茶吧。(王蒙《活动变人形》)
　　じゃ、お茶だけで十分ですよ。

3.1.2　許容することと相手に何かをさせること

こういう場合の基本的な文型は「NP1＋给＋NP2＋VP」である。その中で、「NP1」は動作を許容するか相手に何かをさせる方で、「NP2」は許容か使役の対象である。「VP」は内容を補足する役割を果たし、許容か使役の具体的な内容を表している。また、この文型の中の「NP1」も「NP2」も省略できる。例えば、例13には「NP1」も「NP2」もあるのに対して、例14には「NP1」が、例15には「NP2」が省略されている。

(13)经理给他休息几天。(自编)
(14)给我累得腰酸腿疼。(自编)
(15)他不给看。(自编)

このような文は日本語に訳す時、よく使役の文型に訳される。例えば、

(16)肚子痛是因为刘妈给他生水喝。(冰心《关于女人》)
　　腹痛は劉ねえやが生水を飲ませたのが原因である。
(17)把人家那号事写在书上给众人看。(史铁生《插队的故事》)
　　人のことを本に書いて大勢の人間に読ませるんだものな。

なお、使役助動詞「せる」「させる」の後に補助動詞が続くこともある。例えば、

(18)要给吃就给吃,要不给吃咱们挨着,饿着,饿半个月不带哼哼一声。(王蒙《活动变人形》)
　　食べさせてくれようとくれまいと、半月干されようと音はあげん。

3.2　介詞としての「给」の使い方

「给」が介詞として使われる場合に、次のような使い方がある。

3.2.1　動作の対象を表わすこと

この場合、「给」は「为」「替」と同じ意味である。基本的な文型は「NP1＋给＋NP2＋VP」である。中では、「NP1」は動作を出す方で、「NP2」は動作を受ける方である。「VP」は動作の内容を表している。「给＋NP2」は「NP2のために」か「NP2に代わって」という意味であるので、「NP2」は受益者と理解できる。例えば、

(19)我给小王开车。(自编)
　　動作の内容によって、「NP2」は受益者でなく、被害者になることもある。例えば、
(20)一个土匪又要给爷爷眼上蒙黑布。(莫言《红高粱》)
　　動作の対象を表わす「给」を含んだ文を日本語に訳すと、次のようないくつかの形が

ある。

（一）授受を表わす補助動詞を使うこと

「NP2」は受益者である場合に、動作の送り手と受け手の間にある方向性と恩恵関係を強調する傾向があるから、日本語に訳す時、授受を表わす補助動詞がよく使われる。例えば、

(21) 我给你讲个故事吧。(阿城《棋王》)
　　ぼくがひとつ話してやろうか。

(22) 护士过来给她束好腰带后,忽然端详着她问道。(谌容《人到中年》)
　　看護婦が後ろに寄り添って帯を結んでくれながら、つと彼女の顔を覗き込むようにしながら言った。

（二）省略すること

内容の繋がりや文その自身の意味で「NP2」が誰を指すかよくわかるから、わざわざ訳す必要がなく、つまり省略される場合もある。例えば、

(23) "你们,都给我滚到轿子后边去,要不我就开枪啦!"(莫言《红高粱》)
　　「あんな輿の後ろにさがれ、言うとおりにしねえとぶっ放すぞ!」

例(23)にある「さがれ」は動詞の「さがる」の命令形で、話し手の聞き手に対する強い態度を表している。話し手は命令を下す方で、つまり受益者の「NP2」である。聞き手は「NP2」の命令に従って行動する方で、つまり「NP1」である。訳文で命令形を使えば、文の意味を通して「NP2」は話し手自身であるということがよく分かるから、それを言い出す必要がなくなる。

(24) 夜晚灯下给人做针线。(杨沫《青春之歌》)
　　夜は夜で、灯火のもとで貸縫いの針仕事に精をだすのだった。

例(24)に「貸縫い」があるから、この「針仕事」は他人のためにするということがはっきりしていて、「NP2」の「人」あるいは「他人」を言う必要がない。

（三）「…に」を使うこと

介詞の「给」は動作の対象を表わす場合に、日本語に訳すと、格助詞「に」が使われるのもよく見られる。例えば、

(25) 晃晃荡荡走进骡棚,给骡子拌料去了。(莫言《红高粱》)
　　ふらふらと馬小屋へラバに飼い葉をやりに入っていった。

(26) 当她缝完最后一针,给病人眼睛上盖上纱布时,她站起身来,腿僵了,腰硬了,迈不开步了。(谌容《人到中年》)
　　最後の一針をすませて病人の眼にガーゼをかけて立ち上がると、膝は棒のように硬直して腰が伸びず、歩くことさえも困難だった。

（四）「…のために」を使うこと

「…のために」が動作の受益者が表せるから、「NP2」が受益者の場合に、訳文で「…のために」が使われる表現が多い。例えば、

(27) 我们给人民究竟做了多少事情呢?(中共中央文献编辑委员会《邓小平文选第二卷》)
　　われわれがいったい人民のためにどれだけの事をなしとげたのか。

(28) 从那天冬天和她漫游北海,给她念诗,到如今,多少个日日夜夜过去了,她一直是他最亲的人。(谌容《人到中年》)
　　北海で遊んだ時から、彼女のために詩を読み、そしてずっと今日まで、昼も夜もともに暮らしてきた最愛の人だ。

（五）「…の」を使うこと

「NP1＋给＋NP2＋VP」にある「VP」は具体的に言うと、よく「NP3をVP′」となる。例えば、
　　(29)我给爸爸捶背。(自编)
　　例(29)で、「NP3」は「背」で、「VP′」は「捶」である。また、「NP3」の「背」は「NP2」の「爸爸」の一部として、「NP2」に従属している。「NP3」と「NP2」とは従属関係である場合に、従属関係が表せる格助詞「の」を「给」に対応させ、「NP2＋の＋NP3」に訳すことができる。例えば、
　　(30)"我在给小鲲做鞋子,就要好了。"(戴厚英《人啊,人》)
　　　　「私、いま許鯤の靴を作ってるのよ。もうすぐできあがるわ」
　　(31)老家也回不去,要着饭,给打鱼的补网……(杨沫《青春之歌》)
　　　　故郷には帰れねえで、乞食をしたり、漁師の網をつくろったりして…
　　なお、「VP′」の後に授受を表わす補助動詞が続くこともある。例えば、
　　(32)有余司令给你报仇呐……(莫言《红高粱》)
　　　　あんたの仇は余司令がとってくれるからね…

3.2.2　受身を表わすこと

　介詞の「给」は話し言葉で受身を表わすこともできる。基本的な文型は「NP1＋给＋NP2＋VP」である。こういう場合の「NP1」も「NP2」も省略できる。例えば、例(33)に「NP1」も「NP2」もあるのに対して、例(34)に「NP1」が、例(35)に「NP2」が省略されている。
　　(33)衣服给雨淋湿了。(自编)
　　(34)给雨淋湿了。(自编)
　　(35)衣服给淋湿了。(自编)
　「给」が受身を表わす場合に、「NP1」は被動作者で、「NP2」は動作主で、「给」は受身を表わす「被」に相当する。このような文を日本語に訳す時、よく受身文に訳される。例えば、
　　(36)我把手指放在嘴里吸吮,不能给人看见。(戴厚英《人啊,人》)
　　　　私は指を口にあてて吸った。血を人に見られてはいけない。
　　(37)你们家里那两头大黑骡子也给拉去了……(莫言《红高粱》)
　　　　あんたの家のあの二頭の大きな黒驟馬も持ってかれた…

3.3　助詞としての「给」の使い方

　「给」は助詞として使われる場合に、普通動詞の前に来る。この時、「给」の使い方は次のようである。

3.3.1　受身のニュアンスを強めること

　受身のニュアンスを強める場合に、「给」はよく「被」「让」「叫」などと一緒に「NP1＋被、让、叫＋NP2＋给＋VP」のような受身文を構成している。例えば、
　　(38)奶奶被爱的浪潮给灌迷糊了。(莫言《红高粱》)
　例(38)にある「给」を省略しても文の意味に何の影響もない。この時の「给」は実際の意味がなく、ただ受身のニュアンスを強めるだけだからである。
　受身のニュアンスを強める「给」を含んだ文を日本語に訳す場合に、よく受身文が使われる。例えば、
　　(39)我们家里所有的东西,都让你们家给霸占去了!(浩然《金光大道》)
　　　　おれんちのものはみんな、汝らにとられたんだぞ。
　　(40)每次介绍人登门,总让辛小亮给噎走。(陈建功《丹凤眼》)
　　　　紹介してくれる人たちが彼の家にやってきてもけんもほろろに追い返される。
　一方、「NP2」は動作主であると同時に、事件の原因でもあるため、「NP2のために＋能動

態」の形式に翻訳している場合もある。例えば、

(41) 多好的一家人,你给弄散了。(戴厚英《人啊,人》)
　　幸せな家庭がおまえのためにめちゃめちゃになってしまった。

例(41)にある「你」は「弄散」の動作主つまり直接的な原因であるから、日本語に訳す時、「…のために＋能動態」という形で、被動作者と動作主との関係を表わすようになった。

3.3.2　処置のニュアンスを強めること

「給」で処置のニュアンスを強める場合に、ただ「給」だけを使っている場合もあれば、「把……給……」という文型を使う場合もある。なお、「把……給……」という文型を使う時、「把」は処置標識として処置の対象を表わす。

処置のニュアンスを強める「給」を含んだ文を日本語に訳す時、「給」を格助詞「を」に対応させて訳すことが多い。例えば、

(42) 不是豆腐脑里多搁了卤,咸得没法儿下嘴,就是要吃白菜,她给盛了西红柿。(陈建功《丹凤眼》)
　　豆腐脑(豆乳を固めてたれをかけて食べる)の中に塩をたくさん入れてしょっぱくてたべられなかったり、白菜を注文したのにトマトをよそってくるといった調子。

(43) 不能把他们的假期时间都给占用了。(中共中央文献编辑委员会《邓小平文选第二卷》)
　　教師の休暇の時間をすべてとりあげるようなことをしてはならない。

4　おわりに

本稿では現代中国語における「給」の使い方と「給」を含んだ文のパターンを整理し、その上で、中日対訳コーパスに基づいてそれぞれの対応する日本語訳も検討した。「給」には、動詞、介詞、助詞という三つの使い方がある。動詞の「給」の場合に、相手に何かを与えることと、許容することと相手に何かをさせることなどのような使い方がある。それを日本語に訳す時、「与える」などの動詞を使うこと、授受動詞を使うこと、省略すること、使役の文型に訳すことなどの訳し方がある。介詞の「給」の場合に、動作の対象を表わすことと、受身を表わすことという二つの使い方がある。それを日本語に訳す時、授受を表わす補助動詞を使うこと、省略すること、「…に」や「…のために」や「…の」を使うこと、受身を使うことなどの訳し方がある。助詞の「給」の場合に、受身や処置のニュアンスを強めるというような使い方がある。それを日本語に訳すとき、前方の場合によく受身文が使われ、後方の場合に、よく「給」を格助詞「を」に対応させて訳すのである。

注
① 本文例句出处中的"自编"代表自编例句,所有自编例句均经过三个以上的母语话者检验。

参考文献
[1] 志村良治.中国中世语法史研究[M].江蓝生,白维国,译.台北:中华书局,1995.
[2] 蒋绍愚."给"字句、"教"字句表被动的来源:兼谈语法化、类推和功能扩展[M]//北京大学汉语语言学研究中心《语言学论丛》编委会.语言学论丛:第26辑.北京:商务印书馆,2002.
[3] 石毓智.兼表被动和处置的"给"的语法化[J].世界汉语教学,2004(3):15-26.
[4] 洪波."给"字的语法化[J].长春教育学院学报,2011(1):99-101.

作者情報

氏名：石金花

役職名：講師

所属机関：信息工程大学

連絡先：河南省洛陽市澗西区広文路2号院30号（郵便番号：471003）

メールアドレス：kinkaseki@126.com

文学

川端康成「山の音」における結婚生活の構造*

河南大学　何暁芳

1　はじめに

　　川端康成「山の音」は1949年10月から1954年4月にかけて、各篇がそれぞれ発表されていた。それ以来、「山の音」という作品は「帰還兵や戦争未亡人や娼婦のいる戦後の世相、健忘症や『呆け』それに性や安楽死などいわゆる老人問題、二世代同居や嫁の立場、息子の浮気、嫁と舅の接近、娘の離婚といった家庭の危機、未婚での出産と女の自立、さらには夢や精神分析の領域にまでわたる、多くのこの世の話題や問題を見いだすことができる」(細谷 1996：430)と指摘されたように、様々な視点で研究されてきた。山本健吉は、「ここに描かれているのは、日本の家以外の何物でもなく、日本の家族以外の何物でもなく、日本的な家族の感情以外の何物でもない」(山本 2013：13)と指摘し、「山の音」における家庭的な一面を論じている。原善は「『山の音』連載開始一年半前(昭和23・1・1。公布は昭和22・12・12。)に施行された新民法があり、それによって近代日本の家制度が解体された民法改正という、近代家族形態変遷史の中でも大きなエポックに『山の音』は成立しているのだ」と論じ、「長女房子と長男修一との二人の子供のうまくいかない結婚生活を憂える父親信吾の物語というのが『山の音』の一つの顔である」(原 2013：400-401)と指摘している。上述した論は「山の音」が注目した様々な社会問題、特に家庭問題について論じているのである。本論は「山の音」における家庭問題、特に原に指摘される新民法の実施という時代性にかかわる結婚生活の問題に注目したい。

　　テクストは信吾一家の15ヶ月間の物語、特に長女と長男の結婚生活の問題をかかえている信吾の物語だと言えよう。そして、子供たちの結婚生活につながっている信吾自身の結婚生活までも表していると考えられる。しかし、従来の研究では小説における三つの結婚生活の構造についての論考はあまり見られない。本論は修一と菊子の結婚生活を中心に、信吾と保子、房子の結婚生活を触れながら、それぞれの構造を究明したい。

2　信吾と保子の結婚生活

　　テクストは主人公尾形信吾の一家、または、「家が三つあるべき」(538)[①]の家族の15ヶ月間の物語を語っている。結婚生活は家庭生活における重要な一環として、還暦を過ぎた信吾に重視されている。注目されるのは、元日で、信吾が修一と親子の間における人生の成敗につ

---

*　本文为国家社会科学基金项目"日本现代小说个体叙事与伦理建构研究"(18BWW031)阶段性成果。

いての問答である。平凡人としての信吾は、戦争を凌ぎ、成功したと言えるが、子供たちの結婚生活の問題をかかえている親として、成功とは言えないというのである。信吾は「今の世で、子供の結婚生活に、親がどれほど責任が持てるんだ」(314)と言いながら、同居している長男、及び出戻りの長女の結婚生活に自分なりの責任を果たしているのである。信吾の体験で見れば、子供の結婚生活は親の人生にかかわっているだけではなく、両親の結婚生活にもかかわっていると考えているのである。

信吾はどのような人物なのか。「少々神経過敏ぎみといっていいこの主人公である。いつ何が彼の不快を誘い、そうすることでわれわれに『いや』の不意打ちを食わせるか、その予測を立てることは極めて困難で」(川本 1985:52)あり、「ともすれば、自己の世界に執し、怒り、驚き、怖れて」(細谷 1996:451)いる。信吾が視点人物として、まわりの人やことへの反応から見れば、彼は確かに「神経過敏ぎみ」で、自分の世界に執着している性格を持っている。このような信吾を夫として、三十幾年の結婚生活を続いて来た妻の保子はどのような人物であろうか。信吾は、保子が「あの通り不器量で、心のきめがあらい」(403)と言い、そして、機嫌の悪い時は、保子の「長年つれ添つて来た肉体に老醜を感じ」(246)たのである。娘の房子が生れたら母より不器量で、保子に失望を感じていた。しかし、保子は妻として、神経の鋭い信吾を救い、母親として、家族の関係を緩和する役割を果たしているのである。

しかし、「信吾の心に絶対的な存在として生き続ける保子の姉は、尾形一家の人間関係に不協和音の大きな一因であると考えられる」(種岡 2003:76)といわれている。長女房子が生れた頃、「姉の血は妹を通じて生きて来なかつた。信吾は妻に秘密の失望を持つた」(302)ので、彼は「房子をきらつて、修一ばかり可愛がつて」(286)いた。結婚した房子は、父親に可愛がられなかった原因で、夫に指摘されたことがある。そして、「ほつそりと色白の菊子から、信吾は保子の姉を思ひ出したりした」(256)。さらに、信吾のこういう思いは房子、修一の結婚生活まで影響を与えるようになった。

3　房子の結婚生活

テクストにおける時期では房子の結婚生活は既に破綻しはじめた頃である。相手の相原は終始新聞記事で一度だけ出場した。その結婚生活が破綻した原因は、房子の話や信吾夫婦の分析により分かるようになるのである。

房子の「結婚生活の破綻」の原因については、相原が登場しないから、房子の片方の言い分でしか判断できない。辻本千鶴は、「結婚生活の破綻の遠因を、彼女は父の自分の情愛の乏しさ、関心のうすさに見ている」(辻本 1997:96)と指摘している。房子は「お父さんがお前を可愛がらなかつたから、お前は性質が悪いと、相原に言はれて、私はううつと咽につまつて、あんなくやしいことはなかつたんです」(375)と言っている。相原は、房子の性質が悪い原因が父親信吾からの愛の乏しさだと指摘している。房子自身もそういう言い方を認めているのである。房子は、自分がだらしがなくなる原因が相原にあり、そして、このような結婚相手のところに嫁にやられたことにあり、さらに結婚する当初、親が相原のことを調べなかったせいにあると言っているのである。故に、房子は石川巧に指摘されたように、「結婚生活が破綻したあとでさえ自分を見つめようとせず、『不器量』なのも、性格が悪いのも、すべて誰かの責任だと信じて疑わない」(石川 2003:64)のである。

結婚生活で失敗した房子は、その原因を両親と相原に帰し、自分の責任について何も言及

していない。故に、語り手は「房子が相原を破滅に追ひやつたのか、相原が房子を不幸にみちびいたのかも知れたものでない。相手を破滅や不幸に追ひやるやうな性格もあれば、相手によって破滅や不幸にみちびかれるやうな性格もあるだらう」(477)と評価しているのである。房子のそういう性格と言えば、彼女が自ら反省することが足りない原因もあれば、彼女の小さい頃から、両親からの愛情が足りないという原因もあると考えている。子供の頃から愛されていない人には、人からの愛を望んでいるのだろう。しかし、不幸なことに、房子は相原のような「自暴自棄」(506)の人に出あい、愛してくれるにもかかわらず、破滅や不幸に導かれているのである。

　信吾夫婦の結婚生活が房子たちを影響したことと同じように、房子の結婚生活も子供に影響を与えているのである。信吾は「房子の結婚の不幸が子供の里子に暗いしみをつけてゐる」(343)と感じている。このような里子に対し、信吾は「なんだか抜け道のないやうな自責の念」(409)で、反省したのである。羽鳥徹哉は「房子の失敗も里子の暗さも、もとはといえば、信吾が房子を愛さなかったことに多く発している。房子の不幸は、そのまま信吾の不幸として信吾に襲いかかるが、それは信吾の愛が足りなかったことへの、何ものかの刑罰、あるいは復讐のようである」(羽鳥 1980:51-52)と指摘している。幼い子供を二人連れ、実家に戻った房子に対し、信吾は自責の念を持ちながら、親としての責任を果しているのである。

4　修一と菊子の結婚生活

　長男修一と菊子の結婚生活は「美男の息子と美人の嫁」(435)であり、そして、修一も菊もそれぞれ親に可愛がられ、育ってきたので、理想的な結婚だと思われている。だが、彼らの結婚生活は期待された通りに進めなかった。

4.1　菊子と信吾との関係性

　還暦を過ぎた信吾は、「山の音」を聞き、「はじめて恐怖におそはれた。死期を告知されたのではないかと寒けがした」(248)ように、老衰や死への恐怖を感じた。そして、幼い子供を二人抱えた房子が結婚生活の危機に臨み、修一が新婚の妻にもかかわらず、外で女を作り、信吾の恐怖は家族の誰にも言ったり、理解してもらったりすることができない。これらの問題をかかえている信吾にとって、嫁の菊子はどのような存在であろうか。

　菊子により、信吾は若い頃に憧れていた保子の姉を思い出したり、慰めてもらい、ほっとしたりしているのである。そして、信吾は若い頃、保子の姉に憧れていたが、事実上の恋人になれず、結局保子と結婚したので、恋愛らしい体験はなかったようである。信吾は菊子から、青春時代に体験できなかった恋愛の感覚を改めてよみがえていると言えよう。

　しかし、信吾は菊子を好いても、心の中で妄想するだけである。現実では、信吾は「嫁の菊子にやさしくしてゐるつもりながら、やはり根には、肉親の息子に身方してゐるところがあるらしい」(380)。「修一ばかり可愛がつてらしたぢやありませんか。(中略)今だつて、修一がそとに女をこしらえてるのに、なんともおつしゃれないでせう。妙に菊子をいたはつて」(286)いるようになるのである。信吾が修一を可愛がっていたので、彼は修一の浮気において、責任があると思い、さらに菊子をいたわるようになるのである。

　一方、信吾の菊子への関心に対し、修一は「息子の女房に、遠慮なさらなくともいい」(367)と強く反発している。そして、房子の出戻りの現状により、信吾は修一たちと別居することを考えている。特に、修一の浮気の相手の同居者である池田の提言により、信吾は自

分の菊子へのいたわりが修一の夫婦関係に対し、助けではなく、迷惑だと感じ、修一たちと別居しようとしているのである。

しかし、信吾は別居のことを二回菊子に言いだしたが、菊子に拒否されたのである。八人兄弟の末っ子として育ってきた菊子は、夫修一と上手く行ける自信がないことが分かる。そうして、菊子にとって、信吾は「子供の親を慕い、庇護者を慕う」（羽鳥 1980：55）ような存在であり、修一との生活で心強くなるうしろ楯である。

菊子は末っ子の性質及び修一と上手く行けない結婚生活という原因で、信吾に庇護を求めている。それに対し、信吾は菊子に保子の姉の面影を求めたり、修一に責任があると思い、菊子をいたわったりしている。そうした原因で、「そういう信吾がいるかぎり、菊子は成熟しきれない」（磯貝 1980：130）と考えられる。菊子を人妻として成長させるために、信吾は菊子に自由を与えるすべきだったのである。

4.2 菊子の妻としての成長

菊子は20歳を過ぎたばかりであるが、末っ子として可愛がられて育ってきたのである。修一は戦争に参加した「心の負傷」(372)を持つ復員兵である。異なった環境で成長してきた二人は、結婚からただ二年目なので、相手に馴れる段階にいると考えている。

保子は菊子のことを、「この人が、わたしたちに、たいへんやさしくしてくれます」と言ったが、修一は「僕は賛成しないぞ。亭主にだけはやさしくない」(277)と言ったのである。菊子が信吾や保子及び房子親子にやさしくしているが、最も重要な主人を見落とすのは、故意ではなく、修一をどう扱うかまだ分からないと考えている。直接本人をどう扱うか知らない菊子は、修一の家族にやさしくする方法で修一への愛を示しているのであろう。

修一と菊子はそれぞれ相手のことを愛していると考えられる。修一は泥酔の状態の呼び声でその菊子への愛を表現している。これは修一の絹子のところで泥酔の状態で帰宅し、菊子への愛や拝みや謝罪などの思いを込めた呼び声である。一方、菊子は修一のことを愛している。「お前が女のところで悪酔ひして帰つて、菊子の膝に泥靴をのせて、その靴を脱がせてもらつてみろ」(425)と修一が信吾に言われたように、菊子は修一への愛をその行動の中で示しているのである。しかし、二人はそれぞれ相手のことを愛しながら、安定な結婚生活のあり方はまだ知らなかったと見られる。

酔った修一は絹子の家で家族に見られない一面を示している。そして、池田は未亡人としての考えをこう述べた。「これは酒癖ぢやなくて、戦地の癖ぢやないかしらと思ひつきましたの。戦地のどこかで、修一さんはこんな女遊びをなさつたのぢやないかしら。さうしますと、修一さんの乱れた姿が、自分の戦死した夫が戦地で女遊びしてゐる姿のやうに見えるんでございます」(370)。「僕らのなかの前の戦争が、亡霊のやうに僕らを追つかけて来てゐる」(530)」と思った修一は絹子のところで、改めて戦地でのことを体験し、そして、彼女と戦場で亡くなった人への思いを共有している。絹子も池田も修一を彼女たちの戦場で亡くなった夫たちに重なっているのである。このように修一と絹子はそれぞれの戦争にもたらされた傷を舐めあっている。

修一が菊子を家で待たせ、絹子に接近するのは夫婦二人にそれぞれの原因があると分かっている。大久保喬樹は、「修一が菊子を遠ざけ、絹子に近づくのは、菊子が娘だからである。すなわちあまりに清潔すぎて女としては十分成熟していない、現実的でないからである」（大久保 2013：123）と論じている。修一は菊子のことを「子供だ、子供だ」(353)とよく言うのである。修一が菊子を愛しながら絹子と付き合うようになる頃は、彼にとって、「拝んでゐるやう

な」菊子が「清潔すぎて」「現実的でない」から、妻としてどう扱ったらいいかまだ知らない段階である。

一方、「精神の荒んだ修一には、肉体的にも、精神的にも幼い菊子では満たされないものがあったのだと考えられる」(種岡 2003:84)。菊子は「肉体的にも、精神的にも幼い」から、戦場に赴いたことのある修一を夫として扱う面では未熟な段階である。修一の「戦争に出てから変わつた」(536)性格に対し、親としての信吾でさえ修一の「本心のあり場をつかめなくするんだ」(536)と言ったのである。戦争と関係なく和やかな家庭で育てられた20歳の菊子がどうしようもないことは不思議ではない。

ところが、菊子は修一が絹子と付き合ってから、妻として肉体的にも、精神的にも成長している。「女が出来てから、修一と菊子との夫婦生活は急に進んで来たらしいのである。菊子のからだつきが変つた」(257)。菊子は自ら、「うちへ来てからも、少しづつ背がのびてゐたんですけれど、このごろまた急にのびました」(481)というのである。菊子は修一の女のことに刺激され、肉体的において成長していると見られる。

そして、菊子が妻としての成長はそれまでにとどまらず、成熟した女性として、自立しようとしているのである。「『女はみんな水商売が出来ますもの』と菊子が思ひがけなく言ひ出した」(540)。菊子の話から、「水商売でも何でも始めて、自立した女として修一との関係を作り替えていきたい、子供ではなく成熟した女性として修一と向き合い、対等の大人同士として緊密な関係を結んでいきたい、と言う願望を持ちはじめたように見える」(小林 2013:418)と考えられる。菊子はこのように精神的な成熟を求めようとしているのである。

5 「夫婦の沼」について

信吾は修一夫婦の生活ぶりから、夫婦関係を「夫婦の沼」という言葉で表現している。「夫婦といふものは、おたがひの悪行を果しなく吸ひこんでしまふ、不気味な沼のやうでもある」「つまり、夫婦の沼さ」(381)と信吾は思ったのである。この「夫婦の沼」という言葉は、「夫婦二人きりで、おたがひの悪行に堪へ」(381)なければならないから、親とでも関係ない排他性を持っている。また、「おたがひの悪行に堪へ」「不気味な沼のやう」でありながら、維持するために、夫婦としての一体感を深めていくと考えている。「夫婦の沼」という言葉は信吾と保子、房子と相原との夫婦関係をも表している。

信吾と保子との夫婦生活で言えば、「保子の安定した日常感覚が、信吾を受容しているからこそ、信吾の想念は『自由』を保証される」(辻本 1997:99)と考えられる。保子は、その日常的な落ちついた「あきらめ」により、信吾の様々な行為、特にその心の中にある保子の姉への憧れを受け入れている。一方、信吾は保子の「長年つれ添つて来た肉体に老醜」(246)を感じながら、保子の話ぶりや考え方に影響され、徐々に二人が共通しているようになったのである。三十幾年の結婚生活により、信吾と保子は「おたがひの悪行に堪へて」、夫婦としての一体感を示していると考えている。

房子の結婚生活では、夫婦二人は子どもを二人儲けても、相手のことを非難したり、怨恨したりしており、離婚という結果を招いたのである。彼らの「『夫婦の沼』は深まらずに消滅してしまうのである」(辻本 1997:96)と考えられる。

修一と菊子は二人が互いに愛しているが、それぞれ若いから、相手とどう付き合ったらいいかまだ分からなく、結婚生活が上手く行けなかった。安定な結婚生活になるには、「二十を

出たばかりの菊子が、修一と夫婦暮らしで、信吾や保子の年まで来るのには、どれほど夫を
ゆるさねばならぬことが重なるだらうか」。そういう「夫婦の沼」のなかで、「修一の被害者で
ある菊子が、修一の赦免者でもあるやうなわけだ」(381)と思われている。長年の歳月に従
い、「絹子の修一にたいする愛や、信吾の菊子にたいする愛なども、やがては修一と菊子と
の夫婦の沼に吸ひこまれて、跡形もとどめぬだらうか」と信吾は願っている。これも信吾が
菊子に自由を与え、何度も別居のことを言い出した故だと考えている。そして、「親子より
も夫婦を単位することに改まつたのはもつともだと、信吾は思つた」「戦後の法律」(381)は、
安定な結婚生活につながる「二人きり」の「夫婦の沼」に法的な保障を提供しているのである。

6 まとめ

　結婚生活は家庭や社会的な要素などとつながっている。保子は小さい頃からの「あきらめ」
の性質により、父の姉への偏愛を知りながら、自分なりに受けとめている。房子が小さい頃
から親に愛されなかった経歴はその結婚生活に影響を与えている。相原の堕落は当時の戦後
社会に影響されると見られ、彼らの結婚生活は社会や家庭的な原因に影響されている。修一
も菊子も親に可愛がれ成長してきたが、その結婚生活も親につながっている。そして、修一
は性格が戦場での生活に影響され、荒くなり、菊子との生活に暗い影を落としたのである。
　一方、結婚生活における安定な夫婦関係を保つことが重要視されているのである。保子は
信吾と「夫婦の沼」で、相互の欠点を受け入れながら、三十幾年の結婚生活を続けている。房
子は相原と相互の短所を受けとめず、破綻したのである。菊子が修一との結婚生活は、菊子
のつもとしての成長により、修一の悪行を受け入れ、安定な結婚生活になると望まれてい
る。そして、戦後の法律は夫婦問題の夫婦二人だけでの解決に対し、法律上で支持されるこ
とになる。

注
① 本文に引用した「山の音」の内容は全部『川端康成全集第12巻』(新潮社1980年4月)からであり、叙述
　　する便宜のため、文中でそのページ数だけで表示し、旧漢字を新漢字に改める。

参考文献
[1] 石川巧.房子[J].文学批評 叙説2,2003(5).
[2] 磯貝英夫.「山の音」における家庭[M]//長谷川泉,鶴田欣也.『山の音』の分析研究.東京:南窓社,1980.
[3] 大久保喬樹.象徴の小説—「山の音」論・上—[M]//田村充正.川端康成作品論集成 第八巻 山の音.東
　　京:おうふう,2013.
[4] 川嶋至.『山の音』の人物論[M]//川端文学研究会.風韻の相剋 山の音・千羽鶴・波千鳥.徳島:教育出版
　　センター,1979.
[5] 川本皓嗣.信吾の眼[M]//平川祐弘,鶴田欣也.川端康成『山の音』研究.東京:明治書院,1985.
[6] 小林裕子.「山の音」—信吾の錯覚と語り手の偏見—[M]//田村充正.川端康成作品論集成 第八巻 山
　　の音.東京:おうふう,2013.
[7] 細谷博.「山の音」の＜日常＞—保子の意味づけ—[M]//凡常の発見.東京:明治書院,1996.
[8] 種岡尚子.川端康成「山の音」論—信吾と菊子の関係性をめぐって—[J].玉藻,2003(39).
[9] 辻本千鶴.「山の音」[J].国文学解釈と鑑賞,1997(4).
[10] 鶴田欣也.「山の音」の空間と時間[M]//武田勝彦,髙橋新太郎.川端康成 現代の美意識.東京:明治書

院,1978.

[11] 羽鳥徹哉.「山の音」における自然[M]//長谷川泉,鶴田欣也.『山の音』の分析研究.東京:南窓社,1980.

[12] 原善.血縁への夢—川端康成『山の音』論—[M]//田村充正.川端康成作品論集成 第八巻 山の音.東京:おうふう,2013.

[13] 山本健吉.川端康成「山の音」の菊子[M]//田村充正.川端康成作品論集成 第八巻 山の音.東京:おうふう,2013.

作者情報
　氏名:何晓芳
　役職名:講師
　所属機関:河南大学
　連絡先:河南省开封市顺河回族区明伦街85号河南大学外语学院
　メールアドレス:hexiaofang2010@126.com

季语的结构

上海杉达学院　田建国

季语,也叫季题、季词,是俳句的三大结构性构件[①]之一,是可以独立使用的表示季节的词语。季语用在俳句作品中,不仅可以把日本民族对季节和季节变换的纤细感受、敏感反应带进句中,丰富句作的内容,还能把日本民族烙在内心深处的对季节的审美意识和融入血液的季节感化入句中,使句作进入极高的审美境界。

之所以季语能做到这些,是因为季语本身不但具有表示季节的意义内容,更凝聚着日本民族对季节的感受,潜藏着日本民族对季节的审美,在俳句世界里被赋予了特殊的形式意义和审美意义,在句中发挥出了特殊的功能。

这也是俳句的形式特性使然,在只有"五七五"三联十七音的世界最短定型诗中,季语的使用是一种效率极高的表现手段,以至于绝大部分俳人(俳句诗人)和俳论家(俳句俳文文艺理论家)都认为,季语是俳句必备要素之一,凡是俳句必有季语,没有季语而空有"五七五"的句子不能称之为俳句。这是俳句创作的规矩。

鉴于俳句史上的确存在被公认为俳句佳作的无季语句作的事实,笔者认为,有限地打破这个规矩,根据创作需要偶尔写出无季语俳句,作为一种修辞特例可以予以包容,但要把无季语俳句作为一种创作倾向甚至潮流的方向而予以提倡,则不足为训了。毕竟无季语句作只是浩淼的俳句作品海洋中的若干滴水珠,是凤毛麟角的极少数。在迄今为止的俳句史上,至少笔者本人还没有见到过专门创作无季语俳句的俳人和专收无季语俳句的作品集,而且也不是每个俳人都创作过无季语俳句作品的。

既然季语对俳句创作和欣赏如此重要,那么,季语的重要性是如何在句作中具体体现出来的呢?季语发挥功能的机制又是怎样的呢?这类问题很复杂,可能需要从诸多方面去考察才能澄清。本文对季语的结构进行考察,力所能及地做一些爬梳和分类研究,主要从"结构"这个维度出发,在词汇学、语法学和语音学三个层面上厘清季语本身的情况,为今后探索季语在俳句作品中的语义、用法以及功能发挥机制做基础的铺垫。

1　词汇学意义上的观察[②]

既然季语本身就是词语,那就必然具备词语所应具备的语言学意义上的词汇学特征,并可以从词汇学的角度进行观察和爬梳,按词汇学的规律进行分类。为切题和简洁起见,鉴于日语的特点,这里依据结构和品词对季语进行探讨。

1.1　依据结构的季语分类

词,即单词,是由词素构成的音义结合体,具有独立的概念和/或意义,形态完整,是造句的基

本单位。在日语中,词分为独立词和附属词,独立词可以在句中独立使用,附属词不能在句中独立使用,只能黏着在独立词后面形成句节后才能使用。词可以根据不同的标准进行分类。

本节从词汇学意义上的结构入手探讨季语的分类。

1.1.1 单纯词季语的结构和分类

所谓单纯词,从成分上讲由一个独立词素构成;从语音上讲由一个或多个音节构成;从文字上讲由一个或多个假名构成;从意义上讲具有独立概念和/或意义。独立词中的单纯词从功能上讲,可以在句子中独立使用;从形态上讲可以作为词素成为复合词的构成成分,其自身不可再分,再分就会变成小于词素的成分,不但不能在句中独立使用,也不能跟其他词素结合形成新的单词。附属词中的单纯词则既不能在句中独立使用,也不能再分。

单纯词季语就是由单纯词构成的季语。

根据词源,可以把单纯词季语分成以下三类。

1) 固有词季语③
(1)名词:秋、芦、凩、咳、月、薺、夏、春、冬、ぶらんこ、雪
(2)动词:冴ゆ、靄る、凍る、凍える、冴える、悴む(自动词)
　　　　　焼く(他动词)
　　　　　泳ぎ、茂り(动词连用形)
　　　　　枯るる、冷ゆる、炎ゆる(动词连体形)
(3)形容词:寒し、暑し、冷まじ、涼し、冷たし、のどけし
(4)形容动词:暖か、麗らか、爽やか
　　　　　　麗、長閑(形容动词词干)④

2) 汉语词季语⑤
(1)名词:寒、蝶、蘭、炉、蝌蚪、枇杷、葡萄、瑠璃、牡丹

3) 外来词季语⑥
(1)名词:ハイビスカス、クリスマス、アイスティー、ゴールデンウィーク、バードデー
(2)动词(词干):スケート、スキー

综上,单纯词季语中,固有词季语有名词、动词(连用形、连体形、终止形)、形容词(终止形)、形容动词(词干)四种品词的季语;汉语词季语中有名词季语;外来词季语中有名词和动词季语。

1.1.2 复合词季语的结构和分类

所谓复合词,从成分上讲由至少包括一个独立词素在内的两个或更多词素构成⑦;从语音上讲由两个或更多音节构成;从文字上讲由两个或更多假名构成;从意义上讲具有独立概念和/或意义;从功能上讲可在句子中独立使用;从形态上讲可以再分,再分后的成分中至少一个有独立词素——单纯词,可以在句子中独立使用,还可能有不能在句中独立使用而只能跟其他词素结合形成新复合词的非独立词素。

复合词季语就是由复合词构成的季语。

复合词季语可以根据词源分成以下几种⑧。

1) 固有词季语(固有词+固有词):牛蛙⑨、のっぺい汁、姫鱒、焼栗、山吹、すずろ寒

2) 汉语词季语
(1)汉语词季语(汉语词+汉语词):水中花、瑞雲、雪原、白扇、葡萄園、猟解禁
(2)和制汉语词季语(汉语词+汉语词):火事、節分、大根、彼岸、風呂

3) 混合词季语
(1)固有词+汉语词:ねんねこ半纏、冬銀河、若宮能、湯湯婆

(2)汉语词＋固有词:歳暮売出、風船玉、葡萄紅葉、牡丹百合、牡丹焚火

(3)固有词＋和制汉语词:干菜風呂

(4)和制汉语词＋固有词:彼岸桜、根引、節分詣、風呂吹

(5)和制汉语词＋汉语词:節分草

(6)外来词＋固有词:ペリー祭り、南京豆

(7)外来词＋汉语词:スキー場、ソーダ水、ラッセル車

(8)固有词＋外来语:夏シャツ、花キャベツ

(9)汉语词＋外来词:南蛮煙管

还可以根据复合词的结构,从以下几个标准入手对季语进行分类。

1. 词素的位置

从词素在词中的位置上看,复合词季语中的词素有前位词素、中位词素和后位词素之分。如:

(1)七五三:前位词素＝七;中位词素＝五;后位词素＝三

实际结构是"词素＋词素＋词素",即"七五三＝七＋五＋三"。

(2)田草取:前位词素＝田;中位词素＝草;后位词素＝取

实际结构是"复合词＋词素",即"田草取＝(田＋草)＋取"。

(3)藤寝椅子:前位词素＝藤;中位词素＝寝;后位词素＝椅子

实际结构是"词素＋复合词",即"藤寝椅子＝藤＋(寝＋椅子)"。

(4)飛魚:前位词素＝飛;后位词素＝魚

实际结构是"词素＋词素",即"飛魚＝飛＋魚"。

(5)春雲:前位词素＝春;后位词素＝雲

实际结构是"词素＋词素",即"春雲＝春＋雲"。

(6)十夜:前位词素＝十;后位词素＝夜

实际结构是"词素＋词素","十夜＝十＋夜"。

从上面的例子可以看出,第一,如果三个词素在复合词季语中处在并列关系中,那么它们之间相互独立,如"七五三"。否则,中位词素不是与前位词素(如"田草取")就是与后位词素(藤寝椅子)形成某种依赖关系,二者必居其一,不能孤立理解。第二,中位词素在有些复合词季语中是可以或缺的,如"飛魚""十夜"。对缺失的中位词素,笔者权且称之为"零形式中位词素"。

2. 词素的关系

既然复合词季语是由两个或更多的词素构成的,那么词素与词素之间必然存在某种关系。所谓"某种"关系,包括逻辑、语法、语义、语用等关系。本文只探讨语法关系。

1) 并列关系⑩(と格):前位、中位、后位词素之间是并列关系的复合词季语。

風花＝風と花

三寒四温＝三寒と四温

去年今年＝去年と今年

七五三＝七と五と三

2) 主谓关系(が格):前位和中位与后位或前位与中位和后位的词素之间是主谓关系的复合词季语。

根深＝根が深い;夜長＝夜が長い;弥生尽＝弥生が尽きる;雷鳴＝雷が鳴る;落花＝花が落ちる;雪消＝雪が解ける;立冬＝冬が立つ⑪;吾亦紅＝吾も紅い

3) 宾动关系(を格):前位和中位与后位或前位与中位和后位的词素之间是动宾关系的复合

词季语。

  汗拭＝汗を拭く；梅干＝梅を干す；蓮見＝蓮を見る；仕事始め＝仕事を始める；仕事納め＝仕事を納める；惜春＝春を惜しむ；添水＝水を添う；流燈＝燈を流す

4）补谓关系：前位和中位与后位或前位与中位和后位的词素之间是补谓关系（或补动关系）的复合词季语。

(1) で格：塩漬け＝塩で漬ける＝鋤焼き＝鋤で焼く；雪折＝雪で折れる
(2) に格：春眠＝春に眠る；夏痩せ＝夏に痩せる；夜釣り＝夜に釣る；霜焼け＝霜に焼ける；波乗り＝波に乗る；山入＝山に入る
(3) へ格：北下し＝北へ下ろす
(4) を格：巣立＝巣を立つ
(5) 动词＋结尾词：書初め＝書いて初める；笑い初め＝笑って初める

5）限定修饰关系：前位和中位与后位或前位与中位和后位的词素之间是某种修饰关系的复合词季语。

(1) 定名（限定）关系
① の格：夏木立＝夏の木立；錦鯉＝錦の鯉；田亀＝田の亀；南風＝南の風；初嵐＝はじめての嵐；初蚊＝初めての蚊
② 汉语动词＋汉语名词：流星＝流れる星；落雁＝落ちた雁；遊船＝遊ぶ船；睡蓮＝睡る蓮；凍港＝凍る港；冷夏＝冷える夏
③ 汉语动词＋固有词名词：祭舟＝祭る舟
④ 动词连用形＋固有词名词：帰り花＝帰る花；枯葉＝枯れた葉；落ち葉＝落ちた葉；乾海苔＝乾した海苔；干草＝干した草；送火＝送った火
⑤ 动词连体形＋固有词名词：鳴子＝鳴る子
⑥ 助动词连体形＋固有词名词：撫子＝撫でた子
⑦ 形容词＋汉语名词或固有词名词：新年＝新しい年；早梅＝早い梅；芳草＝芳しい草
⑧ 形容动词＋汉语名词或固有词名词：豊作＝豊かな作；暖冬＝暖かな冬

(2) 状动（修饰）关系
① 动词＋动词：照り霞む＝照って霞む；寝冷え＝寝て冷える；着膨れ＝着て膨れる；狂い咲き＝狂う＋咲く；
② 形容动词＋形容词：薄寒＝薄らに＋寒い；すずろ寒＝すずろに寒い
③ 形容动词＋形容词：爽涼＝爽やかに＋涼しい
④ 副词＋形容词：やや寒＝やや＋寒い

3. 词素的词性

从词性上看，复合词季语存在以下一些结构。其中有些结构只有固有词，有些结构只有汉语词，有些结构不但有固有词、汉语词、外来词，还有它们之间各种形式的结合。

1）前位词素＝名词性词素

(1) 名词或复合名词＋名词或复合名词＝复合名词
  秋＋天＝秋天；夏＋萩＝夏萩；蔦＋かずら＝蔦かずら；ぼろ＋市＝ぼろ市；樫＋（若＋葉）＝樫若葉；紙＋（風＋船）＝紙風船；（節＋分）＋草＝節分草；（水＋引）＋草＝水引草；（月＋下）＋（美＋人）＝月下美人；（黄＋金）＋（週＋間）＝黄金週間；（愛＋鳥）＋（週＋間）＝愛鳥週間；（立＋春）＋（大＋吉）＝立春大吉；（臨＋海）＋（学＋校）＝臨海学校

(2) 名词＋数词＝复合名词
聖＋五月＝聖五月；松＋七日＝松七日；寒＋九＝寒九；春＋一番＝春一番；春＋二番＝春二番

(3) 名词＋动词终止形＝复合动词
芽＋吹く＝芽吹く

(4) 名词或复合名词＋动词已然形＝复合名词
秋＋曝る＝秋ざれ；冬＋曝る＝冬ざれ

(5) 名词或复合名词＋动词词干＝复合名词
（森＋林）＋浴＝森林浴

(6) 名词＋形容词词干＝复合名词
裏＋白い＝裏白；秋＋寒い＝秋寒；夜＋長い＝夜長；根＋深い＝根深

(7) 名词或复合名词＋形容动词词干＝复合名词
秋＋うららか＝秋うらら；冬＋うららか＝冬うらら；（吉＋野）＋静か＝吉野静か；（一＋人）＋静か＝一人静か

(8) 名词或复合名词＋动词连用形（他、自）＝复合名词
菊＋戴＝菊戴；筍＋流し＝筍流し；年＋越す＝年越；笹＋鳴く＝笹鳴；汐＋干る＝汐干；下＋冷える＝下冷えし；（祇＋園）＋祭る＝祇園祭；（野＋馬）＋追い＝野馬追い；（地＋蔵）＋詣でる＝地蔵詣

(9) （名词＋形容词词干）＋名词＝复合名词
（手＋長）＋蝦＝手長蝦

(10) （名词＋动词）＋名词＝复合名词
（夜＋盗）＋虫＝夜盗虫；（藻＋刈る）＋舟＝藻刈舟；（寝＋冷える）＋子＝寝冷え子；（屁＋放る）＋虫＝放屁虫（へっぴりむし）⑫；（夜＋鳴く）＋うどん＝夜鳴うどん

(11) 复合名词＋动词连用形＝复合名词
（落ちる＋穂）＋拾う＝落穂拾い；（金＋魚）＋売る＝金魚売

(12) 名词＋が＋名词＝名词
虎＋が＋涙＝虎が涙；虎＋が＋雨＝虎が雨

(13) 名词＋っ＋名词＝复合名词
空＋っ＋風＝空っ風

(14) 名词＋外来词＝复合名词
夏＋シャツ＝夏シャツ；花＋キャベツ＝花キャベツ；春＋コート＝春コート；春＋ショール＝春ショール

2) 前位词素＝数词性词素

(1) 数词＋数词＝复合名词
一＋八＝一八；七＋五＋三＝七五三

(2) 数词或复合数词＋名词或复合名词＝复合名词或复合数词
七＋草＝七草；四十＋雀＝四十雀；（百＋人）＋（一＋首）＝百人一首；八十八＋夜＝八十八夜；二百＋十日＝二百十日；四万六千＋日＝四万六千日

(3) 数词＋动词＝复合名词

四月+尽きる＝四月尽；九月+尽きる＝九月尽

3) 前位词素＝代词性词素

代词+助词+形容词＝复合名词
吾+亦+紅＝吾亦紅

4) 前位词素＝动词性词素

(1) 动词连用形＝名词
茂る＝茂り；泳ぐ＝泳ぎ；滴る＝滴り；散る+桜＝散る桜

(2) 动词连用形(他、自)+名词或复合名词＝复合名词
帰る+雁＝帰雁；飛ぶ+花＝飛花；流れる+氷＝流氷；温める+酒＝温め酒；焚く+火＝焚き火；枯れる+(木+立つ)＝枯木立；回る+灯籠＝回り灯籠；練る+(供+養)＝練供養；干す+布団＝干し布団

(3) 动词或复合动词词干+名词＝复合名词
越す+冬＝越冬；落とす+水＝落とし水；(越す+冬)+燕＝越冬燕；(延ばす+命)+菊＝延命菊

(4) 动词连用形+动词连用形＝复合名词
凍てる+解ける＝凍解；浮く+氷る＝浮氷；切る+脅す＝切脅し；着る+膨れる＝着膨れ；狂う+咲く＝狂い咲き；畳+替える＝畳替え

(5) 动词连用形+动词终止形＝复合动词
凍てる+解ける＝凍解ける；凍てる+戻る＝凍戻る；凍てる+綬む＝凍綬む；暮れる+兼ぬる＝暮兼ぬる(连体形)；冴える+返る＝冴え返る

(6) 动词连用形+形容词终止形＝复合形容词
蒸す+暑し＝蒸し暑し；明ける+易し＝明け易し

(7) 动词连体形+名词＝复合名词
鳴る+子＝鳴子；鳴る+竿＝鳴竿；待つ+宵＝待宵

5) 前位词素＝形容词(词干)性词素

(1) 形容词词干+名词或复合名词＝复合名词
寒い+梅＝寒梅；白い+夜＝白夜；麗わしい+日＝麗日；白い+牡丹＝白牡丹；若い+楓＝若楓；苦い+瓜＝苦瓜；短い+夜＝短夜；近い+火＝近火；青+(松+毬)＝青松毬；青+(紫+蘇)＝青紫蘇；大+(福+茶)＝大福茶；古+(日+記)＝古日記

(2) 形容词词干+动词连用形＝复合名词
浅い+漬ける＝浅漬け

(3) 形容词词干+动词词干＝复合名词
寒い+泳＝寒泳

(4) 形容词词干+结尾词＝复合名词
暑い+さ＝暑さ；寒い+さ＝寒さ

(5) 形容词连用形+动词终止形＝符合动词
青し+踏む＝青き踏む[13]

6) 前位词素＝形容动词词干性词素

(1) 形容动词词干+名词＝复合名词
朧な+月＝朧月；冷やかな+奴＝冷奴；暖かな+冬＝暖冬

(2) 形容动词词干＋形容词词干＝复合名词
すずろに＋寒い＝すずろ寒；そぞろに＋寒い＝そぞろに寒

7) 前位词素＝副词性词素
(1) 副词＋动词连用形＝复合动词
だらだら＋祭る＝だらだら祭
(2) 副词＋形容词词干＝名词
やや＋寒い＝やや寒

8) 前位词素＝外来词
(1) 外来词＋名词＝复合名词
ゴム＋風船＝ゴム風船；ソーダ＋水＝ソーダ水；スキー＋場＝スキー場；スケート＋場＝スケート場
(2) 外来词＋动词连用形＝复合名词
パリ＋祭り＝パリ祭り；ペリー＋祭り＝ペリー祭り

1.1.3 叠型词季语的结构和分类

所谓叠型词，从成分上讲由同一个词素重叠起来构成；从意义上讲具有独立概念和意义；从地位上讲可在句子中独立使用；从语音上讲由两个或更多音节构成，其中有同音反复；从文字上讲由两个或更多假名构成，其中有同假名反复；从形态上讲可以再分为更小的成分——词素，再分后的词素有的可以在句中独立使用，有的则不能在句中独立使用，只能跟其他词素结合形成新的单词。

叠型词从结构单位上看有词干重叠、单词重叠和句节重叠；从重叠方法上看有全部重叠和部分重叠。

叠型词季语就是由叠型词构成的季语。

例如，叠型词季语有如下两种。

1) 叠型名词季语
蝶々：由名词"蝶"重叠构成。
舞い舞い（＝水澄し）：由动词"舞う"的连用形"舞い"重叠构成。
がちゃがちゃ：由副词"がちゃ"（模仿纺织娘鸟叫声"ガチャ"的象声词）重叠构成。
螽斯：由造词词素"きり"重叠发生音便后接"す"构成。
行行子：由副词（模仿苇莺叫声"ギョギョシ"的象声词）重叠后接接尾词"子"构成。
だらだら祭り：由造词词素"だら"重叠后接"祭り"构成。
ちゃんちゃんこ：由造词词素"ちゃん"重叠后接"子"构成。
つくつく法師：由造词词素"つく"重叠后接"法師"构成。
つくつくし：由造词词素"つく"重叠后接"し"构成。
つくづくし："土筆"的别称，由词中"つく"部分重叠发生音便构成。
つらつら椿：由造词词素"つら"重叠后接"椿"构成。
でんでん虫：由造词词素"でん"重叠后接"虫"构成。
ぺんぺん草：由造词词素"ぺん"重叠后接"草"构成。
夜夜の月：由名词"夜"重叠后接"の月"构成。

2) 叠型副词季语
冴え冴え：由动词"冴える"的连用形"冴え"重叠构成。

1.1.4 派生词季语的构成和分类

所谓派生词,从成分上讲由一个或数个独立词(素)加一个或数个接头词和/或接尾词构成;从意义上讲具有独立概念;从地位上讲可在句子中独立使用;从语音上讲由两个或更多音节构成;从文字上讲由两个或更多假名构成;从形态上讲可以再分为更小的成分——词素,其中至少有一个分开后可以成为单纯词或复合词在句中独立使用,至少有一个是接头词或结尾词,不能在句中独立使用,只能跟其他词素结合形成新的单词。

所谓接头词,就是加在独立词素前加强语气或增添意义的不能独立构成独立词在句中独立使用的词素;所谓接尾词,就是加在独立词素后加强语气或增添意义的不能独立构成独立词在句中独立使用的词素。

派生词季语就是由派生词构成的季语。

从结构上看,派生词季语有以下几种。

1) 前位词素＝接头词

(1) 接头词＋名词(单纯词、复合词)＝派生名词
御＋鏡＝御鏡、御＋柱＝御柱、御＋(会＋式)＝御会式、御＋(十＋夜)＝お十夜、御＋(花＋畠)＝お花畠、御＋(命講＋花)＝御命講花;
大＋雪＝大雪、大＋綿＝大綿、大＋(枯れる＋野)＝大枯野、大＋(三十＋日)＝大三十日;
小＋鮎＝小鮎、小＋雀＝小雀、小＋(正＋月)＝小正月、小＋(望つ＋月)＝小望月;早＋蕨＝早蕨、早＋桃＝早桃、早＋乙女＝早乙女;
初＋声＝初声、初＋夢＝初夢、初＋(山＋河)＝初山河、初＋(電＋車)＝初電車

(2) 接头词＋动词连用形＝派生名词
御＋飾る＝お飾り、御＋降る＝御降;
初＋買う＝初買、初＋写す＝初写し

(3) (接头词＋名词)＋动词连用形＝派生名词
(御＋水)＋取る＝御水取

(4) 接头词＋名词＋名词或复合名词＝复合名词
(早＋苗)＋束＝早苗束、(早＋苗)＋饗＝早苗饗;
(小＋夜)＋時雨＝小夜時雨、(小＋夜)＋(千＋鳥)＝小夜千鳥

2) 后位词素＝接尾词

(1) 名词或复合名词＋接尾词＝派生名词
仕事＋始め＝仕事始め、冬＋初め＝冬初め、仕事＋納め＝仕事納め;
芭蕉＋忌＝芭蕉忌、利休＋忌＝利休忌;
復活＋祭＝復活祭、文化＋祭＝文化祭;
彼岸＋会＝彼岸会、浴仏＋会＝浴仏会、流燈＋会＝流燈会

(2) 名词＋接尾词＝派生动词
春＋めく＝春めく、夏＋めく＝夏めく、秋＋めく＝秋めく、冬＋めく＝冬めく

(4) 动词连用形＋接尾词＝派生名词
書く＋初め＝書初め、渡る＋初め＝渡り初め、(木＋伐る)＋初＝木伐り初;
飼う＋屋＝飼い屋

(5) 形容词词干＋接尾词＝派生名词
暑い＋さ＝暑さ、寒い＋さ＝寒さ

1.1.5 缩写词季语的构成和分类

所谓缩写词,从成分上讲由一个词语(单词或词组)减少了某些成分后构成;从意义上讲具有独立概念;从地位上讲是一个词,可在句子中独立使用;从语音上讲由一个或更多音节构成;从文字上讲由一个或更多假名构成;从形态上讲有的可以再分为更小的成分——词素,分开后一些是独立词素,可以成为单纯词在句中独立使用,另一些则是非独立词素,不能在句中独立使用,只能跟其他词素结合形成新的单词。

缩写词通常由汉语词汇、外来词词汇中的名词、复合词、词组简化而来。简化后的缩写词既有读音顺序与简化前一样的,也有与简化前不一样的。

缩写词季语就是由缩写词构成的季语。

缩写词季语的简化的方式通常有如下两种。

1. 由词语省略发音而来
   梅雨入り=梅雨入り;大根引=だいこんひき;引板=ひきいた;破れ芭蕉=やぶればしょう;敗れ荷=やぶれはす

2. 由词组省略变化而来

1) 由词组或短句省略格助词等成分并变形而来
   鮭打ち=鮭を打つ;種下し=種を下ろす;魂送り=魂を送る;根深=根が深い;冷酒=冷された酒

2) 由数个单词省略后结合而来
   "七五三"由"三歳""五歳""七歳"省略每个词的后部并按从大到小的顺序重新组合而来。

1.2 词组

所谓词组,从成分上讲由两个或两个以上单词构成;从语音上讲由两个或更多音节构成;从文字上讲由两个或更多假名构成;从意义上讲有独立的完整的概念和意义,可以表达比单词复杂的意思;从功能上讲可以在句中独立使用,并根据自身的性质充当句中各种成分;从形态上讲可以进行多层分割,至少可以有从词组到单词、从单词到词素的两层分割;从语法上讲内部存在一定的语法关系和结构。

词组季语,就是由词组构成的季语。

词组季语的结构通常有以下几种。

(1) 单纯名词+の+单纯名词=名词性词组
   秋+の+鮎=秋の鮎;笹+の+子=笹の子;栃+の+実=栃の実

(2) 单纯名词+の+复合名词=名词性词组
   秋+の+(麒麟+草)=秋の麒麟草;葦+の+(穂+絮)=葦の穂絮;蛙+の+(目+借る+時)=蛙の目借時

(3) 复合名词+の+单纯名词=名词性词组
   (朝+顔)+の+実=朝顔の実;(十+日)+の+菊=十日の菊

(4) 名词+の+定名结构=名词性词组
   松+の+(変わらぬ+色)=松の変わらぬ色

(5) 外来词+の+名词=名词性词组
   アカシヤ+の+花=アカシヤの花;バレンタイン+の+日=バレンタインの日

(6) 名词+の+动词连用形=名词性词组
   雁+の+別れ=雁の別れ;寒+の+明け=寒の明け

(7) 名词+动词未然形+否定助动词=名词性词组

汗+知る+ず=汗知らず

(8) 动词连体形+名词=名词性词组
帰る+鶴=帰る鶴；温む+水=温む水；笑ふ+山=笑ふ山；残る+白鳥=残る白鳥

(9) 动词连体形+(形容词词干+接尾词)=名词性词组
残る+(寒+さ)=残る寒さ；残る+(暑+さ)=残る暑さ

(10) 动词连用形+の+名词=名词性词组
明き+の+方=明きの方

(11) 动词连用形+助动词ぬ+名词=名词性词组
(去+ぬ)+燕=去ぬ燕

(12) 形容词词干+の+形式体言まま=名词性词组
赤+の+まま(まんま)=赤のまま(まんま)

(13) 形容词连体形+名词=名词性词组
遅き+日=遅き日；寒き+春=寒き春；長き+日=長き日；赤い+羽根=赤い羽根

(14) 主谓结构+名词=名词性词组
(色が+無し)+風=色無き風；(神が+立つ)+風=神立風

(15) 宾动结构+名词=名词性词组
(色を+変え+ぬ)+松(杉)=色変えぬ松(杉)；(玉+巻く)+芭蕉(葛)=玉巻く芭蕉(葛)；(角を+組む)+蘆=角組む蘆

(16) 补动结构+名词=名词性词组
(旅に+立つ)+神=旅立つ神；(穴を+出し)+蜥蜴(蛇)=穴を出し蜥蜴(蛇)

以上词组季语结构丰富，但词性单一，只有名词性词组，未见动词、形容词、形容动词、代词、数词、副词、连体词、感叹词、接续词、助词、助动词等各类词性的词组季语。

2 季语的分类：句法学意义上的观察

句子，是由词或词组构成的语法结构、语义内容、交际功能完整，具有一定语气和语调的语言交际基本单位，前后均有较大停顿，在语义和语法上独立于前后语言单位。句子可以根据结构（成分、单位）、功能（作用）和体裁等标准进行分类。

句子季语就是由句子构成的季语。

在季语中，不仅有单词季语、词组季语，也有句子季语。尽管数量比单词季语和词组季语都要少很多，但句子季语也是季语中的一个重要类别，和单词季语和词组季语一样，对俳句的创作有着重要的意义。

2.1 单句[⑮]

单句由单词或词组构成，从语音上讲由一个或等多音节构成，有自身独特的语气和语调；从文字上讲由一个或更多假名构成，可以使用标点符号分断，如以逗号分断，以句号、问号、惊叹号等结句；从语义上讲意义完整；从形态上讲主谓关系只出现一次，有些成分可以省略，但不能再分出更小的句子。

2.1.1 根据功能分类的句子类型[⑯]

1. 陈述句

所谓陈述句，就是用陈述语气叙述人、事物的动作、行为、变化，描写人、事物的性质、形状，说

明事理的句子。例如：
　　秋立つ；冬深む；秋に入る；秋を待つ；青きを踏む；秋の球根植う；秋暑し；草芳し；日永し；冬暖か

2．祈使句

所谓祈使句，就是用祈使语气要求交际对方做或不做某事的句子。例如：
　　浮いて来い

2.1.2　根据成分分类的句子类型①

1．主谓结构句指主语和谓语出现一次的句子，例如：
　　萍生う；海氷る；風死す；風光る；雁帰る；蔦茂る；燕来る；秋近し；冬浅し；冬温し

2．宾谓结构句

(1) 含有格助词"を"
　　秋を待つ；田を鋤く；麦を踏む；蚊帳を干す

(2) 省略格助词"を"
　　稲干す；蚕飼う；宝船敷く；竹の皮脱ぐ

3．主宾谓结构句

(1) 省略格助词"が"
　　獺魚を祭る；蛇衣を脱ぐ

(2) 省略格助词"が"和"を"
　　芭蕉玉解く

4．主补谓结构句

(1) 省略格助词"が"
　　蟻穴（蜥蜴、蛇）を出づ；熊（蛇）穴に入る；魚氷に上る；鳥雲に入る；紅葉且つ散る

(2) 省略格助词"が""を"
　　海猫渡る

5．补谓结构句
　　秋に入る；高きに登る；夏に入る；身に入む

6．无主句
　　浮いて来い

从以上例子可以看出，句子季语基本都有省略的部分，不是省略了主语，就是省略了格助词，或者索性把主语和格助词都省略掉。这不但符合日语的规律和习惯，更重要的是俳句崇尚极简，作为用在句作中的季语当然也不能违背这个宗旨，所以，能省略则省略的倾向在所难免。

2.2　复句

所谓复句，就是由两个或两个以上分句构成的具有统一语调的句子。其中，分句可以是单句，也可以是复句，后者将构成更复杂的复句。

分句之间在意义、逻辑上有联系，但在语法和结构上各自独立，互不包含。分句之间一般用逗号、冒号、分号隔开，全句末尾使用句号、问号或惊叹号等结句。

复句可以根据分句之间的关系进行分类，一般可分为联合复句和偏正复句两大类。前者包括并列、承接、递进、选择、解说五种类型，后者包括转折、因果、假设、条件、目的五种类型。

笔者在众多季语中，只发现了一个复句季语，并将其归入偏正复句中的因果复句。这个复句

季语就是：
鷹化して鳩となる
　たかか　　　はと

3　季语的分类：语音学意义上的观察

　　语言是音义结合体，以有声语言为第一性。语音是语言的物质外壳，可通过人的听觉为人所感知。语音与语义直接的关系是约定俗成的，因此语音具有社会性。语言的声音——语音是体现语种的最重要特征之一。

　　语音涉及人类发出语音的生理机制，并具有音高、音强、音长、音色的物理属性。每种语言都会有自己独特的语音结构和音韵体系。

　　日语有五个元音（a、i、u、e、o），两个半元音（y、w），一个拨音（鼻音，实际发音有三个：m、n、ŋ）及其他清辅音、浊辅音、半浊辅音若干。日语发音的基本语音单位是音节，至少由一个元音或一个元音加若干辅音构成。日语发音的基本长度单位是音拍，一个音拍由一个元音或"一个辅音＋一个元音"或"一个辅音＋一个半元音＋一个元音"（拗音）构成。日语的音节有短音节与长音节之分。短音节一般为一个节拍，长音节为两个或更多节拍。日语中，长音的延长音与前一个元音结合构成一个音节，但独立构成一个音拍；拨音（鼻音）"ん"通常与前面的元音结合形成一个音节，有时也会独立构成一个短音节，不论哪种情况，均独立构成一个音拍；促音（不发音的短促停顿）"っ"与前面的元音或拨音构成一个音节，但独立构成一个音拍。如短音节"小"只有一个音拍"こ"，而长音节"高"有两个音拍"こ＋う"，"コーン"有三个音拍"こ＋う（お）＋ん"，"コーンっ（て）"有"こ＋う（お）＋ん＋っ"四个音拍；"葛根湯"由"かっ""こん""とう"三个音节构成，却有"か""っ""こ""ん""と""う"六个音拍。

　　日语的音拍有声调，一般有高低型、低高型、低高低型三种。

　　语音在语流中的特定场合会发生变化——音便。

　　日语是开音节语言，单词的结尾音均为元音或鼻音。

　　日语的语音结构和音韵系统比较简单。

　　俳句的"五七五"三联十七音中的"音"，事实上并不是指音节数，而是指音拍数。而日语语音的这些特点，对俳句创作而言都有特殊的重要意义。限于篇幅，本文仅在"读音规律"和"音拍多少——长短"这两个对俳句节奏和韵律具有重大影响的维度上略作梳理。

3.1　读音

　　依据读音规律对季语分类如下。

1. 训读（訓読）季语
鵜、芋、餅、浴衣、馬鈴薯、水霜、闇汁、水草紅葉
暑し、寒し、冷たし
暖か、麗か、朧、冷やか
日永、日短、短夜、夜長
朧月、朧夜、冷奴
帰る雁、帰る鶴、帰る花、行秋、行く雁、行年、行春
枯蘆、芽張り柳、敗れ蓮、雪消、渡り鳥
門飾り、海贏回し、山焼、綿入、迎え梅雨、忘れ花

2. 音读（音読）季语
炎天、秋蚕、聖誕節、八十八夜、林間学園

施餓鬼（会）、扇子、送行、湯婆
火事、節分、風呂

3. 先训读后音读（湯桶読み）季语
夏炉、夏料理、姫女苑、水芭蕉、湯豆腐、浮人形
切子灯籠、船施餓鬼、三河万歳、桃色水仙
冷索麺、蕗味噌、干大根、干布団、回り灯篭、雪消富士

4. 先音读后训读（重箱読み）季语
福笹、福袋、団子花、天皇誕生日、投網、冬至南瓜、蜜蜂、炉火
獅子舞、重詰、風呂吹、炉開き、炉塞ぎ

5. 先训读中音读后训读季语
歌御会始め、烏帽子花

6. 外来词
クリスマス、シクラメン、ボート、マーガレット、マスク、マンゴー
ゴールデンウィーク、バードデー、ボートレース、エープリル・フール

3.2 长短

依据音拍多少——长短对季语分类如下。

3.2.1 短季语

所谓短季语，就是由单音拍、双音拍或三音拍构成的季语。

1. 单音拍季语
藺、鵜、蚊、葱、蚕、炉

2. 双音拍季语
芋、鮭、月、冬、蘭、鷲；風邪、百合、瑠璃、早稲；寒、蝶；冴ゆ、焼く

3. 三音拍季语
ほくろ、やんま、氷柱、蓬；素足、添水、夜番、囲炉裏；金魚、銀杏、聖菓、端午；追儺、牡丹、冷夏；凍る、枯るる、冴える、冷ゆる、炎ゆる；暑し、寒し；麗、長閑；カラー、ラガー；鹿の子、木の芽、茅の輪

3.2.2 中长季语

所谓中长季语，就是由四音拍或五音拍构成的季语。

1. 四音拍季语
鶯、凩、蒲公英；滴り、吹上、赤富士、凍蝶、芝能；遠足、雑炊；青柿、汗拭き、凍蜂、鹿刈；遅き日、行く春；秋の蚊、鬼の子；凍える、靄る、悴む；のどけし；麗らか、爽やか；冴え冴え；秋来る、芋植う、風死す、萱刈る、滝涸る；アイスティ、アイリス、ボーナス

2. 五音拍季语
蚤斯、時鳥、青嵐、秋麗、鉾祭；断腸花、与四郎忌、七変化、曼珠沙華；置炬燵、凍豆腐、干菜風呂；団子花、竹酔日、風呂点前、遍路道；吹流し、乱れ萩、迎え馬、神渡し、松納め、虫送り；秋の朝、荻の風、留守の宮；赤い羽根、散る桜、笑ふ山；凍て解ける；青き踏む、秋蘭ける、地虫出づ、田鶴渡る、田を鋤く、春惜しむ、風青し、月涼し、春遅し；汗知らず；チューリップ、マスカット

3.2.3 长季语

所谓长季语，就是由六音拍或七音拍构成的季语。

文 学

1. 六音拍季语

ちんちろりん、女郎花、老鶯、仕事始め、枝垂桜、立待月、更待月；延命菊、花魁草、肩布団、七面鳥、芭蕉巻葉、風船売り；槐の花、山葵の花、老人の日、成人の日；角組む蘆、門松立つ、門松取る；パイナップル、ボートレース

2. 七音拍季语

鉄漿蜻蛉、高山祭、筍流し、若潮迎え；兜人形、風船葛、七福詣；豌豆の花、桜桃の花、富士の初雪；桜蕊降る、高きに登る、宝船敷く、竹の皮脱ぐ、芭蕉玉解く、蛇穴に入る；アイスキャンデー、ブーゲンビリア

3.2.4 超长季语

所谓超长季语，是指音拍数大于或等于八音拍的季语。

愛鳥週間、夏期講習会、寒中水泳、草夾竹桃、建国記念日、憲法記念日、昆虫採集、札幌雪祭、七福神詣、四万六千日、終戦記念日、消防出初式、成吉思汗鍋、背高泡立草、天皇誕生日、桃色水仙、臨海学校、林間学校、秋の麒麟草、蛙（蛙）の目借時、烏瓜の花、勤労感謝の日、さるとりいばらの花、宝鐸草の花、紫大根の花、紫式部の実、獺魚を祭る、鷹化して鳩となる、蜥蜴穴を出づ、ゴールデンウィーク、バレンタインの日、プラタラスの花⑱

笔者根据以上分类归纳制表如下：

表1 季语长短基本情况统计

	数量多	基本词汇	非基本词汇	名词	动词	形容词	形容动词	副词	单纯词	复合词	词组	单句	复句	固有词	汉语词	外来词
单音节		√		√					√					√		
双音节		√		√	√									√	√	
三音节	√	√	√	√	√									√	√	√
四音节	√	√	√	√	√	√	√	√						√	√	√
五音节	√	√	√	√	√	√								√	√	√
六音节	√		√	√	√									√	√	√
七音节			√	√	√					√	√	√		√	√	√
超长音节			√	√	√					√	√	√	√	√	√	√

根据初步梳理，笔者发现季语数量跟音拍数之间有着某种关系，呈两头小中间大的橄榄形，即单音拍季语很少，双音拍开始增多，到三、四、五音拍达到峰值，从六音拍开始减少，到了超长音拍又变得很少。

从结构上看，音拍越少结构越简单，音拍越多结构越复杂，这是一条规律。但从构词能力上看，双音拍、三音拍、四音拍季语因数量的增多和词性的丰富，构成新季语的能力也最强，可以通过各种形式的结合和变化形成新的更大单位、更多音拍的新季语。

从词性的丰富性上看，三音拍和四音拍词语作为单词占品词（词类）数量最多，可见品词的丰

富性需要适当数量的音拍配合,音拍太少或太多,都不利于占据品词数量上的优势。

从形式角度结合俳句创作看,不同长度的季语有以下特点。

(1) 短季语不能填满上五联、下五联和中七联,可以在句中各联自由使用,不受位置限制。

(2) 中长季语最长可以填满上五联、下五联,在这两联中的使用受到一定限制,但由于填不满中七联,在中七联的使用尚有一定自由度。可见中长音拍季语在句中的位置多少会因为长度受到一定限制。

(3) 长季语最短也会溢出上五联或下五联,最长可以填满中七联,所以在句中的使用不很自由,出现的位置也会因为长度而受到较大限制,显得不够灵活。

(4) 超长季语天生过长,最短的也已经溢出中七联,因此,在句中使用起来显得不够方便和灵活。

从中可以发现一些规律,比如:季语越短,在句中的使用就越灵活,可能出现的位置也就越多;相反,随着季语的加长,在句作中的使用会渐次失去灵活性,可能出现的位置也会渐次变少。

当然,我们并不会因此就认为这意味着与短季语、中长季语相比,长季语、超长季语的表现力会有所下降。恰恰相反,如果换个思维看,长季语和超长季语虽然由于音拍长度过长而在句中使用起来有所不便,与其他词语的结合和互动也可能不如短季语和中长季语,但它们的使用必定带来破例,为俳句创作的技巧发挥和创新开辟了很好的途径和天地。[19]

4 总结

本文中,笔者主要在词汇学、语法学和语音学几个维度上对季语进行了粗浅的初步梳理,尝试做了系统性归纳和分类。由于笔者的见识、水平和所及资料的局限,文中难免有遗漏、不全、不妥甚至谬误,谨请大家不吝指摘。

注

① 笔者认为,"五七五""季语""断句字"是俳句的三种主要结构性构件。

② 本文在词汇学、语法学和语音学方面的主要依据是《标准日语语法》(贺静彬 2007)、《日语语言学》(翟东娜 2006),并参考了《实用现代汉语语法》(刘月华,潘文娱,胡韡 2003)、《现代汉语概论》(邵蔼吉,冯寿忠 2016)。

③ 本文季语实例全部选自《俳句月别岁时记》(高桥悦男 1997)。

④ 日语固有词汇中的单纯词有用汉字表记的,但汉字实际上不是固有的,而是引进汉字后根据语音或意义代用上去的假借字,在日语中叫作"当字"(あて字)。日语固有词汇中的所有汉字表记均属此类。而这类日语固有词汉字的读音均为训读(訓読)。

⑤ 日语中的汉语词分两类,一类叫汉语词,即语音、语义和文字三位一体从汉语引进日语的词汇,如"春風""芳草"等;一类叫和制汉语词,是日本人利用汉字创造的日语独有的汉字音读词汇,如"火事""大根"等。这类汉语词有的还被汉语作为外来语引进,如"革命""社会""干部"等。单纯词没有和制汉语词,但有和制汉字词,如"凧""榊""鮪"等。关于读音,由于日语汉语词汇是连文字带读音和意义一起从中国古代汉语引进的,因此汉语词的读音全部为音读(音読)。至于有的汉语词既有音读又有训读,那是因为那些汉语词既作为引进的汉语词汇使用,也作为固有词汇的假借字(あて字)使用,也就是汉语词与固有词结合且固有词采用了假借字,两者并存的缘故。有时两者意义略有不同。还有一些汉语词是部分训读部分音读的,前音后训的叫作"重箱読み",前训后音的叫做"湯桶読み",这是引进的汉语词汇(音读部分)与固有词汇(训读部分)相结合的产物,应作为一种独立形态对待。

⑥ 实际上外来词也可分为单纯词、复合词、叠词、词组、句子,但外来词季语即使再分成更小单位,其构成季

语的构词功能也很差。本文根据这一事实和俳句中对外来词季语的使用情况,并为叙述方便,将已经公认为季语的外来词一律视为单纯词而不再细分。

⑦ 这里没有采用"复合词由两个或更多单纯词构成"的说法,而采用了"复合词由两个或更多词素构成"的说法。原因是如果采用前者,就等于说"单纯词就是词素"。果若如此,那么派生词构词成分中的"接头词""接尾词"等不能作为单纯词在句中独立使用的构词成分——非独立词素的定位和解释就会出现问题。而采用词素的说法则可以很好地解决这个问题。比如,我们可以这样表述:词素是词的基本构成单位,不能再行分割。词素分为两类,一类是可以独立构成单词——单纯词的独立词素;另一类是不能独立构成单词而必须跟独立词素结合共同构成单词——复合词的非独立词素。

⑧ 所有外来词在本文中均作为单纯词处理,故此处不再单列外来词。

⑨ 这里的"がえる"是"かえる"在形成复合词是发生了"浊音便"。本文主要探讨季语结构成分,对词素形成复合词以及其他原因导致的"浊音便""通音便""延音便""拨音便""促音便"等语音变化——音便现象不展开讨论。

⑩ 也称"独立关系"。

⑪ 一说此类复合词为补充关系。见《日语语言学》(翟东娜 2006:71)。

⑫ 该词汉字表记在顺序上发生了变化。

⑬ 同样造词法生成的非季语复合动词还有"白き飛ぶ"。

⑭ 其中有些音是永久性省略,已成规范;有些音则是为了凑"五七五"音制而发生的临时性省略,不成规范。

⑮ 这里笔者将具有完整句子成分或省略了主语和/或助词的主谓、宾谓、主宾谓、主补谓、补谓、无主句等各种语法关系结构一律视为完整句或省略句,不作为复合词或词组予以定义和处理。

⑯ 本文成文时所收集句子季语不涉及的类型本文不列举叙述。

⑰ 由于季语的特殊性,绝大多数句子季语都存在省略的现象。这里,我们将这些句子作为正常的句子对待,不作为省略句对待。

⑱ 这里尽量多地列出了超长季语的实例。

⑲ 这类问题不是本文重点,这里点到为止,旨在提示一个研究路径,不再展开,留待后续研究。

参考文献

[1] 贺静彬.标准日语语法[M].大连:大连理工大学出版社,2007.
[2] 翟东娜.日语语言学[M].北京:高等教育出版社,2006:56-79.
[3] 刘月华,潘文娱,故韡.实用现代汉语语法:增订本[M].北京:商务印书馆,2003.
[4] 邵霭吉,冯寿忠.现代汉语概论:第二版[M].北京:中国社会科学出版社,2016.
[5] 高橋悦男.俳句月別歳時記[M].東京:博友社,1997.

作者信息

姓名:田建国
职称:教授
单位:上海杉达学院
联系地址:上海市浦东新区金海路2727号
电子邮箱:honeytian2008@sina.cn

菅原孝標女の『源氏物語』享受

昭和女子大学　胡秀敏

1　はじめに

　平安時代の後期に成立した『更級日記』は、菅原道真の嫡流で五世の末裔に当たる菅原孝標女によって書かれた女流日記作品である。多感な少女時代を父の任国上総で過ごし、姉や継母から聞いた『源氏物語』の世界に憧れて、都へ上った寛仁四年（1020年）、作者十三歳の時から、宮仕えや結婚を通して現実を悟るようになり、やがて信仰に目覚める五十一歳、康平元年（1058年）夫橘俊通と死別した頃までの人生が回想的に書き綴られている。「上洛の記」「家居の記」「宮仕えの記」「物詣での記」「晩年の記」から構成される日記には、夢の記事が多いことも印象的であるが、『源氏物語』に注いだ情熱、中でも宇治十帖に登場する物語最後のヒロイン浮舟への傾倒ぶりはとくに際立っている。数多く登場する女性の中から、一途に浮舟への憧れを募らせたことを中心に、孝標女の『源氏物語』享受の多様性について考えてみる。

　菅原孝標は、菅原道真の嫡流で漢学の名高い家柄に生まれたが、学問の道に進んだというよりも、官僚として蔵人となって活躍する時期もあったものの、結局は上総介、常陸介となったことで生涯を終えた受領階級に落ちぶれていた。一方、孝標女の実母は藤原倫寧の女であり、『蜻蛉日記』の作者である道綱母の異母妹に当たる。作者とはかなりの年齢差があり、直接交流があったかどうかは不明であるが、紛れもなく作者と道綱の母は伯母と姪の関係になる。さらに作者の継母上総大輔は、漢学の名門高階家に生まれ、勅撰集に歌が入集する歌人でもある。このように、孝標女は父、母ともに文学的血筋の豊かな家系に生まれ、文学的才能に恵まれた環境で育てられ、宮仕えの経験をもつ継母からも大きな文学的な影響が与えられていたことが明らかである。

2　『源氏物語』への没頭

　さて、孝標女が生まれたのは寛弘五年（1008年）、奇しくも紫式部が『源氏物語』を執筆する時期である。まず、『源氏物語』との出会いについて、

　　つれづれなるひるま、宵居などに、姉、継母などやうの人々の、その物語、かの物
　　語、光源氏のあるやうなど、ところどころ語るを聞くに、いとどゆかしさまされ
　　ど、わが思ふままに、そらにいかでかおぼえ語らむ。(279頁)

とあるように、彼女の『源氏物語』体験は、まず少女時代に父の任国上総で過ごした時期に、姉、継母からその話を聞くところから始まった。そして、父の任期を終え都に帰った彼女は「紫のゆかり」など、『源氏物語』の一部だけは手に入ったが、物足りなく、最初から最後まで一日も早く全部読みたいと太秦の広隆寺に願をかけてみたが、適えられなかった。そのうち、

> をばなる人の田舎より上りたる所にわたいたれば、「いとうつくしう生ひなりにけり」など、あはれがり、めづらしがりて、かへるに、「何をかたてまつらむ。まめまめしき物は、まさなかりなむ。ゆかしくしたまふなる物をたてまつらむ」とて、源氏の五十余巻、櫃に入りながら、在中将、とほぎみ、せり河、しらら、あさうづなどいふ物語ども、一ふくろとり入れて、得てかへる心地のうれしさぞいみじきや。(298頁)

と、田舎から上京してきた叔母の家を訪ねたところ、『源氏物語』の「五十余巻」をはじめ、数々の物語を与えられた時の嬉しさは天にも昇る心地であった。そしてついに、

> はしるはしるわづかに見つつ、心も得ず心もとなく思ふ源氏を、一の巻よりして、人もまじらず、几帳のうちにうち臥して引き出でつつ見る心地、后の位も何にかはせむ。(298頁)

と記されるように、貴族女性の最高位であり、憧れの的であった「后の位」も彼女の物語世界への情熱の前には何の価値にもならないという思いに至った。

3 浮舟への憧れ

　その後も、孝標女の『源氏物語』への執着は日記の中に繰り返し記され、とりわけ、同じ東国育ちの浮舟への傾倒ぶりは際立っている。浮舟は、源氏の弟八宮と女房中将の君の間に生まれたが、父八の宮に認められず、継父常陸介の任地で育った。源氏の息子薫大将の愛人となったが、薫の友人匂宮からも愛され、恋の板挟みとなって思いつめたすえ、宇治川に身を投げて死のうと決意した。しかしその願いも適えず、ついに出家して尼となった女性で、いわば運命をただ忍従する悲劇的性格のヒロインである。物語には浮舟への思いを語っているところが四か所数えられる。その最初は、治安元年（1021年）上総から京に上った作者十四歳の頃である。

> （1）物語のことをのみ心にしめて、われはこのごろわろきぞかし、さかりにならば、かたちもかぎりなくよく、髪もいみじく長くなりなむ。光の源氏の夕顔、宇治の大将の浮舟の女君のやうにこそあらめと思ひける心、まづいとはかなくあさまし。(299頁)

髪が長いのは当時の美しい女性としての条件であることを考えると、これは『源氏物語』の世界に陶酔する少女の純粋な思いであり、無邪気な空想でもある。次は長元五年（1032年）作者二十五歳の頃、

(2) いみじくやむごとなく、かたち有様、物語にある光源氏などのやうにおはせむ人を、年に一たびにても通はしたてまつりて、浮舟の女君のやうに山里にかくし据ゑられて、花、紅葉、月、雪をながめて、いと心ぼそげにて、めでたからむ御文などを時々待ち見などこそせめ」とばかり思ひつづけ、あらましごとにもおぼえけり。(314頁)

と語られ、浮舟への憧れがいよいよ現実味を帯びてくる。この思いはすぐ後の「親となりなば、いみじうやむごとなくわが身もなりなむ」(314頁)という叙述を背景に語られている点が注目され[①]、父が任官となれば、現実世界において自分も常陸介の娘となることで、浮舟の境遇にさらに近づいたと実感したからであろう。さらに、長久元年（1040年）作者三十三歳、結婚直後と思われる頃に、次のような思いが語られている。

(3) その後は、なにとなくまぎらはしきに、物語のこともうちたえ忘られて、ものまめやかなるさまに、心もなりはててぞ、などて、多くの年月を、いたづらに臥し起きしに、おこなひをも物詣でをもせざりけむ、このあらましごととても、思ひしことどもは、この世にあんべかりけることどもなりや、光源氏ばかりの人はこの世におはしけりやは、薫大将の宇治にかくし据ゑたまふべきもなき世なり、あなものぐるほし、いかによしなかりける心なり、と思ひしみはてて、まめまめしく過ぐすとならば、さてもありはてず。(329頁)

日記には橘俊通との結婚生活について多くは語れていない。しかし「光源氏ばかりの人はこの世におはしけりやは、薫大将の宇治にかくし据ゑたまふべきもなき世なり」という失望感からも分かるように、俊通との結婚生活は理想からかけ離れたものと想像する場合、この述懐も「結婚に寄せた夢が無残に潰えた嗟嘆」[②]と捉えることができる。最後は永承元年（1046年）三十九歳の作者が、初瀬物詣に出かける道すがら、

(4) …紫の物語に宇治の宮のむすめどものことあるを、いかなる所なれば、そこにしも住ませたるならむとゆかしく思ひし所ぞかし。げにをかしき所かなと思ひつつ、からうじて渡りて、殿の御領所の宇治殿を入りて見るにも、浮舟の女君の、かかる所にやありけむなど、まづ思ひ出でらる。(343頁)

と語られるものである。俊通との結婚生活も六年を経った時点で、大嘗会の御禊に沸き立つ京の群衆をわき目に、初瀬物詣でに出かけ、宇治の地に足を踏み入れた時、かつて夢見ていた浮舟の女君への思いが再び蘇ったのである。

以上のように、孝標女は(1)では、少女時代に『源氏物語』に心を奪われ、年頃になると、自分もきっと光源氏の愛する夕顔や薫大将の想い人浮舟の女君のようになるであろうと、たわいもない夢を抱いていた。そして(2)では、父の任官を契機に夢の実現に心を躍らせながらも、決して高望みせず、年に一度でも通わせ、浮舟のように山里に隠し据えられ、花、紅葉、月、雪をぼんやり眺めながら、光源氏のような貴公子からの手紙を待ち受けることを夢想しているのである。しかし、その後の日常では、(3)で示されているように、平凡な結婚生活、窮屈な宮仕えなど、作者の将来に浮舟を思い描いていた夢とは裏腹の厳しい現実に直面

し、光源氏や薫大将のような貴公子はこの世にいないはずだと夢の幻滅を実感した。最後の(4)では、ようやく信仰に目覚めた作者が物語への夢を諦めたかのように見えるが、初瀬物詣での道すがら、宇治の渡し若い時に憧れていた『源氏物語』の世界が蘇り、再び浮舟に思いを寄せる。そして宇治という場所は「いかなる所なれば、そこにしも住ませたるならむとゆかしく思ひし所ぞかし」という表現について、すでに指摘されている通り、「住ませる」の主語は『源氏物語』の作者紫式部になるという解釈からすれば、『源氏物語』に陶酔していたかつての少女も、今では批評家の視点から、宇治の物語を捉えることになる（石川1957，野口1985）。

4　源資通との出会い

さて、(1)〜(3)のように、若い時に夢見ていた物語世界への憧れも不如意な宮仕えや結婚生活を経て、すでに「光源氏ばかりの人はこの世におはしけりやは、薫大将の宇治にかくし据ゑたまふべきもなき世なり」と目覚めたにもかかわらず、(4)ではなぜ再び浮舟への思いを蘇らせたのであろうか。この心境の変化は(3)と(4)の間に、日記の中で唯一描かれている作者自身の物語的体験に深くかかわっているのではなかろうか。それは歌人であり、蹴鞠に堪能で音楽の素養も豊かな貴公子源資通との出会いと別れである。それについて日記ではまず次のように語られている。

　　　上達部・殿上人などに対面する人は、定まりたるやうなれば、うひうひしき里人は、ありなしをだに知らるべきにもあらぬに、十月ついたちごろの、いと暗き夜、不断経に、声よき人々よむほどなりとて、そなた近き戸口に二人ばかりたち出でて聞きつつ、物語してより臥してあるに、参りたる人のあるを、「にげ入りて、局なる人々呼びあげなどせむも見ぐるし。さはれ、ただ折からこそ。かくてただ」といふいま一人のあれば、かたはらにて聞きゐたるに、おとなしく静やかなるけはひにて、ものなどいふ、くちをしからざなり。(333頁)

資通との最初の出会いは長久三年（1042年）十月の初旬、祐子、禖子両内親王の高倉殿で行われた不断経の時であった。それは「星の光だに見えず暗きに、うちしぐれつつ、木の葉にかかる音のをかしき」（334頁）頃で、時雨の降る情趣深い夜であった設定がまず注目される。同僚女房と二人で資通と歓談しているうちに、話題はいつしか「春秋優劣論」へと発展していく。

　　　春秋のことなど言ひて、（中略）「いづれにか御心とどまる」と問ふに、秋の夜に心
　　を寄せて答へたまふを、さのみ同じさまにはいはじとて、
　　　　あさみどり花もひとつに霞みつつおぼろに見ゆる春の夜の月
　　と答へたれば、かへすがへすうち誦じて、「さは秋の夜はおぼし捨てつるななりな。
　　　　今宵より後の命のもしもあらばさは春の夜を形見と思はむ（335頁）

資通は作者の春にひかれる歌を繰り返し口ずさみ、賞賛の歌を返した。資通と出会った二

年ほど前に、作者はすでに橘俊通と結婚し、夢見ていた浮舟のような人生も、夫とのあまりにも平凡な日常の続く中、資通の登場は作者にとってはじめて出会った『源氏物語』的な世界の貴公子とも言えよう。その後、不断経の翌年の八月に、作者は宮中で管弦の遊びが催された時に資通と再会し、「時雨の夜こそ、かた時忘れず恋しくはべれ」(338頁)と声を掛けられたのに対し、返しの歌を詠んだが、大勢の人が集まる中で渡すこともできず、そのまま局に戻ってしまった。そして、この再会の場面も「暁がたの月の、あるかなきかにをかしき」(337頁)と、明け方の空に浮かぶ月の趣深い頃という設定であった。三度目の出会いはさらにその翌年の、

> 春ごろ、のどやかなる夕つかた、参りたなりと聞きて、その夜もろともなりし人と、ゐざり出づるに、外に人々参り、内にも例の人々あれば、出でさいて入りぬ。あの人もさや思ひけむ、しめやかなる夕暮を、おしはかりて参りたりけるに、騒がしかりければまかづめり。
> 　　かしまみて鳴門の浦にこがれ出づる心は得きや磯のあま人
> とばかりにてやみにけり。あのひとがらも、いとすくよかに、世のつねならぬ人にて、「その人は、かの人は」なども、たづね問はで過ぎぬ。(338—339頁)

と記され、のどやかな夕暮に資通が高倉殿に参上したと聞いて、同僚女房と部屋の外へ出ようとしたが、内にも外にも大勢の人が詰めているため、この時も人目を気にして「かしまみて」の歌を詠んだだけで終わってしまった。

5　終わりに

　見てきたように、作者と資通の出会いと別れを語る場面は、「うちしぐれつつ」「暁かたの月」「のどやかなる夕つかた」「しめやかなる夕暮」など、まるで「物語的な、優艶なイメージをかもし出す装置」(小谷野 2010:294)の中で展開され、いかにも物語における男と女の逢瀬を思わせる場面設定でとなっている。さらに「あの人もさや思ひけむ」、私も「とばかりにてやみにけり」という表現からも、この「周囲の人目に対する両者の配慮は、忍ぶ恋にも似」たような設定で、「事実、資通の描かれ方は、作者にとって初めて巡り合った「物語の中の男君」を思わせるもの」[⑧]が感じられる。
　このように、一見して孝標女は平凡な結婚生活のため、少女時代に描いていた浮舟憧憬の夢は空しい結果になったように見える。しかし光源氏のような貴公子資通と出会い、「春秋優劣論」における資通との雅な会話と和歌のやり取りを通して、『源氏物語』的な世界に自らの身を置き、浮舟さながらの女君を演じる物語的女君の「疑似体験」があったからこそ、少女時代から抱いていた物語への夢を再び甦らせたのであろう。このように見てくると、孝標女は『源氏物語』の虜になった文学少女であり、浮舟の人生にわが身をよそえる女性であった。それと同時に、物語の作家的意識で『源氏物語』を捉える批評家でもあり、さらには教養豊かな貴族資通との交歓を通して、『源氏物語』的な世界を体現するなど、孝標女の『源氏物語』享受の多様性を認めることができよう。

注

① 犬養廉校注・訳『更級日記』解説373頁（新編 日本古典文学全集26・和泉式部日記/紫式部日記/更級日記/讃岐典侍日記[M].東京:小学館,1995.）。
② 注①に同じ。
③ 注①解説338頁頭注。

使用テキスト

藤岡忠美,中野幸一,犬養廉,他.新編 日本古典文学全集26・和泉式部日記/紫式部日記/更級日記/讃岐典侍日記[M].東京:小学館,1995.

参考文献

[1] 津本信博.日記文学の本質と方法[M].東京:風間書房,2001.
[2] 菅原孝標女.更級日記[M].原岡文子訳注.東京:角川文庫,2003.
[3] 福家俊幸,和田津子,久下裕利.更級日記の新世界[M].東京:武蔵野書院,2016.
[4] 土方洋一.中宮彰子文化圏と『更級日記』[M]//桜井宏徳,中西智子,福家俊幸.藤原彰子の文化圏と文学世界.東京:武蔵野書院,2018.
[5] 石川徹.源氏物語の影響を受けた平安後期の文学[J].国語と国文学,1957(10).
[6] 野口元大.更級日記と源氏物語—菅原孝標女の作家的資質—[J].上智大学国文学紀要2,1985(1).
[7] 小谷野純一.更級日記への視界[M].東京:新典社,2010.

作者情報

氏名：胡秀敏
役職名：教授
所属機関：昭和女子大学人間文化学部日本語日本文学科
連絡先：〒154-8533　東京都世田谷区太子堂1-7
メールアドレス：xiumin@swu.ac.jp

日本文学におけるアダプテーション
—歴史的背景と三島由紀夫・安部公房の先駆的実践—*

大東文化大学　木村陽子

1　アダプテーションの定義と歴史的背景

　2000年以降の文学・文化研究の潮流として、アダプテーション研究の隆盛を挙げることができる。「アダプテーション（adaptation）」という語は、一般には「環境への適応」という意味で使用されるが、こと文学研究においては、次のような広範囲の作品変換を意味している。

（1）小説やコミックの「映画化」、映画の「舞台化」、演劇の「テレビドラマ化」、テレビドラマの「ノベライズ化」のような〈メディア変換〉
（2）古典を現代の物語に、または、海外の話を自国の話に「翻案」するような〈時代・場所・風俗・人物設定などの変換〉
（3）過去に制作された作品のリメイク

　2008年、英国オックスフォード大学の学術誌として『Journal of Adaptation』が創刊された。同誌では、シェイクスピア原作の戯曲『オセロー』とその翻案であるヴェルディのオペラ『オテロ』を比較検討するような古典的研究から、人気小説やコミックの映像化、音楽化、ゲーム化などのメディア・ミックスを対象とするような最新の研究まで、アダプテーションに関する幅広い研究が活発に行われている。
　一方、日本では古来より古典を尊重し規範とする気風が強かった。中世和歌の「本歌取り」や江戸の浄瑠璃・歌舞伎の「世界」などにみられるように、先行する作品をベースに新たな作品を創作、再生産（リプロダクション）するアダプテーションの技法が、有効な創作技法として認められる伝統的基盤があった。「翻案」という語も、すでに14—15世紀の成立とされる『太平記』第7巻の中に用例がある[①]。室町時代の猿楽師・世阿弥は、『通盛』『実盛』『忠度』『頼政』『敦盛』『八島』『常政』など、鎌倉時代の『平家物語』を下敷きにして多くの能を制作している。日本人から長く愛読されている平安時代の『源氏物語』は、後世に数多くのアダプテーション作品を生み、能や歌舞伎に限ってみても、『半蔀』『夕顔』『葵上』『野宮』『須磨源氏』『住吉詣』『玉鬘』『落葉』『源氏供養』『浮舟』など、その例は枚挙に暇がない。
　こうした日本の伝統的創作技法として認知されてきたアダプテーションも、活字出版物が普及し著作権概念が発生した近代に至ると、当然ながら法的規制の対象となっていったが、

---

*　本研究はJSPS科研費20K02892の助成を受けたものです。

文 学

それでもアダプテーションによる作品創出の流れは止まらなかった。泉鏡花の小説『義血俠血』は、初期の成功したアダプテーション事例である。1894年、鏡花が「なにがし」の筆名で『読売新聞』に連載したこの小説は、早くも翌1895年には、当時、大衆向け演劇で一世を風靡していた川上音二郎一座によって無断で舞台化され、新派劇『瀧の白糸』として上演された。興行自体は盛況だったが、栗原（2008：30）によれば、鏡花の師匠だった尾崎紅葉が、これを「版権侵害」（当時は印税契約ではなく版権ごとの買い取りだった）であるとして抗議し、川上側が新聞数紙に謝罪広告を出す騒動に発展した。しかし、歴史的評価の点では、むしろ川上の『瀧の白糸』の方に軍配が上がった。本作はその後、『瀧の白糸』の名で6本の映画が制作された他、テレビドラマ化、オペラ化など、今日までにさまざまなアダプテーションが試みられている。

このように、先行する他者の創作物のアイディアを後進のクリエイターが活用する意味でのアダプテーションは明治時代においても頻繁に行われていた。特に外国語に通じた特権階級的な作家たちは、外国文学のアイディアの無断借用を、大なり小なり日常的に行っていたと想像される。「明治の文豪」として夏目漱石と並び称された森鴎外もその一人である。もともと鴎外の創作物は、西欧文学の〈翻訳もの〉や日本の古典から材を取った〈歴史もの〉など翻案作品が多く、体験やフィクショナルな想像力だけで小説を書くことには苦手意識を持っていたようだ。「鴎外漁史とは誰ぞ」（1900）の中で、そのことを鴎外はやや自嘲気味に「予が書いたものの中に小説といふやうなものは、僅に四つ程あつて、それが皆極の短篇で、三、四枚のものから二十許りのものに過ぎない」と述べている。竹山哲（2002：60-62）によれば、この「四つ」の小説とは、『舞姫』（1890）、『うたかたの記』（1890）、『文づかひ』（1891）、『そめちがへ』（1897）であるという。日露戦争（1904—1905）への出征などで一度は創作から離れた鴎外は、1903年、英国留学から帰国した「漱石の目覚ましい活躍に刺激されて」、「諦めていた小説を再び書く気になった」。しかし、1911年から12年にかけて連載された「『灰燼』の途中で筆を投げてしま」い、「やはり小説は向いていない、と悟った」のだという。

ところが、鴎外から創作の才を羨望されていた漱石も、アダプテーションと無縁であったとは言えない。雑誌『新小説』（1906年5月）に掲載された藤代素人の「猫文士気炎録」の中で、当時、『ホトトギス』に連載中だった『吾輩は猫である』（1905—1906）がE・T・A・ホフマン（1776—1822）の小説『牡猫ムルの人生観』（1819—1821）に酷似していると指摘された漱石が、逆上して小説連載を1906年8月に唐突に終了したことは有名な話である。

換言すれば、明治時代の語学エリートたちは、海外のすぐれた文学作品によって目を開かれ、それらから学び、時にそれらを模倣して日本の近現代文学を切り開いていったとも言える。無論、ひとたび「盗作」「剽窃」の風評が広まれば、クリエイターとして致命的な痛手を負う。そのため、種本は極力人目につきにくいものから選ぶといった努力が個々に行われていただろうことは想像に難くない。

しかし、結論から言うと、日本の近現代文学においては、「盗作」の誹りを受ける面よりも、「アダプテーション」はすぐれた作品を生み出すための有効な技法として、積極的に活用された面が大きかった。その契機となったのが、森鴎外の「歴史其儘と歴史離れ」（1915）というエッセイだった。前述したように、フィクショナルな想像力への苦手意識を持っていた鴎外は、その後、〈歴史もの〉へと傾斜していったが、しかし〈歴史もの〉であっても「小説」である以上、最低限のフィクショナルな想像力は必要である。ところが鴎外は、その最低限の

想像力すらも次第に厭うようになった。「歴史其儘と歴史離れ」の中で、鴎外は次のように述べている。

> わたくしは史料を調べて見て、其中に窺（うかが）はれる「自然」を尊重する念を発した。そしてそれを猥（みだり）に変更するのが厭（いや）になつた。これが一つである。わたくしは又現存の人が自家の生活をありの儘（まま）に書くのを見て、現在がありの儘に書いて好いなら、過去も書いて好い筈だと思つた。これが二つ目である。

この後、鴎外は虚構性を排した「歴史其儘」の方向へと進んでいったが、逆に、「歴史離れ」の方向に光明を見出したのが芥川龍之介だった。芥川は、『羅生門』『鼻』『芋粥』といった古代や中世の説話物語から材を取った短編小説を次々に発表し、文壇的成功を収めた。そしてその後も〈王朝もの〉〈切支丹もの〉〈江戸もの〉〈開化もの〉〈童話〉などの多様なジャンルの小説を、素材は古典に借り、そこへ現代的テーマを付与・注入する「歴史離れ」の手法によって量産していった。表1は、芥川の主要アダプテーション作品と典拠の代表例である。

表1　芥川龍之介のアダプテーション作品・典拠の代表例

発表年	タイトル	典拠
1915	羅生門	『今昔物語集』
1916	鼻/芋粥	『今昔物語集』『宇治拾遺物語』
1917	運/道祖問答/偸盗	『今昔物語集』『宇治拾遺物語』
1917	戯作三昧	『馬琴日記抄』
1917	或日の大石内蔵之助	『堀内伝右衛門覚書』ほか
1918	奉教人の死	スタインシェン『聖人伝』
1918	地獄変/邪宗門	『宇治拾遺物語』『古今著聞集』ほか
1918	枯野抄	『芭蕉終焉記 花屋日記』
1918	蜘蛛の糸	ポール・ケーラス『カルマ』
1919	きりしとほろ上人伝	ウォラギネ編『黄金伝説』
1919	龍	『宇治拾遺物語』
1919	じゅりあの・吉助	アナトール・フランス『聖母の軽業師』
1920	杜子春	李復言『杜子春伝』
1920	舞踏会	ピエール・ロチ『江戸の舞踏会』
1920	南京の基督	谷崎潤一郎『秦准の夜』
1921	好色	『今昔物語集』『宇治拾遺物語』
1921	藪の中	『今昔物語集』
1922	俊寛	『源平盛衰記』『平家物語』ほか
1922	六の宮の姫君	『今昔物語集』

(続き)

発表年	タイトル	典拠
1923	おしの	アナトール・フランス『ラエタ・アキリア』

　こうした芥川のアダプテーションの試みは、その後、菊池寛、室生犀星、堀辰雄など芥川周辺の作家たちにも広がっていき、時代が下ると、芥川の小説を愛読した文学青年たちの中からも、太宰治、三島由紀夫のようなすぐれたアダプターが輩出された。

　近年、日本では高校の国語教育においても、アダプテーションが日本の伝統的言語文化として重視されるようになった。文部科学省は、高校一年生を対象とした国語教育の重要な指導事項として「文章を読んで脚本にしたり、古典を現代の物語に書き換えたりすること」（文部科学省 2010:27）を挙げている。前掲した「アダプテーション」の定義に従えば、「文章を読んで脚本に」することは〈メディア変換〉に、「古典を現代の物語に書き換え」ることは〈時代・場所・風俗・人物設定の変換〉に相当するが、その趣旨を文部科学省は、次のように説明している。

　　このような翻案をする言語活動において、文章を自分の知識、思考、体験などと照合させながら繰り返して読むことは、読み手の認識の変容を促すとともに主体的な読みの確立につながる。（中略）我が国の言語文化においては、しばしばこうした翻案が新しい言語文化の担い手として機能してきた。口承文芸だけでなく、和歌の本歌取りや謡曲などもまたその副産物といえる。近世や近代以降の小説の多くもまた我が国や中国の伝統的な言語文化を基にしていることは言うまでもない（文部科学省 2010:27）。

　つまり、「翻案」（＝アダプテーション）という日本の特徴的な言語文化を、現代の生徒たちにも積極的に学ばせようというのである。高校一年生の必修教科書『国語総合』全25種のすべてに芥川の『羅生門』が掲載されていることは、こうした国家の教育方針の体現であると言えるだろう。

2　三島由紀夫、安部公房の先駆的アダプテーション実践

　以上のような「アダプテーション」という視点から捉え直される日本文学史の中でも、とりわけ異彩を放っているのが、1950年代から70年代の日本で試みられた、三島由紀夫（1925—1970）と安部公房（1924—1993）の先駆的アダプテーション実践である。三島と安部は年齢も1歳違いで、作家としての最盛期が映画・ラジオ・テレビなどの新興メディアの勃興期と重なっていた点、映像メディアや舞台メディアに意欲的に進出した点、欧米からの評価が高く、国内の評論の無理解に苦しみノーベル文学賞をめざした点など共通点も多く、生涯にわたってよきライバル関係にあった。しかしながら、こと彼らがアダプテーションにおいて示した特徴は、同時代に生きながらまったく異なっていた。

2.1　三島由紀夫：博覧強記に基づく創作エンジンとしてのアダプテーション

　三島由紀夫のアダプテーションの特徴の第一は、多くの作品が映画化されている点にあ

る。その数は、純文学の作家のものとしては異例の21作にものぼる。

ではなぜ三島作品はそれほど多く映画化されたのだろうか。何より彼が無類の映画好きで、自作を惜しみなく提供したことによるだろう。1951年の『純白の夜』(松竹)を皮切りに、50年代だけでも9作品[②]が映画化されているが、その頃の映画の質は必ずしも三島が満足するようなレベルには達していなかった。特に1957年度の三島のベストセラー小説である『美徳のよろめき』の映画化(1957、日活)では、あまりにひどい映画の出来に三島はショックを受けたと言われている。にもかかわらず、彼はその後も映画から距離を置くどころか、むしろ積極的に映画制作にかかわっていった。1959年公開の『不道徳教育講座』(日活)では、プロローグとエピローグに三島自身が作者役として出演し、翌年には映画会社大映と俳優として専属契約を締結した。初の主演映画となった『からっ風野郎』(1960)では、三島は彼のイメージからは最も遠いチンピラやくざ役を熱演し、さらには挿入歌を自ら作詞して歌い、キングレコードから歌手デビューまで果たしている。こうした行動からも窺えるように、当代きっての知性派として認知され、高踏的、芸術至上主義的な作家イメージで捉えられがちな三島由紀夫であるが、その根底には意外なほどの通俗性が流れている。そして、その通俗性が、大衆娯楽性の強い映画というメディアとの相性のよさを担保していたと考えられる。

三島由紀夫のアダプテーションの特徴の第二は、舞台メディアにおける彼が手掛けたジャンルの幅広さにある。若い頃、有栖川宮熾仁親王付きの女官として仕え、伝統芸能や古典文学への造詣が深かった父方の祖母の手で育てられた三島は、戦後派世代としては珍しく歌舞伎や能、文楽などにも精通していた。その三島が45年の生涯に手掛けた舞台台本は、数多くの現代劇台本のほかに、中世の謡曲を現代劇に換骨堕胎した近代能楽集が9作[③]、日本舞踊5作[④]、さらにはミュージカル、ラジオドラマ、オペレッタ、レビュー、パントマイム、翻訳劇、文楽にまで及んだ。

そして、三島由紀夫のアダプテーションの最大の特徴が、原典となる作品の多様さである。表2はその〈ジャンル〉や〈典拠〉の代表例を挙げたものだが、見て明らかなように〈洋の東西〉〈古典/現代もの〉を問わず、三島のアダプテーションは非常に広範囲な作品群を典拠としている。

表2 三島由紀夫のアダプテーション作品・ジャンル・典拠の代表例

発表年	タイトル	ジャンル	典拠
1948	獅子	短編小説	エウリピデース「メーディア」戯曲、古代ギリシアBC431年
1949	恋重荷	短編小説	世阿弥「恋重荷」謡曲、室町時代
1954	潮騒	長編小説	ロンゴス「ダフニスとクロエ」物語、古代ギリシア2—3世紀
1954	葵上	現代劇	世阿弥「葵上」謡曲、室町時代
1955	地獄変	歌舞伎台本	芥川龍之介「地獄変」短編小説、大正時代
1955	牡丹	短編小説	リラダン「最後の宴の客」短編小説、フランス19世紀
1955	班女	現代劇	世阿弥「班女」謡曲、室町時代

(続き)

発表年	タイトル	ジャンル	典拠
1955	芙蓉露大内実記	歌舞伎台本	ラシーヌ「フェードル」戯曲、フランス17世紀
1956	オルフェ	日本舞踊	ジャン・コクトー「オルフェ」映画、1950年
1957	薔薇と海賊	現代劇	チャイコフスキー作曲「眠れる森の美女」バレエ
1958	橋づくし	日本舞踊	三島由紀夫「橋づくし」小説
1958	むすめごのみ帯取池	歌舞伎台本	山東京伝「桜姫全伝、曙草紙」戯作、江戸時代
1960	プロセルピーナ	翻訳劇	ゲーテ「プロセルピーナ」独白劇、ドイツ18世紀
1961	黒蜥蜴	現代劇	江戸川乱歩「黒蜥蜴」長編小説、昭和9年
1968	源氏供養	現代劇	作者不詳「源氏供養」謡曲、室町時代
1969	椿説弓張月	歌舞伎台本	滝沢馬琴「椿説弓張月」読本、江戸時代
1970	豊饒の海	長編小説	作者不詳「浜松中納言物語」日記文学、平安時代

幼少期に病弱で自宅に籠りがちだったこともあり、三島は歳若くして古今東西の書物を読破していた。その博識が、多様なジャンルの作品創作の源泉となっていたのである。

留意すべきは、これらの小説や芝居の典拠を、三島が躊躇なく「あとがき」や「パンフレット」の中で明かしていたことだ。前述したように、日本ではアダプテーションを効果的な創作技法として認知する文化的土壌があったため、幸いにも三島が「盗作」の誹りを受けることはなかった。それどころか、同時代作家たちは彼の博覧強記ぶりに目を見張り、典拠の多様さは、むしろ三島の声望を高める方向に働いただろう。

しかも驚くべきは、時代もジャンルも意に介さない三島の大胆な翻案方法である。たとえば、世阿弥の作とされる能『班女』を現代劇に翻案した三島の『班女』(1955)に登場する狂女・花子について、三島は、オーストリアの詩人リルケの『マルテの手記』の中に描かれる「ポルトガルの一尼僧マリアンナ・アルコフォラドその他の『愛する女性』の面影がなければならぬ。又リルケの描いたサフォーのイメーヂが、作者の私にはあった」と「解説」で明かしている。まさに自由自在、縦横無尽。

鷗外が理論化し、芥川が種をまいた「歴史離れ」の手法を、スケールの点で大きく飛躍させた三島由紀夫のアダプテーションは、日本文学における一つの極北を成したと言えるだろう。

2.2 安部公房：作品テーマを進化／深化させるセルフ・アダプテーション

他方の安部公房も、三島由紀夫同様、幅広いメディアを手掛けたアダプターだった。安部は小説のほかに、生涯に38の演劇台本、32のラジオドラマ、14の映画脚本、13のテレビドラマを制作している。

しかし、クリエイターとしての安部公房の特徴は、三島由紀夫以上に〈作家＝書く〉とい

う行為の枠に止まらず、際限のない自己拡張を試みた点にある。たとえば、安部は自身の小説の映画化のオファーに対して、「原作者」の立場に甘んじることを良しとせず、小説を自身の手で映画脚本にリライトした。しかし、妥協を許さない性格だった安部の脚本は、当時の映画制作のレベルでは技術的にも予算的にも不可能であることが多く、ほとんどの企画は頓挫した。そのため、安部は親友で資産家の息子だった勅使河原宏に映画監督を務めさせ、自らの影響力が及ぶかたちで映画を5本[6]制作し、そのうちの『砂の女』（1964）で、カンヌ国際映画祭審査員特別賞をはじめ国内外の多くの映画賞を受賞した。さらに映画熱の高まった安部は、カメラなどの機材を買い集め、自宅に暗室まで作って、自主制作映画『時の崖』（1971、16ミリ）を撮っている。

　映画の場合と同様に、安部は演劇でも台本の提供以上の制作への関与を求めた。1966年、桐朋学園短期大学芸術科演劇専攻の教授に就任すると、「ゼミ」というかたちではあったが、台本から演出までのトータルな舞台創造を実現すると、これに自信を深め、商業演劇でもプロの演出家として舞台を手掛けるようになった。そしてついに1973年、演劇集団「安部公房スタジオ」（1973—1979）を主宰し、台本、演出、音楽から俳優の育成まで、すべてを1人で行うようになった。安部は生涯に16作、自作の舞台演出を務めている。

　まさにオールラウンダーだった安部公房だが、スポーツにおける近代5種目が、1人で射撃・フェンシング・水泳・馬術・ランニングの5競技をこなし順位を決める複合競技であるのに対し、安部は自らの創作技法をそれに準え、小説・映画・演劇・ラジオドラマ・テレビドラマをそれぞれのメディア特性を追求しつつも、ほぼ同列に、複合競技的に扱い、1つのテーマに対して多角的な迫り方をしながら思考を練り上げていった。表3は、安部がセルフ・アダプテーションした主要作品の一覧だが、表に見るように、安部の代表作である『砂の女』は、1962年にまず小説として刊行され、翌1963年にラジオドラマが放送され、翌1964年に映画公開されている。あるいは、1971年に公開された自主制作映画『時の崖』は、もともとは1963年に放送されたラジオドラマ『チャンピオン』が、翌64年に小説『時の崖』として刊行され、1969年に演劇『時の崖』として上演されたものを、さらにリライトして映画化したものだった。

表3　安部公房のセルフ・アダプテーション主要作品一覧

小説	映画	戯曲	ラジオドラマ	テレビドラマ
赤い繭 1950年	——	赤い繭 1960年	赤い繭 1960年	——
闖入者 1951年	——	友達 1967年	闖入者 1955年	闖入者 1963年
盲腸 1955年	——	緑色のストッキング 1974年	盲腸 1960年	羊腸人類 1962年
棒 1955年	——	棒になった男 1969年	棒になった男 1957年	——
夢の兵士 1957年	——	巨人伝説 1960年	兵士脱走 1958年	日本の日蝕 1959年
——	おとし穴 1962年	——	——	煉獄 1960年
砂の女 1962年	砂の女 1964年	——	砂の女 1963年	——

(続き)

小説	映画	戯曲	ラジオドラマ	テレビドラマ
時の崖 1964年	時の崖 1971年	時の崖 1969年	チャンピオン 1963年	——
他人の顔 1964年	他人の顔 1966年	——	——	——
燃えつきた地図 1967年	燃えつきた地図 1968年	——	——	——

　しかしそうした複数メディアの横展開は、今日「メディア・ミックス」と呼ばれているような効率性重視の発想から試みられたのではなかった。「作者としてテーマを大切にすれば、いろいろな表現媒体を使ってくり返し練り直すことが望ましい」(『朝日新聞』1959.10.13)と考えていた安部公房にとって、アダプテーションとは、メディアを変えながら、繰り返し作品化する過程を経る中で、掴まえたテーマを〈進化/深化〉させることを目的とした彼固有の制作思想であったのである。

　注目したいのは、そうしたセルフ・アダプテーションの技法で制作された安部作品が、オリジナリティの点で、同時代において〈市民権〉を得ていたということである。表3に見るように、1967年に読売文学賞受賞を受賞した戯曲『友達』は、1951年に小説「闖入者」として発表されたものが、1955年にラジオドラマ化され、1963年にテレビドラマ化されたものを、さらにリライトしたものだった。あるいは、1974年に谷崎潤一郎賞を受賞した戯曲『緑色のストッキング』も、1955年に小説『盲腸』として発表されたものが、1960年にラジオドラマ化され、1962年にテレビドラマ化されたものを、さらにリライトしたものだった。〈メディア変換〉しているとはいえ、後続の作品が前作のリメイクであることは各賞の選考委員たちも熟知していたはずである。同様に、安部はセルフ・アダプテーションによって制作した作品で、ラジオドラマやテレビドラマを対象とした日本民間放送連盟賞(民放祭)で3回、文化庁主催の芸術祭で5回入賞を果たしている。この事実は、「アダプテーション」という制作技法に対する日本文化の許容度の高さを示していると言えるだろう。

3　まとめ

　「本歌取り」などの伝統文化をもっていた日本では、「アダプテーション」という制作技法が、陰に陽に広く活用されてきた。森鴎外の理論化や芥川龍之介の実践例での成功を経て、日本文学ではアダプテーションを駆動力とする多くのすぐれたアダプターを輩出してきた。そのような中、創作エンジンの要としてアダプテーションをフル活用した三島由紀夫と、1つのテーマの〈進化/深化〉のためにセルフ・アダプテーションを生涯にわたって実践した安部公房の先駆性は、今一度評価されてよいのではないだろうか。

注
① 「ここに、いかなる者が読みたりけん、一首の古歌を翻案して、大将の前にぞ立てたりける」。「千剣破城の合戦のこと」より。

②『夏子の冒険』『にっぽん製』『潮騒』『幸福号出帆』『金閣寺』『永すぎた春』『美徳のよろめき』『不道徳教育講座』。
③『邯鄲』『綾の鼓』『卒塔婆小町』『葵上』『班女』『熊野』『道成寺』『弱法師』『源氏供養』、歌舞伎5作（『鰯売恋曳網』『地獄変』『芙蓉露大内実記』『むすめごのみ帯取池』『椿説弓張月』）。
④『艶競近松娘』『室町反魂香』『熊野』『朝の躑躅』『橋づくし』。
⑤『おとし穴』『砂の女』『白い朝』『他人の顔』『燃えつきた地図』。

参考文献

[1] 栗原裕一郎.〈盗作〉の文学史[M].東京:新曜社,2008.
[2] 竹山哲.現代日本文学「盗作疑惑」の研究―「禁断の木の実」を食べた文豪たち―[M].東京:PHP研究所,2002.
[3] 森鴎外.森鴎外全集 第7巻[M].東京:筑摩書房,1960.
[4] 文部科学省.高等学校学習指導要領解説・国語編[M].東京:教育出版,2010.
[5] 三島由紀夫.決定版 三島由紀夫全集 第1～36巻[M].東京:新潮社,2000―2003.
[6] 安部公房.安部公房全集30[M].東京:新潮社,2009.
[7] 木村陽子.安部公房とはだれか[M].東京:笠間書院,2013.

作者情報

氏名：木村陽子
役職名：准教授
所属機関：大東文化大学文学部日本文学科 大東文化大学大学院文学研究科日本文学専攻
連絡先：東京都板橋区高島平1-9-1木村陽子研究室
メールアドレス：y.kimura@ic.daito.ac.jp

社会学の観点からマクロの文学を考察する
―危機管理者としての作家について―

花村嘉英

1 はじめに

　本論は、小説のデータベースを作成しながら、作家の執筆脳を集団の脳の活動として広義に説明するために、社会のあらゆる側面を考察の対象にする社会学の観点に基づいたマクロの文学分析を試みる。

　これまでは作家の執筆脳としてシナジーメタファーを作家毎に狭義で研究してきた。今回は集団を意識して、作家としての人間の条件にリスクの警鐘を鳴らす危機管理者というエキスパートとしての資質を設け、社会とリスクという観点に立ち、シナジーのメタファーから集団の脳の活動について考察していく。リスクとは現実に被る不利益や損益のことで、危機はそうなるかもしれないという不安感を指す。本論でいう危機管理者は、双方を扱うことにする。作家の役割としては、他にも文化とか自然の観察者あるいは歴史の伝承者を考えることができる。

　花村（2018a）の中で取り上げた作家、トーマス・マン、魯迅、森鴎外、ナディン・ゴーディマ、井上靖が試みるリスク回避の研究をさらに濃くするために、それぞれの作家の小説を用いてデータベースを作成し、平易な統計分析、例えば、バラツキ、相関関係、多変量そして心理学によるデータ分析を行っている。こうすると文学や言語学に関するミクロの研究や国地域の比較に加えて、トップダウンからのリスク社会論に基づくマクロの研究と共に、中間に位置するメゾの研究を処理することができるからである。

　また、国地域に関して言語や文化による分け隔てはなく、地球上のどこもが研究の対象になるため、シナジーのメタファーは、すべての言語に適応可能な研究方法といえる。因みにこれまで筆者が研究した作家の国地域を見ると、東アジア（森鴎外、魯迅、井上靖、川端康成、小林多喜二）、ヨーロッパ（トーマス・マン、ハインリヒ・ベル）、南アフリカ（ナディン・ゴーディマ）であり、さらに北米や南米など他の国地域の作家たちにもシナジーのメタファーの研究を適応させていきたい。

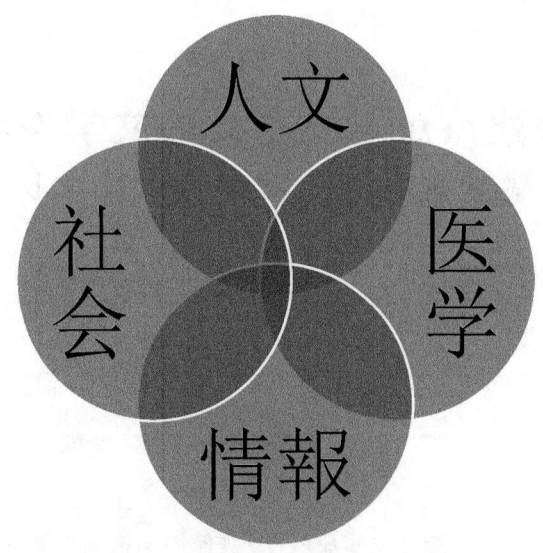

図1　マクロの文学のイメージ

　イメージ図を見てみよう。人文と社会の間には文化があり、人文と医学の間にはカウンセリングがある。そして、人文と情報の組で見ると、例えば、コーパス、パーザー、機械翻訳、計量言語学（いずれも購読脳）さらには小説のLのデータベース（執筆脳）があり、一方で社会や医学と情報システムが組をなして全体的にバランスを取っている。図の中央にある縦横のシナジーの目は、脳科学の役割を果たし、司令塔としてそれぞれの系列に指示を出すイメージである。

　無論、イメージ図の中には地球規模として東西南北からオリンピックにまで広がる国地域があり、また、Tの逆さの認知科学の定規と縦横に言語と情報の認知を取るLの定規、さらにはロジックを交えたメゾの箱が含まれている。こうした地球規模とフォーマットのシフトを条件とする、総合的で学際的なマクロの文学研究が人生をまとめるための道標として人文科学の研究者たちにも共通認識となれば幸いである。

2　ネットワークの構築

　社会学の考え方として、多方面に渡って人間相互のネットワークを分析することにより、人間の条件を理解するというものがある。橋爪他（2016）は、社会のごく一面に注目して研究を進める政治学や経済学や法学とは異なり、社会学こそが社会全体を丸ごと研究する学問とし、人間と人間との関係こそが社会であると考えている。政治も経済も法律も確かに人間と人間との関係を扱っている。しかし、いずれも権力や金や法律による関係であって、特殊なものである。一方、社会学は、多様な関係のより一般的な在り方を研究する学問である。

　作家の執筆脳を理解するとき、文理に通じるようにシナジーのメタファーという用語を使用している。作家が自身で執筆していれば、読者に伝えようと思っている情報が小説の中に必ずあるはずである。例えば、定番の読みといわれるもの、トーマス・マンならばイロニー、魯迅ならば馬虎（詐欺をも含む人間的ないい加減さ）、川端康成であれば無と創造がそれに当たる。

文 学

　そもそも作家の執筆脳は、人の目には見えないものである。執筆脳の研究をするとしたら、理系の研究者の場合、生存者の脳波を取り、反応している部位の細胞を調べていくであろう。一方、人文の研究者は、あくまで文献学が専門のため、亡くなった作家についても自分で書いていることを条件にデータベースを作成しながら研究するとよい。

　小説のデータベースを作成するプロセスについては、これまで何度も学会で発表し、著作や論文の中で説明している（花村 2005；花村 2015；花村 2017；花村 2018a；花村 2018b；花村 2019）。その際、狭義のシナジーのメタファーは、縦が購読脳で横が執筆脳になるLのイメージとした。また、信号の流れは、縦横ともに何かの分析→直感→エキスパートである。双方の脳の活動は、脳内の信号のパスを探す、若しくは、脳のエリアの機能を探すことによりマージができ、ミクロとマクロの中間にあるメゾのデータになる。そして、Lのイメージを安定させるためには、人文と社会、人文と情報、文化と栄養そして心理と医学さらにブラインドで社会とシステムといった共生の組み合わせが必要になる。

　本論では、広義のシナジーのメタファーを考察するため、個々のデータベースを束ねたネットワークの構築とその評価について検討していく。例えば、危機管理者としての作家の執筆脳を社会学の観点から集団の脳の活動と見なし、人文科学が研究対象とする個人の脳の活動と組にする。通常、ネットワークの構築は、ネットワークエンジニアによりローカルとグローバル双方で行われる。ローカルは、居住区とか社内のネットワークのことであり、一部に限定されたイメージである。一方のグローバルなネットワークは、地球規模を想定した広域なイメージである。ここでは、何かと地球規模を想定しているため、グローバルなネットワークを安定させるための方法やローカルとの連携などが考察の対象になる。

　社会学のデータ処理は、3つの段階がある。橋爪他（2016）によると、(1)アンケートや世論調査といった独自の方法を通したデータの収集、(2)集めたデータの背後に隠れている情報を見出すデータの解析、(3)質的データや量的データに対する社会学的な意義の提出が条件になる。（「4 データの収集と解析」および「5 社会とリスク」を参照すること）

3　危機管理者としての作家の役割

　通常、人は、リスクに結びつくことをしないように心掛ける。しかし、より合理的であろうとすると、そこにはリスクが生まれる（バウマン,メイ 2016）。つまり、グローバル化の合理性を深追いすると、そこには落とし穴が待っている。一方にローカライズがある。リスクを想定し原因を回避できるように局所化を工夫する。リスクの原因を誤ったところに置かないように気を付けるためである。

　パイロットとか救急医療または株式市場の現場で働くエキスパートと同様に、作家もリスク回避をテーマにして作品を書いている。（花村 2017）例えば、トーマス・マンは、20世紀の前半にドイツの発展が止まることを危惧して小説や論文を書き、魯迅は、作家として馬虎という精神的な病から中国人民を救済するために小説を書いている。また、森鴎外は、明治天皇や乃木大将が亡くなってから、後世に普遍性を残すために歴史小説を書いた。

　ナディン・ゴーディマも南アフリカの白人社会の崩壊を目指す反アパルトヘイト運動に白人がどのように関与できるのかを自問し、世の中の流れに逆流する自国の現状に危機感を抱き、何らかの形で革命に関わりたいという意欲を持っていた。花村（2018b）では、こうした作家の脳の活動が南アフリカの将来を見据えたリスク回避といえるため、特に、「意欲と適

応能力」に焦点を当てて「ブルジョア世界の終わりに」の執筆脳を考察した。

さらに前頭葉の働きからゴーディマとの性差を交えて、井上靖の「わが母の記」に描かれたリスク回避についても触れている（花村 2018a）。実母の認知症の症状が段階的に進み、それに伴う世話で疲労した家族の崩壊さながらの様子がテーマであり、高齢化社会をむかえた現代社会では、日本でも中国でも皆が思い当たる実例である。

4　データの収集と解析

データの収集については、これまでにも国地域や作家そして作品の選択に拘りがあることを説明している。データの解析は、上記の作家群のデータベースを解析し、例えば、相関関係、特に、購読脳のある組と執筆脳のある組にどのくらい相関があるのか考察している。

例えば、森鴎外の「山椒大夫」の相関の作り方を見てみよう。シナジーのメタファーのために作成しているデータベースは、データの種類で見ると、俗に言う測れないカテゴリーデータからなる。前野（2012）によると、数量データといわれる身長、体重、気温、湿度などとは異なり、値が連続ではなく飛び飛びで離散的となる。カテゴリーデータは、対象の性質を表したり、現象や区別を表している。好き、嫌い、うまい、まずい、おもしろい、つまらないなどあるものの性質や現象が示される。

相関とは原因から結果が生じ、互いに関係し合っていることをいう。また、相関関係があるとは、ある測定値の変化に対して他の測定値も変化する場合に使われる。相関の強さは、ピアソンの相関係数で表す。合わせて共分散という統計用語が重要である。

(1)　共分散の公式
共分散＝[（Xの各データ－Xの平均値）×（Yの各データ－Yの平均値）]の和/データ数
　　　＝[（Xの偏差）×（Yの偏差）]の和/データ数
　　　＝XとYの偏差積の和/データ数

例えば、「土地が広ければ、不動産価格が高い」という関係があるとき、土地の広さと平均坪数との差が大きいほど、不動産価格と平均価格との差も大きいと考えられる。すると、（土地の広さ－平均坪数）と（不動産価格－平均価格）の積も平均的に大きくなる。つまり、すべての土地について計算した（土地の広さ－平均坪数）×（不動産価格－平均価格）を合計し、その合計を不動産の数で割って求めた平均は、土地の広さと不動産価格の間にある関係の強さを表すと考える。この平均が土地の広さと不動産価格の共分散である。

そして、共分散を土地の広さの標準偏差と不動産価格の標準偏差の積で割ると、土地の広さと不動産価格の相関係数になる。

(2)　相関係数
相関係数＝土地の広さと不動産価格の共分散/土地の広さの標準偏差×価格の標準偏差

ここで、標準偏差は、各データ－平均値からなる偏差の二乗の合計の平方根である。また、各データ－平均値からなる偏差の二乗の合計は、偏差平方和となり、分散と呼ばれる。

(3)　相関係数の一般公式

文 学

相関係数＝XYの偏差平方和/√(Xの偏差平方和)×(Yの偏差平方和)

「山椒大夫」の問題解決の場面を使用して、簡単な例を見てみよう。

表1 「山椒大夫」の問題解決の場面

厨子王が山で芝刈りをする場面	情動	行動
A そこでまた落ち葉の上にすわって、山でさえこんなに寒い、浜辺に行った姉さまは、さぞ潮風が寒かろうと、ひとり涙をこぼしていた。	1	1
B 日がよほど昇ってから、柴を背負って麓へ降りる、ほかの樵が通りかかって、「お前も大夫のところの奴か、柴は日に何荷苅るのか」と問うた。	1	1
C 「日に三荷苅るはずの柴を、まだ少しも苅りませぬ」と厨子王は正直に言った。	1	1
D 「日に三荷の柴ならば、午までに二荷苅るがいい。柴はこうして苅るものじゃ」樵は我が荷をおろして置いて、すぐに一荷苅ってくれた。	1	2
E 厨子王は気を取り直して、ようよう午までに一荷苅り、午からまた一荷苅った。	2	1

A 言語の認知（情動）　1誘発、2創発 → 4、1
B 人工知能　1行動、2リスク回避 → 4、1

◆A、Bそれぞれの平均値を出す。
Aの平均：(4＋1)÷2＝2.5
Bの平均：(4＋1)÷2＝2.5
◆A、Bそれぞれの偏差を計算する。偏差＝各データ－平均値
Aの偏差：(4－2.5)、(1－2.5)＝1.5、－1.5
Bの偏差：(4－2.5)、(1－2.5)＝1.5、－1.5
◆A、Bをそれぞれ2乗する。
Aの偏差2乗＝2.25、2.25
Bの偏差2乗＝2.25、2.25
◆AとBの偏差同士の積を計算する
(Aの偏差)×(Bの偏差)＝2.25、2.25
◆AとBの偏差を2乗したものの合計を計算する。
Aの偏差を2乗したものの合計＝2.25＋2.25＝4.5
Bの偏差を2乗したものの合計＝2.25＋2.25＝4.5
◆(Aの偏差)×(Bの偏差)の合計を計算する。
2.25＋2.25＝4.5

表2　計算結果

	A	偏差	偏差2乗	B	偏差	偏差2乗	AB偏差の積
	4	1.5	2.25	4	1.5	2.25	2.25
	1	−1.5	2.25	1	−1.5	2.25	2.25
合計	5	0	4.5	5	0	4.5	4.5

◆相関係数は、上記の公式で求めることができる。

表2の計算表を公式に代入すると、相関係数 $= 4.5/\sqrt{4.5 \times 4.5} = 4.5/4.5 = 1$。従って、正の強い相関があるといえる。

同様に他の作家についても相関係数を計算し比較すると、森鴎外、川端康成、井上靖、小林多喜二、魯迅、トーマス・マン、ハインリヒ・ベル、ナディン・ゴーディマのデータベースの文系と理系のカラムには、それぞれ正または負の何れかの相関が見られる。別の言い方をすると、読者の購読脳と作家の執筆脳には、一応相関関係があることになる。無論、選択した小説の場面次第で正負の違いは起こりうる。

表3　他の作家についての相関関係の説明

作家名	相関関係の説明
森鴎外 (1862年—1922年)	「山椒大夫」のデータベースのうち厨子王が芝刈りをする場面。言語の認知・思考の流れ（誘発と創発）と情報の認知・人工知能（行動とリスク回避）は、正の強い相関がある。シナジーのメタファーは、森鴎外と感情である。
川端康成 (1899年—1972年)	「雪国」のデータベースのうち駒子が三味線の稽古をする場面。言語の認知（無と創造）と情報の認知（五感と顔の表情）は、かなり正の相関がある。シナジーのメタファーは、川端康成と認知発達である。
井上靖 (1907年—1991年)	「わが母の記」のデータベースのうち母が深夜に徘徊する場面。言語の認知・振舞い（直示と隠喩）と情報の認知・人工知能の記憶と連合野のバランス（習慣化・熟知性と未経験の課題）は、負の強い相関がある。シナジーのメタファーは、井上靖と連合野のバランスである。
小林多喜二 (1903年—1933年)	「蟹工船」のデータベースのうち監督が労働者に勧告する場面。言語の認知・階級（労働者と権力者）と情報の認知・人工知能（不安障害であるとない）は、負の強い相関がある。シナジーのメタファーは、小林多喜二と積極性故の不安障害である。
魯迅 (1881年—1936年)	「狂人日記」のデータベースのうち狂人が覚醒する場面。言語の認知・五感（視覚とそれ以外）と情報の認知（問題解決と未解決の組）は、正の強い相関がある。シナジーのメタファーは、魯迅とカオスである。

（続き）

作家名	相関関係の説明
トーマス・マン （1875年―1955年）	「魔の山」のデータベースのうちクロコフスキー博士が療養所の患者たちに向かって講演をする場面。言語の認知の意味分析（距離が近いとそれ以外）と情報の認知（問題解決と未解決の組）は、かなり負の相関がある。シナジーのメタファーは、トーマス・マンとファジィである。
ハインリヒ・ベル （1917年―1985年）	「旅人よ、汝スパ…にいたりなば」のデータベースのうち作者がギムナジウムを回想する場面。言語の認知の意味分析・五感（視覚とそれ以外）と情報の認知の人工知能・頭頂連合野（空間認識とそれ以外）は、正の強い相関がある。シナジーのメタファーは、ハインリヒ・ベルと頭頂連合野である。
ナディン・ゴーディマ （1923年―2014年）	「ブルジョア世界の終わりに」のデータベースのうちクイーニーとアランの結婚式でマックスがスピーチをする場面。言語の認知の意味分析（課題や問題の受入または拒絶）と人工知能で心の働きのうち（意欲と適応能力）は、かなり負の相関がある。シナジーのメタファーは、ナディン・ゴーディマと意欲である。

5 社会とリスク―社会学的な意義

　作家としての人間の条件に危機管理者を設定し、社会とリスクという観点に立って、シナジーのメタファーから集団の脳の活動について社会学的な意義を考察する。

　リスクと危険の違いについては、上述したように、リスクは、人間が何かを選択したときに生じる不確かな損害のことであり、危険は、損害が生じる恐れのあることである。リスク社会という概念は、ドイツの社会学者ウルリッヒ・ベック（1944年―2015年）により提唱された。リスクとは、チェルノブイリ原発のような破壊的な結果をもたらし、地球温暖化による生態系の破壊もその例となり、発生する確率が低いまたは計算不能といった特徴がある。大都会で発生する無差別テロも新しいタイプのリスクである。

　さらにベックのリスク社会論は、家族社会学の中にも一例を見ることができる。橋爪他（2016）では、産業化によって社会が自ら生み出した様々な問題に対処する必要があるため、社会それ自体がリスクになる可能性があるとし、リスク社会の到来を告げている。その結果、リスクや社会の矛盾への対処が家族の拘束力を弱め、それにより個人化が進み、未婚、晩婚、少子化、離婚などが合法化されている。

　リスク回避の計算でみると、当初は個人的な問題に影響していたものが、次第に組織やその運営に関わるということから統計で表示できるリスクになり、予測可能なできごとになっていく。ベックは、予測可能なできごとが個人レベルを越えた、承認、補償、回避のための政治的なルールに属すると指摘している。

　生活世界で安全が保たれていれば、無意識は、意識されていない状態とか、もはや意識されない状態にある潜在的な意識として理解されることが多い。しかし、生活世界の認識と言外の確実性は、関連づけて理解しなければならない。つまり、低レベルの専門知識ではなく、高度で専門的な合理性が重要となり、他の専門家が計算した結果を問題にしてもよい。但し、リスクの警告にはまらないようにすること。突如として急進的な形態になることもある。

危機管理者として作家の執筆脳を考察するシナジーのメタファーに関し、本論の分析から見て社会のあらゆる側面を考察の対象にする社会学的な意義を以下にまとめる。

　◆作家の執筆脳の分析は、まだ世界的に実例が少ない。自分の専門や比較が中心で、共生を交えたマクロの研究が乏しいためである。人文以外の系列がブラックボックスからグレーになる位まで調節するとよい。Lのフォーマットでスライドする際に信号が通るようになってくる。信号が通らなければ、執筆脳は、見えてこないはずである。
　◆執筆脳が見えてくると、専門のみならず副専攻も含めた様々な研究を縦横にまとめることにもなり、広義、狭義を問わず、シナジーのメタファー全体のバランスが整ってくる。
　◆文学研究についても社会学同様に、ミクロとマクロのみならず、その中間に当たるメゾのデータが増えると、研究の幅が広がり密度も濃くなり、実験が複雑になっていく。
　◆作家がリスク回避のために警鐘を鳴らすときは、いずれも心の活動と連携があり、言語、記憶、感情、思考、判断、意欲、適応能力（知能）などが考察の対象になる。これが人文と医学の組を成し（特にメンタルヘルス）、シナジーのメタファーの研究を個人（狭義）でも集団（広義）でも有意味なものにしてくれる。
　◆本論で取り上げた作家群の分析から予測できることは、共生について調節が一番遅れている人文科学でも文理に通じるデータベースを作成する文学分析が近い将来専門家の共通認識（コンセンサス）になることである。そうなれば、比較と共生による調整が加速していく。

6　まとめ

　シナジーのメタファーを作家個人の脳の活動だけではなく、集団の脳の活動として考察するために、つまり、狭義ではなく、メゾのデータを束ねた広義の意味で考察するために、作家の条件に危機管理者を設け、エキスパートとして警鐘を鳴らすことができる社会学的な方法について考察した。その際、ミクロ、メゾ、マクロの3つのレベルで調節できることが分析方法の質を高めることになる。特に、メゾの部分でデータを束ねながら解析を重ねことにより、社会学の分野でもマクロの文学分析が意義あるものになっていく。

参考文献
[1]　バウマン,メイ.社会学の考え方[M].奥井智之,訳,東京:ちくま学芸文庫,2016.
[2]　橋爪大三郎,大澤真幸,若林幹夫,他.社会学講義[M].東京:ちくま新書,2016.
[3]　花村嘉英.計算文学入門—Thomas Mannのイロニーはファジィ推論といえるのか？—[M].東京:新風舎,2005.
[4]　花村嘉英.从认知语言学的角度浅析鲁迅作品—鲁迅をシナジーで読む—[M].上海:华东理工大学出版社,2015.
[5]　花村嘉英.日语教育计划书:面向中国人的日语教学法与森鸥外小说的数据库应用[M].南京:东南大学出版社,2017.
[6]　花村嘉英.シナジーのメタファーの作り方—トーマス・マン、魯迅、森鴎外、ナディン・ゴーディマ、井上靖—[C]//刘晓芳,钱晓波.日语教育与日本学研究:大学日语研究国际研讨会论文集(2017).上海:华东理工大学出版社,2018a.
[7]　花村嘉英.从认知语言学的角度浅析纳丁·戈迪默—ナディン・ゴーディマと意欲—[M].上海:华东理工

大学出版社,2018b.

[8] 花村嘉英.川端康成の「雪国」から見えてくるシナジーのメタファーとは―無と創造から目的達成型の認知発達へ―[C]//刘晓芳,钱晓波.日语教育与日本学研究：大学日语研究国际研讨会论文集(2018).上海：华东理工大学出版社,2019.
[9] 前野昌弘.回帰分析超入門[M].東京：技術評論社,2012.

作者情報
　氏名：花村嘉英
　所属機関：中国語話者のための日本語教育研究会
　連絡先：〒359-1132　埼玉県所沢市松が丘2-22-14
　メールアドレス：hanamura36@gmail.com

试论《刺杀骑士团长》中的暴力性及创伤疗愈

广东外语外贸大学　许静华

《刺杀骑士团长》(2017)的出版引起了新一轮的"村上春树论"热。中文译者林少华(2017)认为该作品熔铸了村上文学迄今为止所有的要素,对历史的反复书写再次体现出村上作为人文知识分子斗士对近现代东亚充满暴力与邪恶的历史进程的反省之心和担当意识。林敏洁(2017)介绍了中日学者围绕该作品中的历史认知褒贬不一的评论,并对村上致力于战争记忆书写、直面战争中的人性挣扎的创作态度表示肯定。尚一鸥(2018)将小说的第一人称主人公设定、作品的互文性、家庭主题创作等与作者的文学创作求索结合起来分析,指出村上持续关注社会问题,再现了战争的苦难,呈现出反省的姿态和为历史作证的价值观。但汉松(2018)认为《刺杀骑士团长》中内嵌的艺术理论思辨绝不仅是小说家编制情节的工具,而是体现了村上春树近年来对自己小说创作的省思以及对历史创伤和艺术再现阈限的深入思考。

大部分评论者关注的是该作品中的历史叙述及与以往作品的互文性。笔者认为,在《刺杀骑士团长》中,村上延续了《奇鸟行状录》以来一贯的"介入"立场,将社会问题与个人体验、个体成长置于同一"场"内加以审视,通过对来自外部及个人内在的暴力性的认知,探索个体心理创伤及其疗愈之路,体现了村上多维度的创作意图及对个体存在境况的深入思考。

1　《刺杀骑士团长》中的概念"借用"

《刺杀骑士团长》讲述了主人公"我"在婚姻危机的打击下离家,开着车在东北地区漫无目的地流浪,随后暂住于好友雨田政彦的父亲——画家雨田具彦位于山中的房子中。其间,"我"发现了藏于阁楼中的神秘画作《刺杀骑士团长》。不久,"我"在深夜听见神秘的铃声,铃声来源于房子后方一座小祠庙背后的石冢之下。"我"在邻居免色涉的帮助下起开石冢,打开了下方的圆形洞穴,发现里面只有一个用作法器的铃。随后,原受困于洞穴中的"理念"借画作《刺杀骑士团长》中"骑士团长"的形象出现了……

从小说的主题、情节到修辞手法等方面,不难看出《刺杀骑士团长》中存在着迄今为止村上小说惯用的重复与借用的特征,尤其与《奇鸟行状录》(1995)构成互文关系。对此,村上坦言:"说到底,我们有可能至死都在重复五六个模式,只是,在每隔几年重复一次的过程中,其形式和品质都有日新月异的变化,广度和深度也有所不同"(川上,村上 2019:133)。

《刺杀骑士团长》上下册分别题为"显现的理念篇"和"变化的隐喻篇","理念"与"隐喻"无疑是本作品的关键词,也恰恰是本书最大的谜团。

"理念"(idea)一词让人联想到柏拉图的"理念论"。在柏拉图的理论中,这个世界现今存在的东西都是幻象,所有东西都有"理念"这一绝对真善美的真相;我们所看到的是各种物的善的理念

投射在洞穴中的影子(黄 1995)。村上如此阐释自己的"理念"观:古代的人们处于一种"无意识"的境况中,巫女或巫师(王)接收信息,以"预言"形式传达给大众;随着社会的发展,古代的"无意识"逐渐升格到"意识"(逻辑)层面,巫女/巫师性质日渐失去;"理念"这一真正纯粹的东西只存在于无意识之中,我们无法顺利目睹,作为替代,只能看到其投影(川上,村上 2019:111-113)。可见,在对"理念"这一概念的使用上,村上尽管借用了柏拉图的"理念"一词,却赋予其更丰富的内涵,这一切都通过隐喻化了的"骑士团长"来呈现,与小说中的画作《刺杀骑士团长》的寓意相关联,延生出复杂、多义性的内涵。

另一关键词"隐喻"(metaphor)的含义同样不仅仅停留在修辞隐喻、认知隐喻和语法隐喻等隐喻解释理论上,而是通过"低等隐喻"="长脸人","双重隐喻"="黑暗中邪恶、危险的生物"等拟人化意象将故事带入"彼侧","隐喻"的内涵也愈加扑朔迷离,难以把握。不少研究者注意到了村上作品中象征、隐喻等手法对推动情节所起到的独特作用。芳川泰久指出,"村上春树常常描写从'此侧'前往异界或冥府的'彼侧'的故事,他通过大量或直喻或隐喻等搅乱场(topos)的'比喻'将两侧'连接'在一起。(中略)从召唤分属不同次元的东西这层意义上看,村上春树的'比喻'具有本源性咒术性质的味道"(芳川 2000)。

对于村上春树而言,这样的概念"借用"不仅仅是一种蕴含着文字记号所能唤醒的深层意象的文字游戏,同时他也通过其不确定的内涵,向读者发出挑战。

2 对暴力性与恶的认知

村上作品中所涉及的暴力往往以两种方式呈现:一种是来自外界的、远远超出个人领域的巨大的暴力,另一种是个人领域内的暴力。吉田春生(2001:158)指出,"村上自《地下》以来展现了一种新的创作手法(策略),即将像大地震(或地铁沙林事件)这种远超出个人领域的巨大的暴力与完全属于个人领域的体罚层次的暴力,在不合理这一点上求其同质化。这是一种将自身无法参与的社会性问题,在文学的表现层次上转化为个人自身的现实问题的策略"。《刺杀骑士团长》正体现了这种将外部暴力性与个体内在暴力性同质化的村上春树独特的暴力观。

2.1 来自历史、外部的暴力性

为解读画作《刺杀骑士团长》中蕴含的寓意,"我"对雨田具彦的生平展开了调查,在免色涉和雨田政彦的帮助下,了解到雨田具彦年轻时代在维也纳留学期间(1938年)曾被卷入巨大的暴力漩涡之中。首先,其弟雨田继彦被强制征兵送往中国战场,参与了1937年12月的南京大屠杀,在上级军官强迫下杀过三个俘虏,血腥的体验给少年敏感纤细的心灵造成了无法修复的伤害,在次年退役回国后,他用剃刀割脉自杀。雨田具彦素来疼爱弟弟,出于愤怒以及遏制暴力蔓延的目的,他在德国吞并奥地利(Anschluss)之际加入了地下组织,参与了暗杀纳粹高官的计划。无奈行动失败,参与计划的大学生们遭到了残杀,具彦的恋人在经受长时间的折磨后悲惨地死去,他自身尽管也遭到残酷的虐待和拷问,但经过日德政府间的秘密交涉,作为事件唯一的幸存者被遣送回国。

在压倒性的历史暴力下,雨田具彦失去了两个最爱之人,蒙受了巨大的心理创伤,在深陷愤怒和悲伤的同时,又痛彻地感受到无法以一己之力抵御宏大的历史潮流的无力和绝望。他将自身在现实中无法实现的愿望,通过伪装呈现于画作《刺杀骑士团长》之中。而这幅画正是整个故事——闭合的"圆环"——的起点和终点。

2.2 个人内在的暴力性

"村上对人'内在的暴力性'始终保持警觉,认为历史的暴力事件与个人的内在暴力性之间存

在着一种'盖然性'(有可能但又不是必然的性质)的关联。不加反省地主张和平,将会导致积攒着的郁愤、扭曲了的欲望无从宣泄,进而滋长人内部的矛盾和暴力性"(许 2019)。因此,村上主张人必须对自身的暴力性有所认知并保持警惕。

在《刺杀骑士团长》中,"我"的内在暴力性通过两个偶然事件呈现出来。意味深长的是,这两段关于自身内在暴力性的回忆都使用了"故意遗漏"以及"时间差(time lag)"的叙事陷阱加以呈现,体现了叙述者"我"不敢直视内在的阴影①(＝暴力性)的矛盾心理。

其一是"我"流浪途中对偶然邂逅、发生一夜情的女子的暴力行为。尽管该暴力是在女方的要求下发生的(女子要求"我"用力打她耳光,用浴衣腰带勒她的脖子),但在这一过程中"我"心中涌现出难以遏制的愤怒和实施暴力的冲动,令"我"感到恐惧。事后,在餐厅邂逅的一名"开白色斯巴鲁森林人的男人"用尖锐的目光冷冷地看着"我",似乎在说"你小子在哪里干了什么,我可是一清二楚!"(村上 2017a:323),"白色斯巴鲁男子"的形象以闪回②的形式在整个叙事中出现了9次,"我"甚至一度梦见自己化身为"白色斯巴鲁男子"绞杀自己的妻子;"我"试图将其形象通过绘画的方式呈现出来,却有一股强大的力量阻止了"我"最终完成那幅画作。这名似乎洞察了"我"的暴力性本质的男人也许只是"我"内心阴影的一种投射③,对他产生的恐惧,正是"我"对自身的内在暴力性的警觉。

其二是在梦中强奸妻子。尽管发生于梦中,但"我"的确是在没有征得妻子同意的情况下强行与之发生关系,这属于一种暴力行为,"我"对自己的行为感到内疚,对无法遏制自身欲望感到恐惧。因为"尽管如此,那的确是我所渴望、所寻求的行为。若在现实中——而不是梦中——处于同样的状况下,我也许还是会做出同样的事情。……我完全被那种强烈的欲望支配了","所发生的事情如此逼真,不可能仅仅是一场梦——这是我真实地感觉到的。那个梦肯定与什么相关联着,那必定会对现实产生某种影响"(村上 2017b:192-194)。尽管这个梦给"我"带来了真实不虚的快感和痛彻心扉的失落感,然而"我"在回忆的叙述中却将它"遗漏"了,可见这段回忆也属于"我"不愿再现的心理创伤而被暂时地解离④了。

2.3 对"恶"的认知的变化

村上春树谈及在《奇鸟行状录》中反复书写暴力,是因为他认为"黑暗世界就是存在着无边无际的由历史所叠加的暴力的地方","为了从黑暗世界拉回光明世界所用的暴力,都是与历史上的暴力相呼应的",主张始终对"善恶"保持个人清醒的判断,对"模棱两可的东西进行一场清算"(河合,村上 2011:132-134),体现出这一时期村上"与恶对决"的态度。

1995年的阪神大地震及地铁沙林事件无疑可视为村上文学"转向"的契机,历时两年完成的纪实文学《地下》及《在约定的场所》体现了村上的善恶观的明显转变。在《地下》后记《没有标记的噩梦》中,村上提出须警惕宗教团体所提供的"封闭式的物语",要用"开放性的物语"的力量来与之抗衡;这一观点在《1Q84》中则体现为超越善恶的"小小人"的存在,以及教主深田保"平衡即善"的理念。

而在《刺杀骑士团长》中,雨田具彦所面对的战争的暴力无疑是个体力量无法与之抗衡的巨大的"恶",给无数个体带来了无法磨灭的创伤,具彦将自己沉痛的体验以隐喻的方式凝缩于画作《刺杀骑士团长》中。"这幅画是他为了自己以及已经不存在于这个世界上的人们所画的,是一幅为了镇魂的画作,是一幅为了净化流淌过的大量鲜血的作品"(村上 2017b:446)。创作在某种意义上可视为对"恶"的超克及救赎之路。

柴田胜二曾指出,村上春树不少作品的主题中都包含着卡夫卡、奥威尔等作品的特征,即个人生存于孕育着暴力性管理机制的社会之中,其主体性因此而受到不断的侵蚀与篡夺(柴田,加藤 2015:19)。在2009年耶路撒冷文学奖获奖词中,村上曾将体制比喻为"墙";在《刺杀骑士团长》

中，作家借曾因牢狱之灾而留下心理创伤的免色涉之口表达了体制之"恶"的矛盾性以及身处其中的个体的无力感——"墙原本是为了保护人而建的，保护人免受外敌及风雨的侵犯。然而有时也用于囚禁人。高耸、坚固的围墙使受困之人感到无力，无论是视觉上还是精神上。有些墙就是出于这种目的而建的"（村上 2017b:237）。在访谈中村上说道"眼下我视为最大的'恶'的，仍是体制（system）"，"是国家啦社会啦制度啦这类刚性体制的'恶'，（中略）我是个铁杆个人主义者，对于体制的'恶'强烈怀有敏感的戒心"（川上，村上 2019:232）。对此，村上主张以"善的故事"来对抗体制之"恶"。《刺杀骑士团长》正是村上讲述"善的故事"的一次尝试。

如上所述，历经四分之一个世纪，村上的善恶观从最初的"与恶对决"到"用'开放性物语'对抗'封闭式物语'"发展至"以'善的故事'对抗体制之'恶'"，体现了村上积极"介入"的立场及对善—恶对峙的持续思考。

3 心理创伤与疗愈

心理创伤（psychological trauma），简称创伤，指在外部或内部因素作用下肉体上或精神上受到冲击，这种冲击在相当长一段时间内无法消除，并产生消极影响。心理创伤临床理论又将其定义为"因构成'我'这一体验的、内化的'自体—别人'意义模式失效所导致的对自体连续性的粗暴打断"，"对伴着毁灭焦虑的自体的完整性的压倒性威胁"（布隆伯格 2017:9）。

"丧失与寻找"是贯穿村上春树作品的重要主题，从另一个角度看，未尝不可以理解为"人为了疗愈因丧失而蒙受的心理创伤而不断寻求救赎"。丸川哲史（2000）评论道："村上春树将六八年世代所体验的血腥记忆（历史）置换、压缩成字面上的奢华，进而像精神分析医生那样对自己所属的世代展开叩问（实际上不加任何分析的）"。笔者认为，《刺杀骑士团长》比村上以往的任何作品都更加聚焦于个体的心理创伤并积极寻求疗愈方法，这也许就是村上所谓的"善的故事"的职责之一吧。

《刺杀骑士团长》以现实—历史交织的双线结构展开叙述，本章将以历史线中的主人公雨田具彦与现实线中的主人公"我"为中心，分析两者的创伤及其疗愈之路。

3.1 历史线——雨田具彦与《刺杀骑士团长》

雨田具彦曾是一名才华横溢的油画家，在赴维也纳留学归来后却放弃了原有的风格转攻日本画并获得世人瞩目的成就。不仅如此，他不再与任何人交往，过着近乎隐居的生活，成立家庭后也对妻儿缺乏温情，一心沉迷于艺术创作。小说中对雨田具彦经历的叙述主要通过"我"查阅的文献资料、免色涉的调查以及其子雨田政彦的回忆逐渐浮现的，然而他的真实形象的呈现则在于"我"结合画家的经历对其画作《刺杀骑士团长》寓意的参透中。

雨田具彦蒙受了双重的心理创伤。如前所述，在雨田具彦留学维也纳期间，其弟因参与南京大屠杀精神受到强烈打击而自杀；具彦从小视保护柔弱的弟弟为己任，弟弟之死给他带来了巨大的心理创伤。另一重创伤来自其自身在维也纳的经历，刺杀纳粹高官未遂令他失去了深爱的恋人，自身也饱受摧残。所爱之人死于压倒性的战争暴力，而自己却苟活了下来，这给他留下了无法磨灭的心理创伤。雨田具彦对自己在维也纳的经历缄口不言，将蒙受的创伤以浓烈的笔触绘进了《刺杀骑士团长》中。在他因重度痴呆症而住进山中的疗养设施时，其"生灵"曾夜访故宅，长时间地凝视自己的画作，可见这幅画蕴含了他未偿的心愿。

《刺杀骑士团长》是一幅日本飞鸟时代（公元593—710年）风格的日本画，画中一年轻武士将长剑深深刺入一老者胸口，大量鲜血喷涌而出，旁边一位少女掩口惊呼，一名随从装扮的男子伸手欲阻拦，画面左下角有一脸部狭长的人掀起方形井盖露出头来目击了整个事件。"我"由画作的

标题联想到了莫扎特歌剧《唐璜》的第一幕,并将画中的人物逐一对号入座:花花公子唐璜刺死了安娜的父亲骑士团长,安娜和唐璜的侍从莱波雷洛目睹了惨剧的发生;令人费解的是"长脸人"的唐突出现,无论是从剧情还是从画作的结构布局上看都显得格格不入。

雨田具彦想通过这幅画表达什么呢?"我"长久地凝视画作,在"骑士团长"的提示下,最终领悟到了:雨田具彦将自己未竟的心愿通过画作象征性地表达了出来,他化身为无所畏惧的"唐璜",毫不犹豫地刺杀了"骑士团长"——象征着巨大暴力的"邪恶父亲",保护了自己所爱之人;"长脸人"隐喻着这一发生于飞鸟时代的事件以某种形式与发生在另一时空的事件相连。(为了救助失踪的秋川真理惠)在"骑士团长"的引导下,"我"在雨田具彦的病房用属于雨田政彦的刀刺死了"骑士团长",重现画作中场面,暗示着老画家的意志得以传承。不久之后,雨田具彦得以安详地离开了人世。

3.2 现实线——"我"的双重创伤体验

主人公"我"少年时期经历了妹妹(患有先天性心脏病)的死亡,对于没能保护好妹妹负有罪恶感;自从看到妹妹躺在小小的棺木中以后,"我"患上了幽闭恐惧症。由此可见,妹妹之死给"我"带来的强烈冲击导致了心理创伤。这一创伤使"我"在与女性交往时总是无意识地寻求妹妹的影子。"我"对妻子柚一见钟情的原因在于她有着一双和妹妹极其相似的熠熠生辉的眼眸(刻意对柚隐瞒)。"我"执着地追求柚,即使在婚后6年,在柚有了外遇、提出离婚之后,这种强烈的爱依然没有减弱。失去妹妹的创伤在即将失去妻子之际再次被唤醒。

"我"所体验的第二重创伤是在旅途中与偶然邂逅的女性发生性关系的过程中被迫使用暴力,这让"我"觉察到自己内在潜伏着的暴力性。正如前面所分析过的,那一段记忆不断借"白色斯巴鲁男子"这一象征以"闪回"的形式呈现,令"我"陷入恐惧和慌乱。

在雨田具彦的房子中住下后,"我"通过在绘画班教授绘画而与周围的人有了交往。通过画肖像画,"我"结识了神秘的邻居免色涉和13岁的秋川真理惠,逐渐参与到他们的人生之中,并将妹妹的形象投射到了少女身上。真理惠忽然失踪,"我"决定不惜一切代价一定要将她寻回,唯一的方法就是前往无意识界寻找其失踪的线索。

川村凑(2006:19)曾指出,村上春树的小说中存在着一贯的故事"原型",主人公往往通过进入洞穴或井底,穿过"横穴"或墙壁到达"新世界",获得"通过仪式"体验;这同时也赋予作品中的时空以多义性,意味着固定的"世界""历史"不复存在。当《刺杀骑士团长》所绘情景得以再现时,神秘的"长脸人"(=隐喻)从病房的地面出现了。刺杀理念化身的"骑士团长"可视为通向异界(=彼侧)的仪式,"我"得以经由隐喻的通道进入"彼侧"(=无意识界)。在无意识界中,"我"必须穿过狭窄而漫长的风穴的考验才能抵达"此侧",为此"我"必须克服幽闭恐惧症并抵御内心的阴影形成的"双重隐喻"的吞噬。在安娜和妹妹的声音的指引下,"我"获得了直面自身恐惧的力量,认同自身的欲望以及愤怒、悲伤等消极情绪,将其统合到强大的自我中,最终得以克服创伤顺利回到现实世界。与此同时,出于某种关联性,真理惠也得以顺利从险境脱身,因画作《刺杀骑士团长》的出现而打开了的"圆环"得以闭合。

经历了这一切之后,"我"决定重建与妻子的关系,视妻子诞下的孩子为自己的骨肉(妻子受孕的时间与我梦中侵犯妻子的时间吻合)——"我是这个孩子的作为理念的父亲,或者说是作为隐喻的父亲","我拥有相信的力量","无论进入到多么狭窄阴暗的场所,无论置身于多么荒芜的旷野,冥冥之中总有人在为我指引方向,我坚信着这一点"(村上 2017b:540)。

小说巧妙地用画作《刺杀骑士团长》将"我"与雨田具彦联结起来,探讨两者克服心理创伤、重建统合性自我的路径。"现实感及'自我这一感觉'的丧失也许只能通过发现现实生活中在场的他者以及在历史性中确立自我的位置来恢复"(吉田 2001:25)。小说现实线中的"我"通过对"在场

的他者"的人生的参与,投射自身的阴影,来确认并找回丧失的自我;而历史线中的雨田具彦则通过画作《刺杀骑士团长》对自己未遂的心愿加以补偿,从而在心理层面上确立了"历史性中自我的位置"。

4 结语

本文围绕村上春树的新作《刺杀骑士团长》,分析作品中对概念的"借用",解读作品对暴力性的书写以及村上对"恶"的认知的转变,进而探讨小说对个体心理创伤及其疗愈的思考。值得一提的是,小说中对缄默不言的雨田具彦的生平的叙述主要通过历史文献及旁人的回忆徐徐展开,这与村上为自己的父亲所做的如出一辙。在关于父亲的随笔中,村上(2019)写道"父亲死后,像是为了追寻自己的所延续的血脉,我见了很多与父亲有关的人,一点点地听他们讲述关于父亲的事",而通过实际考察并将其转化为文字,村上逐渐产生了一种无常的、不可思议的"透明感"。从某种意义上看,《刺杀骑士团长》或许也体现了村上试图打破迄今为止作品中"父亲缺席"的一种尝试。

注

① 阴影代表因人的意识的压抑而未能充分发展的领域。荣格认为只有与阴影对峙,将阴影作为自身否定性的、欠缺的一面加以意识化,将阴影统合到自我中才能实现个性化。
② 闪回(flashback)指经受强烈的心理创伤体验之后,该部分记忆突然且极其鲜明地被回忆起或出现在梦中的现象,是创伤后压力心理障碍症(PTSD)的典型症状之一。
③ 心理学中的投影(psychological projection)指人在不愿承认(否认)自己的某种冲动或资质时,为了保护自己,将其消极面强加于其他人的心理活动。
④ 解离(dissociation)是一种无意识的防御机制,指将一系列心理性或行为性过程与个人的其他精神活动隔离开来的情况。感觉、知觉、记忆、思考、意图等各种体验的要素从"我的体验""我的人生"这一通常意义上相统合的内容中脱离开来,丧失了其统合性。

参考文献

[1] 川村湊.村上春樹をどう読むか[M].東京:作品社,2006.
[2] 柴田勝二,加藤雄二.世界文学としての村上春樹[M].東京:東京外国語大学出版会,2015.
[3] 丸川哲史.時代の分析医[J].ユリイカ,2000(3月臨時増刊号):122-125.
[4] 村上春樹.騎士団長殺し 第1部[M].東京:新潮社,2017a.
[5] 村上春樹.騎士団長殺し 第2部[M].東京:新潮社,2017b.
[6] 村上春樹.猫を捨てる―父について語るときに僕の語ること―[J].文芸春秋,2019(6):240-267.
[7] 芳川泰久.「帰還」と「洗礼」―物語のジャンク化に抗して―[J].ユリイカ,2000(3月臨時増刊号):204-209.
[8] 吉田春生.村上春樹とアメリカ―暴力性の由来―[M].東京:彩流社,2001.
[9] 川上未映子,村上春樹.猫头鹰在黄昏起飞[M].林少华,译.上海:上海译文出版社,2019.
[10] 布隆伯格.让我看见你:临床过程、创伤和解离[M].邓雪康,译.上海:华东师范大学出版社,2017.
[11] 河合隼雄,村上春树.村上春树,去见河合隼雄[M].吕千舒,译.上海:东方出版中心,2011.
[12] 但汉松.历史阴影下的文学与肖像画:论村上春树的《刺杀骑士团长》[J].当代外国文学,2018(4):65-72.
[13] 黄克剑.柏拉图"理念论"辨正:再论哲学的价值课题[J].哲学研究,1995(5):9-19.
[14] 林敏洁.村上春树文学与历史认知:以新作《刺杀骑士团长》为中心[J].当代作家评论,2017(3):191-199.

[15] 林少华.《刺杀骑士团长》:旧的砖块,新的墙壁[J].文学自由谈,2017(3):85-92.
[16] 尚一鸥.村上春树的文学创作与灾难讲述:新作《刺杀骑士团长论》[J].东北师大学报(哲学社会科学版),2018(6):58-63.
[17] 许静华.村上春树小说中的历史指涉及历史观:从《寻羊冒险记》到《刺杀骑士团长》[J].鄂州大学学报,2019(2):50-53.

作者信息

姓名:许静华

职称:副教授

单位:广东外语外贸大学

联系地址:广东省广州市白云区良田中路181号 广东外语外贸大学南国商学院东语学院(500545)

电子邮箱:5384436@qq.com

王維の詩篇と「語文」および「国語」教材をめぐる比較考察

早稲田大学　堀誠

1　輞川荘の銀杏樹

　王維の詩篇において精神的に大きな意味をもったのが輞川荘の生活でもあった。昨2018年の春、輞川の地を訪ね、よすがを伝えるお手植えの銀杏樹をはじめ、その風光を目にする機会を得た。些かその見聞を記せば、樹前の「鹿苑寺」碑（2013年10月、藍田県人民政府建立）の背面には、

　　鹿苑寺は輞川鎮白家坪村の向陽公司十四号廠区内に位置する。又の名を清源寺という。（略）寺前には唐の王維お手植えの銀杏一本があり、高さは二十メートル、樹径は一.八メートル。『旧唐書』『藍田県志』の記載によれば、清源寺は唐代に建立され、唐末の戦乱で破壊された。

と説明する。かつて王維が所有した土地は近現代に向陽公司という企業体の敷地の一角に組みこまれ、いまは工場の廃屋と思しい佇まいの中に銀杏樹が鎮座する。前方の草むらには、不鮮明ながら「王維手植銀杏樹」碑（2002年5月、中共航天四院党委建立）もあり、

　　現在の王維お手植えの銀杏は高さ約二十メートル、幹の直径一点八メートル。健壮にして茂盛し、蒼老巍然たり。（略）

と樹木の現況を記しとめる。

　碑文の文面にいざなわれて『藍田県志』（『新修方志叢刊』による）を繙いてみれば、光緒『藍田県志』（1875年刻本）巻6「土地志」「古蹟」に「輞川別墅」「王維輞川集序」に関連して銀杏樹について記載する。

　　旧志、（略）老銀杏樹株在寺門東。即文杏館也。［旧志にいふ、（略）老銀杏樹の株寺門の東に在り。即ち文杏館なり。］

「旧志」とは、書誌的に先行する雍正『藍田県志』（1730年刻、順治年間増刻本の鈔本による）を指すもので、その巻一「古蹟」に次のようにある。

　　老銀杏樹一株在寺門東。即文杏館也。（老銀杏樹　一株　寺門の東に在り。即ち文杏館なり。）

光緒『藍田県志』は、この「旧志」の記載に依りつつも、「一株」の「一」字を節略して記載したものと推測される。また、同じく光緒『藍田県志』附「輞川志」巻2「名勝」にも、

　　文杏館遺址、在寺門東。今有銀杏一株。（文杏館の遺址は、寺門の東に在り。今　銀杏一株有り。）

のように「銀杏一株」の記載があり、さらに民国続修『藍田県志』（1935年修、1941年餐雪斎鉛

印本)巻22「輞川志」巻2「名勝」には、追記を認める次の一条が記載される。

  文杏館遺址、在寺門東。今有銀杏一株。相伝王摩詰手植。(文杏館の遺址は寺門の東
  に在り。今　銀杏一株有り。王摩詰手づから植うと相伝す。)

 「文杏館」は「輞川集」にも詠まれる景勝で、「寺門」は「鹿苑寺即ち清源寺」の門を指す。いま眼前にある銀杏樹こそ、王維が輞川で営んだ生活のよすがとして往昔から愛惜された象徴的な樹木とはいえ、「王摩詰手植」は文献的には新しい記載になることが分かる。

2　「語文」および「国語」教科書における王維の詩篇

 ところで、王維の詩篇は中日の学校教育の環境の中でどのように教材化されていようか。

 中国の人民教育出版社「語文」によれば、王維の詩篇は、「小学語文」の3年級上「九月九日山東兄弟」(七言絶句)、4年級上「送元二使安西」(七言絶句)、6年級下「鳥鳴澗」(五言絶句)、「中学語文」の7年級下〔課外古詩詞背誦〕「竹里館」(五言絶句)、8年級上「使至塞上」(五言律詩)、8年級下〔課外古詩詞背誦〕「終南別業」(五言律詩)が採録される。

 加えて、「義務教育語文課程標準(2011年版)」附録1の「暗記推奨篇目」には、1～6年級75篇中、「鹿柴」(五言絶句)・「送元二使安西」「九月九日山東兄弟」の3篇、7～9年級60篇中、「使至塞上」の1篇をリストアップする。さらに高校では「高中(選修)」「中国古代詩歌散文欣賞」に〔推薦教材〕「積雨輞川荘作」(七言律詩)が採録される。(都合9首)

 日本では、中学校の「国語」現行五社の教科書の中で、一社が「送元二使安西」(3年)を、一社が別冊〔資料編〕に「鹿柴」(2年)を掲載する。高等学校「国語総合」の教科書では、現行9社23種の中で、9社21種が「送元二使安西」を採録し、「九月九日憶山東兄弟」と「竹里館」をそれぞれ1社1種が採録する。高等学校「古典Ａ」5社5種では、2社が「竹里館」を、また他の2社が「鹿柴」と「送元二使安西」を一首ずつ採用する。「古典Ｂ」10社18種では、6社10種が「鹿柴」、3社7種が「竹里館」、1社2種が「雑詩」(五言絶句)、「九月九日憶山東兄弟」と「送別」(五言古詩)を1社1種がそれぞれ採録する。(都合6首)

 中日の教科書に採録される王維の詩篇を対比していえば、「送元二使安西」「九月九日憶山東兄弟」「竹里館」「鹿柴」という代表的な作が共通して採録されるが、中国ではすでに小学校で「送元二使安西」「九月九日憶山東兄弟」といった送別と友情や望郷と兄弟愛といったテーマ性を持つ作を学ぶところが特徴的である。日本では古典の学習は小学校での導入を踏まえて中学校で具体化する。中学では杜甫の律詩「春望」が全教科書採択になっているのに対して、中高を総じて「送元二使安西」の採録が圧倒的に多いのは、詩句の理解も容易で共感をよぶためか。「九月九日憶山東兄弟」は学習者に近い「時に十七」の詠作の環境にあるが、採用は必ずしも多くない。

 中日に共通して採録の多い「送元二使安西」を引用しておく。

  渭城朝雨浥輕塵(渭城の朝雨　軽塵を浥し)
  客舍青青柳色新(客舎　青青　柳色新たなり)
  勸君更尽一杯酒(君に勧む　更に尽くせ一杯の酒)
  西出陽關無故人(西のかた　陽関を出づれば故人無からん)

 この詩篇は、西北の辺地に旅立つ人を見送る習慣の中にある。渭水を隔てた渭城で友と名残を尽くして旅の無事を祈る。早朝の雨に洗われた爽やかな空気の中で、柳の枝葉が瑞々しい。別れに際して、見送る人が柳の枝を手折り、それを環にして贈る習俗のあることは、よ

く知られるところである。「柳」そのものが音声的に「留」(引き留める)の意に通じ、「環」は「帰還」の「還」に音声的に通じる。はなむけするとともに、知友も稀な遠地への旅路を気遣えばこそ思わず更に一杯の酒を勧めざるを得ない。こうした伝統的文化の中に位置する詩篇を、中日の教学の場でどのように取り扱っているかの研究もまた古典の学習に関して重要な課題となる。

3　日本近代文学における王維

　日本近代文学では、たとえばエピグラフをはじめとする唐詩が作品の展開を機能している谷崎潤一郎『鮫人』(未完)において、中国から帰国した作中の南は、「半熟の西洋主義に祟られつゝある今の日本」で、美を見出すべき純朴な自然が到るところで破壊される中、

　　もともと支那*に比べれば小規模で貧弱な此の国の自然のうちで、倪雲林の山水や
　　王摩詰の詩境を何処に求めたらいゝであらう。

と問う。「倪雲林の山水」すなわち元末の四大家の一人である倪瓚(1301—1374)、字は元鎮、号は雲林の山水画と並称されている「王摩詰の詩境」は、王維、字は摩詰が詩画に優れ、宋の蘇軾が「詩中有画、画中有詩(詩中に画有り、画中に詩有り)」と評した境地をいう。その八字は、蘇軾が「藍田煙雨図」に書きつけた題跋(『東坡題跋』巻5)に由来する。それは「鹿柴」「竹里館」を含む王維の輞川の生活を象徴する「輞川集」等の詩篇の精神に連なるものでもある。

　夏目漱石の「山路を登りながら、こう考えた」に始まる『草枕』においても、「竹里館」の詩篇が登場する。

　　智に働けば角が立つ。情に棹させば流される。意地を通せば窮屈だ。とかくに人の
　　世は住みにくい。

と軽妙に処世の道を語り出す中、「余が欲する詩」に論じいたっては、

　　俗念を放棄して、しばらくでも塵界を離れた心持ちになれる詩である。

と明言する。のみならず、西洋の詩は「人事が根本になるからいわゆる詩歌の純粋なるものもこの境を解脱する事を知らぬ」と語る一方、「うれしい事に東洋の詩歌はそこを解脱したのがある」と断じては、晋の陶淵明「飲酒」其五の二句、

　　採菊東籬下(菊を採る　東籬の下)
　　悠然見南山(悠然として南山を見る)

と唐の王維「竹里館」の四句、

　　独坐幽篁裏(独り坐す　幽篁の裏)
　　弾琴復長嘯(琴を弾じて　復た長嘯す)
　　深林人不知(深林　人知らず)
　　明月来相照(明月来りて相照らす)

とを挙げて、後者に対しては、「ただ二十字のうちに優に別乾坤を建立している」と道破する。かくて、

　　淵明、王維の詩境を直接に自然から吸収して、すこしの間までも非人情の天地に逍
　　遥したいからの願。一つの酔興だ。

と心念を明かす。一人の近代作家における中国詩歌の受容の深い痕跡がここに刻みこま

---

*　"支那"是近代日本侵略者对中国的蔑称。——编者注

れる。

　近代作家の王維の詩篇の親愛がまた『草枕』という作品を介して読者の王維への親炙の源泉の一つともなっているに違いないが、多くの静謐な自然詩を詠じた王維の詩篇の中で、中国の「語文」教科書には「終南別業」「積雨輞川荘作」といった輞川の生活や精神の濃密な詠作が選詩されることには注目される。その教材間の位相の中に、日中間の伝統・文化に対する教学上の立ち位置の差異を読み取ることもできると考える。

4　阿倍仲麻呂との交友

　中日交流の歴史に名高い阿倍仲麻呂は、717年（元正天皇の養老元年、唐の玄宗の開元五年）に入唐し、やがて科挙に及第して玄宗に仕え、王維や李白らと交流したことが知られる。およそ35年を経て、仲麻呂が753年（玄宗の天宝十二載、孝謙天皇の天平勝宝五年）に日本へ帰国するに際して、王維は「送秘書晁監還日本国（秘書晁監の日本国に還るを送る）」（五言排律）に深い惜別の思いを詠じた。

　　積水不可極（積水　極むべからず）
　　安知滄海東（安くんぞ滄海の東を知らん）
　　九州何処遠（九州　何れの処か遠き）
　　万里若乗空（万里　空に乗ずるが若し）
　　向国惟看日（国に向かひて　惟だ日を看）
　　帰帆但信風（帰帆　但だ風に信す）
　　鰲身映天黒（鰲身　天に映じて黒く）
　　魚眼射波紅（魚眼　波を射て紅なり）
　　郷樹扶桑外（郷樹　扶桑の外）
　　主人孤島中（主人　孤島の中）
　　別離方異域（別離　方に域を異にすれば）
　　音信若為通（音信　若為か通ぜん）

　その終聯の「別離方異域、音信若為通」には、一衣帯水に隔てられて音信の容易ならざる往昔の、今生の別れにまがう哀切の思いが溢れる。これに応えた詩篇が「銜命還国作（命を銜み国に還るの作）」であるといわれる。

　　銜命将辞国（命を銜み　将に国を辞せんとす）
　　非才忝侍臣（非才　侍臣を忝くす）
　　天中恋明主（天中　明主を恋ひ）
　　海外憶慈親（海外　慈親を憶ふ）
　　伏奏違金闕（伏奏　金闕を違り）
　　騑驂去玉津（騑驂して玉津を去らんとす）
　　蓬萊郷路遠（蓬萊　郷路は遠く）
　　若木故園隣（若木　故園の隣）
　　西望懐恩日（西を望み恩を懐かしむ日）
　　東帰感義辰（東へ帰って義に感ずる辰）
　　平生一宝剣（平生　一宝剣）
　　留贈結交人（留め贈る　交を結びし人に）

文学

　非才にして玄宗に仕えた慈恩に謝するとともに、交わりを結びし人に宝剣を贈り記念とすると詠じている。この詩篇はもとより、仲麻呂といえば、人口に膾炙するのが帰国に際してその望郷の思いを詠じた和歌でもある。

　　天の原ふりさきみれば春日なる三笠の山にいでし月かも

『古今和歌集』巻九「羈旅歌」に「唐土にて月を見て詠みける」と題して収載され、『小倉百人一首』にも選ばれて親しまれ、紀貫之『土佐日記』の「正月二十日」には初句を「青海原」にして引かれる。

　2018年は中日友好平和条約締結から四十年の記念すべき年に当たっていたが、締結の翌年の1979年には、奈良市と西安市が友好都市協定締結五周年を記念して、西安の興慶宮公園に「阿倍仲麻呂祈念碑」を建立したことが知られる。この阿倍仲麻呂紀念碑には、向かって左の面（東面）に仲麻呂の和歌の漢詩訳が刻される。

　　翹首望東天（首を翹げて東天を望めば）

　　神馳奈良辺（神は馳す奈良の辺）

　　三笠山頂上（三笠の山の頂上）

　　想又皎月円（想ふ又た皎月の円きを）

漢詩訳の左の下方に「阿倍望郷詩（阿倍の望郷の詩なり）」と記されるのみで、裏面（北面）の由来書きにも漢訳詩に関しては記されない[①]。祈念碑の右の面（西面）には李白の「哭晁卿衡（晁卿衡を哭す）」を刻す。

　　日本晁卿辞帝都（日本の晁卿　帝都を辞し）

　　征帆一片繞蓬壺（征帆一片　蓬壺を繞る）

　　明月不帰沈碧海（明月は帰らず　碧海に沈む）

　　白雲愁色満蒼梧（白雲愁色　蒼梧に満つ）

　李白は仲麻呂の遭難の報に接して詠じているが、事実として仲麻呂の乗った遣唐使船は暴風に難破して安南に漂着。755年（天宝十四載）にようやく長安に戻り、再び故国の土を踏むことは無く、唐土に没した。

　こうした中日交流史に基づく詩文教材の開発も、詩歌のテーマや表現の観点から有意義なものとなると考える。波濤を越えてゆく帰帆、征帆こそ遣唐使を象徴するものでもあり、満帆の遣唐使船は阿倍仲麻呂祈念碑に、波濤は青龍寺の空海記念碑に、それぞれ碑を囲む外柵にデザイン化されていることを付記しておく[②]。

注

① 今回のシンポジウムにおける金中氏の特別講演（「日本文学（一）」）「西安阿倍仲麻呂祈念碑的和歌訳者」で、当時、西安市政府辦公庁外事処（西安市外事弁公室の前身）に勤務した鄧友民氏が漢詩訳はもとより、碑文の構成全般を担当したことを紹介する。「微信」「金中詩詞」に2019年5月7日付で掲出された「中日交流珍貴資料：阿倍仲麻呂詩碑的翻訳経緯及照片（中日詩歌研究所独家披露）」には、2016年4月26日に訪問インタビューしたことを含めて、詳細に経緯が記される。

② 以上の考察において、1・2・3の部分は、『アジア・文化・歴史』第10号（2019年3月、アジア・文化・歴史研究会）所掲の拙文「西安聞見抄（7）―輞川の記―」から適宜部分的に抽出し、かつ中国の「語文」教科書に関して追補して整理したものである。かつ原稿化にあたり、4を新たに追加して一篇にまとめたことをお断りする。

参考文献

[1] 渡部英喜.自然詩人王維[M].東京:明治書院,2010.
[2] 堀誠.国語教育の中の杜甫[M]//松原朗.生誕千三百年記念　杜甫研究論集.東京:研文出版,2013:436-461.

作者情報

　　氏名：堀誠
　　役職名：教授
　　所属機関：早稲田大学教育・総合科学学術院
　　連絡先：東京都新宿区西早稲田1-6-1
　　メールアドレス：holy@waseda.jp

西安阿倍仲麻吕纪念碑的和歌译者*

西安交通大学　金中

1　阿倍仲麻吕"望乡诗"的翻译

阿倍仲麻吕是中日古代文化交流史中的重要人物,作为日本奈良时代的遣唐留学生于开元五年(717年)来到中国,玄宗赐名"晁衡",与李白、王维等人多有诗文交流,历任左散骑常侍、镇南都护,终老于大唐。在西安的兴庆公园内耸立着阿倍仲麻吕纪念碑。碑的正面朝北,刻有"阿倍仲麻吕纪念碑"八个大字,南面碑文是关于阿倍仲麻吕生平事迹及建碑背景的介绍。纪念碑西面刻着李白的七言绝句《哭晁卿衡》:

日本晁卿辞帝都,征帆一片绕蓬壶。
明月不归沉碧海,白云愁色满苍梧。

阿倍仲麻吕于天宝12年(753年)打算东归日本,乘船途中遇到风暴,漂流至安南后返回长安。李白以为阿倍仲麻吕在途中遇难,作了以上悼诗,足见两人之间友谊深厚。纪念碑东面刻着一首五言绝句:

翘首望东天,神驰奈良边。
三笠山顶上,想又皎月圆。

下方题有"阿倍望乡诗"。这其实是对阿倍仲麻吕用日语创作的一首和歌的中文翻译。该诗作究竟由何人译成?其被镌刻在纪念碑上的经过如何?长期以来一直是个谜。

---

* 本文是西安市2019年度社会科学规划基金项目"遣唐使文学对长安文化的接受与传播研究"(19L80)的阶段性成果。

照片1　西安兴庆公园的阿倍仲麻吕纪念碑　　照片2　阿倍望乡诗

和歌是日本的传统诗歌形式,一首作品由日语"五七五七七"音构成。这首和歌的原文为「あまの原ふりさけ見れば春日なる三笠の山にいでし月かも」,大意是"仰首望到长空中的明月,那就是位于春日的三笠山上曾经升起过的那轮明月吧"。"春日"是地名,相当于今天日本奈良市春日野町一带,"三笠山"是位于奈良市东的山的名字。据说阿倍仲麻吕于公元753年乘船将返日本之际,在明州(今宁波)的海边上看到一轮明月,联想到这就是自己当年从奈良出发离开日本时所见到的那轮明月,咏此和歌以抒发望乡之情。这首作品最早收入在公元905年问世的日本第一部由天皇下命编纂的和歌集《古今集》之中,后来入选由镰仓时代和歌诗人藤原定家所编的"百人一首",在日本非常著名。

和歌一般没有标题,这首"望乡和歌"在《古今集》中附有前言"唐土见月咏"。在中国,一般习惯于将阿倍仲麻吕纪念碑上所刻的这首五言绝句称为"望乡诗"。

由于纪念碑上没有望乡诗的相关说明,也许会有游客以为这是由阿倍仲麻吕直接使用汉语创作的一首古诗。也有一些日本友人询问过笔者这首诗的译者,以为是中国古人所译。笔者回答说估计出自当代人之手,但究竟是谁译的自己也不清楚。目前网络上有很多文字介绍把这首诗说成是由阿倍仲麻吕本人所译,明显有误。

关于日本和歌的翻译,我国学术界在20世纪80年代曾展开过热烈讨论。据笔者调查,阿倍仲麻吕的这首作品可以说是迄今为止被译成中文最多的一首日本和歌。早期问世的译文有以下形式。

中国社会科学院的李芒先生在论文《和歌汉译问题小议》中将其译为"五五七"形式的"仰首望长天,疑是昔时月,升自奈良三笠山",该文刊登在1979年12月出版的《日语学习与研究》杂志创刊号上(1979:39)。后来李芒先生在论文《和歌、俳句、汉诗、汉译》(《日本研究》1986年第4期)中,又将其译为五言绝句形式的"长天翘首望,万里一婵娟。昔日应相识,初升三笠山"(1986:60-61)。

西安外国语学院的贺明真先生在论文《试论日本和歌的等值翻译》(《外语教学》1981年第4期)中,以"五七五七"的形式译之为"仰首望苍天,难羁神魂归故园;明月正高悬,疑是升自三笠山"(1981:55)。

复旦大学的杨烈教授全译了《古今和歌集》(复旦大学出版社,1983年版),其中对这首和歌的译文是五言绝句形式的"远天翘首望,春日故乡情。三笠山头月,今宵海外明"(1983:88)。

日本早稻田大学的松浦友久教授在论文「和歌・俳句の漢訳について—リズム論の観点から—」(《日语学习与研究》1984年第6期)中,以"三四三四四"的形式译之为"天苍茫/仰首远望/奈良边/

三笠山头/昔时明月"(1986:4),后来该文收入其专著『中国詩歌原論—比較詩学の主題に即して—』(大修馆书店,1986年初版,1992年再版;中文版书名《中国诗歌原理》,辽宁教育出版社,1990年版)时,松浦将"远望"和"昔时"分别修改为"遥望"和"旧时"(1992:197)。

对这首和歌的翻译,使用中国传统的五言绝句形式是为便于读者接受,其他形式则重在传达和歌的原汁原味。笔者使用"三四三四三"的形式将其译为"望长空、料知应是,春日境、三笠山巅,旧明月",对此详见拙著《日本诗歌翻译论》(金中 2014:42)。

从现有资料来看,阿倍仲麻吕纪念碑上所镌刻的望乡诗是我国最早公开发表的这首和歌的译文。同时,由于其位置显著,多年来为大量中外游客所观赏,无疑也是该作迄今影响最大的译文。

顺便一提,位于镇江的北固山公园于1990年也建立了阿倍仲麻吕纪念碑,碑上分别镌刻了这首望乡诗及其日语和歌原文,望乡诗的标题写作"望月望乡"。

照片3　镇江北固山公园的阿倍仲麻吕纪念碑

2　邓友民翻译望乡诗的经过

现在,望乡诗的译者之谜终于解开了!他就是西安市外事办公室(以下简称"外办")原主任邓友民先生。

笔者通过西安市外办联系到已经退休的邓友民先生,2016年4月25日上午到其家中拜访,做了约两小时的访谈。邓先生详细介绍了他的工作经历、对日交流的诸多回忆以及建立阿倍仲麻吕纪念碑的前后经过。

邓友民先生1945年出生,陕西周至人。1958年至1964年在周至中学完成初、高中学业,之后考取北京大学。出于对日本的兴趣,选报了当时由季羡林先生任主任的东语系,学习日语专业。中间经过"文革"的耽误,于1969年毕业。在当时的中国社会,大

照片4　邓友民1976年摄于日本

学本科生的数量相对较少,北大毕业生无疑意味着非常高的学历。

邓友民先生毕业后分配到陕西省轻工业纺织厅。工作两年后调入纺织厅下属的工厂工作了半年,作科技资料翻译的准备,还曾到钟表厂实习过一段时间。

1972年中日两国恢复邦交,周恩来总理、中日友好协会廖承志会长和日本大平正芳外相等人提出在天津与神户,上海与横滨,西安与奈良、京都之间建立友好城市关系。以此为契机,相关城市开始调集业务人员。邓友民先生于1973年调入西安市外办的前身——西安市政府办公厅外事处。

当时的主要工作是为建立友好城市做准备,收集奈良、京都市以及阿倍仲麻吕、空海等历史人物的相关资料。邓友民先生作为对日工作的业务骨干,既当翻译又做研究,撰写了包括调研材料、领导讲话稿、友好城市议定书、访问报告等在内的各类文件。西安先后于1974年2月1日和1975年5月10日同奈良和京都建立了友好城市关系。

1976年10月,西安市友好代表团访问奈良市时,奈良市长键田忠三郎先生首次向时任西安市委副书记的鄢祥丕团长提出在西安建立阿倍仲麻吕纪念碑的建议。

照片5 奈良市长键田忠三郎(右1)会见西安市委副书记鄢祥丕团长(中),邓友民任翻译兼秘书(左1)

1977年,以阿倍仲麻吕的事迹为题材,由中日友好协会京都府本部会长、剧作家依田义贤创作,著名演员河原崎长十郎主演的戏剧《望乡诗》在日本公演,引起了很大反响。

1978年4月,西安市委王林书记率团访问奈良时,奈良市市长键田忠三郎正式提出阿倍仲麻吕是中日友好交流史上的著名人物,为发展奈良和西安的友好关系,奈良决定建立阿倍仲麻吕纪念碑,希望西安也能相应建碑。后来,奈良市于当年9月17日在唐招提寺东的慰灵塔公园内举行了阿倍仲麻吕纪念碑的落成仪式。

西安市政府响应了奈良市的提议,决定在与阿倍仲麻吕有着密切关联的唐兴庆宫故址——兴庆公园内建立纪念碑,以此作为两市缔结友好城市五周年的纪念。关于建碑事宜当时还请示了陕西省政府和中国外交部。

西安的阿倍仲麻吕纪念碑为大理石建造的仿唐样式,由著名建筑设计师、中国建筑西北设计研究院的张锦秋女士设计,后来于1981年获得国家建工总局优秀工程奖。纪念碑内容方案由邓友民先生提出。与西面的李白《哭晁卿衡》一诗相呼应,东面决定镌刻阿倍仲麻吕的标志性作品"望乡和歌"的中文译文。当时找不到关于这首和歌的任何先行翻译资料,于是邓友民先生便使用五言绝句的形式自己将其译为后来流传甚广的望乡诗。译文经过数次修改,整个翻译过程约在1978年的11—12月。

当时社会不主张工作突出个人,也没有著作权意识。因此,纪念碑上镌刻的望乡诗并未署名,这是造成其易被误解为阿倍仲麻吕原作以及译者长期成迷的原因。纪念碑南面的碑文是邓友民先生当时请西北大学某位教授所撰,同样也没有署名。因年代久远,邓先生现已回忆不起名字。

1979年2月1日,纪念碑如期在西安与奈良建立友好城市五周年纪念典礼上落成。

以上便是西安兴庆公园的阿倍仲麻吕纪念碑上所刻望乡诗的来龙去脉。

照片6　1979年西安兴庆公园阿倍仲麻吕纪念碑揭幕式

3　诗歌在中外交流中发挥的作用

邓友民先生从1983年起担任西安市外办常务副主任,1987年起任外办主任。1995年调至西安曲江旅游度假区管理委员会任副主任,1999年调至西安市社会科学院任院长,并长期兼任西安市社会科学界联合会主席一职。2006年起担任西安市政府参事。2010年退休后,在西安翻译学院任教至2015年,向日语专业学生讲授"跨文化交际"课程,介绍对外交流的理念、方针与技巧。在其过去的工作中,通过诗歌交流促进中外友谊的经历值得一提。

邓友民先生从小就对文学怀有兴趣,中学时担任语文课代表。在西安市外办工作随陈元方市委书记访问日本时,陈书记鼓励大家多写诗。邓先生访问奈良市"一条高校",作为留言书写了他创作的关于奈良鹿的诗。后来时隔多年重访该校,那首诗还悬挂在校长办公室里。他曾对爱媛县松山市的俳句历史及当代普及情况做过介绍,以《俳都一瞥》为题连载于《西安晚报》。

西安立有同中日交流相关的所谓"三大碑",分别是兴庆公园的阿倍仲麻吕纪念碑、青龙寺的空海纪念碑和南门环城公园东面的吉备真备纪念碑。邓友民先生是三大碑的洽谈及内容设计的主要参与者。

青龙寺的樱花庭园内有一座诗碑,刻有由诗人、香川县知事前川忠夫的一首俳句「西安の月 長安の月おぼろ」以及邓友民先生的译文"西安月儿明,清辉曾照长安城,朦胧复朦胧"。在建该园时,邓先生提出建立前川先生的青龙寺句碑,并托人请正在住院的前川先生书写。不久前川先生去世,这座诗碑成了他的绝笔。诗碑建成后,香川县纪念前川先生的俳句组织每年都组团来西安参拜,并开展俳句创作交流活动。

当时,青龙寺空海纪念碑建设项目的日方负责人是香川县政府庶务课课长,后调任香川县知事公室长、香川县历史资料馆馆长的松本昭雄先生。松本先生平时创作日本俳句,邓先生创作中国的绝句、律诗。两人在工作交谈及调研参观之间隙多有诗歌唱和,结下深厚友谊,谈成了古灞桥、唐东渭桥出土文物参加香川县世界名桥展,西安歌舞剧院演出团赴日公演,西安香川农业技术交流等多个项目。20世纪90年代初,在一次在"德发长"饺子馆举办的宴会上,邓先生临时用餐

巾纸写下送别松本先生的五言绝句:"何处可为别?西安钟鼓楼。青槐不堪折,朝暮思悠悠。"这一交往成为当时西安外事活动的一段佳话。

80年代末期,青龙寺樱花庭园建设合作的日方负责人是香川县出纳长(相当于管理财政的副知事)本多英信先生。他胃不好,来西安时每次饭前要吃她夫人醃制的梅子。邓友民先生以此为题材写了《梅子恋》一诗,请书法家写好后相赠。本多先生大为感动,积极推动日方为樱花庭园捐助了一亿三千万日元。

邓友民先生一首祝贺日本习字教育财团会长、著名书法家原田观峰夫妇金婚的七律使原田先生颇为感动,在金婚晚宴上当场挥毫书写,并促成了该财团免费为西安少年宫长期提供世界民俗文化展览展品和为西安中国画院捐助建设资金。

英国爱丁堡市市长夫人来访西安时,邓友民先生作诗相赠。市长夫人非常高兴,促成了爱丁堡市艺术节邀请西安歌舞剧院做访问演出,并延续多年。

诗歌在很多国家具有悠久传统和大量爱好者。在涉外活动中进行诗歌交流,能起到增进友谊、推动合作项目开展的作用。

邓友民先生前后共访问过日本五六十次,最长的逗留有一个月之久。后来在西安市社会科学院工作时,也数次出访日本进行文化交流,两次就新丝绸之路建设做学术交流和讲座。

从1972年中日邦交恢复至20世纪80年代末,可谓两国关系的一段"蜜月期"。古都西安是中日交流的重要窗口。邓友民先生作为西安当时对日工作的主要决策参与者,亲身见证了这一时期中日交流的具体过程。邓先生认为尽管当下中日关系冷却,但中日两国的民间文化交流不应停滞,近年也在积极推动青年学生参与活动,提出对西安和日本文化交流的设想。

据悉,周至中学正在筹建"知名校友艺术馆"。邓友民先生作为该校在文学、艺术领域取得突出成绩的七名校友之一,目前正准备整理资料提供给该馆。其中相当部分诗作是在他三十余年对日交往中所写,这无疑也是关于当代中日交流的宝贵资料,令人期待。

参考文献

[1] 松浦友久.和歌・俳句の漢訳について—リズム論の観点から—[J].日语学习与研究,1984(6).
[2] 松浦友久.中国詩歌原論—比較詩学の主題に即して—[M].東京:大修館書店,1992.
[3] 李芒.和歌汉译问题小议[J].日语学习与研究,1979(1).
[4] 贺明真.试论日本和歌的等值翻译[J].外语教学,1981(4).
[5] 杨烈.古今和歌集[M].上海:复旦大学出版社,1983.
[6] 李芒.和歌、俳句、汉诗、汉译[J].日本研究,1986(4).
[7] 金中.日本诗歌翻译论[M].北京:北京大学出版社,2014.

作者信息

姓名:金中
职称:教授
单位:西安交通大学
联系地址:西安市咸宁西路28号西安交通大学1793信箱
电子邮箱:jinzhongshici@aliyun.com

現代中日の文学観の相違の一考察
—芥川龍之介「地獄変」をめぐって—

上海杉達学院　張静

1　はじめに

　1927年7月の芥川龍之介の自害は当時の中国文壇にも衝撃を与え、当時、有力な文学誌『小説月報』が直ちに九月号に「芥川龍之介特集」を編んだ。その際、日本人作家芥川の作品はわりに大量に翻訳され、熱心に紹介された。日本人作家の翻訳が一度は大量に出現したのは、当時の民国文壇においては希有なことであったが、その後に進展する日本と中国の間の十五年戦争(1931.9.18〜1945.8.15)などが影響して、二十世紀二三十年代の中国の文壇は芥川文学にあまり好感をもたれない状況で登場していた。しかし、八十年代からは再び芥川文学の翻訳が開始された。

　そしてここで、頭に浮き上がってくるのは、中国の二、三十年代の大量の翻訳とその低い評価との落差の問題である。王向遠は、その落差を「一種奇妙な受容現象」(王向遠 2007：109)と称する。実は芥川の自殺が当時の中国文壇に衝撃を与えたことも、当時の中国での不評も考えられないことはないと思う。1921年芥川が才能のある売れる作家で大阪毎日新聞社の特派員として中国へ派遣された。中国でいろいろな力のある優秀な人と面会した。六年後の1927年に芥川が自殺したことはやはり中国側にも驚愕や不思議を与えたのである。小説家の芥川も派遣員の芥川もやはり当時の中国人に大きな痕跡を残した。英才の芥川の死に対して衝撃され、翻訳の形で追悼の意を現したのは当時日本で留学する経験を持つ芥川文学に親しまれる方たちである。

　一見、鏤めで巧緻な芸術品のような芥川の文体が、日常から離れる歴史から取材して力を込めて異様な物語りを通して趣旨を語るという手段で世界中の読者を獲得しやすいだろう。また、35歳で成功している人生を捨てるという自殺を命が一番である中国伝統文化圏に育てられてきた中国人には少し考えられない驚異なことではないだろうか。

　それでも、芥川文学に共鳴するわけではなかった。芥川文学を批判する声は彼の文学は中身がない、すなわち味わえない「空虚」であると批評している。芥川文学に魅力を得ている賛美する派もほとんど芥川の小説技巧など表面に止まっている。文学精神面にほとんど触れてない。

　本論文は、「地獄変」を通して中国におけるその読みを分析して両国の間に存在する文学観の違いを明らかにしたい。

2 中国における「地獄変」の研究状況

　最初に「地獄変」の中国語訳が登場したのは、1927年9月の『小説月報』「芥川龍之介専輯」への掲載によってであるが、「地獄変」の作品論が登場するのはおよそ七十年後の1996年になってからである。

　1921年に芥川が大阪毎日新聞社の特派員として北京に遣ってくることを聞き及んだ魯迅は、「鼻」と「羅生門」を訳し、これには「訳者附記」が付けられている。さらに、1923年6月出版の『現代日本小説集』にこの二作を収録する際には、「作者に関する説明」を加え、魯迅は「彼の創作はよく古い材料を使用し、時々、翻訳に近いものである。芥川龍之介が昔のことを繰り返すのは単なる好奇心だけからではなくて、より深い根拠に基づいてのことである。(中略)昔の事実を探り、新たな生命を注ぎ込むことによって、現代人との関係が生まれるのである」(魯迅 2005:581－583)と批評した。

　魯迅のこの批評は、中国において基本的な芥川像を構築したと言えるだろう。それは、現在の中国人研究者たちも、芥川を論じる際必ず魯迅の批評をベースにしながら、自らの説を展開していくという手法を取るからである。

　芥川龍之介論が展開されるのは1980年代以降のことであり、研究が始まった頃は、芥川と魯迅を比較分析するという手法の論考か、「藪の中」「蜜柑」「羅生門」など一部の作品が扱われる程度でしか論文が存在しなかった。

　「地獄変」論が開始されたのは、1996年である。テーマ論については以下の通りにまとめられる。

◆「芸術至上主義」は繰り返して論じられている。
◆ 階級論/封建社会への批判
◆ 芥川の自殺に結び付けて良秀の悲劇は芥川の悲劇だと解読する。
◆ 権力者と芸術者との衝突

　では、階級論を論じる趙迪生の論文に着目してみよう。

　趙迪生は「『地獄変』は血まみれの悲惨な物語で封建の領主大殿の奢侈、淫蕩、逸楽三昧の罪悪と農奴たちの悲惨な運命を指摘し、封建王朝の絵師が芸術のため、献身した物語を語っている。良秀は封建領主に付いている絵師であって奴隷にされ、迫害されている複雑な性格を持つ芸術家である。芥川の権力者の罪悪を批判する進歩な思想傾向をみえる。芥川は日本の封建統治者の残酷暴虐及び地獄より地獄の社会現実を曝け出した」と論じている。趙迪生論の特徴は、「地獄変」を社会の階級体制と結び付けて解読しているところにあり、そのことにより、芥川の自殺は醜悪な私有制社会への絶望だと判断する。

　趙迪生の論文では権力者の大殿と奴隷化されている絵師との階級関係に着目し、絵師良秀は迫害されながらも、傲慢を備える複雑な性格の持ち主であると分析し、良秀自身が自分は迫害状況にあることに気づいているのだ、と指摘する。小説の中には、良秀を大殿が迫害しているかどうかは、明瞭には示されない。ただ、お互いに娘を争奪するために、良秀は決死の覚悟をせざるを得なくなったことは読み取れるし、芸術家が権力者を恐れず、死ぬ覚悟で闘う姿は映し出されている。良秀の複雑で嫌悪的な個性を加味すると、芸術家と権力者との対立関係という構図は浮き上がったとしても、階級論的に不平等関係にあることにより、迫害され、奴隷化されている絵師という構図を、芥川が訴え、描写しているとは読みとれない。

ではなぜ、趙迪生が意識的か無意識的に階級論的な芸術家と権力者との迫害・被迫害関係と読み取るのか。

3 趙迪生が指摘した「階級体制」論について

趙の論文は大殿と良秀の関係は封建領主と迫害される奴隷との関係であると指摘する。「地獄変」において良秀は社会常識を破る個性の持ち主である。良秀の反社会的な性格は「世間の習慣とか慣例とかをバカにする」「吉祥天を卑しい傀儡の顔を写したり、不動明王を無頼の放免の姿に移し替えたりして勿体無いまねをする」「名高い巫女に御霊が憑いて託宣があった時も空耳を走らせがら巫女の物凄い顔を丁寧に写す」と描かれている。

大殿は権者の再来、神様のような権威の存在である。二人は甚だしい対比として設定されている。まず、この対比を念頭に置く。娘をめぐって争奪戦が始められたことにつれて二人は対立関係になったことは事実であるが、良秀は指摘されたように大殿に迫害されたか。

大殿のあやしい悦びからの屏風絵の注文は、ただ、良秀に娘を取り戻すことを断念させるだけだと推測することができる。が、良秀の悪夢に暗示されているように、自分は必ず地獄に落ちる。大殿との衝突は必ず激烈な結末がもたらされることを、良秀自身もすでに予想している。したがって、愛娘を焚死させる目的は娘への救済と屏風絵を完成することであると考えられる。猿が出場する前後、焚焼の場を見ている良秀を見てみよう、

> （中略）あの男は、火が燃え上ると同時に、足を止めて、やはり手をさし伸ばした儘、食い入るばかりの眼つきをして、車をつつむ焔煙を吸いつけられたやうに眺めておりましたが、（中略）引き歪めた唇のあたりと云ひ、或は又絶えず引き攣っている頬の肉の震へと云ひ、良秀の心に交々往来する恐れと悲しみと驚きとは…（芥川龍之介 197：222）

というふうに描かれている。しかし、後に、良秀が「猿が燃えている牛車の中に飛び込んで、娘と一体になつた」という瞬間的な場面を見ながら、良秀は「恍惚、法悦の境に入り、開眼の仏」のようになった。周りの観客はその一幕を見ながら「感動」させられた。芸術家の良秀が芸術のために愛娘を焼き殺すことに驚愕しながら感動した。それで良秀への評判もひっくり返した。一方、陰謀を設けた大殿が「恍惚、法悦の境に入り、開眼の仏」のようになった良秀を見て獣のように喘ぎ続けていた。

では、娘と猿との心中による、良秀の苦痛から開眼の仏のように一変したことは何だろう。

もともと「上﨟焚死」という一幕を作った目的は、大殿という現実地獄から娘を救い出すためである。娘への救済ではあるが、それは壮烈なまでに凄まじいことである。あの猿の殉死の一瞬がまさに「地獄変」のクライマックスである。あの壮絶的な一瞬とは猿が火の中で苦しめられている娘と一体になったことである。父親を代行する役割の猿が娘とともに焼き殺されていく。親子の再会は火の中である。また絵の中に永遠に残る。人間の命は有限である。芸術の命は無限だ。したがって、猿が娘と一体になった一幕を見た良秀の恍惚、法悦は、理想的な夢境、即ち親子の永遠の命を抱える芸術の栄光に陶酔している姿と解されよう。猿が代行する自分が愛娘と一緒にこんな未曾有である壮絶に焚焼されていくという芸術的な場面

から、良秀が無上の美を感じ、完全に陶酔して、人間の意識閾を超えるくらい境界に達したわけである。ここでは父親としての愛娘への感情という家族愛と絵師としての芸術愛との共存関係が示されている。言い換えれば、芸術品は普通の一個の人間と芸術家との間に長期的に相互に影響して成り立った作品ではないだろうか。芸術は日常から距離を保つことにも関わらず日常生活から生まれたものだと思う。そうではないと、芸術の根（芸術精神）は深く強く長く下ろすことが困難だろう。当然芸術の道も遠く続けられないだろう。

　それゆえ、芸術の栄光は、単なる一般的に理解されている芸術至上主義者の良秀の恍惚、法悦ではない。

　また、良秀の芸術のエクスタシーから発した超人間的なものが呼び覚まされたのである。「夢に見る獅子王の怒りに似た怪しげな厳かさがございました。（中略）円光の如く懸かつている、不思議な威厳が見えたのでございませう」というふうに一変した。その威厳は正に親子が永遠に芸術の中に存在していくことが達成した栄光だ。親子芸術が融合した栄光に支えられてエクスタシーに入ったものである。言葉を換えれば入境である。

　結局、良秀はいやらしい猿のような絵師から仏のようになった。同時に、神様のような権威の存在の大殿は獣のようになった。つまり、作者が小説の終わりにこの前の対照をひっくり返した。

　獣になった大殿に対して仏のように輝いている良秀は、現場で勝利の王者とみられる。良秀は愛娘焚死のシーンを見て凡人のように発狂することもなく、かえって、仏のようになった。良秀のこの異変及び世に並ぶものなしの傑作を残して自殺したことは、世間から評判され、認められることに転換した。娘を大殿から取り戻せた。天下一の絵もできた。親子二人が永遠にその絵の中に存在する。以上の要素で良秀は完璧に勝利者になったのではないだろうか。それゆえ、迫害されている奴隷と迫害する権力者との階級関係は存在していないと言える。良秀は実は娘と一緒に焼き殺された。ただ、猿がその時代行してくれることによって彼が屏風絵を完成することができた。大殿の陰謀は失敗に終わった。

4　階級論になる原因

　趙の論文はなぜ絵師良秀と大殿との関係を封建領主と奴隷との階級関係として位置づけたのか。

　趙が階級論に結びつけるのは、良秀の娘の死と良秀の自殺という極めて惨烈な結末から得た判断に違いない。良秀を迫害された奴隷と看做している。良秀は迫害されたかどうか、筆者はすでに前に論じた。「地獄屏風絵」を注文する目的である娘を占有する大殿の計画は崩れた。良秀は完璧に勝利を得た。

　芸術家と権力者との闘いにおいて勝利をとった芸術家の像を描かれているとも読める。良秀の最後の行方は人間から離れて愛娘の後をついていく姿である。

　表面的には、大殿の屏風絵の注文により良秀と娘は死んでしまって、地獄を再現するような恐ろしい物語である。大殿と良秀との上下関係は確かに存在している。趙は上下関係と良秀と娘の死を合わせて階級関係における迫害だと判断を下したわけである。こうすると、なぜ深入りせず、表面的に階級の迫害で読むかという問題が浮かび上がってくる。

　趙の論文は楼適夷訳「地獄変」をテキストに使用している。そして、趙論文の論点は彼が読んだ楼適夷の中国語訳「地獄変」の「後書き」の中に書かれている楼の読解に関わっていると判

明した。すなわち、大殿と良秀との階級論的視角は、『芥川龍之介小説十一篇』が出版される際、訳者楼適夷によって付された「後書き」で書かれたものであった。「後書き」には、「血まみれの描写で封建の領主大殿の奢侈、淫蕩、逸楽三昧の罪悪と迫害されている奴隷たちの悲惨な運命である」(楼適夷 1980：171)という説明がある。趙は翻訳本「地獄変」を読み、さらに、翻訳者の楼適夷の読解も利用して論を立てたのではなかろうか。

　では、なぜ権力者と芸術者の闘いの構図が見透かさなかったのであろうか。芥川文学側から考察してみる。

　芥川は日常から離れて遠い時間と空間を借りて文学的思想などを語るという観念の世界を構築するのが一つの手法である。また、芥川文学は終始個人の生き方など抽象的な観念を訴える。個人の改善を通して人類の全体に影響を及ぼす。全体の変化は個の変化から始まるという。一個一個の人が変われば局部或いは整体が変わりつつある。芥川文学はこのような個人の実存を提示している。楼が「地獄変」を翻訳したのは1976年だ。原作は1918年(大正7年)新婚後大阪毎日新聞社と契約を結んでから26歳の芥川が書いた作品だ。明治半ばごろから生きてきた芥川は新世紀の日本の知識人として「自由思想」「生きる」「生命主義」「内部生命論」など新思潮を考えながら自らの「生」を繰り返して確認することも認められるであろう。

　それゆえ、日本近代文学の芥川文学が訴えている思想や精神は一種の形而上的なものである。楼適夷はロシア社会主義文学や日本プロレタリア文学の翻訳や紹介を通して、社会主義やマルクス主義思想を唱える左翼作家であり、政治的な社会思想を文学によって国民に伝えようとした。中国においては、抽象的な観念というレベルまではいかず、社会や民衆など日常から生まれた問題から構築された文学は、現実的な現象を対象に直接生活に有効するものを検討する形而下的なものである。

　このように、芥川龍之介と楼適夷の間には二つの文学的世界観が存在しているように、筆者には感じられたのである。

5　おわりに

　芥川龍之介と楼適夷の間には二つの文学的世界観が見られる。作者の思想がどのように理解されるのかは、読者の経歴などによって変わってくるだろう。「地獄変」は鏡のように、楼適夷の当時の精神状況を映した。作者の作品を客観的に読むのが常識として知られるが、読んでいくうちにずれてしまう傾向も存在するだろう。自分の感受性、意識、考え方、価値観などを主体にして作品を読むか、それとも作品を通して作者の表そうとするものに近づこうとするか。即ち、作者と作品を主体にするか、という二律背反の問題が読者の前に出てくる。簡単に言うと、作品は作者の作品として読まれるか、それとも鏡として読者の心境を映す手段になるか、という問題になる。読む前にこの二点を意識する必要がある。

　楼適夷はやはり、芥川文学を読む際自身の局限性に制限されている。だから、芥川の作品を自分の考えられる範囲内に作品を説明することしかできなかった。また、彼自身の当時の精神状況が他人の小説を通して表出されたと言えるだろう。これで芥川文学のもつ思想性や抽象的、哲学的な人間性の問題、価値観などに接点を持つことは難しいだろう。

　今後、作品を読んで解釈する読者に関する読者論も大きな課題になるだろう。

参考文献

[1] 王向远.王向远著作集5[M].银川:宁夏人民出版社,2007.
[2] 鲁迅.鲁迅全集10[M].北京:人民文学出版社,2005:581-583.
[3] 赵迪生.芥川龙之介《地狱图》人物形象评析[J].日本研究,2000(2):83-86.
[4] 楼适夷.后记[M]//芥川龙之介.芥川龙之介小说十一篇.楼适夷,译.长沙:湖南人民出版社,1980:171.
[5] 秦刚.现代中国文坛对芥川龙之介的译介与接受[J].中国现代文学研究丛刊,2004(2):246-266.
[6] 巴金.几段不恭敬的话[M]//点滴.上海:开明书店,1935:42.
[7] 文洁若.译本序言[M]//芥川龙之介.罗生门:芥川龙之介小说集.文洁若,译.北京:华夏出版社,2003.
[8] 劉艷萍.芥川龍之介の『地獄変』に関する一考察[J].天津外国语大学学报,1996(4):73-80.
[9] 白晶.从《地狱图》看芥川龙之介的人生观和艺术观[J].长春大学学报,2003,13(1):109-110.
[10] 韩小龙."为了艺术的人生"思想之形成轨迹:从《戏作三昧》到《地狱变》[J].扬州大学学报,2004(1):53-57.
[11] 肖书文.试论芥川龙之介《地狱图》中的心灵冲突:兼与西方悲剧精神比较[J].江苏社会科学,2007(1):194-198.
[12] 寇淑婷,盖宇坤."地狱"中的天使:试论《地狱变》中的"良秀之娘"[J].岱宗学刊,2007(3):53-55.
[13] 玉井茂.哲学史[M].東京:青木書店,1969.
[14] 鈴木貞美.「生命」で読む日本近代[M].東京:日本放送協会,1996.
[15] 芥川龍之介.芥川龍之介全集2[M].東京:岩波書店,1977.

作者情報

氏名:張静
役職名:講師
所属機関:上海杉达学院外语学院
連絡先:浦东新区祝桥镇施新路771
メールアドレス:2432752508@qq.com

茶の湯における牧谿画の受容
—四大茶会記を中心にその人気の変化を考察—

上海杉達学院　汪寒

1　はじめに

　中日文化交流研究において、中国の主流文化が日本文化に与えた影響に関する研究はかなり行われているが、主流ではない文化が果たした役割についてはまだ研究する余地があると思われる。本論の課題である茶の湯における牧谿絵画の受容はまさにその類いに入る。

　牧谿は中国宋時代末期から元時代初期に活躍した禅僧画家である。禅余に道釈人物図、山水図、花鳥図など多岐にわたる水墨画を描いている。その作品は14世紀の前期から禅風とともに日本に伝えられたと推定できる。本土の中国では、あまり評価されていないが、日本では中国の画家として最も尊崇されてきた。日本の茶の湯[①]において、牧谿画は掛物として長い間愛でられている。注目すべきなのは、16世紀に、「侘び茶」の展開に従って、その人気が衰えていった。

　牧谿画の研究に関しては、絵画史ないし美術の分野における牧谿の研究や茶の湯の掛物についての研究がかなり行われているが、茶の湯の視点から、牧谿画を取り上げ細かく考察しているのはそれほど多くない。本論では、茶の湯における牧谿画の受容を検討し、それを通して、日本人の異文化受容の形態を分析し、中日文化交流の一端を明らかにすることを目指している。

2　四大茶会記における牧谿画の記録

　この節では、掛物として四大茶会記[②]に記録されている牧谿画に基づいて、茶の湯における牧谿画の使用とその変化を検討する。

　床の間の掛物として使われた牧谿画については、竹内順一(1996)が既に四大茶会記における牧谿画を抽出して研究している。竹内順一によれば、茶会における牧谿画の使用回数は122回と数えられている。しかし、「茶会記の牧谿画一覧」という表を見ると、同一の茶会における牧谿画の使用が「及」と「及拝」と2回に計算されることが8つあり、それを除けば、実際は114回である。年代を桃山時代に絞って、すこし検討してみると、桃山時代が終わるまで、茶会に使われている牧谿画は、計104回を数えている。そのうち牧谿筆と明記されているのは63回で、残りの53回は牧谿画である可能性が高いものである。「茶会記の牧谿画一覧」では、牧谿画が種類別に年代順に挙げられているが、ここでは、それを概観しておきたい。

　全体的に見て、茶会記において牧谿画が始めて現れるのは天文2年(1533年)3月20日で、奈

良東大寺の四聖坊が所有していた「川苴図」である。天文24年(1555年)4月1日の千利休所有の「自画賛」まで、天文の24年間、牧谿画は計16回使用されている。また、弘治2年(1556年)3月16日の薬師院定快所有の「芦雁」から、元亀4年(1573年)3月25日の四聖坊所有の「柘榴と桃の絵」まで、弘治・永禄・元亀の19年間に、牧谿画は合わせて48回使われている。注目すべきことは、元亀までの牧谿画の所有者に関して、「天王寺屋」「若狭屋」「塗屋」「塩屋」「淡屋」「小袖屋」「鞁屋」のような「屋号」がついたものが多い。周知のように、それは堺などの町人つまり新興商人を指す。それらの町人が全体の三分の二にも達している。

そして、天正元年(1573年)11月23日の織田信長所有の「洞庭秋月・大軸」から、天正十五年(1587年)10月2日の豊臣秀長所有の「江天暮雪・大軸」まで、天正の20年間でも40回使用されている。この時期、牧谿の「瀟湘八景図」[3]特にその大軸は、織田信長、佐久間信盛、松井友閑、荒木道薫、明智光秀、豊臣秀吉など、武将の間にかなり人気がある。

さらに、この104回の内、「瀟湘八景図」や「烏芋の絵」「芙蓉の絵」「瓜の絵」のような山水画や花卉雑画、つまり寸法が比較的に小さい牧谿画に人気がある。同一の人物が使った同名の絵を同じ絵と推定し、題材によって具体的に分類してみると次のようになる。花卉蔬菜類が11件超・37回、山水画が約12件・33回、道釈・人物図が約11件・21回、鳥獣が約10件・12回、牧谿・文字が1件・1回である。この結果を見ると、当時は牧谿画のうち、花卉蔬菜類と山水画が好まれていたと考えられる。

3　牧谿画年代表から見る人気の変化

竹内は四大茶会記における唐絵全体の使用回数についても統計を行った。天文2年(1533年)から慶安3年(1650年)までの間に、床掛けとしての唐絵が合計451を数え、そのうち、牧谿画が47種、合計122回が使用されている。牧谿に次いで多く使われているのは玉澗の絵画であり、15種、96回である。続いて、趙昌・8種26回、舜挙・7種13回、徽宗皇帝・5種12回、馬麟・4種11回、趙子昂・2種7回、徐熙・1種6回、月山・1種6回、梁楷・5種6回などである。

こうしてみると、牧谿の絵画はその種類といい、使用回数といい、圧倒的な人気を誇っている。これは当時の唐物趣味にもよるが、結局「枯淡」の画風が「清幽」を印象付けているので、「山居」の草庵のたたずまいを理想とした茶室の雰囲気に合致したからだと思われる。[4]

ところが、注目すべきなのは天正15年(1587年)から慶長8年(1603年)までの17年間、四大茶会記に牧谿画の使用に関する記録がないことである。つまり、天正15年以後、牧谿画はほとんど使われていないのである。

以上、四大茶会記に記録されている牧谿画に基づいて、茶の湯における牧谿画の人気の変化、つまりその盛衰を見てきた。要するに、16世紀の末期になると、茶の湯で一番人気を誇った牧谿画は、使われなくなったのである。

4　牧谿画の人気が衰えた原因

16世紀の茶の湯において、牧谿画の人気が衰えたと述べた。この節では、その原因を茶の湯の展開と「日本化」、また茶道具全般の変遷、茶室の縮小化という視点から明らかにしていく。

4.1 茶の湯の展開と日本化

　茶の湯とは単なる喫茶を意味しているのではなく、茶室という特別な空間で、茶道具を鑑賞しながら、一定の作法に遵って亭主が抹茶を点て、客がそれを喫する日本文化を意味する（中村修也 2012）。こういう意味で、茶の湯は16世紀の前期に芽生え、そして中頃になると、茶室、茶道具の選別、一定の作法などの要素が整い、茶の湯の形が成立したと思われる。

　茶の湯が成立する以前、足利将軍家では、24畳敷や18畳敷、12畳敷といったより大きな会所で、喫茶が行われていた。そこで、同朋衆が中国の喫茶様式に遵い、喫茶法式や会所の飾りを担った。それは、正式で、豪華な唐物世界とされた。ところが、茶の湯が成立して、茶の湯の主人公は、かつての足利将軍家や有力守護大名と違い、京都、奈良、堺などで町人が登場した。彼らは正式に対する「草」⑤を嗜好することによって旧来の道具を再選択し、再評価しながら、新しい茶道具を選んで入手したのである。

　それが村田珠光によって、「侘び茶」へ展開していったと思われる。珠光は「和漢のさかいをまきらかす」と唱え、唐物一辺倒の世界に備前焼・信楽焼のような和物の美を見い出した。

　金春禅鳳の『禅鳳雑談』でも珠光の言葉に言及し、「珠光の物語とて、月も雲間のなきはいやにて候、これ面白く候」（谷晃 2001:487）とある。また、同じく『禅鳳雑談』に「備前物の割れたる」面白さが記されている。つまり、完全かつ豪華な唐物よりも、「雲間のある」月、または「割れたる」備前物のような不十分、不完全かつ簡素で粗末なものに日本的美しさが見いだされたのである。

　武野紹鴎に至って、茶の湯が「侘び茶」という方向に一層くずされたのである。紹鴎は本格的に茶の湯の基本的な様式を定めたと考えられている。四畳半の茶室はその代表作である。紹鴎の茶の湯の精神は藤原定家の「見渡せば、花も紅葉もなかりけり浦のとま屋の秋の夕ぐれ」という歌にあろう。それは豪華や贅沢に対して、慎み深いことだと考える。そこに、武野紹鴎を始め、当時の茶人たちには渋い日本的な好みを見い出し、茶の湯を「日本化」しようとしたのではないかと考えられる。

　そして、16世紀の末期になって、「侘び茶」が千利休によって大成され、「侘び」の美意識が確立した。簡単に言えば、それは茶の湯の「日本化」がこの時点で一応完成されたと考えられる。喫茶の専用空間である茶室から見ると、四畳半は、約一丈四方の広さで、仏教では方丈と言い、まさに心身を世俗の煩悩から脱却して、物を心静かに鑑賞する修行の空間である。また、茶道具から見ると、千利休を始め、侘び茶人は、唐物の代わりに、完全に朝鮮産や日本産の道具を使ったのである。

　要するに、茶の湯が「侘び茶」という方向へ「日本化」されるとともに、中国から外来した唐物では日本国内で展開した茶の湯の雰囲気に調和しにくく、粗末かつ簡素な和物好みに取って代わられたのであろう。

4.2 茶道具全般の変遷

　茶道具は簡単に言うと、茶の湯に用いられる道具類の総称である。それは茶の湯の成立とともに、床の間を飾る掛物や花入、茶を入れる茶入、湯を沸かすための風炉や釜、水を入れておく水指、手前が始まれば茶碗や茶筅、茶杓、さらに、建水、蓋置などが一式で整備されるようになったのである。それらが茶室という限られた場所で使われるため、会所において単独で鑑賞されたときの装飾性と異なって、調和が肝心である。具体的には茶室との調和、各茶道具の間の調和、またそれを使う人との相性などである。

　そして、茶の湯の理念が深まるとともに、茶道具全般に変化が生じたのも当然であろう。

珠光の時代から、茶道具に備前焼や信楽焼が高い価値を与えられた。それらが茶会記に現れるのは、天文11年（1542年）の信楽焼の水指の使用から始まったのである。そこから、狭い茶室を念頭において見立てた、新しい道具や器物が数々登場してきた。しかし、茶道具全般に唐物の衰退が目立つとは言っても、唐物の茶入、唐銅の花入、唐絵などが長い間使用されていたことが茶会記からうかがえる。やがて、天正15年（1587年）頃になると、千利休の一番の大弟子である山上宗二によって著される。天正十四・五年頃に成立した茶の湯の秘伝書である。

『山上宗二記』に、「数寄道具」を基準として、「数寄ニ不入ぬるき物也」「当世ハ如何」「何も数寄ニハ不用」と既存の道具が再評価され、新たな道具が見い出されたり、創造されたりするようになった。

その中では、牧谿に対しては、「右之外、牧渓ノ大軸・小軸、横絵、少違テ八景十六幅在、大軸ハ千貫、小軸ハ五百貫、古人ノ名物也ト云テ用、当世ハ如何、此外モ可在ル、代物高下可在ル、但、侘数寄所望無シ、條々口伝、」（千宏室 1977:77）とある。要するに、他にも数多くの牧谿画があり、名物にランクされるものも多く、値段が高くても買う人がいる。しかし、侘茶を追求する茶人はこれを用いないということになる。

唐物全体が茶の湯から退けられ、「わび」の格に合う茶道具の取り合わせが工夫されていた中、掛物においても、当然変化が生じていたわけである。谷晃の「茶会記に現れた書画」（谷晃 2001:132）の研究によると、1533年から1660年まで、茶会に使われる絵画はほとんどすべてが唐絵であるが、その使用率は30.8%から19.1%と減少した。唐絵としての牧谿画の使用率もこの時代の傾向と軌を一にしたと考えられる。

4.3 茶室の縮小化

茶の湯が成立してから、千利休によって「侘び茶」が大成されるまで、茶の湯は簡素化された。その変化した要素の中に、さらに取り上げなければならないのは茶室である。永禄から天正初期にかけての茶の湯の場所として、京都・堺・奈良の町衆に限らず、各地方で「紹鴎四畳半」に則って茶室が作られていた。

四畳半という大きさが茶室の基準になるとともに、床の間の寸法もそれに調和して、標準化された。六畳が四畳半に減ると、床の間も一間（181.8センチ）から五尺（151.5センチ）となった。茶室の原型とされた「紹鴎四畳半」の床の間は間口が1間で、奥行23.0寸、床天井高64.0寸である。さらに、四畳半が二畳半に減ると、五尺の床の間も四尺になる。

次は、牧谿画の寸法を見ていく。寸法の大きい「観音猿鶴図」の三幅対は言うまでもなく、伝牧谿筆の「瀟湘八景図」は、横長はともに100センチ前後で、縦は30センチほどである。表具の寸法を加えると、横長は10センチぐらい増え、縦の幅が約130センチになる。しかし、四畳半の茶室であれば、床の間の間口が1間または五尺である。それゆえ、天正以前「瀟湘八景図」が使われたとしても、ほとんどが小軸である。天正元来（1573年）以後、織田信長を初め、多くの武将たちが「洞庭秋月図・大軸」「遠浦帰帆図・大軸」「瀟湘夜雨図・大軸」などの数々の大軸を使っていた。それは彼らの場合、茶室はまだ大きいものが多かったからだと考えられる。

また、牧谿のほかの作品については、横の幅はともに30センチから90センチまでの間にあり、縦は表具の寸法が加わると、全体の長さが140センチから200センチぐらいに達する。そう考えると、原型とされる「紹鴎四畳半」の200センチに満たない床の高ではいかにも狭い。周知のように、天正10年（1582年）に二畳の茶室・待庵が造られたのをきっかけに、茶室が二畳

半、二畳、さらに一畳台目⑥という極小な空間まで狭められた。そうすると、その時代の新たな変化には、牧谿画が合いづらくなったに違いない。この原因がすべてというわけではないが、天正15年（1587年）から慶長3年（1598年）までの12年間の間、牧谿画がほとんど使われていなかったことは、この寸法の問題と無関係ではない。

5　おわりに

　以上、本論は三節に分けて、主に四大茶会記に基づいて、茶の湯における牧谿画の使用された頻度、つまりその人気の変化を検討し、さらにその背景についての解明を試みた。

　日本における牧谿画の受容は、茶の湯の歴史とは切り離しては考えられない。本論は竹内順一の「茶会記の牧谿画一覧」を踏まえたうえ、茶会記における牧谿画の使用を年代順に104回とまとめ、その年代表から牧谿画の人気の変化を分析してみた。全体的に見ると、茶室の掛物として、一時期牧谿画は最も人気を誇ったことは明らかである。しかし、天正15年（1587年）以後、牧谿画はほとんど使われなくなった。それは茶の湯の展開とそれの「日本化」と関わるほか、茶道具全般の変遷や茶室の縮小化という客観的要素の制約であると考えられる。

　今までの牧谿画研究は主に美術史の分野で行われてきた。本論は、その現状からさらに進んで、茶の湯の視点から16世紀頃日本における牧谿画の受容に関する問題を考察した。そして、これの検討を通して、16世紀の茶の湯の変遷やその嗜好の変遷を窺い、中日文化交流の一端を明らかにした。

注
① 現在、日本では「茶道」という言葉が一般的に使われているが、近世以前は「茶湯」または「茶の湯」が使われていた。それは16世紀の前期に芽生え、そして中頃になると、茶室、茶道具の選別、一定の作法などの要素が整い、成立したと思われる。
② 四大茶会記とは室町時代末期の天文2年（1533年）から江戸時代初期の慶安2年（1651年）まで、茶の湯の様子を記録した『松屋会記』『天王寺屋会記』『今井宗久茶湯日記抜書』『宗湛日記』という四つの茶会記である。本論が引用したのは淡交社版の『茶道古典全集』所収のそれぞれである。
③ 茶の湯において、牧谿筆の瀟湘八景図が何よりも人気を誇っている。もともと大・小二種の巻物であるが、八代将軍足利義満によって一景ずつに分断されたと伝えられる。それは「山市晴嵐」「漁村夕照」「遠浦帰帆」「瀟湘夜雨」「煙寺晩鐘」「洞庭秋月」「平沙落雁」「江天暮雪」である。
④ 牧谿画について、荘粛著『画継補遺』に「枯淡山野、誠非雅玩、僅可僧房道舎、以助清幽耳」という評価がある。この「枯淡」「清幽」はまさに牧谿画の極意を示していると思う。それも、茶の湯に牧谿画は人気があった理由とも考えられる。
⑤ 「真行草」は最初に書道の三つの書体である。転じて、日本中世以来の茶道、華道といった諸芸道では、様式などを表す理念語として使われている。「真」は正格、「草」はくずした風雅の体、「行」はその中間である。
⑥ 台目畳は丸畳の約四分の三の畳である。一畳台目とは丸畳一枚と台目畳一枚の茶室である。

参考文献
[1] 竹内順一.茶会記における牧谿画[M]//牧谿　憧憬の水墨画.東京：五島美術館,1996.
[2] 千宗室.茶道古典全集 第六巻[M].京都：淡交社,1977.
[3] 谷晃.茶会記の研究[M].京都：淡交社,2001.

[4] 中村修也.茶の湯以前[J].美術フォーラム21,2012(25).

作者情報
　氏名：汪寒
　役職名：講師
　所属機関：上海杉達学院
　連絡先：上海市浦東新区金海路2727号
　メールアドレス：1391527920@qq.com

论日伪对浙江沦陷区的社会奴化宣传
——以《嘉兴新报》为例

杭州师范大学　洪优

1937年抗日战争全面爆发后,日本帝国主义先后侵占了我国华北、华东、华中、华南等广大地区,相继建立了伪华北临时政府、伪维新政府及汪伪国民政府。

1938年,伪维新政府在浙江成立了伪省政府及其下属的各级伪官僚机构。在杭州特务机关与浙江地区治安委员会的实质操纵与掌控下,浙江伪政权从日军殖民统治需要出发,制定"反共亲日"的奴化政策,大力推行奴化宣传,对浙江民众施行精神控制。社会奴化宣传的主要手段有刊发报刊与杂志,播放广播与电影,开展各类学习与宣传活动,张贴标语等。

袁成毅(2005)、周章森(1997)、陈永忠(2015)、吕红、鲍珍玲(1995)都对浙江沦陷区的奴化宣传有所关注,但尚未见到聚焦某个媒介,进行具体文本分析的研究。

鉴于此,本文尝试对杭州特务机关嘉兴班特准的伪报刊《嘉兴新报》(1939年8月第一周)的奴化宣传开展文本分析[①],以揭露日伪麻痹浙江民众的民族精神,削弱浙江民众反抗精神,妄图为其长期的侵略殖民统治服务的真正意图。

本研究发现,伪报刊《嘉兴新报》主要从以下几个方面开展社会奴化宣传。

1　贬低中国民众,宣扬反共灭共

1.1　贬低中国妇女

《嘉兴新报》不遗余力地对中国民众进行负面报道。

(1)《大民会总本部播音演讲稿　妇女组织问题(下)》(5日第四版)一文对中国妇女的评价为"中国的妇女大多是散漫而无团结的力量,还有没有受教育的女子,知识幼稚更不知道去应用"。

例(1)奚落中国妇女为"多是散漫而无团结的力量""知识幼稚更不知道去应用"的群体。这种不屑的口吻,打击中国妇女的自信,缺乏对中国妇女的尊重。

1.2　鼓吹反共灭共

(2)《天津治安警察问题　日方决全面贯彻主张》(4日第一版)一文的背景是亲日派天津海关监督兼伪华北联合准备银行天津支行经理程锡庚被刺杀于天津英租界。日伪借此大肆宣扬"共同搜查逮捕抗日共产分子""立刻引渡抗日共产凶犯""禁止抗日共产之设施言动及文章""罢免租界工部局内之抗日职员"等反共灭共的主张,将沦陷区卷入戒律森严的白色恐怖。

(3)《江浙沦陷区内　人民受游击队荼毒》(2日第一版)

可见,日伪不仅仅明确反共灭共立场,还用"人民受游击队荼毒"的字眼,将游击队塑造成人民的对立面。

综上,日伪通过对中国民众进行负面报道,宣扬反共灭共,给浙江民众散布中国民众愚昧无

知,中共制造争端,游击队迫害百姓等观点。伪报刊的目的在于让浙江民众失去民族自信,产生对中共的怀疑,放弃反抗的希望与动力。

2 塑造日本的强国形象

2.1 国际地位高

(4)《世界各国集中观光日本》(2日第一版)

(5)《日加藤公使晤克莱大使 冀望英方以诚意处理会谈》(5日第一版)

(6)《日英会谈的展望(上)》(7日第二版)一文中提到"在日英共同发表的声明中,英国已正式承认了日本因大规模战争行为在中国的一切特殊要求、并且愿在维持租界治安的原则下,协助日方严厉取缔抗日份子,这个大转变不能不认为是日本外交上极大的胜利,在建设东亚新秩序的前途上减除不少障害。"

例(4)塑造了日本得到世界各国造访,受到全世界关注的形象。例(5)表达了日本对英国提出主张的大国形象。例(6)中"英国已正式承认了日本因大规模战争行为在中国的一切特殊要求""愿在维持租界治安的原则下,协助日方严厉取缔抗日份子""日本外交上极大的胜利"等表述,更是将日本占据日英会谈上风的洋洋得意显露无遗。

2.2 军事强大

日伪通过军事报道,塑造日本军事强国、所向披靡的形象。

(7)《日空军一气进迫 猛袭重庆桂林 党方重要军事设施全毁》(3日第二版)

(8)《日海军机 活跃华南》(5日第一版)

(9)《日海军机 继续轰炸重庆》《日军活跃山西 扫荡战果赫赫》(6日第一版)

例(7)的"一气进迫""猛袭"非常具有视觉冲击力。例(8)与例(9)的"活跃""继续轰炸"显示日军活动之频繁。例(7)的"党方重要军事设施全毁"与例(9)的"扫荡战果赫赫"竖立中日力量悬殊,日本军事力量强大、战无不胜的形象。

2.3 医药先进

(10)"嘉兴日本堂大药房"广告(1日第一版)传达了日本医学发达的信息。该广告词中夸大其词地写着"专售日本名药滋补圣品 莫不应有尽有药到病除"。

店名虽是"嘉兴日本堂大药房",但在硕大的"日本堂大药房"这六个字的右边,小字号"嘉兴"两字相形见绌,给人以中日力量悬殊的感觉。值得注意的是,此广告是每日的固定广告,其影响力不可小觑。

综上,日伪给浙江民众灌输了日本得到国际支持与援助,日本军队难以战胜,反日亡国,日本医药先进、包治百病等观点。

3 传播奴化思想

3.1 宣扬人生虚无主义

(11)《感怀》(2日第四版)中认为"人生原是一个空,不必认真""人生原是一个梦"。

(12)《一瞬间》(4日第四版)对人生的解读则为"是梦,也罢""人生本是昙花一现"。

以上两个例子皆提倡人生虚无主义,即人生是梦,是空,是转眼即逝的,所以不必认真。

3.2 诱导腐化作风

(13)"嘉兴饭店"和"莉莉饮冰室"的广告(3日第二版)都用女招待吸引顾客。"嘉兴饭店"的广

告词为"女子招待周到",承诺"包君满意"。"莉莉饮冰室"的表述则为"女子招待殷勤周到"。

(14)"强利比儿片"的广告(3日第二版)中,性病及妇科病药物"强利比儿片"字号硕大且加粗呈现。在其左侧印有字号较小的"強力リベール"。该广告视觉冲击性很强,原因有三。其一是广告中印有男女相拥的大幅头部剪影。其二是将"淋病""白浊白带"等性病、妇科病的病名以较大字号紧挨着剪影排版,并在其左侧表明疗效显著,"短期断根"。其三是广告中直接使用了日文片假名。

上述两个例子中,无论是例(13)用女招待吸引顾客,还是例(14)承诺性病"短期断根",都有助长社会腐化作风之嫌。

3.3 提倡逆来顺受

(15)《穷汉的消夏》(2日第四版)一文认为"夏,是穷汉的季节,对于穷汉生活,有无限的方便,固然臭虫蚊子虱蚤之类,来分路的进攻,但于健康方面,并不发生若何妨害,如果抱定博爱的宗旨,周济蚊虫和救济乞丐的原则毫无差别,穷汉们无力救济人类,而能救济蚊虫,未必不是夏天的赐予。"

显然,这种提倡民众以"博爱的宗旨""周济蚊虫",并将被蚊虫叮咬视为夏天的恩赐的言论是扭曲且荒唐的。

(16)《冰片》(7日第四版)一文主张"知足,虽然是阻害进化的东西,但是我们要对于事业不知足,不能对于地位不知足"。大力赞美"一任自然,不稍有逆触"的"'如如'之心"。该文赤裸裸地要求民众"不能对于地位不知足""一任自然,不稍有逆触",企图让民众安于亡国奴的地位和被侵略的地位。

以上两个例子提倡逆来顺受,安于贫困与当前的地位,旨在熄灭民众的抗日意志,培养服从日伪统治的顺民。

3.4 褒奖粗鄙与低俗

(17)《清白》(1日第四版)提出"我们男子汉,对于脱,敢说不含糊,那怕真是一丝不挂,都没关系""方显得我是清白君子""绝像女子那样害臊,又想脱,又不敢脱,又不好意思脱"。显而易见,此文章以男子脱衣服为美德并将其美名为"清白君子"。这种说法歪曲了"清白君子"的含义,是对粗俗、低俗的生活作风的褒奖,是对体面与尊严的放弃。

(18)《野鸳鸯幽会》(3日第三版)更是将低俗话题堂而皇之地用于标题,让人侧目。

这些报道褒奖粗鄙生活作风,不利于培养有尊严的体面国民。

3.5 大民会严控民众思想

(19)《大民会纠正民众思想》(3日第三版)鼓吹"中日亲善,必须两国官民、推诚相见、亲如手足、方能达到目的、大民会总本宣传部部长、因袭于各地民众、对于友邦军民、每生猜疑、于东亚前途、殊多阻害、故特分函各级支部、请迅与各地主管机关联络、尽量宣传中日亲善之真意","指导纠正民众之错误思想"。

大民会是日本侵华时期的汉奸组织,原名"兴亚会",于1938年7月成立于上海。其"总本部"为中央机关,下设总务、宣传、组织三部。大民会成立仅一年,便迅速在华东地区设立了44个支部、11个联合支部。从例(19)可见,大民会强调"尽量宣传中日亲善之真意""指导纠正民众之错误思想"的原则。从大民会总本宣传部部长"分函各级支部",要求各级支部"与各地主管机关联络"的表达可以看出,大民会总部指挥着蜘蛛网式分布的支部,层层管控着民众思想。

综上,日伪通过宣扬人生虚无主义、诱导腐化作风、提倡逆来顺受、褒奖粗鄙与低俗、严控民众思想等手段奴化民众。

4 歪曲战争性质，美化日本侵略行径

(20)《再见吧》(4日第四版)是该报的连载剧本。当日剧本的部分内容如下。

  椿：<u>这次战事，日本虽坚持不搬大方针，但国共始终执迷不醒，遂造成这次空前未有的事态</u>！现华中一带，已是荆棘满目，等待着一次坚[③]辛的扫除和建设！

  （中略）

  尹母：(含泪)日本人心术很坏，骗着你们这般青年去上钩！同学来约你，你就决定去么？

  椿：(咬牙)中日两国，兄弟的国家，几千年的历史下来，随时随地都发生着密切的关系，<u>最近十余年，日本看到中国受欧美列强的压榨及赤匪的引诱自甘堕落的走上衰败的路途！为了促成东亚新秩序，为了建设新中国，牺牲了多少生命和财产，把我们几千万同胞，从水深火热的境地拯救起来！日本绝没有领土上的野心，也不存什么阴谋毒计，全为关系着亚洲的盛衰和黄种民族的存亡而起来奋斗的</u>！你决不要有这种思想，更不能把过去的引证现在！

上例中"国共始终执迷不醒，遂造成这次空前未有的事态！"掩盖了日本是造成中国苦难的元凶的事实，捏造国共抗日政策给民众带来灾难的假象。

"日本看到中国受欧美列强的压榨及赤匪的引诱自甘堕落的走上衰败的路途！为了促成东亚新秩序，为了建设新中国，牺牲了多少生命和财产，把我们几千万同胞，从水深火热的境地拯救起来！日本绝没有领土上的野心，也不存什么阴谋毒计，全为关系着亚洲的盛衰和黄种民族的存亡而起来奋斗的！"这些表述将日本的侵略美化为"拯救"，否认对中国领土的野心，宣扬日本的巨大"牺牲"。为分散民众的抗日意志，刻意将矛头转移到中共与欧美国家。

(21)《本县各界积极筹备<u>八一三更生纪念</u>　会期三天十三日举行大游行》(6日第三版)的首句便是"忆自事变以来，将已两年"。

"八一三""事变"指八一三淞沪会战。1937年8月13日打响的淞沪会战是我国全面开展抗日战争后的第一场大型会战。该战役历时3个月，是整个抗日战争中规模最大、战斗最惨烈的一场战役，最终以我军全线撤离上海战场告终。

"更生"在汉语中的主要义项为重新得到生命，比喻复兴。根据新世纪日汉双解大辞典的释义，日语中的"更生"具有"改变不理想的精神状态或生活态度，重新做人""复活苏醒""翻新、再生""变无用之物为有用之物"等含义。日伪在例(21)的报道中颠倒黑白，竟将丧失主权、沦为亡国奴的处境美化为"更生"。

上述两例赤裸裸地为日本帝国主义歌功颂德、否认侵略，将侵略标榜为救赎。此外，日伪通过举办"更生纪念"活动，为美化日本帝国主义的侵略行径造势。

5 转移民众视线

(22)《<u>华南反英运动激烈</u>》(2日第一版)

(23)《<u>英国与日本(上)　日英由友而仇</u>》(3日第三版)

(24)《<u>东京反英热再炽</u>》(3日第三版)

上述三个例子将矛头指向英国，表明日本与之决裂、抗争的强国态度，以此转移中国民众的

视线,消解民众的抗日情绪。

6 用法令保障统治

(25)"维新政府法令汇编 第一辑"的广告(6日第四版)中,"法令汇编"四字甚至大于报刊名"嘉兴新报"的字号。

超大字号显示了日伪对法令汇编的高度重视。日伪出台维新政府法令,旨在为伪政府的长期权威统治提供法律保障。

7 预防民众抵抗

(26)"收买废铁 高桥商会出张所""不拘多少收买 如愿出售请来面谈"(5日第四版)

众所周知,铁器是战争年代宝贵的军用物资。例(26)是日伪收买沦陷区铁器的告示。日伪通过收敛铁器,达到让民众手无寸铁,预防暴乱的目的。

8 总结

综上所述,伪报刊《嘉兴新报》(1939年8月第一周)主要内容有"贬低中国民众,宣扬反共灭共""塑造日本的强国形象""传播奴化思想""歪曲战争性质,洗白日本侵略行径""转移民众视线""用法令保障统治""预防民众抵抗"等。日伪用这些手段麻痹浙江沦陷区民众的民族精神,削弱其反抗精神,妄图为达到其长期的侵略殖民统治服务的目的。本研究成果对丰富浙江革命史,尤其是抗日战争史的研究有一定裨益,还能给否认或美化日本帝国主义侵略战争的言行以基于确凿史实的有力反驳,以此纪念我国人民抗日战争胜利,促进爱国主义教育。

注

① 本文原始资料均引用自浙江档案馆的电子档案。由于报刊的主要信息与观点均体现在报刊标题,标题字号较大不易误判,以及报刊正文存在油墨不均,字形难辨的情况,笔者以报刊标题与部分报刊正文为考察对象,分析伪报刊《嘉兴新报》的奴化宣传。浙江档案馆公布的伪报刊《嘉兴新报》电子档始于1939年8月,本文是对8月第一周的报刊进行的尝试性研究。
② 全文下画线均为笔者所加。
③ 原文即为"坚"字。

参考文献

[1] 陈永忠.论日伪对浙江的文化侵略[J].浙江学刊,2015(4):29-34.
[2] 吕红,鲍珍玲.日本帝国主义对浙江的文化侵略[J].浙江档案,1995(6):10-11.
[3] 袁成毅.浙江通史第12卷民国卷下[M].杭州:浙江人民出版社,2005.
[4] 周章森.日本在侵华期间对浙江沦陷区的奴化教育[J].浙江学刊,1997(1):97-106.

作者信息
　　姓名：洪优
　　职称：讲师
　　单位：杭州师范大学
　　联系地址：杭州师范大学仓前校区外国语学院日语系
　　电子邮箱：hongyou7@126.com

日本国における高齢者による起業の現状と課題

宮城学院女子大学　渡部順一

1　はじめに①

1.1　背景

　内閣府（2019：21）によれば、平成30年（2018年）②の労働力人口は、6,830万人であった。労働力人口のうち65—69歳の者は450万人、70歳以上の者は425万人であり、労働力人口総数に占める65歳以上の者の割合は12.8％と上昇し続けているという。また、「男女別、年齢階級別に就業状況を見ると、男性の場合、就業者の割合は、55—59歳で91.3％、60—64歳で81.1％、65—69歳で57.2％となっており、60歳を過ぎても、多くの人が就業している。他方、60—64歳の2.4％、65—69歳の1.7％が完全失業者である。また、女性の就業者の割合は、55—59歳で72.0％、60—64歳で56.8％、65—69歳で36.6％となっている。さらに、70—74歳の男性の就業者の割合は38.1％、女性の就業者の割合は23.1％となっている」とも指摘している（内閣府2019：24）。

　65歳を境に、割合が大きく低下しているが、これは、企業に勤務している労働者の定年は概ね65歳であり、公的年金支給開始も概ね65歳であることに一因がある。しかし、定年を迎えた65歳以降の生活は保障されているというものの、様々な雇用形態による年金額の差異、あるいは、生活水準の維持など、働き続けなければならない人も多い。そうした理由もあってか、「現在仕事をしている60歳以上の者の約4割が『働けるうちはいつまでも』働きたい」③と考えており、就業に対して高い意欲を持っていることがうかがえる。

1.2　問題意識

　高齢者雇用安定法④では、65歳までの安定した雇用を確保するために、企業に「定年制の廃止」「定年の引き上げ」、あるいは、「継続雇用制度の導入」のいずれかの措置を講じるように義務づけている。一方で、「役員を除く雇用者のうち非正規の職員・従業員の比率を男女別に見ると、男性の場合、非正規の職員・従業員の比率は55—59歳で12.0％であるが、60—64歳で50.5％、65—69歳で70.8％と、60歳を境に大幅に上昇している。一方、女性の場合、同比率は55—59歳で61.1％、60—64歳で77.1％、65—69歳で83.3％となっており、男性と比較して上昇幅は小さいものの、やはり60歳を境に非正規の職員・従業員比率は上昇している」という（内閣府2019：23）。従って、高齢になっても「働く」ことは可能であるものの、それまでの経験や実績を活かせない非正規雇用しか道が無くなっていることも伺える。こうした問題意識のなかで、グラットンとスコットは、就職、退職の常識が変わるとして、「60歳以上の人は、突如、長寿化の恩恵を手にすることになる。新しい機会が開ける半面、若い頃に想像していたより高齢になる

まで働き、収入を得続ける必要が出てくる」(グラットン,スコット 2016:9) と、職業に関するキャリアと一生涯のキャリアの統一した概念を構築しようと試みている。

そうした概念の一つに起業がある。海外で、ケンタッキーフライドチキンのハーランド・デーヴィット・サンダース氏が65歳からフランチャイズ事業に乗り出したことや52歳のレイ・クロック氏がマクドナルドを世界的企業に育てていった事例など、あるいは、日本で、58歳でライフネット生命保険を創業した出口治明氏、48歳で「チキンラーメン」、61歳で「カップヌードル」を発明した安藤百福氏の事例など、大きく花開くものが少なくない。

本稿では、この高齢者による「起業」の日本国における現状と課題について検討していく。結果として、高齢化社会⑤にふさわしい「人生をどのように計画するかが、最大のテーマ」とした新たな概念の「起業」について、論じていくものである。

2 先行論文とその意義

2.1 高齢者の実態

厚生労働省 (2019) は、「2016年時点で、男性の平均寿命は80.98年、女性は87.14年であり、日常生活に制限のない期間の平均(健康上の問題による日常生活への影響がない期間)は男性72.14年、女性74.79年、また、日常生活動作が自立している期間の平均(要介護認定2以上になるまでの期間)は男性79.47年、女性83.84年である」と報告している⑥。概ね65歳で定年を迎えると、男性は少なくとも7年、女性は9年、また、「不健康」と認定されるまでは、男性14年、女性18年の期間があり、その期間の人生をどのようにして過ごすかが大きな課題となる。すなわち、多くの人にとって、少なくとも「日常生活に制限のない期間」⑦に日々何をして過ごすのかという課題である。

2.2 高齢化時代のキャリア形成(マトリックス分析)

渡部 (2018a) では、高齢化時代のキャリア形成について「マトリックス分析」の枠組みを提示している。外的要因を「環境要因」と「機会要因」に分け、内的要因を「経済要因」と「動機づけ要因」に分けて、4つのカテゴリーのそれぞれの「利点」と「マイナス面」について論じている(図1)。

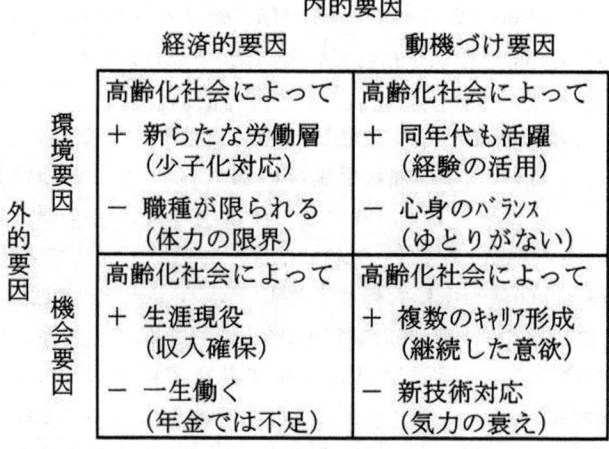

図1 高齢化時代のキャリア形成におけるマトリックス分析
(出所:渡部 2018a:288)

その上で、「高齢化社会のプラス要因として、『新たな労働層（少子化対応）』として、『生涯現役（収入確保）』とともに、『同年代も活躍（経験の活用）』によって、『複数のキャリア形成（継続した意欲）』が可能であると指摘している。

2.3 発達課題と心理的危機からみた老年後期のキャリア形成

渡部（2019:319）では、「これまでのキャリア形成は、主に15歳以上64歳未満の生産年齢人口に対しての職業上のキャリア形成として捉えられることも多かった。今後は、65歳以上の高齢者に対しても、キャリア形成のモデル形成やそれを支援するメンター制度などの拡充が必要となってくるだろう。そのときやはり、生きていることに価値が見い出すことができたり、社会の中で貢献しているという意識が持てるような「生きがい」について、深く考える必要もある。結果として、エリク・H・エリクソンとジョン・M・エリクソン（2001）が唱えた「発達理論」に依拠した「発達課題」として自分の生き方を見直す「自己再発見」を掲げ、その発達課題を解決すべき具体的な課題として、「健康」「経済」、及び「環境」としたモデルを提唱することとしたい」と論じている（図2）。

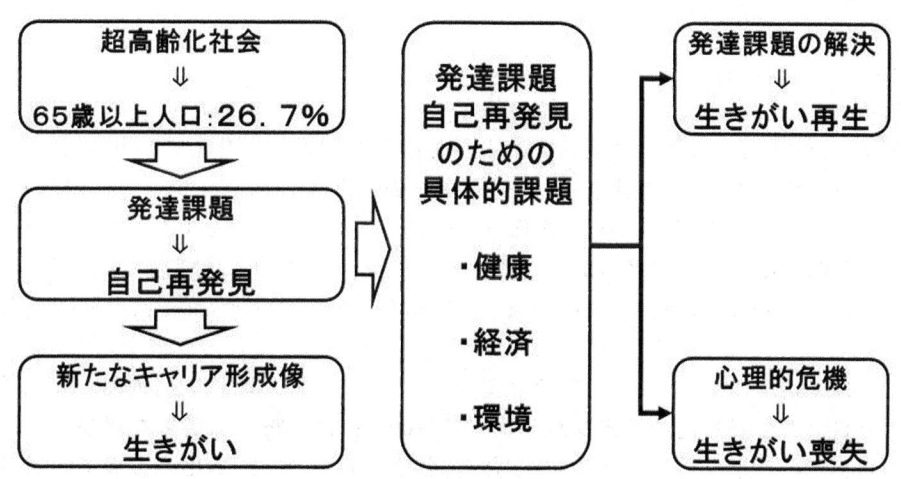

図2　老年後期における「発達課題」と「心理的危機」のモデル
（出所：渡部 2019;320）

2.4 高齢者による起業の意義

フィットネスクラブ、あるいは、図書館などの施設は、高齢者が開館とともに押し寄せ、場所取り、機器、または、新聞の取り合いなどの問題を起こしている。

一方で、高齢化社会が進展していけば、2040年には年金等で18歳から64歳は65歳以上を1.5人支える（経済産業省 2018）ことになるので、例えば、18歳から74歳3.3人で75歳以上を支える仕組みの構築も考えていかなければならない。

こうした課題の解決策の一つとして、高齢者の起業は自ら主体的に働き、充実した時間を過ごすとともに、高齢者が高齢者を支える仕組みの構築が可能とするのである。

3　高齢者による起業

3.1　高齢者による起業の実態

　内閣府（2019:26）によれば、「継続就業期間5年未満の起業者の年齢別構成の推移を見ると、65歳以上の起業者の割合は2007年に8.4％であったが、2017年には11.6％に上昇した」[8]という。日本政策金融公庫総合研究所（2018）によれば、「同公庫が行った2017年4月から同年9月にかけて融資した企業のうち、融資時点で開業後1年以内の企業8,322社のうち、250万円未満の少額開業した276社のうち60歳以上の開業は7.6％、それ以外の1,379社では7.3％の割合を占めている」[9]という。

　事例として、日経ビジネス（2020）では、「シニア起業」として、「三菱重工からピザ職人に転身」成功事例[10]と「そばが好きだからそば屋をやってみようといった安直な考えでの起業」してうまくいかなくなった失敗事例を紹介している。日本政策金融公庫総合研究所（2019）によると、「全国の起業家1600人から回答を得た現在の採算状況については、60歳以上の経営者の55.6％が赤字基調」と回答しており、それ以外の年代と比較するとシニア起業の成功率は明らかに低いという。

3.2　生活イノベーション

　社会的イノベーションについて、「社会的なニーズや問題への対応を主眼に、新しい種類の解決策を創造・適用することによって、社会的価値を増進し、社会の現状を刷新するような変革を生み出すこと」として定義して、「経済的価値とは一線を画する」としている（野城2016:246-247）。こうした概念から、渡部（2018b）は、「都市生活をより豊かにする、あるいは、より便利にする生活に密着したサービス型の産業の創業」について、「生活イノベーション」として論じている。高齢者による起業も「生活イノベーション」の視点から捉えられることも多い。

　例えば、兵庫県が行っている「高齢者コミュニティ・ビジネス離陸応援事業」では、「城下町洲本再生委員会の会長を務める野口純子氏（当時69歳）は、路地に活気を呼び戻したいという思いから、空き町家を活用した『こみち食堂』を企画し、少子高齢化の影響で独居高齢者が増加するなか、昼食提供サービスとともに地域の見守りを行う事業が計画を行い、路地にあった明治時代の長屋を地域の住民とともに改修し、2012年12月に『こみち食堂』をオープンし、（中略）地域の単身世帯の見守り活動を兼ねた高齢者への食事提供を行っており、定休日以外の毎日利用している高齢者が4名、不定期を含めると20名程度の高齢者が利用している」（内閣府 2018:100-102）という。

3.3　デジタル時代の新潮流

　ブリニョルフソンとマカフィーは、「ヒトと家畜の力の限界を打破し、大量のエネルギーを思いのままに生み出すことを可能にした蒸気機関に導かれた産業革命について、人類の進歩を牽引する主役が技術の力となった『第一機械時代（The first Machine Age）』を導く扉を開いた」（ブリニョルフソン,マカフィー 2014:25。一部編集改変）とする。その上で、現在は「第二機械時代（The Second Machine Age）」を迎えているとする。「コンピュータをはじめとする電子機器は、『目的に向けて環境を制御する頭脳の力』と発揮する。コンピュータは人間の知的能力の限界を吹き飛ばし、人類を新たな領域に連れて行こうとしている。すなわち、かつて蒸気機関が肉体労働において実現したことを、知的労働において実現する」（ブリニョルフソン,マカフィー 2015:25。一部編集改変）と論じている。また、マカフィーとブリ

ニョルフソンは、「第二機械時代（The Second Machine Age）」を二段階に分けて説明を行っている。第一期を「デジタル技術が定型的な仕事（たとえば、給与計算、自動車の溶接作業、個客宛の請求書作成など）の大半を肩代わりするようになり、ビジネスの世界に多大なインパクトを与えた時期」（マカフィー，ブリニョルフソン 2018:40）とする。第二期は、「第一期と大きくちがう。第一に、従来はプログラミング可能とは考えられていかかった仕事、マシンにはできるとは想像もしていなかった仕事をマシンがやってのけるようになった。マシンは、人間のプログラマーが精緻にコード化した指示に従うのではなく、問題をどうすれば解決できるか、自分で学んでいく。マシンに対応できる範囲や用途が大幅に広がったのは、このためだ。第二に、膨大な数の人々が常時通信可能な高性能のコンピュータをつねに持ち歩き、いつでも互いに接続できるようになった。この高性能コンピュータとは、言うまでもなく、スマートフォンやモバイル端末のことである」（マカフィー，ブリニョルフソン2018:42）と論じた上で、「人類史上初めて、世界の成人の半分近くが、互いに接続できる状況が出現している。それだけではない。人類が蓄積してきた膨大な知識にも電子的に接続できる。この膨大な知識に誰もが新たな知識を付け加えることができ、他の人がそれに…という具合に好循環を起こすことが可能だ。さらに、さまざまな種類の交換や取引も容易になり、大勢の人がグローバル経済に参加できるようになった」（マカフィー，ブリニョルフソン2018:42）と指摘している。

ところが、産業構造が変化し、デジタル化が加速することによって、身体能力、場所、あるいは、時間に囚われない新しい働き方、また、あたらしい起業のあり方が生じるようになってきている。檜山は「モザイク型就労」を提案している。高齢者が、「クラウドを活用することで、断片的なシニアの労働力を上手く組み合わせ、現役世代のように一人の労働者がフルタイムで仕事をするのではなく、複数人のシニアでフルタイム労働者一人分の仕事を行えるようになることが可能」（檜山 2017:91）になり、「時間的には非連続で仕事に参加し、空間的には散らばった場所に存在していて、能力が不均一な労働資源」（檜山 2017:91）、すなわち、「エントロピーの高い労働資源」（檜山 2017:91）と捉えることが出来るという（図3）。

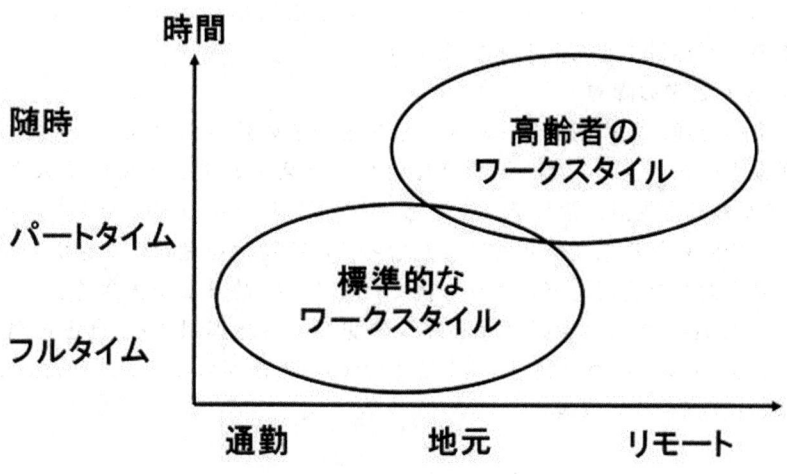

図3　エントロピーの高い高齢者労働力
（出所：檜山 2017:91）

3.4 デジタル時代の高齢者による起業の事例

若宮正子氏は、1935年4月生まれで、2020年5月1日現在満85歳である。若宮氏は、また、「60歳の定年退職後、パーソナルコンピュータを購入し、独学でスキルを学んだ。70歳で、『EecelでArt』を考案し、Excelの新しい使い方としてマイクロソフトから絶賛される。2017年2月、81歳のときに、自身で企画・設計・開発したiPhoneのアプリ『hinadan』をリリースして、そのニュースがCNNを通じて世界中に配信され、2017年6月、Apple主催の世界開発会議（WWDC2017）の冒頭で、ティム・クックCEOに『世界最高齢のプログラマー』として紹介されて、檀上でハグ」された女性である[①]。「内閣府主催の『人生100年時代構想会議』のメンバーにも選出され、『これからはリケジョならぬ、リケロウ（理系老人）の時代。シニアへのIT学習支援を』と提言」（日経ウーマン 2018:116）している。

4 高齢者による起業の現状と課題

4.1 高齢者による起業の現状

渡部（2018a）では、「高齢化社会のプラス要因として、『新たな労働層（少子化対応）』として、『生涯現役（収入確保）』とともに、『同年代も活躍（経験の活用）』によって、『複数のキャリア形成（継続した意欲）』が可能」であると指摘している。しかし、高齢者による起業は、それなりのリスクを抱えていることを認識しておかなければならない。

これまでの高齢者による起業の事例は「それまでの経験を活かした起業」「趣味を活かした起業」、あるいは、「移住型の起業」などに分類できた。例えば、「それまでの経験を活かした起業」では、保険の外交員であった人たちが定年を期に合同で保険の代理店を起業するケース、あるいは、プラントでメンテナンスを担当していた人たちが定年を期に合同で起業するケースがある。いずれもそれまでの顧客、あるいは、勤務先から信用を得ていること、さらに、それまでの経験が新しい顧客に対しての信用となっている。

デジタル時代の進展のなかで、若宮氏のように、新しい働き方、また、あたらしい起業のあり方が生じるようになってきている。一般化しているかというとそうは言えず、まだまだ事例は少ないものの、スマートフォンやモバイル端末を活用したソフトウェアの分野で高齢者が活躍できる場が開けてきていると言えよう。

4.2 高齢化による起業の課題

これまで、定年を迎えた高齢者について、余生としての残された人生として捉えられていた。社会で活躍するというよりは、年金等社会から支えられて生きていく人生である。「老後」として、我々の日常生活に溶け込んでいる。ところが、平均寿命、そして、健康寿命が大幅に伸び、元気でいられる期間が非常に長くなっている時代を迎え、生きがいを求めるとともに、生活に係る大きな費用をどのように得て行くのか、暮らしが大きく変わっていくこととなった。渡部（2019）では、生涯発達心理学の側面から発達課題を「自己再発見」として、健康、経済、及び、環境の3つの側面から75歳以上の老年後期のキャリア形成における促進要因と阻害要因を検討している（表1）。

社会、経済、文化

表1　老年後期のキャリア形成における促進要因と阻害要因

	健康	経済	環境
促進要因	健康寿命の伸び	社会貢献	ICTの活用
阻害要因	知力・体力の衰え	生活に余裕がない	社会・産業構造の変化

（出所：渡部 2019：321）

　その中で、檜山（2017）が唱えている「モザイク型就労」のように、高齢者の資質・能力を活用した働き方の中で、高齢者の起業も重要な位置を占めることになった。若宮氏のような事例はまだまだ少ないものの、「第二機械時代」に即した新しい生き方が必要とされる。

5　まとめ

5.1　日本における高齢者の活用

　本稿では、まず、年齢階級別の就業状況から、「65歳を境に、割合が大きく低下している」と背景について、論じた。2019年4月12日に公表された総務省統計局（2019）では、「日本人人口は1億2,421万8千人で、前年に比べ43万人（0.35％）の減少と、8年減少である」と報告がなされている。また、同書では「年齢3区分別にみると、15歳未満人口は1,541万5千人で前年に比べ17万8千人の減少、15～64歳人口は7,545万1千人で前年に比べ51万2千人の減少となったのに対し、65歳以上人口は3,557万人で前年に比べ、42万6千人の増加となった。なお、70歳以上人口は2,621万人で前年に比べ97万9千人の増加となった。75歳以上人口は1,797万5千人で前年に比べ49万3千人の増加となり、初めて65歳人口の半数以上となった」（総務省統計局 2019：4）という。あるいは、同書に記載された「人口ピラミッド　2018年10月1日現在」によると、「1947年から1949年の第1次ベビーブーム世代、すなわち、69歳から71歳の年齢階級の人口が他の年齢階級に比較して多いこともあり、65歳以上の人口は総人口に占める割合のうち、28.1％にもなる」ともいう。

　そこで、総人口に占める割合が28.1％を占める高齢者の活用は避けて通れない課題となってきている。

5.2　高齢者の生きがいと社会貢献

　次に、本稿では、「概ね65歳で定年を迎えると、男性は少なくとも7年、女性は9年、また、『不健康』と認定されるまでは、男性14年、女性18年の期間があり、その期間の人生をどのようにして過ごすかが大きな課題となる」として、先行論文から「高齢化時代のキャリア形成におけるマトリックス分析」と「老年後期における『発達課題』と『心理的危機』のモデル」から、「高齢者の起業は自ら主体的に働き、充実した時間を過ごすともに、高齢者が高齢者を支える仕組みの構築が可能とする」を指摘している。これまで、65歳以上の高齢者は他の年齢階級の世代から年金などのよって支えられる「社会的弱者」、あるいは、「老齢年金受給者」として、捉えられることも多かった。しかし、平均余命の上昇、それに伴う総人口に占める割合の大きさ[12]、あるいは、健康寿命の伸びなどの要因により、積極的に社会貢献出来る可能性の高い高齢者が一定割合、存在するようになってきている。

　これらの高齢者に、「自己再発見のための具体的課題」を与えることにより、「生きがい再生」することも重要になってきている。

5.3　高齢者による起業の効用

本稿では、「自己再発見のための具体的課題」の一つとして、起業を取り上げた。もちろん、「老年後期のキャリア形成における阻害要因」で取り上げたように、生産年齢人口世代の時のようには働けないものの、健康、経済、環境に応じた多様な生き方に応じた起業のあり方がある。お茶、お花の師匠のような芸事の教室の開講など「特技・資格」を活かす起業、互いに支えあう福祉・介護の分野での「身近な社会問題を解決」する起業、シルバー人材センター[⑪]の仕組みのような、「これまでお経験を活かす」起業、あるいは、趣味で長年行ってきた模型作りや手芸などの「モノづくり」を行う起業などが「生活イノベーション」の実績として積み重ねられてきた。

ところが、「デジタル時代の新潮流」のなかで、若宮氏の事例のように「60歳の定年退職後、パーソナルコンピュータを購入し、独学でスキルを学」び、「81歳のときに、自身で企画・設計・開発したiPhoneのアプリ『hinadan』をリリース」するという、新しい起業のあり方が生まれることとなった。

5.4　高齢者のよる起業の効用

本稿のここまでの議論から、「一般化しているかというとそうは言え」ないと「高齢者による起業の現状」を捉えてきた。

一方で、「デジタル時代の新潮流」では、AI（Artificial Intelligence：人工知能）とRobotの技術革新が目覚ましいものがある。AIとRobotの技術革新は、体力が十分ではなく、知力に衰えが見られる高齢者に対して、体力や知力の衰えを補う様々なソフトウェア・アプリケーション、あるいは、身体機能をサポートするアクチュエータ[⑫]の高性能化によって、高齢者の経験知、いわゆる「おばあちゃんの知恵」を広く活かすことが出来るようになってきていることも事実である。また、日本国の施策として、2016年度から「高齢者の起業支援」に予算が計上されるようになったこと、あるいは、高齢者の起業支援を行う、「銀座セカンドライフ株式会社」が設立されたことなど、「高齢者による起業」についても仕組みが整備されつつある。それぞれ、「高齢者による起業」のための起業家個人としての課題、あるいは、社会的な課題とも徐々に解消する方向に進んできていると言える。

今後は、「デジタル時代の高齢者による起業」の積み重ねを進めていくことが求められるのである。

5.5　高齢者による起業の限界

総務省では、2006年には、「ICT[⑬]社会の進展により、生活の利便性が向上し、特に高齢者や障害者にとっては、ICTを利活用することにより在宅での就労や社会参加が可能になるなど、より大きなメリットが期待される」（アライド・ブレインズ株式会社 2006：本調査の目的・趣旨）と課題を指摘していた。それから、10年を超える期間が過ぎて、制度整備や技術革新の進展により高齢者による起業がより行いやすくなる環境であるにも関わらず自己再発見や新しい生き方の模索は難しいという限界があり、まだまだ実際の活動には結びついていない。

注

① 以下、議論は「日本国」を対象として行う。
② 以下、日本の元号の記述があった場合には、（　）で西暦を示す。
③ 内閣府平成26年（2014年）高齢者の日常生活に関する意識調査による。

④「高齢者等の雇用の安定等に関する法律」昭和46年（1971年）法律第68号。
⑤ 高齢化とは、「人口に占める高齢者の割合が年々高まっていくこと」を指し、「総人口に占める65歳以上の人の割合（高齢化率）が7％以上14％未満だと『高齢化社会』、14％を超えた社会を『高齢社会』、21％を超えると『超高齢化社会』」と呼ぶ（渡部 2018a：285）。
⑥ 要介護認定は、介護サービスの必要度（どれ位、介護のサービスを行う必要があるか）を判断するものとなっている。厚生労働省（2019）では、「要介護2以上を不健康」と定義している。
⑦ 以下、「健康寿命」として論じていく。
⑧「起業者」とは、「自営業主」及び「会社などの役員」のうち、今の事業を自ら起こした者をいう（内閣府 2019：26）。
⑨「2019年度新開業実態調査—アンケート結果の概要」も公表されているが、内閣府（2019）のデータに合わせるため、2018年度版を使用している。
⑩ 地上デジタル放送局の一つであるテレビ朝日は、長年の夢を叶えて店を始めた人などを紹介する「人生の楽園」を放映している。
⑪ 日経ウーマン（2018：116-117）、並びに、日経ビジネス（2020：38-39）を基に、再構成。
⑫ 少子化にも一因がある。
⑬ Wikipedia.2020年5月18日閲覧。高年齢者等の雇用の安定等に関する法律に定められた、地域毎に1つずつ設置されている高年齢者の自主的な団体で、臨時的・短期的または軽易な業務を、請負・委任の形式で行う公益法人である。請負・委任になじまない仕事を断らないために補完的に職業紹介事業（地域によって有料・無料の違いがある）を行っている。
⑭ Wikipedia. 2020年5月18日閲覧。アクチュエータ（Actuator）は、入力されたエネルギーもしくはコンピュータが出力した電気信号を、物理的運動に変換する、機械・電気回路を構成する機械要素である。能動的に作動または駆動するもの。
⑮ Information and Communications Technology —執筆者注。

参考文献

[1] 厚生労働省.健康寿命のあり方に関する有識者研究会報告書[R/OL].(2019-03-28).https://www.mhlw.go.jp/content/10904750/000495323.pdf.
[2] 厚生労働省.平成28年版厚生労働白書[R].東京：日経印刷,2016.
[3] 総務省統計局.人口推計—2019年（令和元年）10月1日現在—[EB/OL].(2020-04-14).https://www.stat.go.jp/data/jinsui/2019np/index.html.
[4] 内閣府.令和元年版高齢社会白書[R].東京：日経印刷,2019.
[5] 内閣府.平成30年版高齢社会白書[R].東京：日経印刷,2018.
[6] 日経ビジネス.長生きという憂鬱—人生100年時代の正しい老後設計—[J].日経ビジネス,2020(2029)：28-47.
[7] 日経ウーマン.[人生100年時代のロールモデル賞]若宮正子さん（82歳）—世界最高齢のアプリ開発者、パソコンを始めたのは60歳！—：ウーマン・オブ・ザ・イヤー[J].日経ウーマン,2018(1)：116-117.
[8] 日本政策金融公庫総合研究所.2019年度版新規開業白書[R].大分：佐伯印刷,2019.
[9] 日本政策金融公庫総合研究所.2018年度新規開業実態調査 アンケート結果の概要[R/OL].(2018-12-03).https://www.jfc.go.jp/n/findings/pdf/topics_181203_1.pdf.
[10] 野城智也.イノベーション・マネジメント[M].東京：東京大学出版会,2016.
[11] 檜山敦.超高齢社会2.0[M].東京：平凡社,2017.
[12] 若宮正子.独学のススメ—頑張らない！「定年後」の学び方10か条—[M].東京：中央新書ラクレ,2019.
[13] 渡部順一.高齢化時代のキャリア形成—発達課題と心理的危機—[C]//劉暁芳,銭暁波.日語教育与

日本学研究:大学日语研究国际研讨会论文集(2018).上海:华东理工大学出版社,2019:314-322.
[14] 渡部順一.高齢化時代のキャリア形成—日本国東北地方を事例として—[C]//刘晓芳,钱晓波.日语教育与日本学研究:大学日语研究国际研讨会论文集(2017).上海:华东理工大学出版社,2018a:284-289.
[15] 渡部順一.女性起業家輩出のプログラムその2—宮城学院女子大学2年目の取り組み—[J].年次学術大会講演要旨集,2018b(33):238-241.
[16] ブリニョルフソン.ザ・セカンド・マシン・エイジ[M].村井章子,訳.東京:日経BP,2015.
[17] エリク・H・エリクソン,ジョン・M・エリクソン.ライフサイクル、その完結[M].村瀬孝雄,近藤邦夫,訳.東京:みすず書房,2001.
[18] グラットン,スコット.LIFE SHIFT(ライフ・シフト)—100年時代の人生戦略—[M].池村千秋,訳.東京:東洋経済新報社,2016.
[19] マカフィー,ブリニョルフソン.プラットフォームの経済学—機械は人と企業の未来をどう変えるか?—[M].村井章子,訳.東京:日経BP,2018.
[20] アライド・ブレインズ株式会社.高齢者・障害者のICT利活用の評価及び普及に関する調査研究報告書[R/OL].(2009-06-25).https://www.soumu.go.jp/main_sosiki/joho_tsusin/b_free/pdf/b_free03_3_00.pdf.

作者情報
氏名:渡部順一
役職名:教授
所属機関:宮城学院女子大学
連絡先:日本国宮城県仙台市青葉区桜ケ丘9-1-1
　　　　宮城学院女子大学現代ビジネス学部現代ビジネス学科
メールアドレス:j-watanabe@mgu.ac.jp

中日の大学生活に対する中国人日本語学習者の意識分析*

大連理工大学　穆紅　成芳芳

1　はじめに

　世界の様々な地域において各々の教育観や理念に基づいた教育が推進されている。国や世界の未来のために教育が果たす役割は極めて大きい。近年、グローバル化が勢いよく進んでいるため、異文化コミュニケーションが不可欠となってきている。学校教育の在り方を模索し、他国の学校教育の現状を考察することは重要だと考えられる。中国の大学教育では、講義中心の教育が実施されてきたが、日本の大学教育では、少人数によるゼミナールを行いレポートや論文を書くことを課すことが多い。中国人日本語学習者の場合、日本の大学に留学して中日の大学で勉強する経験を持つ人が多い。こうした日本留学経験のある日本語学習者を対象に、中国と日本の大学に対する印象や学習経験及び生活状況を調べることによって、中日の大学の学校の現状やその相違点を明らかにし、日本語学習者に対する大学教育の改善の手がかりが得られると考えられる。本研究では、日本留学経験のある中国人日本語学習者を対象に、日本の大学と中国の大学での大学生活に関する意識を分析したい。

2　先行研究

　近年、中日の大学の教育や学校生活について分析を行った研究として、佐藤(2017)、呉(2017)、若井(2017)などが挙げられる。
　まず、佐藤(2017)では、千葉大学における69名の韓国留学生を対象に千葉大学での教育や留学に対する評価を分析した。千葉大学のよかった点については「千葉大学にしかない専門分野があり、そこで勉強ができた」「よい先生、よい先輩、よい友人に恵まれた」「いろいろな活動ができた」などが挙げられている。一方、よくなかった点については「韓国人の友人だけで集まり、日本人の友人ができなかった」などがあるという。全体的には日本への留学は多くの学生にとって有益なものになっていることが示された。
　次に、呉(2017)では、九州大学に在籍する中国人留学生を対象に在日中国人留学生の友人関係についてアンケート調査を実施して分析を行った。その結果、在日中国人留学生の友人付き合いは同国人に集中し過ぎており、日本人学生や中国以外の国からの留学生との付き合いは限られていることがわかった。いかに留学生の同国人との友人付き合いを維持しなが

---

* 本文为"中央高校基本科研业务费专项资金(DUT19RW122)"的部分成果。

ら、ホスト国の学生や他国からの留学生との友人付き合いを広げていくかが学生だけではなく、大学関係者にとっても大きな課題だと指摘している。

また、若井(2017)では、日本の大学のゼミに参加した留学生を対象として授業におけるリアクションペーパーや授業に対する感想等の資料を収集して留学生の学習の状況や人間関係を分析した。ゼミでは、他の授業より少人数であるために学生同士の人間関係が深まりやすいことや、活動の自由度が大きいことなどから、留学生、日本人学生の双方にとって、様々な影響を与え合える豊かな学びの可能性を秘めていることが示された。

以上の研究をまとめると、主に日本の大学にいる留学生を対象に日本の大学教育に対する評価、友人関係、授業への参加状況について分析がなされていることがわかった。日本留学経験のある中国人日本語学習者を対象として分析を行った研究は限られている。そして、人間関係の視点からみると、教師との関係も学校生活に大きな影響を与えるため、分析に取り入れて考察したい。そこで、本研究では、日本留学経験のある中国人日本語学習者を対象にアンケート調査を実施し、中日の大学での学習状況、人間関係と課外活動の三つの視点から分析を行う。日本留学経験のある日本語学習者の大学生活に対する意識を分析することを通して、中日の大学の学校の現状やその相違点を明らかにし、日本語学習者向けの大学教育の改善の手がかりが得られると考えられる。

3　研究方法

本研究では、中国の大学で日本語を勉強として、そして日本留学経験のある中国人日本語学習者を対象に調査を行う。具体的には、日本留学経験のある日本語学習者80人を対象としてアンケート調査を行う。そのうち、女性は49人であり男性は31人である。留学期間は一年未満は64人であり一年間以上は16人である。日本語能力について、N1に合格した人は64人でありN2に合格した人は16人であった。アンケート調査では、学習状況について12項目設定し、人間関係について同級生や教師との付き合いから調査を行い、15項目設定し、課外活動について6項目を設定した。選択問題の回答について、「1全くない」「2あまりない」「3どちらともいえない」「4時々ある」「5よくある」の5尺度とした。

4　分析した結果

4.1　中日の大学での学習状況について

まず、中日の大学での授業への参加状況や学習状況について分析した結果を図1に示す。

社会、経済、文化

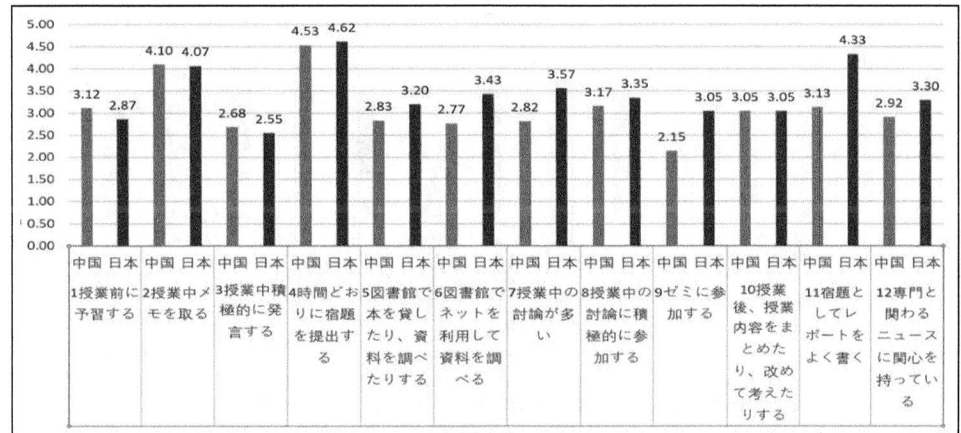

図1　中日の大学での学習状況について

　まず、全体的にみると、中国の大学と日本の大学の両方とも「授業中メモを取る」「時間どおりに宿題を提出する」ことが多かったが、「授業中積極的に発言する」ことが少ないことがわかった。基本的に受身的な姿勢で授業に参加していることが窺えた。また、中国の大学では、「授業前に予習する」「授業中メモをとる」「授業中積極的に発言する」ことが多いのに対して、日本の大学では、「授業中の討論が多い」「ゼミに参加すること」「宿題としてレポートをよく書くこと」「図書館で本を借りたり、資料を調べたりする」「図書館でネットを利用して資料を調べる」「専門と関わるニュースに関心を持っている」ことが多いことがわかった。特に、日本の大学では「ゼミに参加すること」と「宿題としてレポートをよく書くこと」は、中国の大学より大幅に上回ることがわかった。日本の大学で留学した際に、ゼミに参加するチャンスが多く、そして日本の大学の授業も学習効果としてレポートの提出が要求されることが多いことが窺えた。このことからみると、中日の大学では基本的に受身的な姿勢で授業に参加しているという共通点が見られたが、日本の大学のほうがゼミの形で学生たちの参加度を促したり、レポートの形で学生たちが自ずから勉強を進めるように促しているという傾向も示された。

　また、中日の大学の授業や宿題の違いについて記述問題で回答してもらった結果、日本の大学の授業では、学生の自律性を促すために、教師は細かく知識を説明するのではなく、学生が中心となって交流しながら勉強を進め、学生自身で問題を発見する能力やコミュニケーション能力を養成することが重視されているが、一方、中国の大学では、教師は学生の出席状況と成績を重視し、パワーポイント資料を用いて授業を行うことが多く、予習や復習が重視されており、日本語学習者は授業の内容が多すぎて理解できない場合があるが、日本語の基礎知識をよく覚えることができると考えていることがわかった。

　このように、学習状況に関しては、中国の大学では基礎知識の勉強を重視し、内容を繰り返して覚えることが重視されているが、日本の大学では学生の自律性と自分で考えることが重視され、ゼミで授業を行い、授業中討論が多く、レポートの宿題が多いということがわかった。

4.2　中日の大学での人間関係について
4.2.1　同級生との付き合いについて

　まず、中日の大学での同級生との付き合いについて分析した結果を図2に示す。

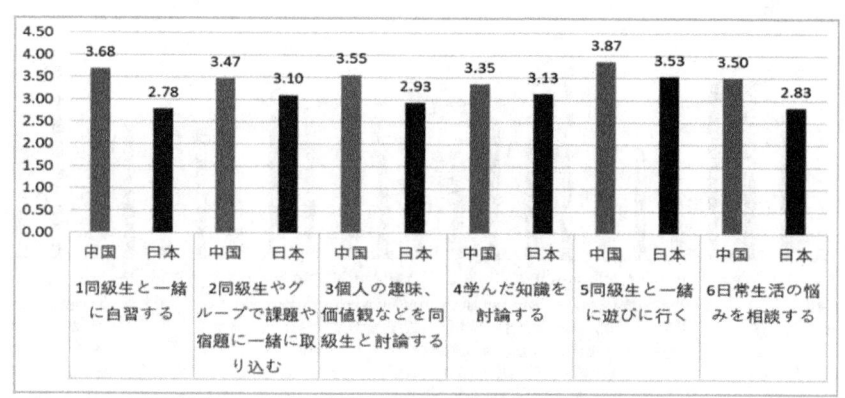

図2　中日の大学での同級生との付き合いについて

　全体的には、「同級生との付き合い」について、中国人日本語学習者は日本の大学の同級生より中国の大学の同級生とのつながりが多いことがわかった。中国の大学の場合は特に「同級生と一緒に自習する」と「同級生と一緒に遊びに行く」ことが多かった。一方、日本語学習者は、日本の大学での同級生との行動が少なく、特に中国の大学で勉強する頃と比べると、「同級生と一緒に自習する」「日常生活の悩みを相談する」と「個人の趣味、価値観などを同級生と討論する」などが少ないことがわかる。その理由として、日本語学習者の日本語能力の差異と異なる国の同級生との交流が限られていることが考えられる。外国で人間関係を築く際に中国にいる時より困難であることが窺える。

　このように、友達との付き合いに関して、日本語学習者は中国の大学でのつながりは日本大学より明らかに深いということが示された。日本で留学した際に、日本人学生との交流する機会が少なくないが、壁や距離感があることを感じて、一定の距離を置いて付き合っていることがわかった。日本人の友人との付き合いはある程度異文化理解の促進につながるが、その関係は浅く表面的な話にとどまっていることが窺える。

4.2.2　教師との付き合いについて

　次に、中日の大学での教師との付き合いについて分析した結果を図3に示す。

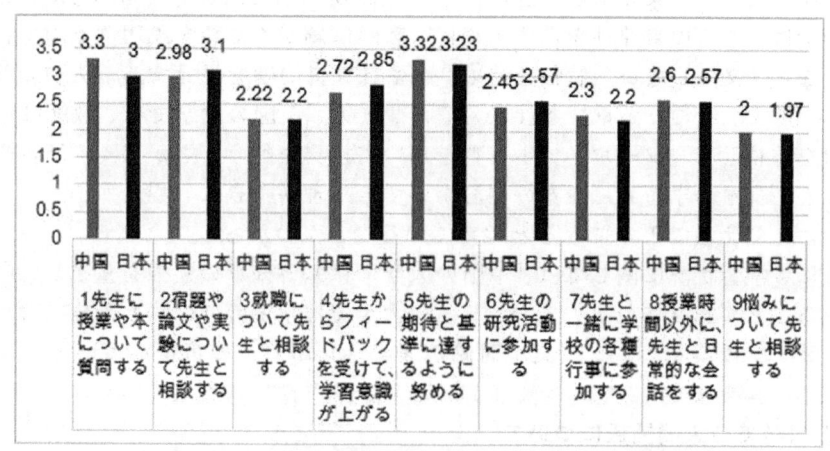

図3　中日の大学での教師との付き合いについて

教師との付き合いの状況について、回答の平均値は全体的に高くない(1.97～3.33)ことから、中国の大学と日本の大学の両方とも、教師とのかかわりがあまり深くないことがわかる。そのうち、「先生に授業や本について質問する」「宿題や論文や実験について先生と相談する」「先生の期待と基準に達するように努める」の平均値は3以上であったのに対して、「就職について先生と相談する」「悩みについて先生と相談する」「先生と一緒に学校の各種行事に参加する」はすべて3以下であった。このことから、学生たちは、授業のことや勉強面においては、教師に相談したり指導してもらって教師の期待に応じるように努めているが、就職やプライベートな面においては、教師と相談したり一緒に行動したりすることが少ないことが示された。また、「宿題や論文や実験について先生と相談する」「先生からフィードバックを受けて学習意識が上がる」「先生の研究活動に参加する」のみ、日本の大学の方が少し上回るが、その原因について、日本の大学では教師の研究活動に参加して指導してもらったりフィードバックをもらったりするチャンスが多いということがわかった。

以上をまとめると、教師との付き合いに関しては、中日の大学の両方とも学生と教師のつながりがなく、授業以外の交流も少ないことが示された。中国の場合は教師の期待に応じるように指導してもらい頑張る傾向にあるが、日本の場合は、教師に研究を指導してもらったりフィードバックをもらうことが多いということが示された。

4.3　中日の大学での余暇活動について

中日の大学での課外活動に関するアンケート調査の結果をまとめると、図4のようになる。

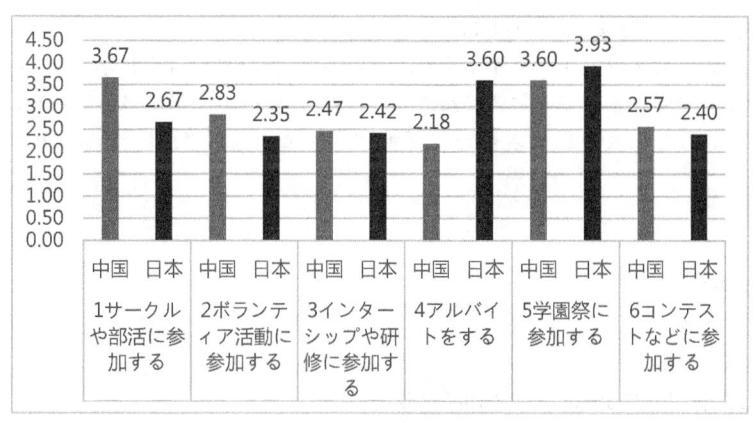

図4　中日の大学での課外活動について

中日大学の課外活動の状況を見てみると、中国の大学の場合は、「サークルや部活に参加する」「学園祭に参加する」の比率が高い傾向にあるが、日本の大学の場合は、「学園祭に参加する」「アルバイトをする」の比率が高い傾向にあることがわかった。つまり、中国の大学にいる場合は、サークルや部活に参加することが多く、日本の大学にいる場合、アルバイトをすることが多いということが示された。このことから、中国の大学では、学生はサークル活動に参加し、先輩や後輩との関係づくりに力を入れているのに対して、日本の大学では、アルバイトをして社会経験を積むことが多く、大学生のアルバイトは、社会に認められるだけでなく、社会に積極的に受け入れられていることが窺えた。

5　おわりに

　本研究では、日本留学経験のある中国人日本語学習者を対象として、中日の大学での大学生活に対する意識を調べて、学習状況、人間関係と課外活動の三つの視点から分析を行った。分析の結果、学習状況に関しては、中国の大学では、基礎知識の勉強を重視し内容を繰り返して覚える教育方法が重要視されるが、日本の大学は学生の自律性と自分で考えることを重視し、ゼミ、レポートなどの形で教育を行うことが多いことがわかった。人間関係に関しては、中日とも学生と教師のつながりが薄く、壁があることが窺えた。そして、留学生の場合、中国人同士で行動することが多く日本人と交流する機会が少ないことがわかった。課外活動に関しては、中日の大学の大きな違いは、日本の大学ではアルバイトをする機会が多いが、中国の大学では勉強のために実践をする時間がなく、学校内のサークル活動に参加することが多いということが示された。

　本研究は、中日大学生活について学習状況、人間関係、課外活動などの面から分析を行った。今後調査対象の人数を増やし、その上で日本語教育に求められるものを突き詰めて考察する必要があると思われる。また、今後日本の大学で長期留学の経験がある日本語学習者を研究対象として、中日大学の大学生活について分析を行いたい。

参考文献

[1] 佐藤尚子.日韓共同理工系学部留学生のフォローアップ調査[J].国際教育,2017(10):39-48.
[2] 太田かおり.中国における教育政策の動向―中国学校教育視察の記録および教育に関する一考察―[J].社会文化研究所紀要,2013(71):1-30.
[3] 呉暁良.在日中国人留学生の友人関係とその関連要因[J].地球社会統合科学研究,2017(7):35-44.
[4] 若井知草.留学生の履修者が多い学部授業についての考察[J].人と教育,2017(11):77-81.
[5] 王国譜,沢田和明.中日大学生のスポーツ活動に関する比較研究[J].日本体育学会大会号,2003(54):205.

作者情報

　　氏名：穆紅　　成芳芳
　　役職名：副教授　　講師
　　所属機関：大連理工大学
　　連絡先：大连市高新园区广贤路12号哈佛世纪4号楼2-701
　　メールアドレス：muhong@dlut.edu.cn

日文翻译小说的文体计量考察
——以《人到中年》的两个译本为例

山东理工大学　上海外国语大学　梁鹏飞

1　引言

在语言研究中，翻译语言常被称为"第三语码"，拥有自己的独特特征。Monna Baker等学者倡导的语料库翻译学研究（Corpus Translation Studies）主张通过语料库方法，通过对翻译语料与原创语料进行语内类比，来把握翻译语言的特征。

与国内外学者对翻译英语的高度关注相比，日语学界对翻译日语的关注度尚显不够。本研究尝试将目光转向译自汉语的日语翻译小说。安本美典、水谷静夫、宫岛达夫、山崎诚、柴崎秀子等日本学者在文体的计量研究方面积累了大量的研究成果，然其关注对象多为日本名家名作或报纸、杂志等，鲜有研究关注翻译语言。源自西方的语料库翻译学研究与日本的计量文体学研究都重视采用统计学的方法对语料文本进行定量分析，观察到了一些单靠内省不易获得的新发现。对翻译小说进行考察时，既可以借鉴语料库翻译学的相关研究方法，也可以充分利用日本学者在文体计量领域取得的丰富成果。据笔者调查，谌容的《人到中年》在日本有福地桂子、田村年起、柴田清伊知、林芳等四人的译本于1983年到1984年陆续出版。本研究选取其中的田村译本与林芳译本为对象，拟在这方面做一下新的尝试。

2　文献综述

关于林芳的译本，据盛英（1997）介绍，文化部原副部长刘德有在给林芳的信中曾经谈道："您的高质量译文总是令人敬佩的，可以说是'不仅形似，更重要的是神似'，从《人到中年》《活动变人形》《文豪老舍的生涯》以及这次的《白鹿原》等皆是。我对你这种致力于翻译介绍中国现代文学作品的精神和成果，由衷地表示感谢和敬佩"。盛英自己在文中也称《人到中年》《活动变人形》《白鹿原》为"名译"。并谈到日本专家赞赏它"译意准确，文辞流利"，文学评论家村上兵卫在《京都新闻》上撰文说："阅罢译文所受感动之深远超过了电影"。然而这些评价未能提供具体的客观证据，显得比较主观，且多比较宏观，并未详细评述译本的具体的语言特征。

据笔者调查，国内外日语学界学者中，语料库翻译学视野下的翻译研究主要有曹大峰（2006）、毛文伟（2014）、毛文伟（2016）等。这些研究主要基于语际对比视角，重点关注两种不同语言间的转换问题。本研究基于语内类比视角，重点关注翻译小说语言与原创日语小说的异同。

3 研究设计

本研究对词的判定基于"长单位"解析结果。从词汇、句长两个形式化特征对译本进行定量考察。观察两个译本相对于原创小说体现出何种特征，不同母语背景的两个译本间又有何异同。

3.1 使用语料

本研究拟对翻译日文小说文本与原创日文小说文本进行语内类比。为满足此研究目标，分别建立观察语料库与参照语料库如下。

观察语料：谌容的《人到中年》两个日文译本。分别是林芳译『人、中年に到るや』与田村年起译『北京の女医；人、中年に到れば』。

参照语料：渡边淳一的『ひとひらの雪（上）』、吉本芭娜娜的『キッチン』，皆川博子的『旅芝居殺人事件』这3部原创日文小说。

从出版年代来看，以上所选取的2部翻译版的日文小说与3部原创日文小说皆出版于20世纪80年代，从语料的产出年代来看具有可比性。

3.2 文本处理

据冨士池優美ほか（2011：663）介绍，"长单位"设立的着眼点在于句法功能，是一种以辨明文本的语言特征为目的的语言单位。"长单位"与我们常用的"短单位"不同，比如「国立国語研究所」之类的复合词会被认定为一个长单位。基于长单位的解析结果进行研究的已经有小磯花絵ほか（2009），冨士池優美ほか（2010）等，其适用性已经得到了检验。本研究以找出翻译文本的语言特征为目的，适合使用长单位进行分析。

在使用长单位的解析结果制作词表时，首先需要确定词项的认定标准。本研究将「語彙素」「語彙素読み」「品詞」三项一致的认定为同一词项。将「品詞大分類」「補助記号」「空白」「記号」「語彙素」为空的条目等进行了排除处理。

具体的处理步骤如下。Step1：文本清理后，使用 Comainu-0.72 对所有语料文本做长单位解析。详细设置如下：输入文本为"平文"，输出方式为「長単位・中単位・文節」，模型为「CRF」，语素解析为「MeCab」，句子边界设为「文」。Step2：利用长单位解析结果制作词表。对比词表。Step3：提取特征词（特徴語）。Step4：对文本做分句处理。计算句长，句段长。

4 结果与考察

4.1 词汇特征

在语料库翻译学界，关于翻译文本与原创文本的词汇对比已有丰富的研究成果。这些研究中，Laviosa（1998）提出了翻译文本的词语核心运用模式，可概括为如下四点：(1)相对于语法功能词，实义词占的比例较低，也就是说翻译文本的词汇密度较小；(2)相对于低频词，高频词的比例较低；(3)词表中表头词覆盖大；(4)词表中表头词词目少，体现出翻译文本的"简化"特征。

我们使用长单位的解析结果，将观察语料与参照语料的所有文本的形符数、类符数、词汇密度、形符类符比汇总如下表1：

表1　各文本的词汇特征基本指标

考察项目	文本				
	人、中年に至るや	北京の女医	キッチン	旅芝居殺人事件	ひとひらの雪（上）
形符	34 954	35 667	40 747	74 543	91 140
类符	5 623	5 246	4 476	9 105	6 940
词汇密度（R）	30.076	27.778	22.174	33.349	22.988
形符类符比	6.216	6.799	9.103	8.187	13.133

首先我们将两个译本与三个原创小说文本的指标进行对比，考虑到形符、类符、形符类符比受文本长短的影响，不方便直接比较，在此我们通过对比词汇密度后发现，两个译本的词汇密度数据包含在三个原创文本的数据值范围内，未体现出明显的区别特征。

由于两个译本译自同一部小说，我们在此直接对其四组数值进行对比。通过观察表1数据我们发现，翻译相同的内容，田村译本使用了更多的形符数。再观察类符数与词汇密度我们发现林芳译本使用了更多的类符数，且词汇密度数据也显示林芳译本要高于田村译本。也就是说，林芳译本的词汇丰富度大于田村译本。

通过对词表按照词频排序，我们可以方便地观察表头词。在词表上我们添加一列"累计使用率"后绘制分布曲线，我们可以方便地观察到随着词频顺序的增长累计使用率的增长状况。我们观察五个文本词表的表头词后发现，以表头词前15位为例，基本都是常用的助词与助动词，五个文本未体现出明显的不同。通过观察累计使用率的增长曲线我们发现，这五条曲线很大程度上重合在一起。也就是说在表头词与表头词的覆盖率这两方面，这五个文本并未体现出上述Laviosa（1998）所指出的差异。

日本学者在进行文体计量分析时，常常使用品词使用率这个指标。在此我们使用前文提到的长单位解析结果汇总了各文本的品词使用率，具体数据如下表2：

表2　各文本的品词使用率

品詞	文書									
	人、中年に至るや		北京の女医		キッチン		旅芝居殺人事件		ひとひらの雪（上）	
	頻度	使用率	頻度	使用率	頻度	使用率	頻度	使用率	頻度	使用率
感動詞	168	0.481%	141	0.395%	302	0.741%	177	0.237%	251	0.275%
形状詞	754	2.157%	796	2.232%	1 007	2.471%	1 334	1.790%	2 148	2.357%
形容詞	703	2.011%	724	2.030%	1 249	3.065%	1 306	1.752%	2 044	2.243%
助詞	11 689	33.441%	11 895	33.350%	13 358	32.783%	25 271	33.901%	31 220	34.255%
助動詞	5 354	15.317%	5 757	16.141%	6 385	15.670%	12 486	16.750%	13 639	14.965%
接続詞	215	0.615%	124	0.348%	292	0.717%	293	0.393%	744	0.816%
代名詞	1 071	3.064%	1 204	3.376%	1 910	4.687%	1 761	2.362%	1 465	1.607%
動詞	4 877	13.953%	5 098	14.293%	6 112	15.000%	10 359	13.897%	13 250	14.538%

（续表）

品詞	文書									
	人、中年に至るや		北京の女医		キッチン		旅芝居殺人事件		ひとひらの雪（上）	
	頻度	使用率	頻度	使用率	頻度	使用率	頻度	使用率	頻度	使用率
副詞	1 276	3.651%	1 327	3.721%	1 839	4.513%	1 686	2.262%	3 673	4.030%
名詞	8 419	24.086%	8 175	22.920%	7 808	19.162%	19 166	25.711%	21 505	23.596%
連体詞	428	1.224%	426	1.194%	485	1.190%	704	0.944%	1 201	1.318%
総計	34 954	100.000%	35 667	100.000%	40 747	100.000%	74 543	100.000%	91 140	100.000%

首先我们观察两个译本的各品词的使用率数据后发现,跟原创的3部小说相比较,2部译文小说的各品词使用率数据也基本都被包含在原创小说各使用率的范围内。这意味着在品词使用率方面,译文小说与原创小说也未体现出明显的不同。

4.2 名词使用率与MVR的分布对比

樺島忠夫、寿岳章子(1965)提出了MVR这一指标,将其与名词的比率相结合来对文体进行计量研究,并指出名词比率大、MVR小的话,文章倾向于概括性,名词比率小、MVR大的话文章倾向于样态描写性,名词比例小且MVR也小的话倾向于动态描写。

在此我们使用前文提到的长单位解析结果,计算汇总了5个文本的名词比率与MVR值,制作了图1,其中X轴代表名词比率,Y轴代表MVR值。

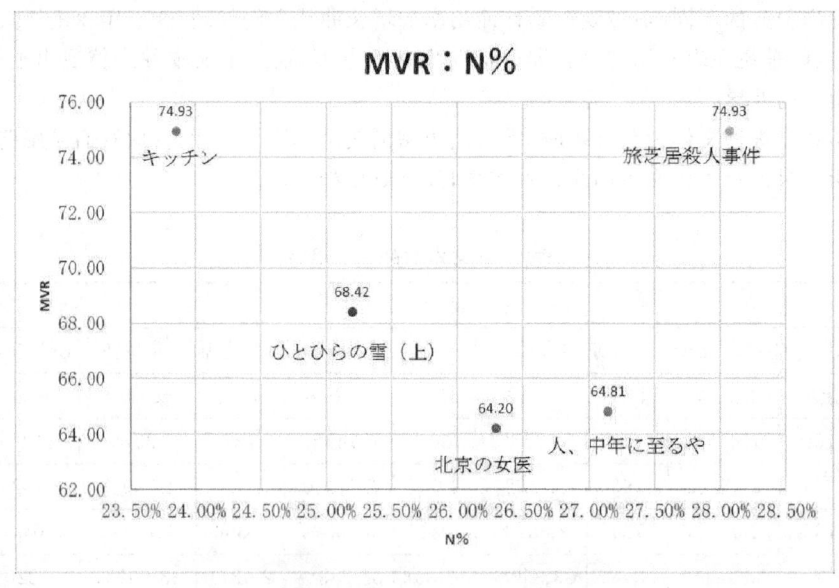

图1 各文本中名词比率与MVR值的分布

观察图1我们发现,2个翻译文本的MVR值均小于3个原创小说文本。冨士池優美ほか(2011)使用BCCWJ的长单位解析结果分析了5类文体的MVR与名词比率分布状况,分析方法与本研究一致,因此可以用作参考对比。通过对比我们发现,整体来看原创小说与翻译小说的名词占比都比较低。也就是说翻译文本体现出名词占比小、MVR偏小的倾向。这意味着无论是翻

译小说还是原创小说,整体都体现出描写性而非概括性的特征,这与我们对小说的基本认识一致。2部翻译小说MVR值皆高于原创小说,这意味着翻译小说中的修饰类词汇占比较低,这与毛文伟(2016)基于短单位的研究结果一致。翻译小说体现出略去一些修饰性成分的简化倾向,本研究基于长单位的分析结果也验证了"简化"这一翻译共性。当然,局限于本次研究所使用语料规模的限制,这一现象是否在翻译文本中广泛存在,基于长单位的分析结果是否能稳定地支持此项假说,还需扩大语料规模再次进行验证。对此,笔者将撰文另述。

4.3 特征词对比分析

特征词,又称关键词或者主题词,已经被广泛应用于文本的对比分析。本研究采用广泛使用的基于对数似然率的方法提取特征词,设置P＜0.05,即关键性指标Keyness取值大于3.84为基准进行提取。分别对林芳译本与三部原创小说、田村译本与三部原创小说、林芳译本与田村译本提取特征词进行对比,观察特征词表现出来的特征。考虑到名词、动词等实词与文本表达内容密切相关,所以在对比两个翻译文本与原创文本时我们重点关注助词、助动词等功能词的差异。而两译本译自同一原作,我们对两译本间所有的关键词进行考察。

表3　林芳译本与田村译本对比后的特征词表

連番	頻率	Keyness	語彙素	発音	品詞
1	51	57.44	私	アタシ	代名詞
2	73	52.49	病院	ビョウイン	名詞-普通名詞-一般
3	170	37.8	へ	ヘ	助詞-格助詞
4	25	35.16	焦副部長	ショウフクブチョウ	名詞-固有名詞-人名-姓
5	170	34.08	である	デアル	助動詞
6	52	25.85	夫	オット	名詞-普通名詞-一般
7	18	25.32	姜亞芳	キョウアカオル	名詞-固有名詞-人名-一般
8	149	21.8	ね	ネ	助詞-終助詞
9	65	21.74	ていく	テイク	助動詞
10	165	19.88	の	ノ	助詞-準體助詞
11	93	19.84	から	カラ	助詞-接續助詞
12	116	−70.81	言う	イウ	動詞-一般
13	3	−39.56	なければならない	ナケレバナラナイ	助動詞
14	10	−31.34	あの	アノ	感動詞-フィラー
15	15	−30.8	そう-樣態	ソウ	形狀詞-助動詞語幹
16	59	−27.17	物	モノ	名詞-普通名詞-一般
17	2	−26.37	僕	ボク	代名詞
18	2	−22.71	我々	ワレワレ	代名詞
19	29	−22.32	ば	バ	助詞-接續助詞
20	173	−21.41	事	コト	名詞-普通名詞-一般

观察特征词表我们发现，两个翻译文本共同表现出多用助动词「ます」，少用「た」「かもしれない」，多用接续助词「ながら」「て」、格助词「の」、终助词「わ」，少用接续助词「が」、准体助词「の」、终助词「か」等特征。

通过对比分析两个译本，我们仅提取到20个特征词，详见上表3。这表明两译本的词汇使用比较类似。观察这20个关键词我们发现这些特征词中关于人物指称的表达占比最高，表明两个译本中对人物的指称方式存在差距，林译本更多的遵循汉语原文习惯以人名指称第三人称，林译本多用女性用人称代词私（あたし），而田村译本多用人称代词僕（ぼく），暗示着人称代词的使用可能与译者的性别有关。

4.4 句长与句段长对比

Laviosa（2002：60-62）考察发现译文句子的平均句长低于原创文本，认为句子长度是探讨翻译简化的重要指标。王克非、秦洪武（2009）的研究显示文学翻译中汉语翻译文本与原创文本差距不大。

为了计算句子的句长与句段的字符长度，我们以"。""！""？"三个标点符号为切分句子的标志，以所有的标点符号为切分句段的标志，分别汇总五个文本的句子长与句段长，制作如下图2、图3。

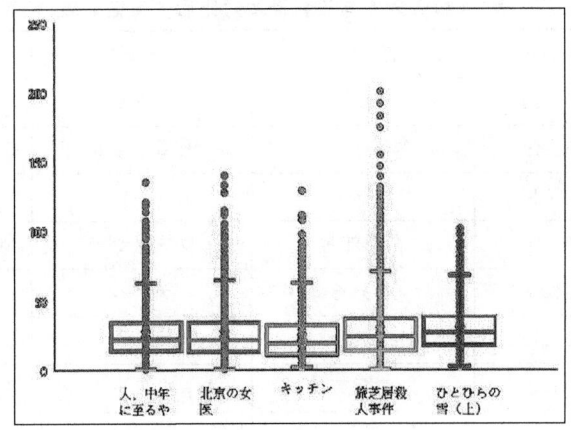

图2　五文本的句长分布

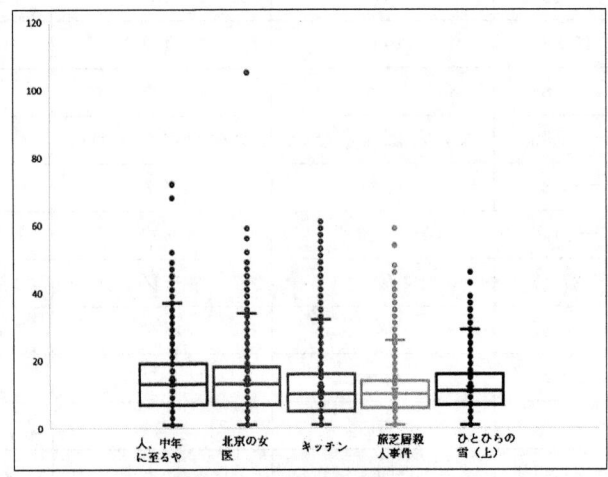

图3　五文本的句段长分布

观察图2与图3我们发现,林芳译本与田村译本的平均句长相差很小。平均句长这一指标未能将这两个译本与原创文本区分出来。两个译本的平均句长指标跟原创小说相比没有明显的差距。翻译小说的句长是否普遍与原创小说差距不大,还需扩大语料规模继续考察。林芳译本与田村译本的平均句段长相差很小。秦洪武(2010)提出的句段长度的指标未能将这两个译本区分出来。两个译本的平均句段长均稍微大于原创日文小说。翻译小说的句段长度是否普遍大于原创小说,还需扩大语料规模继续考察。

5 总结

本研究对词汇、句长等便于统计的形式化特征进行定量考察。通过对比考察我们发现,译自同一作品的两个译本在多数指标上区别并不是特别明显。

从翻译小说文本与原创小说文本的对比来看,这两部译作在词汇构成、词汇密度、平均句长等多项指标上表现得不是很独特。以富士池優美ほか(2011)的分析结果为参照,根据樺島忠夫、寿岳章子(1965)提出的MVR与名词性比率指标进行对比分析后发现,翻译小说与原创小说的名词占比整体偏低,翻译小说的MVR值明显低于原创小说文本,表明译本中修饰词占比小,这表明翻译小说可能略去了一些修饰性成分,体现出一定的简化倾向。本研究基于长单位解析结果验证了"简化"这一翻译共性。

关键词分析(keyword analysis)可以有效提取观察文本与参照文本之间的特征词。在林芳译本与田村译本的对比中,我们仅提取到20个特征词。这些特征词中关于人物指称的表达占比最高,表明两个译本中对人物的指称方式存在差距,林译本更多地遵循汉语原文习惯以人名指称第三人称。通过分别对两个译本与50部日文原创小说进行对比,我们发现特征词数量众多,考虑到实词受小说内容影响的可能性较大,我们将关注重点集中在日语的助词与助动词上。对比后我们发现,两个译本共同表现出多用部分接续助词、格助词,少用部分助动词的倾向。这些是否是翻译小说的共同特征,还需进一步扩充语料进行考察。至于为什么会出现这种共性等问题,受篇幅所限笔者将撰文另述。

参考文献

[1] Laviosa S. The corpus-based approach: A new paradigm in translation studies[J]. Meta,1998(vol.43).
[2] Laviosa S. Corpus-based translation studies: theory, findings, applications[M]. Rodopi,2002.
[3] 曹大峰.汉日平行语料库与翻译研究[J].外语教学与研究,2006(03):221-241.
[4] 富士池優美,小西光,小椋秀樹,ほか.長単位に基づく『現代日本語書き言葉均衡コーパス』の品詞比率に関する分析[C]//言語処理学会.言語処理学会第17回年次大会発表論文集.京都:言語処理学会事務局,2011.
[5] 樺島忠夫.類別した品詞の比率に見られる規則性[J].国語国文,1955(06).
[6] 樺島忠夫,寿岳章子.文体の科学[M].京都:総芸舎,1965.
[7] 秦洪武.英译汉翻译语言的结构容量:基于多译本语料库的研究[J].外国语(上海外国语大学学报),2010,33(4):73-80.
[8] 盛英.最难舍的是华夏情[J].中国妇女,1997(8):28-29.
[9] 毛文伟.日语翻译语言的范化及特化现象研究[J].日语学习与研究,2016(01):111-118.
[10] 毛文伟.基于中日对译语料库的汉日翻译文本特殊性研究:以小说文本为例[J].日语学习与研究,2014(04):99-106.
[11] 王克非,秦洪武.英译汉语言特征探讨:基于对应语料库的宏观分析[J].外语学刊,2009(01):102-105.

作者信息
　　姓名：梁鹏飞
　　职称：讲师
　　单位：山东理工大学　上海外国语大学
　　联系地址：山东省淄博市张店区山东理工大学东校区
　　电子邮箱：liangpengfei@live.com

日汉多重复句构造差异及互译方法探索

上海海洋大学　张秀梅

1　研究对象与目标

　　日语的复句从结构上可以分为两类,一是嵌入复句(又称包孕复句),二是主从复句(又称并列复句))(翟东娜 2006:103)。这两种形式互相叠加、嵌套便构成了多重复句。总体而言,日语的多重复句较少有单纯并列结构的,一般总是包含着多处或多重包孕成分。

　　另一方面,汉语的复句从结构上看虽然可分联合和偏正两种,但形式上都是小句的并列,不像日语那样含有包孕成分。汉语的多重复句中,有许多是"主题—说明"结构的"话题句",据研究,这种"话题句"在汉语中"所占的比例高达百分之五十"(杨丰宁 2006:117)。

　　本文所探讨的汉日多重复句分别指这种"主题—说明"结构的汉语话题句和包含多重或多处包孕成分的日语多重复句。

2　结构差异分析

　　"从总体上来说,汉语语法可以说是一种意合语法,即词语间的组合以达意为标准,对词的形式、顺序没有太多特别的要求;而日语语法通过特殊的助词来表示词与词的相互关系"(高宁 2008:180),日语可以说是偏于形合的。形合的特点使得日语句子成分较为分明,即使含有复杂的修饰成分也不易造成理解错误,因而日语句子中"所有修饰成分都位于被修饰成分前,多重复句多呈现嵌套式结构,或曰树状结构"(孔繁明 2009:129)。另一方面,"无论是口语还是书面语,汉语语句之间经常采用直接组合的方式,语句的排列呈一种以时间为顺序的流动态"(钱乃荣 2008:252)。这种意合的特点使得汉语的句子成分之间不能有复杂的修饰成分,较长的说明或限制性成分须放在主干句之后,形成多个小句依次排列的线性结构,或曰节状结构。

　　归根结底,日汉多重复句互译的要点之一,便是这两种结构间的适当转换。

3　日语长句汉译技巧探索

　　关于日语长句的汉译技巧,先行研究中最具参考性的有孔繁明、姚灯镇等。两人从定语与被修饰语间语序的角度各自提出了四种排列情况。姚的分类是:①先译主干,后译定语;②先译定语,后译主干;③部分定语不变,部分定语后移;④中心词译成主语,定语部分作其谓语处理。前三种与孔相同,最后一种则不同。对这四种情况,姚分别做了一定的说明,但未能从根本上指出如此排列的原因。本文结合实践,在上述先行研究基础上,进一步挖掘其深层规律。

从翻译的角度看,日语长句的定语从句可分两类,一是位于句首的从句,二是位于句中的从句,两者译法有所不同。译位于句首的从句时,因为句首是开放的,所以只需考虑该从句与中心词的衔接即可;而位于句中的从句则前后都有约束,因此译时情况比较复杂,不仅要考虑该从句与其他成分的衔接关系,还要考虑整句的表达及其与上下文的衔接。

3.1 句首的从句

关于句首的从句,翟东娜指出,定语从句根据与被修饰语的关系分为两种类型,"一种为内在关系,被修饰名词可以还原为定语从句中的一个成分,另一种为外在关系,被修饰名词不能还原为定语从句中的成分"(翟东娜 2006:105)。其中内在关系的情况如姚灯镇(2013)所述:"有些长定语与其中心词之间存在着逻辑上的主谓关系,这时,可以……将中心词提到定语之前,译成主语,然后再译出定语部分,作中心词的谓语。即把原文中的修饰和被修饰关系改译成主谓关系,单独成为一个句子"。另一种情况其论文中也有体现,但未上升到规律的高度。

(1) 敗戦で領土は失う、蓄積は尽きる、しかも人口はどんどん増えていくという日本の経済が、自分だけの枠の中でいかに頑張ってみても、その効果には限度がある。/日本因战败而丧失了部分领土,耗尽了国力,而且人口又迅速增加。在这种情况下,日本经济如果只在自己国家的范围内努力,无论如何效果也是有限的。(吉田茂『激動の百年史』,张文译)

(2) 門いっぱいにあたっている油のような夕日の光の中に、老人のかぶった紗の帽子や、トルコの女の金の耳環や、白馬に飾った色系の手綱が絶えず流れていく様子は、まるで絵のような美しさです。/好像油一般的夕阳洒满城门,在夕阳余晖之中,头戴纱帽的老人,戴着金耳环的土耳其妇女,装饰着彩线缰绳的白马不断从这里经过。这情景宛如一幅美丽的图画。(芥川龍之介『杜子春』,高烈夫译)

由以上例句可见,句首的从句一般在主句前译出。与中心词间是内在关系的,将中心词还原为从句的主语,将定中结构转换为主谓结构(例1);与中心词间是外在关系的,先将定语从句单独译出,再将剩余部分即句子主干译出,中间适当增译指示代词承上启下(例2)。

3.2 句中的从句

位于句中的定语从句译出时情况较为复杂,例如:

(3)(平成三年六月、大自然に囲まれた旭川市において、注目すべき市民セミナーが開催された。)これは(環境に関係する疾患の因果関係の解明、予防、治療、社会復帰が、がんや脳血管疾患、臓器移植等とともに二一世紀の重要な医学の課題となる)という認識のもとに、(これからは環境と疾病の問題に体系的かつ総合的に取り組まねばならないことを市民や医療の専門家へのアピール)を目的に、(北里大学医学部石川哲教授を中心とする第一線の医学研究者からなる)日本臨床環境医学会準備会が主催したものだ。(陈岩《科技日语读本》第274页)

句中画线部分为主干,括号加斜体的部分为定语(从句或多项定语),其中前两处为状语成分中的定语从句,最后一处则是谓语的定语从句中的主语的多项定语,它们穿插在句子里,与句子主干的某个成分有着密不可分的关系,既不可能将主干先译,而所有从句置后,也不能先译出所有从句,而最后再译主干句。要将这个句子译得符合汉语表达习惯,势必综合考虑各部分之间的内在逻辑关系,并按照汉语句子的特点适当转换句子结构。

译文1:(……举办了一场令人关注的市民研讨会。)目前,环境性疾病的病因研究、预防、治疗以及患者重新回归社会的问题已与癌症、脑血管疾病以及器官移植等一道,成为二十一世纪重要的医学课题。基于这一认识,北里大学医学系石川哲教授所率领的一线医学研究人员组成日本临床环境医学会筹备会,举办了此次研讨会,目的在于向市民和医疗专家呼吁:今后必须对环境和

疾病问题加以系统性、综合性的研究。

译文2：(……一场备受瞩目的市民研讨会开幕了。)此次研讨会的主办方为日本临床环境医学会筹备会，其组成人员为北里大学医学系石川哲教授所率领的一线医学研究人员。目前，环境病的原因探究、预防、治疗以及患者重新回归社会的问题已与癌症、脑血管疾病以及器官移植等一道，成为二十一世纪的重要医学课题，此次研讨会正是基于这一认识而举办的，目的在于号召市民和医疗专家共同致力于环境与疾病问题的系统性、综合性的研究。

这两个译文在句子排列顺序上有所不同，但都有着共同的特点，一是按照时序律和因果律排列：译文1按照研讨会举办的背景、主办方、举办目的这一顺序，译文2则按照主办方、举办背景、举办目的这一顺序排列，均符合汉语表达习惯；二是根据汉语句子右端开放、可带复杂宾语的特点，将部分定语过长的"介-定-宾"结构转化为了"主-谓-宾"结构，使过长的定语转化成宾语，具体见译文中的画线部分。

综上所述，位于句中的从句，译出时可遵循以下规律和方法：

①按照时序律和因果律等意合规律来确定与主句的先后顺序；
②按照汉语句子可带复杂宾语的特点，可将介宾结构中的定语从句适当转换为宾语成分；
③根据语境，特别是与上下文的衔接关系来确定语序。

4 汉语长句日译技巧探索

关于汉语长句日译的研究成果，散见于各汉日翻译教程，较具代表性的有苏琦、张建华、武吉次朗等。苏琦指出，"汉语常有两个以上谓语句在陈述主语，汉译日时往往可视不同情况将其中一个或两个谓语句转化成状语或主语的定语"(苏琦 2008：136)。张建华也指出"带有几个分句的复句，译文中把相对次要的分句紧缩成句子成分，融入主句中"(张建华 2008：93)。例如：

(4)月亮高高地悬挂在深蓝色的夜空上，向大地散射着银色的光华。/青い夜空に高くかかった月は、いぶし銀の光を大地に降り注いでいる。(苏琦《汉日翻译教程(重排版)》)

(5)日本的明石海峡大桥，连接着本州和四国，全长3 911米，是世界上最长的吊桥。/日本の本州と四国を結ぶ明石海峡大橋は全長3,911mの世界最長の吊橋である。(张建华《高级汉译日教程》)

(6)她是一位退休职工，子女不在身边，家有两间宽敞的房子。/定年退職した白さんは、子供たちも独立して、広い2間のアパート暮らしだ。(武吉次朗『日中中日翻訳必携』)

由上例可见，两人所说的"有两个以上谓语句在陈述主语""带有几个分句的复句"其实便是话题句，"将其中一个或两个谓语句转化为状语或主语的定语""把相对次要的分句紧缩成句子成分，融入主句中"便是将汉语话题句中的一或多个小句转换为定语的处理方法。与日语长句汉译时将定中结构转换为主谓结构的处理方法相反，汉语长句日译时逆向将主谓结构转换成定中结构。可以看出，这种转换多发生于位于句首或紧随其后的小句，它们与主语(话题)之间是一种内在关系。这样的转换是否必要呢？

如前所述，话题句在汉语中占了很大比例，它又可分两种，一种是动态的连贯复句，或者称顺承复句；另一种是静态的，属于并列复句。例如：

(7)一天下午，她从北平的家里回到学校后，神情惨淡地坐在课堂的位子上，半天工夫一动也不动。(杨沫《青春之歌》)

(8)江苏土地肥沃，气候温和，桑蚕发达，盛产丝绸，自古以来就是锦绣之乡。(张建华《高级汉译日教程》)

那么日语中是否也常用同样的句式呢？应当说也是有的，但不常见，一般都具有某种特别的语感，例如：

(9)渠は椅子に腰を掛けて、煙草を一服吸って、立上って、厚い統計書と地図と案内記と地理書とを本箱から出して、さて静かに昨日の続きの筆を執り始めた。けれど二三日来、頭脳がむしゃくしゃしているので、筆が容易に進まない。(田山花袋『蒲団』)

(10)これはたぶん僕と直子がいつも並んで歩いていたせいだろう。だから僕が最初に思いだすのはいつも彼女の横顔なのだ。それから彼女は僕の方を向き、にっこりと笑い、少し首をかしげ、話しかけ、僕の目をのぞきこむ。まるで澄んだ泉の底をちらりとよぎる小さな魚の影を探し求めるみたいに。(村上春樹『ノルウェーの森』)

可以看出，在日语中，像这样一连串小句按时间顺序以单一连接形式罗列而构成的、类似汉语中话题句的句式，或是为营造机械、单调的感觉，或是为突出该动作，总之可以说是非常态的。王浩智指出，"逆らわずに流れに従うということが、中国語の統辞法を貫く最も重要な点です""この点、日本語は大きく異なっています。日本語では時間ベクトルが動き出さないようにいかに抑圧するかに表現の成否がかかっている、と言っても過言ではありません"(王浩智2006:112)。

所以，汉语中的连贯复句译作日语时，一般会对按时序律铺陈的句子适当进行些转换，以改变这种平铺直叙的形式。例如：

(11)一个约有四十岁出头的中年人，满脸堆着笑，走到监工面前，从口袋里摸出一包烟，捏出一支，敬到监工嘴边。/年のころは四十過ぎかと思える中年の男が一人、顔に笑みをたたえながら監督に近づき、ポケットからとり出した煙草の箱から一本抜きとって、監督の口元へさし出した。(莫言《红高粱》，井口晃译)

此句中有一系列连续的动作，译文中除采用"～ながら""近づき""抜き取って"这三种不同的中顿形式外，还将"从口袋里摸出一包烟，捏出一支"进行了形式上转换，目的都在于改变句子单一的连动形式，以符合日语的表达习惯。

可见，日语长句的树状结构从一定程度上来说亦是为避免这种单调感、机械感而形成的。从本节开头部分的例子即可看出，并列复句的日译也与连贯复句一样，若不对部分小句进行转换，改变其线性结构，必然会给译文读者以单调沉闷之感。

5 结语

本文从日汉长句的构造差异入手，对日语包孕式多重复句和汉语话题句之间的互译规律进行了探索。结论如下。

日语多重复句汉译时需进行拆分重组，以将树状结构转化为节状结构。重组时在顺序上应遵从时序律、因果律等汉语句子的构造规律，并根据汉语句子可带复杂宾语的特点，辅以转换结构的方法，将"介-定-宾"结构转换为"主-谓-宾"结构，使译文层次清晰、衔接顺畅。

汉语话题句日译时则可将紧随话题之后、与话题呈主谓关系的一至两个小句转换为定语成分，置于话题之前，将主谓关系化为定中关系，使节状结构出现分枝，在一定程度上呈现出树状结构，使句子不再平铺直叙、连绵不断，以符合日语读者的阅读习惯。但是这方面的研究集中在句首部分的转换，对更为复杂的句中成分的研究则暂付阙如，这将是笔者今后继续研究的课题。

参考文献

[1] 王浩智.日本語から学ぶ中国語・中国語から学ぶ日本語[M].東京:東京図書,2006.
[2] 武吉次朗.日中中日翻訳必携[M].東京:日本僑報社,2007.
[3] 翟东娜.日语语言学[M].北京:高等教育出版社,2006.
[4] 钱乃荣.现代汉语[M].南京:江苏教育出版社,2008.
[5] 杨丰宁.英汉语言比较与翻译[M].天津:天津大学出版社,2006.
[6] 高宁.日汉翻译教程[M].上海:上海外语教育出版社,2008.
[7] 孔繁明.日汉翻译要义[M].北京:中国对外翻译出版公司,2009.
[8] 姚灯镇.日语长定语翻译中的语序调整[C]//何建军,李军.日本学论丛:第一辑 纪念王铁桥教授从教40周年专集.天津:南开大学出版社,2013.
[9] 张建华.高级汉译日教程[M].北京:北京大学出版社,2008.
[10] 苏琦.汉日翻译教程:重排版[M].北京:商务印书馆,2008.

作者信息

姓名:张秀梅
职称:副教授
单位:上海海洋大学
联系地址:上海市沪城环路999号上海海洋大学行政楼413
电子邮箱:xmzhang@shou.edu.cn

「～のだ」的时态意义分析
——以夏目漱石的『こころ』为例

上海外国语大学　曹银阁

1　前言

　　日语句子末尾常出现以「のだ」为代表的各种形式,这些形式中,从时态上看,有「のだ・のだった」「のです・のでした」等非过去与过去的形态对立,再加上前面谓语的不同,「のだ」进一步呈现出一系列形态变化,如过去时「したのだ」、非过去「するのだ・しているのだ」等。这种时态上的变化在夏目漱石的『こころ』中表现得尤为明显。

　　关于「のだ」在小说语篇中的用法分析,石出靖雄(2004)将夏目漱石的『三四郎』『それから』『道草』与森鸥外的『青年』进行对比,主要讨论了「のだ」句和前文之间的关系,主要着眼点是话题的位置,以话题位置为标准,得出夏目漱石的作品(『三四郎』『それから』『道草』)和森鸥外作品(『青年』)各自的特点:前者更注重文章行文结构,后者更倾向于对较为狭小的范围进行间接的强调说明。

　　「のだ」句的分析离不开文章前文背景,从话题角度分析,「のだ」句能够使小说文章的结构特点更加清晰。石出靖雄(2004)对小说中「のだ」句的分析是很有意义的探索。但夏目漱石的『こころ』中出现的大量「のだ」连续、交叉使用的情况,特别是双重时态这一现象却没有被关注。

　　本文以夏目漱石的小说『こころ』为对象,对其中「～のだ」的不同时态所表达的具体意义进行分析,包括「のだ」形式与谓语结合的时态意义分析,及『こころ』语篇中多个「のだ」句同时使用的意义的分类考察。

2　「～のだ」的双重时态

　　双重时态(「ダブルテンス」)这一说法,出自高桥太郎(1993)。有关双重时态语法形式的研究,主要有三上章(1953)和奥田靖雄(1990),三上称之为"反省时态(「反省時」)",奥田称之为"二重时态(「二重テンス」)"。

　　双重时态并没有一个严格的定义。一般将含有两重时态形式的谓语形式称作双重时态,包括前面接续谓语的时态和「のだ」自身的时态,前者命名为"第一时态形(「第1テンス形」)",后者命名为"第二时态形(「第2テンス形」)"。

　　在小说语篇的前后结构上,「のだ」前接的具体谓语形式和谓语"体"的不同,呈现出复杂性。整体时态上是非过去时态,加之会话文和描述文交叉出现,使得「～のだ」呈现出更加复杂的形态。

　　通过对『こころ』小说语篇进行调查,发现「～のだ」复合谓语双重时态的组合包含四组六类,

具体分布如下表所示。需要强调的是，『こころ』中「中 両親と私」这一部分用「のである」体，且只有19例；「上 先生と私」「下 先生と遺書」两部分使用「のです」体，「のである」相比总体只占少数，故调查主要以「上」和「下」，即「のです」体比较集中的两部分为主。

表1 『こころ』中「～のだ」复合谓语的双重时态分布

		第一时态			
		非过去		过去	
		完成体 （する）	继续体 （ている/てある）	完成体 （した）	继续体 （ていた）
第二时态	非过去 （のです）	する＋のです 78(14%)	ている＋のです 19(3%)	した＋のです 403(72%)	していた＋のです 59(10%)
	过去 （のでした）	する＋のでした 1(0.2%)	ている＋のでした —	した＋のでした 2(0.4%)	していた＋のでした —

接下来，分别看一下『こころ』中「～のだ」双重时态的时间性特征。以出现频率最多的形态为主，主要关注时态变化的问题、多个「のだ」连续使用的意义，以及「のだ」之间的意义关系。

3 过去＋非过去：（した）＋のです

这种形态中，第一时态形是以说话时间为基准的过去的事件（且是完成相）。第二时态形的「のだ」说明时间点，亦指说话时间，因此不表示时间性意义。这里重点观察「（した）＋のです」在篇章中的前后结构和意义关系。

3.1 解释说明

「のだ」作为说明情态，最常见的用法是"说明"。而「したのです」这一形态在『こころ』中使用最为频繁，且最主要的用法也是说明。

(1)「どうして…」私には喧嘩という言葉が口へ出て来なかった。「①妻が私を誤解するのです。②それを誤解だといって聞かせても承知しないのです。③つい腹を立てたのです」「どんなに先生を誤解なさるんですか」先生は私のこの問いに答えようとはしなかった。（上 先生と私 九）[①]

这段是对话问答，答句中三句都使用「のだ」。在对对方的提问（「どうして妻と喧嘩した」）进行解释说明时，连续使用三个「のだ」句。即通过描写完整的事件过程，来进行说明。①「妻が私を誤解するのです」②「それを誤解だといって聞かせても承知しないのです」③「つい腹を立てたのです」。

③在时态上和问句呼应，作为对对方疑问的回答时，是解释说明之意。而这三句之间的关系则是：①②是事件的背景（非过去），③是结果（过去）。①和②并非以说话时间为基准的过去，而是作为后句的前提背景，是背景信息的提示。

(2)「あなたは物足りない結果私の所に動いて来たじゃありませんか」「それはそうかも知れません。然しそれは恋とは違います」「①恋に上る階段なんです。②異性と抱き合う順序として、まず同性の私の所へ動いて来たのです」（上 先生と私 十三）

和上一个例子一样，同一段话中，非过去和过去同时出现。①是一种话题的提起和强调，作为背景。②是想要传达给对方的对于谈论的事件——「物足りない結果私の所に動いて来た」的进一步解释说明，「異性と抱き合う順序として…来たのです」，既是原因，也是结果。

3.2 背景信息提示

（3）①私は他に欺かれたのです。②しかも血のつづいた親戚のものから欺むかれたのです。③私は決してそれを忘れないのです。④私の父の前には善人であったらしい彼等は、父の死ぬや否や許しがたい不徳義漢に変ったのです。（上 先生と私 三十）

这段中①②④是对于同一个话题（发生在说话时间之前的、过去的）事件——前文中先生所说「金を見ると、どんな君子でもすぐ悪人になる」进行的解释，①②带有背景提示之意，④是结果说明。

③与其他三句不同，不是背景提示，也不是结果说明，而是对说话时及将来的心态的**强调**（非过去）。这里和陈述副词「決して」共现，意义增强。

再如例（1）中的①和②作为后句的前提背景，也是背景信息的提示。背景提示与解释说明的用法穿插使用，是『こころ』中「のだ」重复出现的典型用法。

3.3 关联信息回想

在一段过去事件的描写中，「したのだ」除了上述的背景提示的意义之外，也会带有说话者的某种情绪和感情，与单纯的背景描写不同，带有回忆、回想的意味。

（4）①私はそれを読んだ時何とかしたいと思ったのです。②少なくとも返事を上げなければ済まんとは考えたのです。③然し自白すると、私はあなたの依頼に対して、まるで努力をしなかったのです。（下 先生と遺書 一）

这段是"先生和遗书"开头部分。三句讲述的背景为过去事件，即双方都知道的事——「東京で相当の地位を得たいから宜しく頼む」，①②是针对「返事を上げなかった」这一结果，自己当时的想法的说明，以「…と思ったのです」「…と考えたのです」的形式出现，带有回忆的意味。

（5）私が両親を亡くしたのは、まだ私の二十歳にならない時分でした。何時か妻があなたに話していたようにも記憶していますが、二人は同じ病気で**死んだのです**。しかも妻が貴方に不審を起させた通り、殆んど同時といっていいくらいに、前後して**死んだのです**。（下 先生と遺書 三）

这段中两句「死んだのです」都是对前句「両親を亡くした」这一过去事件的补充说明，信息逐渐增加、扩展，这时说明的意味不突出，更明显的是对过去时的某一事件的相关信息的回想。

（6）その時私は突然奥さんの前へ手を突いて頭を下げました。『済みません。①私が悪かったのです。あなたにも御嬢さんにも済まない事になりました』とあやまりました。②私は奥さんと向い合うまで、そんな言葉を口にする気はまるでなかったのです。③然し奥さんの顔を見た時不意に我とも知らずそう云ってしまったのです。（下 先生と遺書 四十九）

对话中的①承上启下，对「あなたにも御嬢さんにも済まない事になりました」的背景进行解释说明。②③是对做出「あやまりました」这一行为时的心态的回忆。

经过分析发现，「したのです」除了有解释说明的意义之外，还有背景信息提示、过去事件相关信息的回想等意义。而以往的研究，比如高瀬匡雄（2004）认为「たのだった」这种＜过去＋过去＞的双重时态表达"回想的语气（回想的なムード）"更突出。但这种形式在『こころ』中不典型，只有2例。说明在语篇中前后文相互结合，「したのです」也会凸显出"回想"的意义用法。

4 非过去＋非过去：(する)＋のです

4.1 习惯性动作、状态的强调

『こころ』里同一段表述中，过去、非过去时态的交叉使用现象特别明显。这里探讨一下篇章中整体是过去时态，而「のだ」句却换成非过去时态，即「するのです」的用例，比如下面这段。

（7）私はKに向って御嬢さんといっしょに出たのかと**聞きました**。Kはそうではないと**答えました**。真砂町で偶然出会ったから連れ立って帰って来たのだと**説明しました**。私はそれ以上に立ち入った質問を控えなければなりませんでした。然し食事の時、又御嬢さんに向って、同じ問を掛けたくなりました。①すると御嬢さんは私の嫌な**例**の笑い方をするのです。（下　先生と遺書　三十四）

这段中①之前都是描述过去事件，用的是「た」形，①两句则用「するのです」。一方面是对前文「御嬢さんに向って、同じ問を掛けたくなる」的结果进行解释说明，另一方面，是对「嫌な例の笑い方」这个反应进行强调，和「例の」呼应体现这个反应是习惯性状态，而不是单纯的过去事件的一部分。

（8）ところがいよいよ夫として朝夕妻と顔を合せてみると、私のはかない希望は手厳しい現実のためにもろくも**破壊**されてしまいました。①私は妻と顔を合せているうちに、卒然Kにおびやかされるのです。②つまり妻が中間に立って、Kと私を何処までも結び付けて離さないようにするのです。（下　先生と遺書　五十二）

「おびやかされる」并不是单纯过去的一种状态，而是「妻と顔を合せているうちに」惯有的状态；②中的「Kと私を何処までも結び付けて離さないようにする」，既是对前一句的进一步解释，同时也是用非过去时态表示该动作是一种常态，而非一次性的、具体的意义指向。

（9）その花はまた規則正しく凋（しお）れる頃になると活け**更えられるのです**。琴も度々鍵の手に折れ曲がった筋違（すじかい）の室に運び去られるのです。私は自分の居間で机の上に頬杖（ほおづえ）を突きながら、その琴の音を**聞いていました**。（下　先生と遺書　十一）

句中伴随有表示动作重复性的陈述副词「又」「たびたび」等。「活け更えられる」「運び去られる」这些动作不是具体的事件描写，而是经常性、习惯性、反复性的动作。尽管在描写过去事件的篇章中，也可以通过「のです」来强调。

4.2 感知性动作、状态的强调

和习惯性动作、状态类似，表示说话者自身的感知性动作或状态的语句，在关于过去事件的描写中出现时，也常用「(する)のです」进行强调。

（10）そういう時には、私の**心**が妙に不安におかされて来るのです。そうして若い女とただ差向いで坐っているのが**不安なのだとばかり思えませんでした**。私は何だかそわそわし出すのです。自分で自分を裏切るような不自然な態度が私を苦しめるのです。然し相手の方はかえって**平気でした**。（下　先生と遺書　十三）

这段描述中限定的时间是「そういう時」，本应描写过去时态，正如后面的「不安なのだとばかり思えませんでした」「相手の方はかえって平気でした」都是正常过去时态描写。而说话者（「先生」）对于自己的心理状态的描写却转换成非过去时态。「心が妙に不安におかされて来るのです」「そわそわし出すのです」「苦しめるのです」这几处，穿插在对过去动作的描写中，作为心理状态的强调。

（11）奥さんは滅多（めった）に外出した事がありませんでした。たまに宅を留守にする時でも、御嬢さんと私を二人ぎり残して行くような事はなかったのです。それがまた偶然なの

か、故意なのか、私には**解らない**のです。私の口からいうのは変ですが、奥さんの様子を能く観察していると、何だか自分の娘と私とを接近させたがっているらしくも見えるのです。(下 先生と遺書 十四)

再如这段,叙述的是过去的事件,相关的事件描写用的是过去时态,如「…事がありませんでした」,或者如「…事はなかったのです」,用「たのです」的形式,对前句背景进行补充说明,即使是「たまに宅を留守にする時」这种特殊情况,也属于过去时态描写的范围。而「私には解らない」这一感知的描写超出既有的时间限定,以"非过去+「のです」"的形态对感知的状态进行强调。

(12)私はいつも躊躇しました。妻の顔を見て、止してよかったと思う事もありました。そうして又凝と竦んでしまいます。そうして妻から時々物足りなそうな眼で**眺められるのです**。(下 先生と遺書 五十五)

这段和前面两例一样,是对过去事件的描写。「凝と竦んでしまいます」这里的心理状态描写使用了非过去时态。接下来的「物足りなそうな眼で眺められる」这个状态的描述,一方面是对前句原因的说明,另一方面也是对自己「眺められる」这一感觉的强调。

这里将包括心理、感觉、知觉等在内的内涵概括为"感知",它们穿插在过去事件描写中,时间性意义可以忽略,更加侧重感知性动作状态的强调和传达。

5 结语

本文以夏目漱石的『こころ』为对象,对「のだ」的时态意义进行分析。经过调查发现,『こころ』中「～のだ」复合谓语的形态特点是,呈现双重时态,且以＜过去＋非过去＞和＜非过去＋非过去＞为主。所以本文主要对「するのです」「したのです」的时态意义和语法意义进行具体分析。特别是在具体段落篇章中,发现多个「のだ」句同时使用,过去/非过去时态切换的现象。

分析发现＜过去＋非过去＞即「したのです」的形态,常用来表示解释说明、(背景信息)提示、回想等意义;＜非过去＋非过去＞即「するのです」的形态,多表示习惯性动作状态的强调、感知性动作状态的强调。

其中「したのです」回想的意义,是『こころ』中特殊的表现。此外,在描述过去事件的过程中,插入「するのです」也是『こころ』中「のだ」使用的一个特点,「するのです」在『こころ』中倾向于表示习惯性、感知性动作或状态的强调。

综上,本文认为在对「～のだ」的复合谓语意义的考察中,从其双重时态的角度,能够发现篇章中「のだ」使用的倾向性和特殊性。但是单以『こころ』一篇文本为对象得出的规律是否适用其他文本,或有在别的文本中是否有更特殊的用法,这些我们不得而知,将作为今后的课题继续探讨。也希望本文能够给「のだ」在更多语篇中的实际意义的研究带来一些启示。

注

① 本文所引例句皆出自青空文库版夏目漱石『こころ』aozora.gr.jp/cards/000148/files/773_14560.html。

参考文献

[1] 奥田靖雄.説明(その1)—のだ.のである.のです—[J].ことばの科学,1990(4).
[2] 高橋太郎.ダブルテンス研究のすすめ[J].立正大学国語国文,1993(29).
[3] 森山卓郎,仁田義雄,工藤浩.日本語の文法3 モダリティ[M].東京:岩波書店,2000.
[4] 高瀬匡雄.ダブルテンスの述語形式—その全体像をめぐって—[J].語学文学,2004(42).

[5] 石出靖雄.漱石作品における「のだ」文の使われ方——鴎外『青年』と比較して——[J].早稲田大学教育学研究科紀要別冊,2004,11(2).

作者信息
  姓名:曹银阁
  学校:上海外国语大学
  联系地址:上海市虹口区东体育会路411号
  电子邮箱:ginnkaku@163.com

「デサエ」についての一考察

上海外国語大学　劉胭脂

1　はじめに

本稿はとりたて助詞「さえ」の周辺とされる「でさえ」について考察することを目的とする。

「さえ」は典型的なとりたて助詞として挙げられているが、「でさえ」は異なる形態素として特に取り上げられているのはそれほど多くない。しかし、「さえ」と「でさえ」の使用は任意的なものではなく、それぞれの役割分担が異なると思われる。

菊地（1999）は「『サエ』と『デサエ』は、どちらを使ってもよい場合もあり、一方しか使えない場合もある」と述べ、以下のような例をあげた。

（1）この力士は力がある。好調なときは横綱［サエ/デサエ］投げ飛ばす。
（2）彼女の顔には、涙［サエ/ *デサエ］浮かんでいる。
（3）僕［*サエ/デサエ］疲れたのだから、君はどんなに疲れたことだろう。

（1）は両方とも使えるが、（2）は「さえ」しか使えなく、（3）は「でさえ」しか使えない。

「さえ」と「でさえ」はどのような関係があるのか。「でさえ」は融合化した一つのまとまりとして用いられている。「でさえ」の「で」はどのような由来があるのか。本稿では「さえ」と比べながら、「でさえ」の様相を明らかにしたい。

2　先行研究

「でさえ」について、共時的観点と通時的観点の角度からの研究が見られる。これからこの二つの角度からまとめてみる。

2.1　共時的観点の研究

主に以下の点をめぐって検討されている。

1.「でさえ」の「で」

「でさえ」の「で」については意見がまちまちである。湯澤（1974：660-661）では「でさえ」の「で」は、その本体は明確ではない。「でさえ」は「であってさえ」の略でもあろうかと述べられた。富阪（1998：85）は「でさえ」は分布の自由性がないので、とりたて詞と認定されなく、「提題機能＋取り立て機能」を備えた特殊とりたて助詞として位置づけるのが適当ではないかと思われると述べた。

「で」を断定助動詞「だ」の連用形「で」と認められるのは市川（1989）、丹羽（1995）で、コピュラとされるのは沼田（2007）で、判定詞とされるのは中西（2012）である。[①]

2.「でさえ」の接続

「さえ」に比べれば、「でさえ」の位置がそれほど自由ではない。「でさえ」はガ格、ヲ格名詞、格助詞「ニ」[2]「ト」「カラ」「マデ」、時間節の後に下接できる。動詞、形容詞の連用形、副詞などに接続できない。(市川1989,丹羽1995)

3.とりたてのスコープ

「さえ」と「でさえ」のとりたてのスコープについて、研究者たちの意見はほぼ同じである。市川(1989:11)は次のようにまとめた。すなわち「さえ」は前の名詞および「名詞＋述語」全体がとりたてられるが、「でさえ」は直前の名詞だけを取り立てる。

N＋「サエ」＋P(述語)→　N及びN＋Pを取り立てる
N＋「デサエ」＋P(述語)→　Nを取り立てる

これは菊地(1999:10)に唱えられた「サエ」と「デサエ」の使い分けの基本原理とほぼ同じである。「サエとデサエの使い分けの基本原理：《P対照ならサエ、N対照ならデサエ[3]》が使われる。両方に解釈できる場合はサエ/デサエどちらも使える」。

4.共起する語句の制限

「でさえ」は出現文と存在文に用いられない(市川1989,丹羽1995,富阪1998)。菊地(1999)は存在や出現を表す文は、文全体が＜まるごと述べる＞タイプの文であるため、「こういうことサエある」というP対照の文になりやすいと説明した。[4]最低条件を表す「さえ～ば(たら)」節では、「でさえ」は用いられない。(市川1989,丹羽1995,菊地1999)

共時的研究をまとめてみれば、「でさえ」と「さえ」の使い分けが表1になる。

表1　「さえ」と「でさえ」の使い分け

	さえ	でさえ
接続	名詞、名詞＋格助詞、用言、引用節、疑問節に接続できる 時間節に接続できない	名詞、名詞＋格助詞(一部分) 名詞節、時間節に接続できる 用言に接続できない
取り立てのスコープ	名詞と述語全体を取り立てる(P対照)	直前の名詞のみ取り立てる (N対照)
述語の制限	出現文、存在文に用いられる 条件節に用いられる	出現文、存在文に用いられない 条件節に用いられない

2.2　通時的観点の研究

山田(2012)によれば、「でさえ」は格助詞「で」＋副助詞「さえ」という単なる助詞の連接「でさえ」と一つの助詞とした融合化した「でさえ」に分けられる。「でさえ」の融合化は主に「で」の性質によって決められる。「で」が動作主に下接するという性質をもってはじめて、ガ格成分と結び付きを持つ「さえ」は「で」と連接可能となったと山田氏は結論を出した。

「でさえ」が融合した背景について、山田(2014:41)は次のように論じた。

　　古代語における「さえ」の機能は「累加」の意である。ところが室町時期以降、「だに」の機能である「類推」を吸収し、江戸期の「さえ」は「累加」と「類推」の両義で使用されることとなる。さらに「でさえ」の発生と拡大は「さえ」が「累加」と「類推」の両用

法を持った事による運用上の支障を取り除くためであったと考えられるのである。

　山田(2014)は江戸期以前の状況を調査し、江戸期における連接の「でさえ」と融合化した「でさえ」の由来について考察した。連接の「でさえ」は前代の「にてさえ」を引き継いだもので、融合化した「でさえ」は動作主を表す格助詞「で」が出て、「さえ」と融合した結果であるということが分かった。

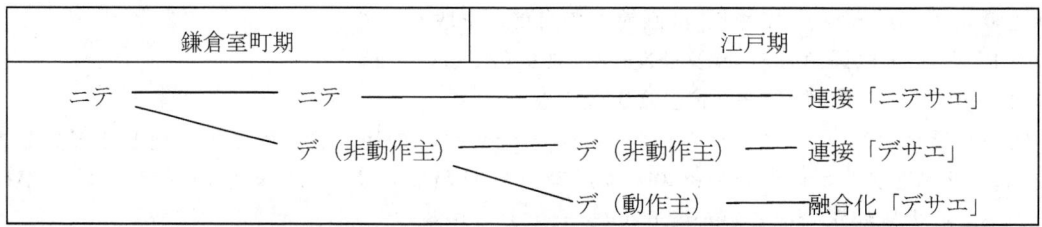

図1　連接の「デサエ」と融合化した「デサエ」の由来
(出典:山田 2014:281)

　先行研究からみれば、「でさえ」の「で」は断定助動詞「だ」の連用形「で」なのか、格助詞「で」なのか意見が一致していない。断定助動詞「だ」の連用形「で」と思われるのは歴史的な角度の分析がたりない。動作主を表す格助詞「で」から由来した説は道理があるが、十分に説明しているとは言い難い。

　本稿では、まず現代日本語の「でさえ」の様相を紹介し、次に「で」の歴史に遡って、「でさえ」の位置づけを考察したい。

3　現代日本語の「でさえ」

具体的な考察に入る前に，本稿で考察の対象としない「でさえ」について見ておく。
(4)有名観光地でさえ多言語での看板やパンフレットの設置、インフォメーションセンターの対応ができているのは一部だ。　　　　　　　　　　　　　　　　　(山田 2012:35)
(5)この子の人生では主人公はこの子自身で、おじいちゃんもこの叔母さんも、共演者でさえない、どっちにしろ脇役でしかないんだろうなあ。　　(氷室冴子『冴子の母娘草』)
(6)体格も貧弱なところか、がっしりとしていて頼もしげでさえある。

(曽野綾子『慈悲海岸』)

(4)は場所を表す格助詞「で」+「さえ」、(5)は断定助動詞「だ」の連用形「で」+「さえ」、(6)は形容動詞の語尾「で」+「さえ」であると考えられる。上述のような例は考察の対象から除外する。

　「でさえ」は「さえ」の意外を表す意味を持ち、構文上「で」があるので、特殊の性格を持っている。「でさえ」は「ガ」格、「ヲ」格名詞などに下接するほか、格を特定し難いものがたくさんある。市川(1989)では無格、超格と呼ばれる。また提題機能を持って、「は」との共通点が見られると指摘された(市川1989；丹羽1995；富阪1998)。
(7)食べ物でさえ綾子は変わっており、…べろ羊羹、黒飴、ねじりん棒から金米糖、割箸で巻く水飴など一切口にせず…　　　　　　　　　　　　　　　　　　(市川 1989:7)

(8)この程度の地震でさえ、われわれは戸惑い、不安を高めるのである。（富阪1998:89）
(7)(8)の「でさえ」が主題的な機能を持っていると説明されるのは無難であるが、文の中で主題のマーカ「は」がついているので、混乱をさけるため、「でさえ」を暗示的な「対比」として理解したほうがいいと思われる。(7)では最も変わりそうもない食習慣が変わり、ほかの生活習慣も変わったことを暗示している。(8)で「この程度の地震」を取り立てて、もっとひどい地震の状況を暗示している。
(9)ベルマーレからペルージャに移籍した当初は、練習でさえ俺のところにボールはなかなか来ませんでした。それは試合の時も同じ事。（中田英寿・小松成美『Nakata.net』）
(10)私一人でさえ下の家主は快い顔をしていないのに、その上にまた梅原さんをつれこんだら、一体どうなることであろう。（丸山時次『素貧の書』）
同じ無格で、(9)(10)は(7)(8)と違って、提題機能がなく、取り立てる要素と対比する要素が明示されている。(9)の主題は「当初」で、「練習（の時）」と次の文の「試合の時」は対比要素である。(10)の主題は「家主」で、「私一人」をとりたてて、「その上にまた梅原さんをつれこんだら（二人になる）」の状況と対比させる。

4 「でさえ」の「で」について

先行研究によれば、「でさえ」の「で」について、定説はまだない。動作主を表す格助詞「で」と「さえ」が融合した意見と断定助動詞「だ」の連用形「で」と思われる意見がある。

山口(2002:76)によれば、「で」は「にて」から変化してきた。古代語の名詞に下接する「にて」には格助詞寄りの「にて」があるほか、断定の助動詞「なり」の連用形「に」に接続助詞「て」がついて名詞文的な連用句、ないし中止句をつくる、断定の助動詞寄りの「にて」があると指摘した。融合化した「でさえ」はいったい格助詞「で」から変わってきたのか、断定助動詞「だ」の連用形「で」から由来したのか、これから「で」の由来及び「さえ」との結合をめぐって、考察してみたい。

4.1 格助詞「で」

格助詞「で」は「にて」からの転で、格助詞「に」に、接続助詞「て」についたもので、奈良朝から見えるが、あまり多くは用いられず、むしろ、「にして」の方が多く用いられた。格助詞の「にて」の「で」に融合した早い例としては、11世紀初頭の『御堂関白記』の例が知られている。鎌倉時代では、多く用いられるようになった。室町時代の半ば以後には、口語では「で」が専ら用いられたようである。（松村1960,橋本1969,間淵2000,山口2002など）。

「にてさへ」は平安時代から用いられ、「でさへ」という形態が登場したのは江戸時代にできた『虎明本狂言集』である。

(11)ここにてだにあやしく、あわたたしき口つきなれば、旅にてさへ。いかに見たまふらむ。恥づかしう。（『落窪物語』）
(12)うちにてつかふたがたらひで、愛でさへ番をせひといはるる。『虎明本狂言集』
(11)の「にて」と(12)の「で」は場所を表す格助詞である。(12)は連接の「でさへ」で、融合化した「でさへ」はまだ現れていない。

融合化した「でさへ」はどのような環境で現れたのか。山田(2012)によれば、江戸時代、動作主を表す「で」が現れ、「さへ」と緊密に連接可能となったわけである。(13)は動作主に下接する「でさへ」で、「で」格の用法が薄れて、一つの複合辞として融合化したと言える。

しかし(14)時名詞に下接する「でさへ」の出自が(13)と異なると思われる。ここの「で」は動作主を表す格助詞「で」ではなく、ガ格成分と結ぶということもない。ほぼ動作主を表す「で」＋「さへ」と同時に現れたので、動作主用法からの意味拡張とも言えないだろう。

(13)食ふや食はずの乞食でさへ、子を大切に可愛がり。寝る目をねずに育てあげても。
（『仮名文章娘節用』）

(14)いろ／＼と考やした所が平日お達者の時でさへ出ぎらいのおめへさん。殊に此節御病気は闇へ所へ引つ込で居たいと斗り思し召。
（『明烏後の正夢』）

次の(15)対象格名詞に下接する「でさへ」の「で」は動作主を表す格助詞「で」と関係がないようである。

(15)悪い子でさへ捨かねるは親の因果。ましてけなげな子でないか。
（「ひらかな盛衰記」『浄瑠璃集』）

また「カラ」格、「ニ」格に下接する「でさへ」も(15)と同じ状況である。この点から見れば、格助詞「で」の由来説は根拠が十分ではないようである。

4.2　断定助動詞「だ」の連用形「で」

山口(2002)によれば、断定助動詞寄りの「にて」と副助詞・係助詞、補助動詞の共起はそれぞれ異なる時期に現れた。

断定助動詞寄りの「にて」は中古中期から「にて＋副助詞・係助詞＋あり」や「にて＋副助詞・係助詞＋敬語補助動詞」という形態として現れた。

(16)めづらしきさまにてさへあなるを思すに、おろかならず。（源氏物語）

(17)男にてさへおはすれば、そのほどの作法、にぎはしくめでたし。（源氏物語）

中世鎌倉時代から「で＋副助詞・係助詞＋あり」という形態が現れた。

(18)耶蘇教にても、回々教にても、其任に堪ふる者でさへあれば、何宗教にても、厭ふことは固よりあらねども（東洋学芸雑誌）

(16)～(18)の「にてさへ」と「でさへ」は、「あり」または「あり」が敬語化した語を伴うので、融合化していないのは判別されやすい。

此島(1983:77)は「なり」の連用形「に」が接続助詞「て」に続く場合に「～であって」の意になるのは普通であると述べた。つまり、断定助動詞寄りの「にて」は「であって」という意味になるわけである。断定助動詞「で」＋「さえ」は「であってさえ」に置き換えられる。「でさえ」の断定助動詞由来説は成り立つことができる。

検証すれば、4.1で述べた動作主格、時の格、対象格名詞に下接する「でさえ」は「であってさえ」に換言すれば通じる。

5　まとめ

本稿では「さえ」と比べながら「でさえ」の様相を簡単に考察した。「でさえ」は「さえ」より特別な特徴は超格・無格の場合、提題機能や対比の意味が強いことである。「でさえ」の「で」の由来について通時的な観点から検討した。格助詞「で」の由来説は根拠が足りなく、成り立たなく、断定助動詞「だ」の連用形「で」の由来説は通時的な観点でも、共時的な用法でも通じる。これから「でさえ」の特徴をより深く分析し、前接する要素とかかっている述語もはっきりしたい。

注

① 寺村（1982:62）によれば、渡辺文法では、ダ、デス、デアルなどが「判定詞」と呼ばれる。学校文法では「助動詞」とされ、山田文法では「存在詞」、三上文法では「準詞」とされる。西洋文法の用語「Copula」を訳して「繋辞」とする人もある。ここの「判定詞」「断定の助動詞」「Copula」は性質が同じであると思われる。

② 「に」に下接する例が稀ながら存在している。
同じ日本人にでさえ、心身に多少でも障害があれば、異質扱いしてしまいます。（丹羽 1995:486）

③ P対照とは述語句の対照で、N対照とは名詞句の対照である。例えば例(2)では「涙以外の何か＜名詞句＞が浮かんでいて、涙さえ浮かんでいる」わけではなく、「悲しい表情をしていて＜述語句＞、涙さえ浮かんでいる。」例(3)では「僕」と「君」という名詞の対照すなわちN対照であるため「デサエ」が用いられる。

④ 菊地（1999:12）には「デサエ」と存在を表す「ある」と共に使う例がある。「あの店、ハムあるかな」「大丈夫、生ハムデサエあるよ」ここの「ハム」と「生ハム」はN対照と読むのが自然なので、「デサエ」のほうがよいと指摘された。

参考文献

[1] 此島正年.助動詞・助詞概説[M].東京:桜楓社,1983.
[2] 沼田善子.「でも」か「で」と「も」か—「だ＋とりたて詞の諸相」—[J].文藝言語研究 言語篇,2007(52):37-48.
[3] 市川保子.「サエ」と「デサエ」—その構文と意味—[J].筑波大学留学生教育センター日本語教育論集,1989(4):1-17.
[4] 丹羽哲也.「さえ」「でも」「だって」について[J].人文研究,1995,47(7):25-5.
[5] 富阪容子.デサエはとりたて詞か[J].言語と文化,1998(2):85-95.
[6] 菊地康人.サエとデサエ[J].日本語科学,1999(6):7-31.
[7] 菊地康人.現代語の極限のとりたて[M]//沼田善子,野田尚史.日本語のとりたて—現代語と歴史的変化・地理的変異—.東京:くろしお出版,2003.
[8] 山田昌裕.「デサエ」の融合化とその背景[J].表現研究,2012(96):35-43.
[9] 山田昌裕.「デサエ」二種の由来[J].恵泉女学園大学紀要,2014(26):209-219.
[10] 山口尭二.「である」の形成[J].京都語文,2002(9):74-87.
[11] 寺村秀夫.日本語のシンタクスと意味 第1巻[M].東京:くろしお出版,1982.
[12] 中西久実子.現代日本語のとりたて助詞と習得[M].東京:ひつじ書房,2012:177-180.
[13] 橋本進吉.助詞、助動詞の研究[M].東京:岩波書店,1969.
[14] 松村明.古典語現代語助詞助動詞詳説[M].東京:学燈社,1969.
[15] 間淵洋子.助詞「で」の意味拡張に関する一考察[J].国語学,2000,51(1):15-30.
[16] 湯沢幸吉郎.江戸言葉の研究[M].東京:明治書院,1974:660-661.

作者信息

姓名：刘胭脂
学校：上海外国语大学（博士）
联系地址：上海市虹口区东体育会路411号8号楼
电子邮箱：0164101056@shisu.edu.cn

オンラインにおける言語学習の継続とそれに関わる動機づけ要因
―バーチャル環境で学ぶ日本語学習者に対する縦断的調査から―

大阪大学　陳静怡

1　はじめに

　中国では近年、「インターネット＋教育」の政策のもと、オンライン教育が推進されている。中国互聯網絡信息中心（CNNIC）によると、2018年6月まで、中国におけるオンライン教育の利用者数は17,186万人を超えている。オンライン教育は言語学習機会の増大をもたらしたが、その持続性も懸念されている（秦 2014）。現在オンライン学習の持続性に関する研究は、教育学の原理に基づく研究と、テクノロジー、HCI、ユーザー心理、コースデザインに基づく研究の2つの方向性で進められ（张，王 2018）、オンラインの言語教育に特化した研究がまだ十分ではないのが現状である。以上のことから、本稿はオンラインの言語教育に目を向け、その持続的学習のプロセスを探求することを目的とする。

2　先行研究

2.1　遠隔教育の発展段階とeラーニング時代の遠隔教育

　本稿では羅・寺嶋（2016）、White（2003）、Mason（1998）を参考に、遠隔教育を、同じ時間に違う空間で行われる同期的な教育形態であるか、違う時間に違う空間で行われる非同期的な教育形態であるか、あるいは上記両者を組み合わせたマルチ同期的な学習形態である、と定義する。

　現在の第3期の遠隔教育は情報通信技術の使用により、インタラクティブ、かつ個別化された教育が実現されたため、eラーニング時代の遠隔教育と呼ばれ（羅，寺嶋 2016）、仮想学習環境（VLE）[①]が創出されている。中国のオンライン教育企業「沪江」は、2015年にオンライン学習ツール「CCtalk」を公開した。「CCtalk」では、複数の受講生が同時に参加できるオンラインの対面式授業が提供され、教師と学習者はインタラクティブに授業の構築に参加できる。また、同じ授業を受ける学習者同士がオンラインコミュニティ[②]を結成することも可能である。

　本稿ではこのような教育機関がオンラインのツールを利用し、運営するリアタイムかつインタラクティブな教授活動が可能であり、オンラインコミュニティの存在するクラスをバーチャルクラスと定義する。

2.2　遠隔言語教育の持続性に関する研究と本研究の位置付け

　中国における遠隔言語学習の持続性に関する研究は、量的研究が主流であり（于 2012；苏

2015)、中国のEFL学習者、学習者の動機づけに目が向けられている。教師や研究者の視点に基づいた質問紙調査が採用され、学習者の自己と遠隔プログラムの文脈が検討されている。ところが、遠隔言語教育では多様な目標を持つ成人学習者が大多数であり、従来の教室をフィールドとする研究者、教師の前もっての想定では、学習者の動機づけ要因を捉えきれない可能性がある。また遠隔教育において、学習者は異なる空間に置かれ、学習者の自己とプログラムの文脈のみを検討することは不十分であると考える。

一方、海外の研究は質的研究が中心である（White 1999；Sataporn，Lamb 2005）。遠隔言語学習のプロセスに関する縦断的調査手法が採用され、学習者の視点に寄り添っている。また、学習者の自己とプログラムの文脈に加え、実生活の文脈にも目を向けている（Sataporn，Lamb 2005）。その他、遠隔言語学習の継続における動機づけの役割が改めて指摘されている。

しかし、ここまで見てきた研究のベースとなる遠隔プログラムは全て、人とパソコンが向き合う独学のようなセッティングであり、現在のインタラクティブな遠隔言語学習に関心が寄せられていない。そこで、本研究はeラーニング時代の遠隔教育に目を向け、いわゆる「バーチャルクラス」を観察の場として取り上げ、そこで言語学習がどのように継続されてきたかを探求したい。観察においては、Sataporn & Lamb(2005)の視点を援用し、遠隔学習をプログラム内外の文脈から包括的に捉えるようにする。分析については、先行研究が示唆しているように、遠隔学習の継続と関わる「動機づけ」の概念を採用する。

2.3　理論的枠組み―動機づけのプロセスモデル

「動機づけは人間の特定行動の選択と持続性、努力など人間行動の方向性と強さを決める概念である」(Dörnyei，Ushioda 2011；4)。現在動機づけ研究は個々と環境の間にある相互的要因から動機づけがどのように変容するか、に関心をもつ社会・動態的アプローチの時代へ移行している(Dörnyei，Ryan 2015)。

その一例として、Dörnyei & Ottó (1998)の「動機づけのプロセスモデル」がある。この理論は、学習行動を、「行動前段階」「行動後段階」「行動段階」の3段階に分け、各段階の行動シーケンスと動機づけの影響要因を示している(図1)。本研究は動機づけの変化に着目するため、社会・動態的アプローチ、「動機づけのプロセスモデル」を採用し、先行研究に習い、遠隔言語学習の動機づけを、遠隔プログラム内外の文脈、学習者の自己と関わり、時間と共にダイナミックに変化するものとして捉える。

行動前段階	行動段階	行動後段階
【選択動機づけ】	【実行動機づけ】	【動機づけを高める追観】
行動シーケンス ・目標の設定 ・意思の形成 ・行動開始	行動シーケンス ・下位課題の作成と実行 ・同時進行的な評価 ・行動制御（自己調整）	行動シーケンス ・原因帰属の形成 ・基準やストラテジーの修正 ・意図の放棄と新たな計画
動機づけの影響要因 ・多様な目標特性 ・学習過程、成果、結果に関する価値 ・L2とL2話者に対する態度 ・成功に対する期待 ・ビリーフとストラテジー ・環境からのサポート	動機づけの影響要因 ・学習体験の質 ・オートノミー感 ・社会的影響（親、教師） ・教室の報酬と目標構造 ・自己調整ストラテジーの使用	動機づけの影響要因 ・帰属の要因 ・オートノミー感 ・自己概念に関する信念 ・フィードバック、称賛、成績評価

図1　動機づけのプロセスモデル［Dörnyei & Ottó(1998)を参考に筆者作成］

以上のことから、本稿ではeラーニング時代の遠隔教育の一形態として、「バーチャルクラス」を取り上げ、オンラインでの言語学習のプロセスの変化を記述することを目指し、(1)バーチャクルラスで学ぶ日本語学習者の日本語に対する動機づけがどのように変化したのか、(2)動機づけの変化の要因は何なのか、を研究課題として設定する。

3 調査概要

本稿は質的研究、ケーススタディを採用する。調査を行なったフィールドは、中国の民間の日本語教育機関の「CCtalk」を利用し、運営する日本語N3レベルのバーチャルクラスである。このクラスは、学習者54名、教師2名、チューター2名から構成し、2018年10月15日から12月31日まで、11週間継続した。N3のコースは音声会議を利用したオンライン授業、音読授業、チューターリングのほか、SNSグループではコミュニティ内の学習活動とチャットが行われていた。

調査協力者Lさん、Kさん、Sさん3人の情報と動機づけ変容のモチグラフを表1、図2のように示す。調査協力者の選定については、まず開講から2週目までのSNSグループの発話量データを基に、学習者54名を5つのグループに分け、次に、それぞれのグループから2人を選定し、10人に対する3ヶ月の縦断的調査を行った。その中から、コースを終了した8名の学習者に描いてもらった動機づけ変容のモチグラフ(motigraph)③を基準に、動機づけが高く維持されたKさん、動機づけが低迷していたSさん、動機づけの浮き沈みが最も激しいLさんを今回のケースとして取り上げる。

収集したデータは、オンライン授業の受講動画、SNSグループにおける発話、筆者のフィールドノート、3ヶ月に渡る3回(第4、8、12週)の半構造化インタビューの録音、最後のインタビューで学習者に書いてもらった動機づけ変化のモチグラフの5種類からなる。

表1 調査協力者の情報

仮名	年齢	国籍	性別	身分	所在地	日本語レベル	日本語学習歴	他の言語学習歴
Lさん	22	中国	女性	大学生	ロシア(サンクトペテルブルク)	JEST(E〜Fレベル)	オンライン1年	英語12年 ロシア語5年
Kさん	33	中国	女性	日系企業会社員	中国(蘇州)		オフライン1年 オンライン1年	英語12年
Sさん	44	中国	女性	会社員	中国(広州)		オフライン10年 オンライン2年	英語12年

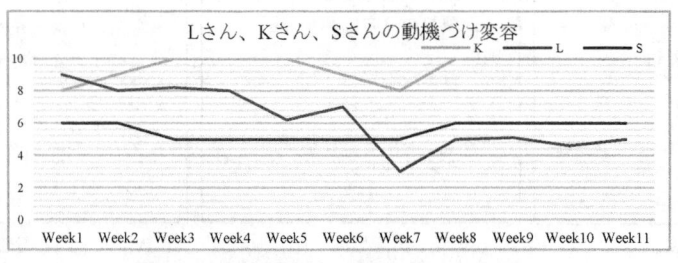

図2 3人の動機づけ変容のモチグラフ

分析の際はまず、インタビューデータを日本語に翻訳し、コーディングを行い、コード同士の比較から学習プロセスの出来事や学習者の意味づけに関するカテゴリーを立てる。次に、カテゴリーをSNSグループの発話、筆者のフィールドノート、オンライン授業の録画など他のデータと照り合わせ、時系列に沿って整理する。その後、バーチャルクラスに至った経緯、バーチャルクラスにおける前期、中期、後期の学習の順でカテゴリーを再整理し、ストーリーにまとめる。最後に、「動機づけのプロセスモデル」の枠組みに基づき、ストーリーを元に、バーチャルクラスにおける日本語学習の動機づけを3段階に分けて分析する。

4 分析・考察

ケース間分析を通して、3人の3段階の動機づけ要因が分かった(図3)。以下、各要因についての分析、考察の結果を詳述する。

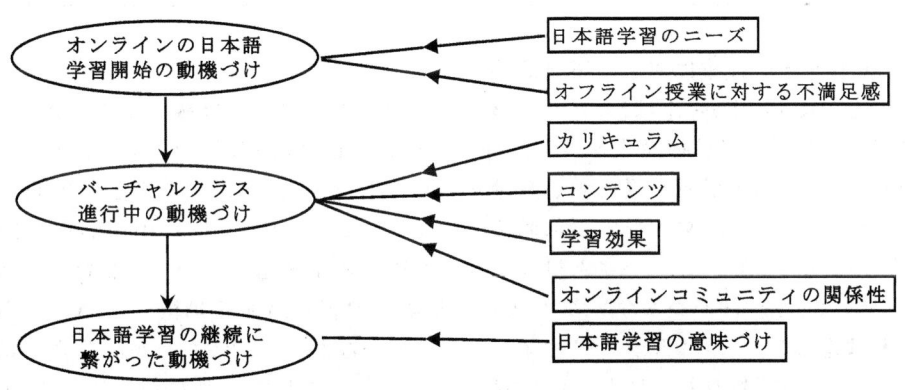

図3　バーチャルクラスにおける日本語学習の動機づけ

4.1　オンラインの日本語学習開始の動機づけ
4.1.1　日本語学習のニーズ

Lさんは、ロシア環境に対する不満足感と日本への憧れの相乗作用、要するに、やや現実逃避的な傾向もあり、「理想自己」(Dörnyei 2005, 2009)を日本に見出し、日本の生活、日本の大学院の学歴などの「文化資本」を獲得するために、日本語学習に「投資」(Norton peirce 1995)した。一方、Kさんは中国現地の日系企業で勤務しているため、「日本語ができたほうが、コミュニケーションがスムーズにできるから」、日本語学習を始めた。すなわち、仕事の要請といった外発的動機づけによって、日本語学習に駆り立てられている。Sさんは「もっと、もっと学習したい」といった、ぼんやりした自己啓発のニーズによって日本語を始めた。このように、オンラインの日本語学習者の属性、学習目的の多様化が伺った。

表2　「日本語学習のニーズ」に関する3人のストーリー

Lさんのストーリー　＜バーチャククラスにおける前期の学習＞
「西洋の環境は自分の欲しいものではない」と感じた…「日本文学が大好きなため、日本にも憧れていた」後1年で大学を卒業するLさんは、大学卒業後の進路を考える際に、「大学院に行くのであれば、もちろんロシアに残るのは簡単な選択肢ですが、じゃ日本は？」との考え方が頭から自然に浮かんできた
Kさんのストーリー　＜バーチャククラスにおける前期の学習＞
2年前半から日本語学習を始めたのは、中国現地の日系企業で勤務しているため、「日本語ができたほうが、コミュニケーションがスムーズにできるから」であった
Sさんのストーリー　＜バーチャククラスにおける前期の学習＞
Sさんの日本語教室の参加を後押ししたのが、「もっと、もっと学習したい」といった学習への欲求であった。Sさんにとって、「日本語を喋れることは素敵なこと」であり、「個人能力の向上」にも繋がるのでる

4.1.2　オフライン授業に対する不満足感

　3人のうち、KさんとSさんは2人ともオフラインの日本語授業を経験したことがある。Kさんは「通学は、1、2時間が必要」「ペースが遅い、授業は週に2回しかない」とオフラインの授業は学習ペースと学習場所を選択する余地がないことと、「授業は全て先生がアレンジしてくれていた。先生たちは文法を中心に教えている」と教師主導型、文法中心的な教授スタイルが好きではなかった。一方、Sさんはオフラインの日本語教室に、10年にわたって受講してきたが、全てが1ヶ月目でつまずいてしまい、日本語学習に対する動機づけが高まらなかった。「今とは違って、ドラマやアニメはまったく見ていなかった」とSさんが語るように、オフラインの日本語授業は日本、日本文化に対する興味を起こしてくれなかった。また「先生たちは教科書に基づいて、ありふれた月並みの説明しかできていなかった」と知識中心型の教授スタイルに惹きつけられなかった。

　このように、「教師の主導的な立場」（冷 2011）、「言語知識の伝授、技能の訓練に重点が置かれている」（葛 2014）といった中国の大学日本語専攻の特徴が成人向けのノンフォーマルな日本語教室にも浸透していることが観察された。ところが、こういった教授法が多様な学習目的を持つ成人学習者のニーズと合致せず、動機づけが引き起こされにくいこともある。

4.2　バーチャルクラス進行中の動機づけ

4.2.1　カリキュラム

　Lさんは前期から、「授業のペースは先生のペースで、自分のペースではない」とコースのペースとの不一致を感じた。中期において、「授業のペースを優先させた」といった自己調整を行っても、カリキュラムとの不適応が解消されなかった。Lさんはインプット中心の独習に慣れており、インプット・アウトプット双方を要求する学習へ転換する際、日本語能力に対する苦手意識が生じたことから、N3は彼女にとって、レベル以上の選択であることが伺える。Kさんはレベルが上がるにつれて、チューターリングにおけるインタラクションが非効率的だと感じたことがあったが、「落ち着いて聞く」ことを通して、不適応が解消された。N5、N4を2回学習したKさんにとって、N3はレベルに合った選択であると言える。Sさんは日本語能力不足のため、オンラインインタラクションに参加しないことを選択し、カリキュラムへの

積極的な関与が阻害された。Sさんはアウトプットの経験をほとんど持っておらず、N3が彼女のレベルを遥かに超えていることを、Sさん本人も認めている。

バーチャルクラスのコース選択は自主選択の原則に基づく。レベルに合ったコースに入った場合、動機づけは維持されるが、固定したカリキュラムが学習者のニーズに応えきれないこともある。その場合、コンピュータ媒介コミュニケーション（Computer-Mediated Communication，略称CMC）④において、学習者の反応がオンライン教師によって気づかれにくく、カリキュラムの修正が困難である。一方、レベル以上のコースに入った場合、動機づけは低下させ、カリキュラム通りの参加が困難になる。そこで、CMCは、学習者にオンラインインタラクションから身を隠せる都合のいい学習環境を提供する。

4.2.2　コンテンツ

バーチャルクラスのコンテンツは、日本の近代文学が中心であり、前期は児童文学、後期は夏目漱石、太宰治の短編へと広がり、難易度も次第に増加する。LさんとKさんは2人ともコンテンツの内容が好きである。Lさんの場合、後期でインプットが理解範囲を超えた際、コンテンツの内容が「心に通じるものではない」と気づきが起こりにくくなり、動機づけの減退が見られた。一方、Kさんの場合は、コンテンツの難易度が増加しても、動機づけが維持できた。

バーチャルクラスのコンテンツは、日本人向けの既成文章が使用され、日本の国語教科書と重複する作品も多数含まれました。この点は、田中（2011，2012）で述べられている、中国の大学日本語専攻の精読教科書と一致している。中国の大学日本語教育ではかつて、日本語母語話者なみの高度な日本語人材の育成を目標としていたことが原因と見られている（田中，2013）が、オンラインの日本語教育は高度な外国語人材を目指していないにも関わらず、規範的な日本語のコンテンツが改めて、作成され、愛用されている。このことから、日本語を学習すること＝「正しい日本語・日本文化・日本人の心」（田中 2012）の習得と理解、といったビリーフが中国の高等日本語教育、ノンフォーマルな日本語教育の文脈で共有されていることが伺った。ところが、こういったコンテンツはノンフォーマルな学習者にとって、理解可能なインプットとは限らない。

4.2.3　学習効果

Lさんはオンライン授業の受講以外、日本語とほとんど接触していなかった。Lさんは教師の指導を重視するビリーフを抱えており、ドラマのような自然学習を、彼女は「はまってはいけないエンターテイメント」と意味付けている。オンライン授業から学習効果を一時的に感じたが、結局、オンライン授業における失敗体験によって覆された。

Kさんはオンライン授業の受講以外、SNSグループの学習活動にも参加し、タスク完成の効率の向上を実感した。また、職場の日本語環境や地域の日本語コーナーにおける日本語のインプットに対する理解度の向上からも進歩を感じている。Sさんはオンライン授業の指導学習以外、日本のドラマのセリフを意識的に聞き取り、復唱を行なっている。Kさんと同じく、インプットに対する理解から学習効果を感じている。

本稿におけるオンラインの日本語学習者の多くは、教師による明示的な指導以外、自らが日本語学習と意味付けるインフォーマルなセッティングで学習を行なっている。バーチャルクラスにおいて、学習効果の判断は全て学習者に頼るため、高いレベルの認知能力が要求される。オンラインの日本語指導とンフォーマルな学習の双方が備えた場合、学習効果は感じ取りやすくなることが伺えた。

4.2.4　オンラインコミュニティとの関係性

Lさんは、オンラインコミュニティに対して、感情的にサポートし合える、日本語学習と関係のない話題についても話せるフレンドとしての関係性を期待していたが、彼女の学習と関係のない発話がSNSグループで広がらなかったことにより、彼女の関係性の欲求が、コミュニティによって拒絶されたと言える。その後、Lさんはオンライン上の調査者（筆者）と日本語学習経験、日本の大学院の生活について話し合うようになり、関係性を結ぶ対象を新たに見つかった。

一方、Kさんは、「学習と関係のない話はSNSグループで喋るべきではない」とオンラインの他者に対して、学習者同士の関係性のみを期待していた。「クラス全体があまりしゃべらない雰囲気」であることから、彼女の関係性への期待がコミュニティのメンバーと一致していることがわかる。その欲求が受け入れられたことが、Kさんの学習活動への積極的な関与を後押しした。SNSの学習活動に参加する中で、Kさんは、日本語を添削する役割を担うようになり、「日本語を教える自分」のアイデンティティを獲得した。

Sさんもオンライン上の他者と学習者同士の関係性を期待するが、日本語能力不足のため、実際の行動として現れなかった。そこで、Sさんは息子を日本語学習に巻き込み、関係性を結ぶ対象を新たに作った。

このように、オンラインの日本語学習者は、独習を行なっているのではなく、学習に関する「関係性（relatedness）」（Deci，Ryan 1991）の欲求が存在し、関係性を結ぶ対象は、オンラインの学習者同士、身近な家族、ひいては介入した調査者など、多岐にわたっている。

4.3　日本語学習の継続に繋がった動機づけ―日本語学習の意味づけ

Lさんにとって、日本語学習は首尾一貫して、「文化資本」を獲得するための「投資」であった。

Kさんコースの後期から、地域の日本語コーナーにも出席するようになり、日本語学習が「興味」になった。学習者の自己の側面のみに注目すると、Kさんの動機づけは、「外発的動機づけ」から、「内発的動機づけ」（Deci，Ryan 1985）に変容したと言える。ところが、Kさんの生きている社会的文脈を考えると、日本語学習を通して、母親、妻、会社員として生きてきたKさんは、「日本語を教える自分」といったイニシエティブをとったアイデンティティを獲得した。Kさんにとって、日本語学習は職場、家庭では叶えられない自己実現の満足感を味わうための修行であるとも言える。

一方、Sさんの場合、学習は精神的世界を充実させるものであり、日本語能力の獲得より、学習の行動自体が目的である。Sさんにとって、日本語学習は学習の喜びを味わうためのツールである。

社会人学習者のKさんとSさんにとって、日本語学習は昇進や昇給に結びつけず、「文化資本」を獲得するための「投資」では説明し難い。Kubota（2011）日本の英会話に関する質的調査から、「余暇活動と消費としての外国語学習」の概念を提起する。KさんとSさんは正に、生活の文脈では獲得しづらい自己実現の満足感、自己啓発の喜びを味わうために、日本語学習を「余暇活動」の商品として「消費」している。

理想自己を日本に見出し、日本語学習に投資するLさんも含め、調査協力者の3人の日本語学習の継続には、理想自己、自己啓発、自己実現といったぼんやりとした自己探求の要因が伺えた。インターネットの発達が、言語教育の商品化を後押し、このような環境の中で、「自己探求メディアとしての言語学習」が芽生えてきているという仮説も立てられるのではない

かと考える。

表3 「日本語学習のニーズ」に関する3人のストーリー

Lさんのストーリー ＜バーチャククラスにおける後期の学習＞
今後の計画について聞かれた際、Lilyさんは「とりあえず、目標を下げた」と答えた。自分のペースでN5からN3の復習を行い、今年の9月に日本の日本語学校に行くことになった
Kさんのストーリー ＜バーチャククラスにおける後期の学習＞
3回目のインタビューの直前にKさんは次の週の地域の日本語コーナーで発表する原稿を書いているところであった。勤務上のコミュニケーションで役立たせるために日本語学習を始めたが、Kさんにとって今の日本語学習は「もはや100％仕事のためではないかもしれない、まあ自分の興味として楽しんでいる」のである
Sさんのストーリー ＜バーチャククラスにおける後期の学習＞
日本語学習を開始して以来、Sさんはよく周りの人から、「こんな年なのに、日本語を勉強してどうするの？」と言われている。ところが、Sさんが語るには、「活到老，学到老」という中国のことわざにもあるように、生きてさえいれば、学ぶことは止まる所を知らない…Sさんにとって、学習することは、人生の新しいドアを開くことであり、「新しいドアを開ける時に、本当にたくさんのサプライズをいただけるのよ」

5 おわりに

　本稿ではバーチャルクラスの日本語コースを終了した学習者を対象とする3ヶ月の縦断的調査をもとに、オンライン学習における動機づけ変容のプロセスを議論した。その結果、オンライン学習の開始に、日本語学習のニーズの存在、オフライン授業との不適応との要因が関わること、コース進行中の動機づけが、カリキュラム、コンテンツ、学習効果、オンラインコミュニティとの関係性などの要因に影響されていること、学習の継続が、自己探求メディアとして日本語学習を意味づけことと関係することが分かった。

　また、本研究ではオンラインコミュニティをCMCの観点から定義しているが、データ分析を進めているうち、オンラインコミュニティの中心的な構成員としてのアイデンティティの獲得や、オンラインコミュニティの周辺的なメンバーについての語りも散見されたことから、Wenger，McDermott & Snyder（2002）が提起した分散型実践共同体が、本研究におけるオンラインコミュニティによって示唆された。そこには、さらに一歩踏み込んだ調査が必要である。

注

①「仮想学習環境（VLE）」とはウェブを介して学習者に学習マテリアルを配信すると同時に、評価、学生追跡、協働、コミュニケーションツールも含まれるシステムのこと。例えば、WebCT，First Classなどがある。
②本研究ではJones(1997)の「バーチャル村落（virtual settlement）」を援用し、「オンラインコミュニティ」を「最小レベルの相互行為、複数のコミュニケーター、相互行為的なグループCMCが起こる公共スペースがあり、最小レベルの持続的パートナーシップの存在するグループCMCが行われるオンライ

ン上の空間である」と定義する。
③動機づけの変化をグラフ化した回顧的調査手法の一つである。
④「コンピュータ媒介コミュニケーション（CMC）」は元々コンピュータ会議に関する研究で考案され、現在、電子メール、掲示板、チャットルーム、電子メールディスカッション、ウェブを介したコミュニケーションもCMCに含められた。

参考文献

[1] 葛茜.中国の大学日本語専攻教育における教師の言語教育観とその教育の再考―四大学の日本語教師への調査をもとに―[J].日本語・日本学研究,2014(4):53-70.

[2] 冷丽敏.关于高等学校外语教育理念的研究与探索：以《高等院校日语专业基础阶段教学大纲》为对象[J].日语学习与研究,2011(2):99-106.

[3] 羅柱,寺嶋浩介.遠隔教育とeラーニング[M].京都：北大路書房,2006.

[4] 秦鸿.MOOCs的兴起及图书馆的角色[J].中国图书馆学报,2014,40(2):19-26.

[5] 苏琪.远程学习者外语学习动机衰竭与调节策略研究[J].外语界,2015(2):53-60.

[6] 田中祐輔.对中国大学日语专业基础阶段教材与日本中小学国语教材的比较研究：内容异同所体现的现代性课题[J].日本研究集林,2011(37):32-42.

[7] 田中祐輔.中国の大学専攻日本語教科書と日本の高等学校国語教科書との内容的近似性から浮かび上がる現代的課題[J].リテラシーズ,2012(10):21-30.

[8] 田中祐輔.中国の大学専攻日本語教科書の現代史―国語志向と文学思想―[J].言語文化教育研究,2013(11):70-94.

[9] 席卫国,李明昊.日语网络教学平台与本科生日语教学改革[J].跨语言文化研究,2014(00):291-307.

[10] 于莹.远程网络教育英语学习者负动机因素与应对策略研究[J].中国电化教育,2012(9):48-53.

[11] 张静,王欢.基于ISM的在线教育平台学习者持续行为的影响因素研究[J].中国电化教育,2018(10):123-130.

[12] 中国互联网络信息中心(CNNIC),2018.第42次中国互联网络发展状况统计报告[R/OL].[2019-08-28].http://www.cnnic.net.cn/hlwfzyj/hlwxzbg/.

[13] Deci E, Ryan R. Intrinsic motivation and Self-Determination in Human Behavior[M]. New York: Plenum Press, 1985.

[14] Deci E, Ryan R. A motivational approach to self: Integration in personality[M]//Dienstbier R A, Jacobs J E. Perspectives on motivation. Lincoln: University of Nebraska Press, 1991:237-288.

[15] Dörnyei Z. The Psychology of the language learner: Individual differences in second language acquisition[M]. Mahwah, NJ: Lawrence Erlbaum, 2005.

[16] Dörnyei Z. The L2 motivational Self System[M]//Dörnyei Z, Ushioda E. Motivation, language identity and the L2 self, 2009:9-42.

[17] Dörnyei Z, Ryan S. The psychology of the language learner revisited[M]. New York: Routledge, 2015.

[18] Dörnyei Z, Ushioda E. Teaching and Researching Motivation (2nd ed.)[M]. Harlow: Longman, 2011.

[19] Dörnyei Z, Ottó I. Motivation in action: A process model of L2 motivation[J]. Applied Linguistics, 1998(4):43-69.

[20] Jones Q. Virtual-communities, virtual settlements & cyber-archaeology: A Theoretical Outline[J/OL]. Journal of Computer-Mediated Communication, 1997, 3(3). [2019-08-28]. https://doi.org/10.1111/j.1083-6101.1997.tb00075.x.html.

[21] Kubota R. Learning a foreign language as leisure and consumption: Enjoyment, desire, and the business of eikaiwa [J]. International Journal of Bilingual Education and Bilingualism, 2011, 14(4):473-488.

[22] Mason R. Models of online courses[J]. Asynchronous Learning Network Magazine, 1998, 2(2): 1-10.
[23] Peirce B N. Social Identity, Investment, and Language Learning[J]. TESOL Quarterly, 1995, 29(1): 9-31.
[24] Sataporn S, Lamb M. Accommodation Zone: two learners' struggles to cope with a distance learning English course[M]// Benson P, Nunan D. Learners' Stories: Difference and Diversity in Language Learning. Cambridge: Cambridge University Press, 2005: 119-133.
[25] Wenger E, McDermott R, Snyder W M. Cultivating communities of practice: A guide to managing knowledge[M]. Boston: Harvard Business School Press, 2002.
[26] White C. Expectations and emergent beliefs of self-instructed language learners[J]. System, 1999, 27(4): 443-457.
[27] WhiteC. Language Learning in Distance Education[M]. Cambridge: Cambridge University Press, 2003.

作者情報
　氏名：陳静怡
　学校：大阪大学（言語文化研究科　博士前期課程）
　連絡先：大阪府豊中市兼山町1-8
　メールアドレス：chenjingyi002@hotmail.com

黄遵憲没後の遺産相続騒動
—均分相続と共有家産の関係をめぐって—

明治大学　銭海英

1　はじめに

　明治大学大学院若手研究者海外研究プラグラムの助成により、2018年9月5日から11日にかけて黄遵憲の故郷である広東省梅州市剣英図書館の地方文献館及び古籍館において文献調査・収集を行った。本稿は、そこで収集した史料をもとに、黄氏が死去した後、長孫（黄延豫）、次男（黄仲雍）、末子（黄季偉）の間に起こった「お家騒動」を取り上げる。この遺産分割をめぐる騒動は十年も続き、1922年に黄遵憲の末弟（黄遵楷）の息子（黄伯権）による調停で、一応の決着を見た。

　周知のように、黄遵憲は中日交渉史における重要な人物である。そして、清朝末期の官僚の中で、外交官としての豊富な海外経験を持つ稀有な人物でもある。彼は1877年に清朝政府が派遣した初代駐日公使団参賛官として来日するところから、その外交官人生を開始し、4年間日本に滞在した。さらに、1882年3月から駐アメリカ・サンフランシスコの総領事を3年、1890年4月から駐イギリス・ロンドン大使館の参賛官2年を経て、1891年10月から駐シンガポール総領事を3年勤めた（銭海英 2018：94）。

　黄に関する先行研究は、主に彼の代表作『日本国志』と、『日本雑事詩』『人境廬詩草』に収録された大量の詩作（陈铮 2005：5）[①]をめぐってなされてきた。また、彼の政治業績に注目する研究もあり、そこで取りあげられるのは、彼が1897年、湖南省で塩法道および按察使の官職に着いていた時期に心血を注いだ地方自治、議会、近代警察制度の導入といった一連の政治改革問題である。そして、戊戌政変の失敗による失脚後、帰郷した晩年期の教育実践などに関する先行研究なども存在する。しかし、これらの先行研究では、外交官の経歴中を含め、彼がどのように蓄財し、個人資産をきずきあげたかといった、黄個人の経済事情についてはほとんど注目されていない。それに関連して、筆者は本論で、剣英図書館古籍館で収集した『甲寅雑録』[②]を解読することにより、彼が残した共有家産（嘗産）をめぐる親族間の遺産相続騒動について明らかにしたい。彼がどのようにこれらの財産を獲得したかについては、紙幅の都合により稿を改めて論じたい。

2　黄遵憲没後の遺産相続騒動

　黄遵憲は、1905年2月21日、梁啓超へ宛てて、最後の書簡を送った。その二日後に彼は亡くなった。黄の葬儀に参列するため、当時神戸の駐日領事館の随員であった長男（黄伯元）と日

本に留学していた末子(黄季偉)が日本から帰国した。ところが、帰国した長男は病により翌月に急死してしまう(陈铮 2005；1603)。1905年黄遵憲と長男が相ついで亡くなった後、残された遺産の一部は、妻の葉氏の存命中に、三人の息子の家庭に均分されたが、残った「嘗産、蒸嘗」(家族全員で共同管理する共有家産を指す。以下では、共有財産と称する)に関しては、即座には子孫たちに分割されなかった。黄遵憲の遺志であった、息子三人を代理人とし、順番に管理することも行われず、妻の葉氏が1912年まで全権代理人として管理していたのである[③]。今回取り上げる共有家産の管理・分割をめぐっての騒動の期間とは、妻の葉氏が1912年冬に亡くなった後から、1922年に最終的に解決されるまでの十年間である。

2.1 黄遵憲の家族構成と遺産実況

黄遵憲没後の家産分割について論じる前に、まず、黄遵憲の子孫構成について簡単にふれる。

なお、中国では、1931年に「中国民法継承権」が施行されるまで、女子は男子と同等の継承分を得ることはできなかった。本稿は、このような歴史的背景をふまえて、黄氏の遺産相続に関して、娘たちは除いて、息子たちの間に起こった騒動問題に注目していく。

黄氏には四人の息子がいた。三男(黄履剛)が夭折したため、実の息子は三人しかいない。そして、長男黄伯元には二人の息子(黄延豫、黄延緄)、次男黄仲雍には四人の息子(黄延凱、黄延毓、黄延武、黄延續)、末子の黄季偉には二人の息子(黄延緒、黄延超)がいた[④]。

長男黄伯元が黄遵憲と同じ年に無くなったため、黄氏が残した遺産相続をめぐっての争いは、長孫(黄延豫)と次男(黄仲雍)[⑤]、末子(黄季偉)の間に生じた。その騒動の経緯については、次節で詳しく述べていく。

本節ではまず黄氏が残した遺産状況について確認する。

黄氏が残した財産の種類は、大別すると不動産、林産業、田業、株券、銭荘の揭単(個人経営の銀行での預金)、現金(金銀)、骨董、書画収蔵である[⑥]。これらの財産は、黄遵憲が自ら作りあげたものであることが次の資料から窺える。黄伯元夫人による民国3年(1913年)10月12日の「黄季偉への訴訟」文の中に、黄遵憲が残した家産についてこのように記載されている。

　　黄遵憲は官僚を数十年間務めながら、商業活動も行い、少しばかりの財産を残した。四人の息子がいた。長男伯元は私、黄李氏の夫であり、すでにこの世にいない。次男は仲雍、三男は夭折し、四男が季偉である。義理の父である黄遵憲存命中、兄弟間の仲はよく、お互いに罵ることもなかった。1905年に、義父が世を去り、1909年になって義理の母、葉氏は、残した家産を三等分した。「三等分した」という証拠は別に文書として残してある。それ以外の不動産、林業、田業、株券、銭荘の揭単などが家族の共有財産(蒸嘗)[⑦]となり、それらは帳簿に記載されている。たまたま弟仲雍が急に重病を患い、マカオで療養していた。そこで、共有家産としたものは、まず義理の母が経営し、管理していた。不幸にも、義理の母は、1912年に世を去り、臨終の際、残した共有家産は三人の息子のそれぞれの子孫が順番に管理し、この決まりに背くことはならないと言いつけた[⑧]。

この文面から見て、黄遵憲の残した家産は、先祖伝来の財産を受け継いだものではなく、自己取得した財産と考えられよう[⑨]。また、遺産騒動のきっかけは、家産分割自体によってで

はなく、一家族としての共有財産管理に関わっていたことが分かる。
　さらに、上記の「黄季偉への訴訟」文に記録された不動産、林業、田業、株券、銭荘の掲単の他に、まだ、「質屋（信安本当、祥興当、嘉興當）に預けた皮の箱四つ、金器一箱」などがあった。これらは、「家変始末記―乙卯（1915）春延豫泣血撰述」[10]の方に記載されている。
　遺産相続が騒動にまで発展したのは、林業（大埔銀渓杉樹）、店業（汕頭にある金行四軒、その中の一軒は汕頭福安街にある。そのほか、美泰、成興などがある）、株券（開平炭鉱[11]の株券、嘗谷株券）からの収入が三人の息子に均分されなかったことによる。そこに共有財産の管理の問題が発生し、一時的にだが末子黄季偉が管理を独占する状況が生まれたのである。
　このような一家族の共有家産、特に客家人の伝統的な共有家産は、一族の基金としての意味合いを持つとされていた。基金からの収入は、主に、冠婚葬祭の費用のほか、一族の子弟の教育基金、年寄りや貧困家庭に対する手当てとして使われていた（呉永章 2005：6）。黄遵憲の妻、葉氏の葬式代もここから捻出されている。

2.2　遺産騒動の顛末（1912—1922）

　黄遵憲の息子たちの三家族間に巻き起こった遺産騒動の経緯については、次の「民国三年十二月二日、黄遵庚から嘉応州知事へ宛てた書簡」からその一端を窺うことができる。

> 兄が生前に残した財産、家産は全部清算録に書いてあった。清算録に従えば、均分に分割することができる。その分割および使途の大意は、嘗産という共有財産は息子三人が順番に管理すると規定され、家産は三等分して三人息子がそれぞれの家産を引き継ぐことになった。この分割案に基づけば元々なんの騒動も起こらないはずであった。兄が亡くなった後、兄嫁が家族の共有家業を管理した。本来は一つの家族であるから、その時はお互いに争う理由もなかった。兄嫁が亡くなった後、次男の仲雍や、長男の息子である延豫（長孫）が両方家にいなかった。その結果、共有財産は主に末子季偉に管理されるようになった。今回、宗族内の調停が行われたが、季偉が共有財産を独占している証拠はなかった。それが、口喧嘩から始まって、訴訟を申し立てるまでに至ってしまった。意地だけで兄弟互いに各自の言い分を主張しているが、いずれも裏付けに欠けている[12]。

　以上の書簡から、遺産騒動は、結局、一家族の「共有財産」をめぐる問題であったことが分かる。騒動の原因は、三人兄弟が順番に「共有財産」を管理するはずであったのに、黄遵憲の妻が亡くなった後、末子季偉が一人で管理したことにあった。そこから、二人の兄弟の家族は、季偉が一人で利益を独占しているのではないかと疑うことになった。
　このような季偉に対する疑念は、他の文章においても言及されている。例えば、「民国二年癸丑五月、延豫上季偉書」「癸丑五月、培風報記載之新聞」「癸丑五月、培風報記載之新聞季偉所登之辟誣広告」などに散見する。その衝突の中心人物は長孫、黄延豫と末子、黄季偉であり、最初は口論であったものが、しまいには訴訟沙汰にまで発展している。訴訟の詳細はここでは明らかにしないが、一応、騒動の結末までを見てみたい。
　長孫、黄延豫と末子、黄季偉について、黄遵憲は、1902年11月30日に梁啓超へ宛てた書簡の最後に言及している。黄遵憲は、当時15歳であった黄季偉と10歳の黄延豫の日本での留学先の選定を梁啓超に頼んだのである（陈铮 2005：439）。そして、1904年、二人は共に日本に留学した[13]。留学の翌年（1905年）黄遵憲の葬式に参列するため二人は日本から帰国し、それ以

降、日本には戻らなかった。

　騒動はこのようにして始まった。黄季偉は母が亡くなった翌年、1913年5月27日の『汕頭民報』に、共有財産の店業に関する「賃貸広告」を掲載したのである。また、大埔銀渓にある林杉を勝手に売買してもいた。その「賃貸広告」を見た黄延豫は、同月の『梅県培風報』に黄季偉への批判を載せ、「一族の共有財産である店業を叔父が一人で独占しようとしていること」を世の中に知らしめた。そして、叔父を「家の皇帝」になぞらえ、「現在では国すらも共和制の道を歩んでいるのに、家の中にはなお君主専制が残っている」と諷刺した。このように非難された黄季偉も黙ってはいない。即座に同月の『梅県培風報』において、「甥の黄延豫からの指摘は非常に荒唐無稽である。父が残した遺産はすでに母が存命する間に各子孫に分割された。そして、残りの田業、林業、店業などは母ひとりが管理するものであった。母は臨終の際に、私に管理することを命じた。なぜなら、甥の黄延豫は、商売に疎く、彼が相続した家業はことごとく失敗し、祖父から継承した遺産の八、九割は他人にだまし取られているからだ」と内情を暴露した。さらに、同月中には、宗族の親戚たち、特に黄遵憲の二弟、黄遵模（字：采汀）が黄季偉に味方し、甥の黄延豫が指摘した遺産独占は事実ではないと訴え、叔父の面子を潰した甥の行為を批判した。

　一方で、同年の6月には、次男、黄仲雍の家族と宗族の族長が、共有財産を一人で独占してはいけないと反論している。

　このように、遺族間の批判の応酬はとどまることを知らず、幾度も宗族や親戚により調停が行われた。残された調停の史料の中で、最も事実を正確に伝えるのは、黄遵憲の従兄弟である黄遵庚の証言だと思われる。それによれば、今回の共有財産についての騒動は本来起こるはずのないものであった。ところが、黄遵憲が亡くなって間もなく長男が急死し、次男もまた体調不良のため、ずっとマカオで療養していた。そのため、兄弟三人が順番に財産を管理することができず、末子一人に頼って管理するほかなくなってしまった。一人に頼って管理することで、多少問題は発生しやすかったのであろう。他の両家は直接財産を管理していないので、実際のところ共有財産から毎年どのぐらいの収益があったかについても、よく知らないのではないか。

　黄遵憲が残した共有財産からの収入の詳細は、資料上の欠如があるため、その全体を考察することはできない。しかし、その一部については内訳を確認することができる。例えば、店業の3年間の収入がおよそ四千余元、林業の一回当たりの収入は銀四百三十元、また、金器が一箱、個人経営の銀行での預金千六百元などである。

2.3　和解までの過程

　黄遵憲の遺産相続をめぐっての騒動は、宗族内の調停、地方官僚からの調停などを経た後、十年後の1922年になって、黄遵憲の甥黄伯権の調停により「全ての遺産を三つに均分して、抽選の形で各家庭に再分配した」(鄭海麟,黄延康 1997:22)ことで一応の解決を迎えた。

　黄伯権は、1904年に広州で行われた留学生試験を受け、一位の好成績を取っている。黄遵憲はこの報せを聞いてすぐに黄伯権へ宛てた書簡の中で、積極的に日本に留学することを勧めている。1907年、黄伯権は黄遵憲の詩作『人境廬詩草』とほかの遺作雑稿一箱を携えて日本に向かい、梁啓超に編集出版を依頼する。1909年秋、彼は早稲田大学商学部に合格し、翌年の秋、入学した(鄭海麟,黄延康 1997:18)。学業を終了して帰国した彼は、中国銀行で要職を歴任し、晩年自らを「頼伯陶」(鄭海麟,黄延康 1997:39)と称した。彼自身の成長過程の中で、英語を勉強するにせよ、日本に留学するにせよ、いずれも叔父である黄遵憲からの指導や薫

陶が大きかったことを自覚していたからである。だからこそ、彼は何度も調停に加わって、叔父、黄遵憲の子孫の間での家産騒動問題を解決しようとしたのであろう。

このような遺産の再分配、共有財産の再分割を行う際に、解決の原理はどこにあると考えればよいだろうか。また、このケースでは、なぜ共有財産すら最後には再分配されたのか。最後に、この二つの問題を考えてみたい。

一つ目の問題については、日本の長子相続に対し、中国の場合は、伝統的に均分相続が行われてきたことに留意しなければならない。中国で家産を分割する際は、常に「均分」が求められていた。そして、このような「均分」を求める原点とは、「『天』が有する『無私不偏性』（公平無私性）普遍的理念性、その下での万物の共在性といった、『自然』的かつ『道』義的な概念を媒介にして、倫理的な側面では、宗族結合や均分相続といった伝統中国の社会の実態をも反映しながら、『公正』『公平』『均平』などの理念や規範とも結び付きつつ、特殊中国的とも言える『公』概念」（伊東貴之 2011：229）とに関わっていくと言えるだろう。

二つ目の問題である、共有家産の解決になぜ「再分配」の方法が求められたかについてだが、その理由は、「均分」の法則と関わる伝統的な「家族共産制」[④]の経済的共同関係が、近代になって打破されたことにあると考えられる。

3 おわりに

本稿は黄遵憲の亡くなった後、子孫の間に発生した遺産相続の問題を取り上げた。この遺産騒動は、実は、黄氏が残した全ての遺産ではなく、遺産の中の一部、「共有財産」（嘗産）の再分配に関する事案である。そして、その「再分配」が行われる際の方式である「均分」には、伝統中国の「家」の概念が強く反映されている。すなわち、日本では、戦後1948年の「新民法」で均分相続制が実施されるまでは、「長子相続制」をとっていたのに対して、中国は、遥か昔から家産の均分相続制を採用していた（ただし、男子に限られる）。伝統中国の家は、「均」をその特質としたものであり、そのかぎりで中国的「公平」性を持つものであった。ところが、現代中国では、このような伝統的な「家」の特質は失われつつある。

黄一族の「共有財産」（嘗産）問題の興味深い点は、端的に言えば、伝統中国の「家」の「公・均」的概念に従うことを求めた遺族の意向に対し、その解決策として提示された「再分配」の方策は、伝統中国の「家族共産制」を否定するものであったことにある。つまり、それは、「旧中国」から「新中国」へと変貌を遂げる過渡期的時代を象徴する事例とも認識できるのである。

最後に、本稿の資料収集に当たっては、「明治大学2018年度大学院生による海外研究プログラム」から助成を受けた。ここに記して、心から感謝の意を表したい。

注
① 全集には総計詩作千百三十あまりが収録されている。
② 『甲寅雑録』の甲寅は1914年のことであるが、雑録の最後に一編の付録「家変始末記」（乙卯春）が収録されていることから、この雑録の刊行年はおそらく1915年と推測される。黄仲雍私製。
③ 黄遵庚「民国三年十二月二日遵庚叔覆知事函」『甲寅雑録』。
④ 末子黄季偉の二人の息子はいずれも1905年以降に生まれている。黄遵憲が在世中にこの二人の孫と会ったことがないことが分かる。

⑤ 1891年には、父の黄遵憲に随行して、イギリスに赴き、1892年には、シンガポールに随行していた。鄭海麟.黄遵楷研究[M].京都:中文出版社,1996:21を参照。
⑥『甲寅雑録』。
⑦ 祖先の祭祀を行う際の費用は、蒸嘗という家族共有財産の所得から持ち出す。このような蒸嘗は原則的には、転売、売買することを許されない。そして、管理者も兄弟、家族が順番に管理することになる。
⑧『甲寅雑録』。原文は以下の通りである。句読点は筆者による。
「遵憲服官数十年兼営商業,薄置産業。生四子。長伯元,即黄李氏夫,身故;次仲雍,三早夭,四季偉。当先翁在時,兄弟間庭訓是式,室無詬言,詎天不假年,乙已歳先翁見背,至已酉冬,姑氏葉将家財分作三大房均分,立有撥分字據。所余店業,林業,田業及股票,掲単等項概撥為蒸嘗,載明分単字内。適夫弟仲雍忽沾重疾,養病澳門。係由姑氏親手経営。不幸姑氏於壬子歳又去世,臨終遺命所撥之蒸嘗産当三大房子孫輪流管理,不得遺背。」
⑨ 黄遵憲の詩作「乱後帰家」(四首)、「送女弟」(三首)には、実家が太平天国の乱の被害を受け、家までも焼かれ、妹の嫁入り道具を用意することすらもできないとある。
⑩『甲寅雑録』最後の付録文。原文は以下の通りである。
「祖母在日曽交余手金器一箱又千六百元掲単一張及臨終遺交鉄櫃鎖匙五十余。……(豫)到家之前二日季偉已將祖母遺下衣箱,器服,古玩,字画盡行搬出人境廬。……又査祖母手寄存信安当之衣箱四隻,亦被季偉搬去。」
⑪ 洋務派の開発した炭鉱で、1912年に唐山にある灤州炭鉱と合併し、開灤炭鉱となった。
⑫『甲寅雑録』「民国三年十二月二日遵庚叔覆知事函」。原文は以下の通りである。
「因査先兄生前所置産業,家物均録手薄,照薄交出原可支配均分。其分家大意,嘗産令三子輪守,家物分三子各守,本無争釁。先兄生後先嫂管執,無分彼此,原是一家。先嫂身後仲雍,延豫均不在家。嘗産多由季偉收管。此次由公親調和公産,査無侵佔實據,因口角支吾始而打架,継而構訟。意気之下兄弟情詞各執、不無失実之処已。」
⑬『甲寅雑録』「癸丑八月季偉忠告熊希齢電」。原文は以下の通りである。
「秉三先生鑒公膺総理一線曙光,為国為私同深歓躍,甲辰(1904)遊学東瀛,曾瞻丰採,翌年公度府君大故,遷返珂里閉門読書,灰心世事,偶読大札,知公非凡世。」
⑭ 家産の共同所有制を意味する。滋賀秀三.中国家族法の原理[M].東京:創文社,1967:78.

参考文献

[1] 銭海英.黄遵憲の「言文合一」言語観試論—来日前後を中心に—[J].教養デザイン研究論集,2018(13).
[2] 陈铮.黄遵宪全集[M].北京:中华书局,2005.
[3] 吴永章.客家传统宗族社会论略[J].嘉兴学院学报:哲学社会科学,2005,23(5).
[4] 鄭海麟,黄延康.黄伯權傳記[M].[出版地不明:出版者不明],1997.
[5] 伊東貴之.解説[M]//溝口雄三.中国思想のエッセンスⅡ.東京:岩波書店,2011.
[6] 溝口雄三.中国の公と私[M].東京:研文出版,1995.

作者情報

氏名:銭海英
学校:明治大学(大学院教養デザイン研究科博士後期課程3年)
連絡先:日本国東京都中野区東中野1-27-1東中野第一マンション302号室
メールアドレス:qianhaiying@meiji.ac.jp;qhy1987k@gmail.com

基于 AHP-SWOT 分析试论当代中国的中学日语教育
——以杭州东方中学为例

上海理工大学 潘呈 张文碧

1 引言

近几年,随着"一带一路"倡议的大力推进,社会亟须一批具有国际视野、熟练运用外语的专业人才。这一需求推动了中小学外语教学与考试改革,掀起了一阵"高考日语热",使得中学日语教育也备受青睐。

纵观近几年的中学日语教育,不难发现其研究主要集中于词汇教学、应试策略等领域。词汇教学方面,王彦花基于中国中学日语教材以及教学大纲,着重探讨了日语复合动词教学缺失的问题(王彦花 2011);李旖旎从语义类别出发,考察了新中国代表性的中小学日语教科书的词汇(李旖旎 2016)。在应试策略上,王蕾对2012—2016年普通高等学校招生全国统一考试日语科试题进行了统计分析,剖析考核方向及命题思路(王蕾 2017)。笔者通过调查发现,涉及中学日语发展以及教学策略等方面的研究,数量甚少,仍有进一步提升的空间。在学科发展领域,不少学者开始采用SWOT分析法对某一学科的发展进行研究,例如,宋作玲以国内高校开设的慕课为对象,比较国外的发展模式,得出高校开放课程的发展战略(宋作玲 2018);焦丹对口译教学动态模式进行优劣分析,提出口译教学动态模式具有可操作性的观点(焦丹 2017)。借鉴上述研究,笔者在综述了杭州东方中学近十年日语教育状况的基础上,围绕当代中国中学日语教育,通过 AHP-SWOT 模型从优势、劣势、机遇、威胁等四个维度分析其发展特征,归纳出发展中学日语教育过程中的优势、劣势,针对问题提出了相应的对策,整合对人才培养及对高考日语有价值的元素,探索当代中国中学日语教育的新模式。

2 方法与数据

2.1 研究方法

SWOT 分析法是考察研究对象内、外部条件的战略分析方法。其中 S(优势)与 W(劣势)属于内部要素,O(机会)和 T(威胁)属于外部要素。内、外部各要素之间相互作用,构成一个相互联系的整体,如图1所示。SWOT 是一种定性分析,在制定战略分析过程中,易受主观因素影响。因此,本文同时引入 AHP 层次分析法,从定量分析出发,运用数学模型对影响中学日语教育的因素进行测算,并将结果排序,以期分析出合理的结论。

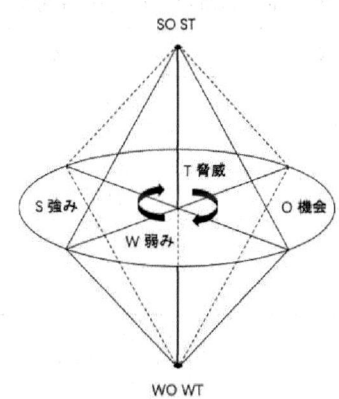

图1 当代中国日语教育 SWOT 分析模型（笔者基于 SWOT 理论制成图表）

2.2 数据来源与预处理

本文中数据皆来自杭州东方中学日语教研组。为了保护学生隐私，文中涉及学生的姓名均采取化名。AHP层次分析法的评分事先经过预处理，再运用数学模型进行测算，以确保实验的准确性与客观性。

3 杭州东方中学的日语教育现状

杭州东方中学（下简称东方中学）是浙江省一级民办学校，地处杭州市西湖区，普通部设初中、高中等36个教学班，国际部设9个高中教学班。现有学生1 200余名。2000年起，该校与东洋言语学院合作，由日方派遣日语老师，展开面向中学生的日语教育活动。东方中学日语学科发展历程（师资、教师来源、受教育者情况、培训目的）如表1所示，2017年9月由于合作中断，学校通过社会招聘引入日语中教，发展重点也从兴趣培养逐渐转移到高考日语，从结果来看，改革取得了一定成效。

表1 杭州东方中学日语学科发展历程

时间	师资	教师来源	受教育者	培训目的
2000.1—2017.6	日教1人 中教0人	合作院校派遣	初中1—2年级 高中1—3年级	兴趣培养 出国留学
2017.9—2019.6	日教0人 中教1人	社会招聘	初中1—2年级 高中1—3年级	兴趣培养 高考日语

（数据来源：2019年6月笔者根据杭州东方中学档案室的资料进行统计）

该校学生2018—2019年中考入校时英语成绩如表2所示，成绩普遍不理想，大大降低了学生的学习积极性，直接影响日后的高考。在这种情况下，选择日语参加高考，无疑是柳暗花明又一村。如表2所示，两次的日语高考成绩有了质的飞跃，在当前高考竞争"千军万马过独木桥"的情况下，这一成绩的取得一定程度上鼓舞了更多的在校生主动选择高考日语，同时赢得了校方对高考日语的肯定和重视。

表2 杭州东方中学2018—2019年毕业生中考—高考外语科成绩对比(前5名)

毕业年份	中考英语成绩	11月日语高考成绩	6月日语高考成绩
2018.6	26	115	133
2018.6	22	/	121
2018.6	54	103	119
2018.6	29	91	116
2018.6	95	53	113
2019.6	59	126	126
2019.6	73	120	120
2019.6	70	111	118
2019.6	20	109	115
2019.6	19	109	113

(数据来源:2019年6月笔者根据杭州东方中学档案室的资料进行统计)

4 杭州东方中学日语教育的SWOT分析

如上述所示,SWOT分析法是考察研究对象内、外部条件的战略分析方法。杭州东方中学日语教育的SWOT如下。

4.1 优势

民办学校自主性强、国际交流密切(S1)。民办中学在课程设置上拥有自主性。日语最初作为校本教程引入,并以社团课的形式开展教育活动。中断与日方的合作后,学校决定将日语课程定性为校内课外辅导班,由学校出资聘请专业的日语中教担任教学工作。国际交流方面,设有国际部,与美国、英国、日本等多个国家的学校交流,积极地开展访学、交换留学等活动。

硬件设施完备(S2)。校内设有自习室1间(48座)、专用教室2间、语音室以及图书室等,专供日语生学习的场所,上述场所内均可进行多媒体教学。校园环境优雅,室外设有学生露天晨读专用区域,供学生进行朗读训练。

学校政策好(S3)。随着高考日语不断取得成效,学校政策也逐渐向日语、美术等学科倾斜,积极鼓励基础扎实的学生学得更好、品学兼优,鼓励并帮助学习困难的学生不断进步,使每个学生都能发挥自己的个性,体现自我价值,实现教育的持续发展。

4.2 劣势

师资力量匮乏(W1)。截止2019年8月31日,东方中学仅有日语专职中教老师1人,高中年级段师生比例达到1∶160,可见师生比例失调,严重影响了教学的正常开展。笔者实地调查浙江省杭州市主城区开展日语教学且有一定影响力的10所高中的日语师资情况,如表3所示,其中9所高中,日语专职老师仅只有1人,师生比最高达到1∶210。从一个侧面反映了现阶段杭州地区从事日语高考教学的师资力量极其匮乏,师生比不平衡的问题不容忽视,应引起高度重视。

表3 杭州市主城区部分高中日语师资情况

学校名称	所在地区	师生比
东方中学	西湖区	1∶160
YT 中学	余杭区	1∶140
XLX 中学	上城区	1∶69
PY 中学	余杭区（良渚）	1∶109
YQ 中学	临安区	1∶210
ZS 中学	拱墅区	1∶91
YC 中学	下城区	1∶56
JG 中学	江干区	1∶70
XSW 中学	萧山区	1∶107
BMH 中学	滨江区	1∶164

（数据来源：笔者整理，截止2019年8月31日。注：应受访者要求，隐去具体学校名称）

教材与课程设置单一（W2）。初中部使用自编教材。高中部：高一使用《大家的日语初级》《大家的日语听力入门1/2》；高二、高三使用《新日本语能力考试文法（详解练习）》。上述教材难以满足培养听说读写译等方面的需求，同时，中级教材的缺失也在一定程度上影响学生综合能力的培养。

日语教学研究进展缓慢（W3）。自成立日语教研室以来，始终只有1位日语老师，近十年间科研成果产出量为0，教学研究进展缓慢，教师忙于工作无法参加各种日语教育相关的研讨会，也无法展开校内的教学研讨会。这些现状无法促进教师自身教研能力的提高，不利于人才的培养。

4.3 机遇

信息化打破传统课堂教学壁垒（O1）。中国慕课、沪江日语网校等线上教学平台的出现，标志着网络教学逐渐成为日语教育的一种手段。在教育信息化的时代中，教育者与受教育者可以第一时间获取日本的新闻报道、广播节目等第一手学习资料。可见，网络技术发展使日语课堂冲破地域限制，打破了传统课堂教学的壁垒。

国际化教育大环境（O2）。据日本文部省2019年1月18日发布的《外国留学生在籍调查》显示，截止2018年5月1日在日留学生总数达到298 980人，较去年增加31 928人。来自中国的留学生占比最大，达到114 950人，较去年同比增长7 690人。由此可知，近年来日本留学正在被更多的家庭所认可，国际化教育也正成为一种趋势。

高考日语热度上升（O3）。据笔者统计各地教育局网站公布的日语高考人数数据显示，2018年6月参加高考日语（上海卷除外）考生人数排名，前三名的省份分别是广东省（约4 400人）、江苏省（约3 200人）以及浙江省（约2 600人）。2017年至2018年参加高考日语考生人数增幅前三名的省份分别是广东省（约2 200人）、江苏省（约1 900人）以及贵州省（约500人）。上述数据可见，高考日语的热度连年攀升，越来越多的学生开始选择日语代替英语参加高考。

4.4 问题与挑战

学科竞争激烈（T1）。以东方中学为例，中等、高等日语教育区别是学科竞争。具体而言，中学

生所面临的科目繁多,学习压力大,难以集中精力学习日语。笔者针对东方中学的高一、高二年级学生,开展了"高中日语学习意愿问卷调查",其结果显示:高一年级214位学生中约有68人表示因学业水平测试压力大,且花时间,不愿选择日语;高二年级186位学生中约有51人也有相同的看法。

家庭对中学日语的误解(T2)。笔者曾对东方中学2018级待选高中日语的新生家长进行了"二次确认调查"的选课意向咨询。其中关于"孩子选择高考日语后,您最大的顾虑是什么?"这一问题,62位家长中约有48位家长表达了"担心孩子将来大学择校受限制""担心日后就业不会英语"等担忧。2017级日语高考班有6名学生因志愿报考专业不接受日语考生而选择退选。

与校外日语教育机构竞争(T3)。目前高考日语仍处于起步阶段,社会上日语教育机构数量多,质量良莠不一。高二年级有16位学生选择在校外机构学习。这些同学因起步晚,基础薄弱,校外上日语课时间少,跟不上校内日语教学进度,影响自身学习积极性,陷入"越学越差,越差越厌学"的恶性循环。

5 杭州东方中学的日语教育发展策略

本文运用层次分析法对东方中学日语教育现状构建了如图2的评价体系,邀请了五位拥有中高级职称的教研员,依照层次分析法对权重进行评分。评分标准沿用斯塔相对重要性等级表,即1代表同等重要,9代表极端重要,1—9的方向表示重要程度递增,1/9代表极端次要,1—1/9的方向代表次要程度的递增。将上述评分表进行评分后,进行初步筛选计算,制成如图3、图4所示的各影响因素力度图。

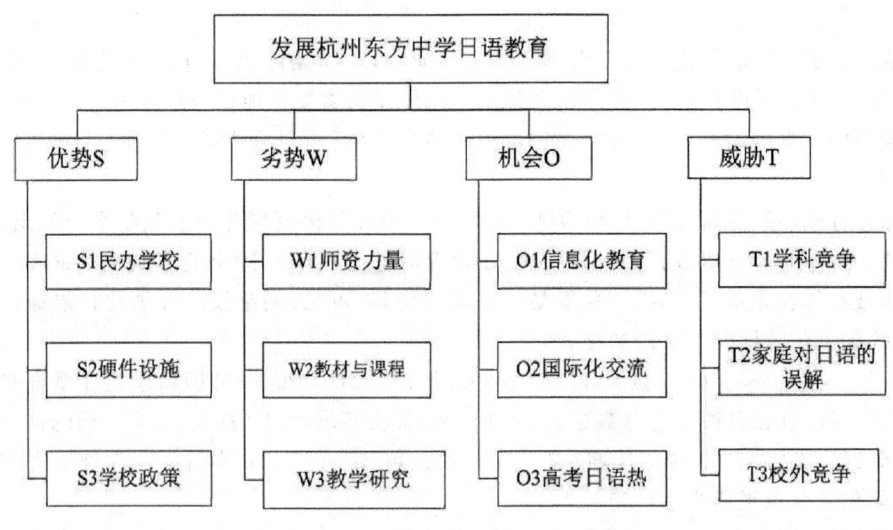

图2 AHP-SWOT 分析模型

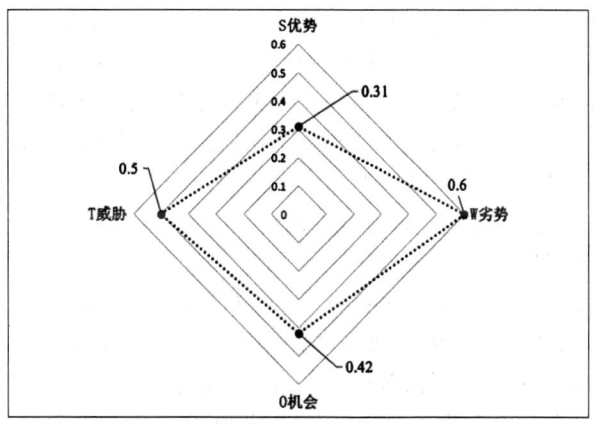

图3 中间层要素对发展杭州东方中学日语
教育的影响权重

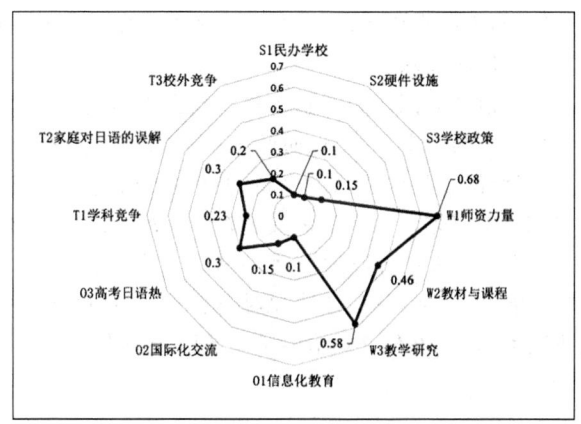

图4 方案层要素对发展杭州东方中学日语
教育的影响权重

结合 AHP 层次分析法的数据分析结果，可直观地得出制约东方中学日语教育发展的重要因素是内部劣势，其中师资力量匮乏与教学研究迟缓更是亟待解决的问题。笔者将 AHP 层次分析法与 SWOT 分析模型结合，提出了如下发展策略，以促进日语教育的改革。

（一）发挥办学优势，抓紧机遇谋发展

高考日语热度是东方中学面临的一大机遇。东方中学应当充分发挥民办中学灵活办学、特色教育等先天优势，抓住机遇，适时发展。例如：校方可以将日语课程纳入国际部常规课程体系，或增加赴日交流访学活动的比重等。教师层面，教师应该响应学校科研奖励政策，适当加强与外界学会的联系，主动参与学术交流研讨会。其次，教学方面，亟须增进听、说、读、写、译等不同课程之间的有机结合，选用多样化的教材，在注重培养学生的日语应用能力的同时，提高其日语应试能力。例如：针对语法与作文等薄弱环节，自主开发语法、作文等校本教材，有的放矢地整合相关知识点，提升教学成效，充分发挥硬件设施等客观优势，开发语音听力课程等，充分培养学生的听说能力。

（二）打消顾虑偏见，改革教学图奋进

家庭对高考日语的误解是制约东方中学日语发展的一个重要因素。经过调查可知，家长主要担心学生将来的出路。因此，校方应加大投入宣传日语特色教育，例如：围绕校园特色日语课程，

录制宣传短片,通过微信推送等形式在自主招生季时进行定点投放,打造中学日语教育的品牌效应。此外,家长会、校园开放日等活动中,学校应设立相关的咨询点,为家长答疑解惑。教学层面,日语教师应当牢牢把握高考日语的大方向,厘清知识传授型课程、运用型课程以及跨文化交际的技能型课程等不同课程的功能,因材施教。譬如:日语精读课上适当拓宽知识面的广度,丰富学生的知识储备。适当邀请校外日本人教师参与口语课堂,锻炼学生日语运用的能力。适度增加茶艺课、和服体验课等跨文化交际课程开拓学生的视野。

(三)增加师资储备,转变方向促教育

当务之急是开启社会招聘,增强教师储备力量,以应对多变的教学情况。顺应时代变化,丰富人才培养模式,确保日语教育可持续发展(修刚 2018)。例如:校方应调整初中部的人才培养计划,转变课程形式,适当增加词汇、语法等应用型技能训练。从初中起,培养一批对日语感兴趣的学生,为后续奠定基础。为高中部确立以高考为主、兴趣教育为辅的教育方针。开拓日语兴趣课程,实践学生多元个性化的发展目标。教师应借鉴日本中小学经验,探索如何营造新型和谐的师生关系,换位思考,引领学生成长。其次,充分利用现有的网络教学资源,带领学生开展自主学习,督促学生开展合作学习。例如:组织学生组成学习小组,相互竞争,定期进行评比等。

(四)应对问题与挑战,运用科技求创新

面对学科竞争等问题,日语教研团队应当积极地与校方沟通,整合学校教学资源。例如:高一年级60名日语生分属于6个不同的教学班,上课时间不一,给日语教学带来一定困难。针对上述问题,教研团队应当与校方、年级组进行沟通,将3个班的日语课时间调在同一时间段,集中开展日语教学,降低教学压力。其次,多媒体移动平台是实现教学资源、过程以及效果优化的一种新型教育手段(崔迎春 2016:39)。教研团队还可以适当运用移动教育平台,优化课堂教学,转变学生学习方式,培养学生自主学习能力。例如:日语选修课时,教研团队可以通过平板、电脑等电子设备,为学生布置在线作业,通过动画、音乐等形式培养学生的听说能力。

6 结语

让每一个学生都得到发展,创造适合学生成长的教育环境是教育工作者义不容辞的责任。本文通过AHP-SWOT方法,以日语教育理论、人本学习理论、联通主义学习理论为基础,对杭州东方中学日语教育发展进行了内外部环境探究,提出相应的教学改革策略。目前,杭州东方中学亟须解决师资问题,跟进日语教研工作,推动自身日语教育迈出一大步。但开发校本教材,完善相应日语课程,消除家庭对高考日语的重重顾虑,仍需要投入更多的时间去解决。从长远角度看,高考日语是近年来高考改革的走向与趋势。牢牢把握高考日语的热点,发展中学日语教育将会促进民办高中教育的发展。

另外,本文在以下方面还有待加强完善。在发展中学日语教育的过程中,内、外部环境因素十分复杂,且一直发生变化。今后的研究可以选取各地代表性的学校为研究对象,进行横向比较,建立更加全面的分层模型,在提升科学性和客观性的基础上,进一步丰富教学改革的策略。同时,研究中还应坚持中国的根,更多地吸收国际上先进的教育元素,摸索出一套注重学生个性发展与选择的中学日语教育新模式。

参考文献

[1] 修刚.新时代中国专业日语教育的转型与发展[J].日语学习与研究,2018(1).
[2] 宋作玲.国内高校开放课程的SWOT分析及发展对策[J].中国现代教育装备,2018,297(17):95-97.

[3] 焦丹.基于SWOT分析法的口译教学动态模式构建[J].西安外国语大学学报,2017(2).
[4] 王蕾.高等学校招生全国统一考试日语试题分析与思考[J].佳木斯职业学院学报,2017(09):374-376.
[5] 李旍旎.新中国中小学日语教科书词汇语义类别研究[J].解放军外国语学院学报,2016(4):127-133.
[6] 崔迎春,马俊荣,赵华敏.多媒体环境下以跨文化交际为引领的基础日语课程设计:以北大出版社的《初级日语》教学实践为例[J].日语学习与研究,2016(02):39-47.
[7] 冷丽敏.日语学习者多样化背景下的日语教育[J].中国外语,2012,9(5):83.
[8] 王彦花.我国日本语教育中复合动词的研究:以我国中学日语教材及各种教学大纲为中心[J].日语学习与研究,2011(5):25-32.

作者信息

姓名:潘呈
学校:上海理工大学
联系地址:上海市杨浦区军工路334号上海理工大学外国语学院
电子邮箱:pc1014@vip.qq.com

姓名:张文碧
职称:日语系副教授、硕士研究生导师
单位:上海理工大学
联系地址:上海市杨浦区军工路334号上海理工大学外国语学院
电子邮箱:zhang0808jp@126.com

日语形容词「重い」的通感比喻研究

上海外国语大学　傅慧青

1　引言

在传统语言学中,人们将词汇和语法视为构成语言的两个基本部分。但是,语法的地位远远高于词汇,对词汇的研究是公认的语言研究中比较薄弱的环节。这在很大程度上是因为词汇系统内部成员众多,成员的特异性又较强,因此词汇系统内部具有较大的异质性;而且词汇是变动最快的,既不断有新成员加入,也不断有旧成员退出,这都为研究词汇带来诸多困难。近年来,语料库语言学的发展促使语言学家重新审视词汇与语法的关系,词汇学已成为语言学研究的一个重要分支,"语言意义成为研究的中心"(李洪儒 2005)。

近20年来,一词多义一直是语义学研究的热点话题。尤其是认知语言学学者们在默认词语具有多义性的前提下,从隐喻、转喻及原型范畴理论等角度深刻探讨了多义词的语义扩张方式和扩张理据等问题。多义现象是一个词语有多种具有互相联系的意义的语言现象。认知语言学研究表明多义现象(包括不同义项和不同词性)是通过人类认知手段(如隐喻、转喻)由一个词的中心意义或基本意义向其他意义延伸的过程,也是人类认知范畴和概念化的结果(赵艳芳 2001)。也就是说,词义的扩展不是任意的,词义之间存在一定的关联性。一个词大多以其原型义为中心,通过隐喻映射的方式进行语义扩展,形成一条由原型义为中心向外扩展延伸的语义链。

本文以日语形容词「重い」为研究对象,以语料库为工具,通过对形名组合"重い＋名"中名词语义的分析,从通感比喻(Synaesthesia)的角度考察「重い」的多义性及其语义扩张方式。"通感"就是把视觉、听觉、触觉、嗅觉等不同感觉沟通起来,借联想引起感觉转移,"以感觉写感觉"。通感原是一种修辞手法,多用于文学艺术创作和鉴赏中,近年来也开始用于语言学的研究中,促进了学科交叉融合,带来新的火花。在通感中,颜色似乎会有温度,声音似乎会有形象,冷暖似乎会有重量,比如"光亮""响亮""热闹""冷静"。日语中也存在着许多通过通感比喻方式进行语义扩张的形容词,但像「重い」这样可同时基于听觉、视觉、嗅觉、味觉进行多方向性扩张的形容词却十分有限,因此十分具有研究价值。

2　相关研究回顾

日语形容词的一词多义问题一直是语义学研究的重点对象,而近十几年来又十分流行从认知语言学的视角来分析解决问题。在这一领域知名的专家主要有山梨正明(2000)、西村義樹(2008)、籾山洋介(2010)等。这些学者对日语形容词「かたい」「甘い」「冷たい」「明るい」「渋い」等都做了较为充分、深刻的考察。然而,据笔者了解,针对日常生活中的另一高频词「重い」的相关研

究却寥寥无几。

研究「重い」的日本学者主要有青谷法子(2003,2004),她从二语习得的角度出发,将英语形容词heavy和日语形容词「重い」对比分析,将「重い」的语义类型分为9种,即:目方、大量、忧郁、不快感、惯用语、过度、重大、重要、深刻。其次,青谷还利用SPSS软件对「重い」进行了cluster分析和因子分析,但是其结果的精度只有50%。不得不承认,青谷使用的统计学手段十分高明,但是统计精度不够,对「重い」语义的分类也不够全面。

另一方面,中国学者主要有毛勇、曹捷平(2014),他们借鉴范畴理论,以「重い」修饰的名词为研究对象,具体分析了「重い」和名词之间的语义搭配问题。他们认为,一个形容词要修饰限制一个名词,构成一个合法的形名组合结构,就必须符合"语义一致性原则"。"语义一致性原则"是指"两个词语如果能够组合成一个语言结构,那么它们必定具有某个或某些相同的语义特征,否则无法进行组合"。但是,该研究仅考察了「重い」的核心语义,缺乏对各个义项间的语义联系和语义扩张机制的考查。

综上所述,本文希望在有限的既往研究的基础上,对「重い」的语义进行更全面细致地分类,并从通感角度出发,深入考察各义项间的语义联系和语义扩张机制。

3 「重い」的语义分析

一般而言,形容词作为定语修饰名词比作为谓语使用更具有普遍性。因此,限于篇幅原因,本文仅考察「重い」作定语的情况。笔者利用BCCWJ-NT均衡语料库,以「重い」为关键词,限定其后的共起条件为"词性—大分类—名词",得到语料共2 351条,通过手工逐条筛选,共整理出不重复(「異なり語数」)的形名组合"重い+名"结构共476条。基于语义一致性原则,通过对这些组合中名词语义的分类和分析,我们便能够既客观又全面地归纳出「重い」的使用特征,从而深入考察各义项间的语义扩张机制。

3.1 "重い+名"结构中的名词语义分类

在2 351个"重い+名"结构中,出现频率最高的要数「荷物」「負担」「病気」「足取り」「処分」等名词。为研究需要,共筛选出不同名词(「異なり語数」)476个,并对其进行分类(如图1)。基于语义一致性原则,我们可通过对名词语义的分析间接推导出「重い」所包含的多种语义内涵。需要提前说明的是,为分类之便,「もの」「こと」「ところ」「時」「場合」等形式名词不纳入考查范围。

第一类名词是与疾病相关的名词,如:うつ病・ストレス・病気・感染・風邪・怪我・火傷・障害・傷み・咳・後遺症等。此时的「重い」表示病情严重。

第二类名词是没有程度高低的实质名词,如:材料・船・荷物・服装・鎧・扉・紫檀・カメラ等。此时的「重い」表示重量之重。

第三类名词是与物理化学相关的名词,如:金属・粒子・気体・原子・元素・恒星・鉱物等。此时的「重い」表示该物质的密度之大。

第四类名词是有程度高低的贬义或中性名词,如:犯罪・事件・真実・状況・違反・背信行為・年貢・賠償・労作・問題・高齢化等。此时的「重い」表示事件的严重性或过度性。

第五类是有程度高低的褒义或中性名词,如:意味・疑惑・認識・夢・道理・犠牲・警告・恩賞等。此时的「重い」往往可替换成「深い」或「大きい」,表示"很深的疑惑""巨大的牺牲"等。

第六类是地位作用相关的名词,如:地位・職務・仕事・役目・義務・役割等。此时的「重い」表示地位高、作用或责任重大,往往可替换成「重要な」。

第七类是与情绪心理相关的名词,如:不安・感じ・過去・経験・恋・気持ち・心・話題・歴史・情

緒・性格・女性等。此时的「重い」表示某种情绪或事物令人烦恼、沉重。

第八类是与人的行为动作相关的名词，如：足取り・手足・腰・身体等。此时的「重い」表示动作迟缓、不利索。

第九类是与听觉相关的名词，如：ため息・爆発音・呼吸・静けさ・雷鳴・沈黙・響き・音色等。此时的「重い」表示声音沉闷、压抑、不清脆。「静けさ」和「沈黙」虽然也表示声音中的一种——无声，但「重い静けさ」和「重い沈黙」似乎更侧重于表现无声状态对人的心理状态的影响。

第十类是与视觉相关的名词，如：色・印象・雲・煙・空・闇・顔・鉛色等。此时的「重い」表示色彩灰暗、压抑、不鲜艳。

第十一类是与味觉相关的名词，如：味・辛口・料理・ワイン①・食感・食事等。此时的「重い」表示食物的口感浓烈、不清淡。

第十二类是与嗅觉相关的名词，如：香り。此时的「重い」表示气味浓烈、厚重。

第十三类是与湿度相关的名词，如：湿度・風・蒸気・冬・霧・布団②等。此时的「重い」表示湿度大，有时甚至让人产生不快之感。

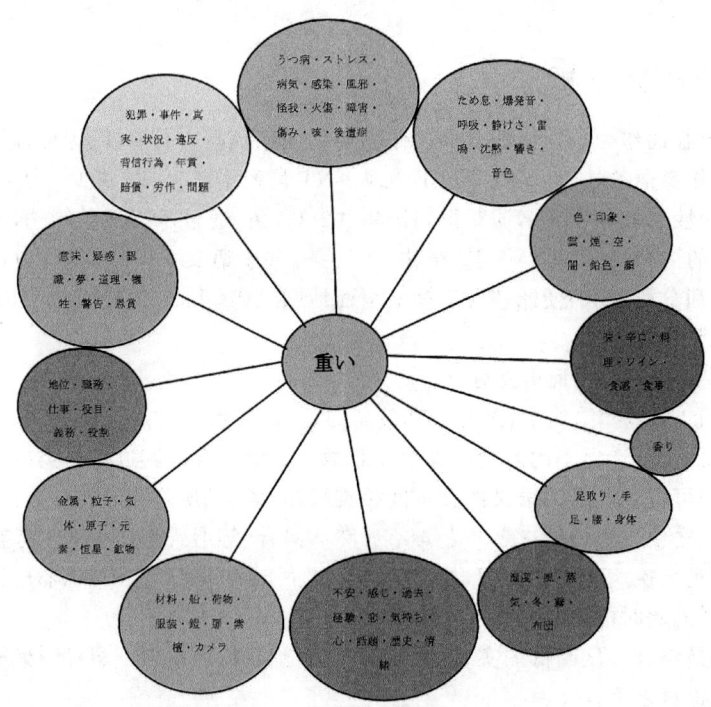

图1　"重い＋名"结构中的名词分类图

以上13类名词基本可囊括所有例句中出现的名词。而名词种类的多样性同时也暗示着「重い」语义的多样性与灵活性。接下来我们将着重分析「重い」的语义内涵及其扩张机制。

3.2　"重い＋名"结构中「重い」的语义内涵

笔者参考多部日本国语词典③，基本上可将「重い」的语义概括为以下6项。

① 目方が多い。比重が大きい。また，そのように感じられる。例：「重い荷物」。
② 疲れ・病気・悩みなどで重苦しく感じられる。例：「重い気持ち」。
③ 動作が軽快でない。動きが鈍い。例：「重い腰」「重い足取り」。

④ 重要だ。大切だ。例：「重い任務」「重い地位」。
⑤ 軽々しく扱えない。深刻だ。ひどい。例：「重い病気」「重い罪」。
⑥ 態度・人柄が軽率でない。慎重だ。例：「重い性格」。

不难发现，词典中的描述远远无法涵盖「重い」在实际使用中灵活多变的语义，仅勉强覆盖3.1中的前八类名词，因此我们有必要对其语义进行更细致、更全面的剖析。

第一类名词"病情的严重性"、第四类名词"事件的过度性"、第五类名词"程度深、巨大"，三者共通的语义内涵在于"事物的高程度性"。由此，我们可根据3.1的名词语义分类，归纳出「重い」的语义如下：

① 某事物重量重；　　　　② 某事物密度大；
③ 事物或事件的程度高；　　④（地位、责任、作用等）重大、重要；
⑤ 动作缓慢、沉重；　　　　⑥（由于某种原因）令人烦恼、心情沉重；
⑦ 声音沉闷、低沉、不清脆；⑧ 色彩灰暗、压抑、不鲜艳；
⑨ 食物的口感浓烈、不清淡；⑩ 气味浓烈、厚重、不淡雅；
⑪ 水气多、湿度大。

3.3 「重い」各义项间的扩张机制

众所周知，多义词研究的重中之重在于考查其各义项间的语义关系及扩张机制，而首要任务在于确定其基本义。籾山洋介(1993)指出，可参考以下5个因素来确定基本义。

（1）文脈なしで最も想起されやすく、身体性・具体性が高い。
（2）言語習得の早い段階で獲得される。
（3）他の意味への意味拡張の起点となる（転義との関連性を自然に説明できる）。
（4）使用頻度が高いことが多い。
（5）通時的に最初に確立されたものである場合がある。
（6）慣用表現や比喩で多用される。

也就是说，若某多义词的其中一个语义最易让人想起、最早习得、由此派生出其他语义、使用频率最高、最早被确立、固定表达或比喻最多，即可认定其为该词的基本语义。基于此，我们不难确认，「重い」的基本义即为①（重量重），而其他所有语义皆由此派生而来。

根据化学知识，我们知道，相同体积的物体，密度越大，重量越重。也就是说，这两个概念具有邻近性（隣接性），属于"原因和结果"的派生方式。因此，②是①基于转喻（メトニミー）的派生义。就像我们忌讳直接说"人死了"，而会用"长眠""身体冰凉""走了"等表达方式一样，都暗含因果。⑪的"水气多、湿度大"实则是因为水分子密集而造成的物理现象，因此和义项②具有相似性，属于基于隐喻（メタファー）的派生方式；同理，⑩的"气味浓烈"也是由于单位体积内带有气味的气体分子数量多造成的，因此也与②具有相似性，属于基于隐喻的派生方式。⑨的"口感浓烈"是因为大量盐、辣椒、酱油等调味料在水中溶解后分子密度变大，与⑩⑪在气体中的分子密度不同，⑨一般暗示液体中的分子密度，但就"密度大"这一点来说，依然与②具有相似性，因此也是②基于隐喻的派生义。⑥中的某种情绪或事物与①相比往往更抽象，令人心情沉重，由其产生的无形的压力或焦虑等对人而言是一种负担（正如汉语中常说的"心里压了块大石头"的感觉），"负担重"与①的"重量重"具有相似性，因此是①基于隐喻的派生。⑤的"动作缓慢沉重"、⑦的"声音低沉压抑"和⑧的"色彩灰暗压抑"和分子密度、重量无关，而很容易让人联想到"人的心情低沉压抑"，因此并非由基本义派生而来，而是⑥基于转喻的派生。④的"（地位、责任、作用等）重大、重要"往往意味着难以替代、重要而不可忽略，这恰好与⑥的负担重而难以排解、不可忽略具有相似性，因此也是⑥基于隐喻的派生。最后的③"事物或事件的程度高"意味着超出正常范围，暗含对比性，从

这个意义上而言,与④具有相似性,因此是④基于隐喻的派生。

由此,我们可绘出日语形容词「重い」的语义扩张放射图(见图2)。

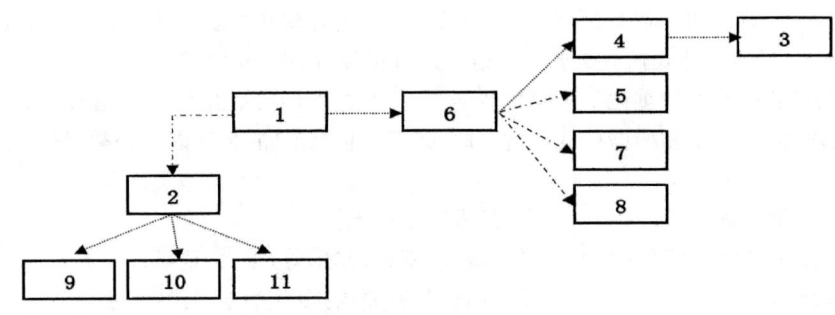

图2　日语形容词「重い」的语义扩张放射图
（注：──▶表示隐喻；┄┄▶表示转喻）

4　「重い」语义扩张中的通感分析

通感(Synaesthesia)又叫"移觉",是在描述客观事物时,用形象的语言使感觉转移,将人的听觉、视觉、嗅觉、味觉、触觉等不同感觉互相沟通、交错,彼此转换,将本来表现甲感觉的词语用来表现乙感觉,使意象更为活泼新奇的一种修辞手法。

钱钟书先生说:"在日常经验里,视觉、听觉、触觉、嗅觉、味觉往往可以彼此打通或交通,眼、耳、舌、鼻、身各个官能领域可以不分界线……"。可见,通感广泛存在于人们的日常生活感受中。现实生活中常用的文字中也充满了"通感"的印记。例如,汉语中常说的"摇曳的音调""冷漠的表情""一弯寒月"等词语中,视觉、听觉、触觉构成了通感;再如"甜美的歌声"中,"甜"本属于味觉印象,"美"属于视觉印象,"歌声"则属于听觉感受,突破了人的思维定式,深化了语言本身。这是因为,客观事物都不是孤立存在的,事物之间都存在着千丝万缕的联系。

在日语中,当然也存在许多形容词,在人为作用下,基于通感比喻的方式进行语义扩张(多义词的产生的根本动因在于"语言经济性原则")。例如,表示物体坚硬的「かたい」可修饰「音」和「表情」,分别是基于听觉和视觉的语义扩张;表示味觉甜的「甘い」可修饰「声」和「香り」,分别是基于听觉和嗅觉的语义扩张;表示温度低的「冷たい」可修饰「顔」和「言葉」,分别是基于视觉和听觉的语义扩张,等等。可见,这样的形容词普遍存在。但是像「重い」这样可同时基于听觉、视觉、嗅觉、味觉进行多方向性扩张(详见表1)的形容词却十分有限,因此十分具有研究价值。就目前的研究进展来看,还未得到深入研究的通感形容词至少还有「軽い」「深い」「浅い」「苦い」等。其次,除了可以研究单个形容词内部的通感比喻方式之外,还可以交叉比较近义词之间的基于同一通感扩张得到的语义的微妙差异,如「重い吐息」和「深い吐息」,「重い霧」和「深い霧」,「重い緑色」和「深い緑色」,「重い悩み」和「深い悩み」,「重い香り」和「深い香り」,「重い気分」和「苦い気分」等。

表1 「重い」的多方向性扩张

通感		可被修饰的名词
听觉	重い	ため息、爆発音、呼吸、静けさ、雷鳴、沈黙、響き、音色
味觉		味、辛口、料理、ワイン、食感、食事
视觉		色、印象、煙、空、闇、鉛色
嗅觉		香り

关于隐喻的本质，山梨正明（1988）认为，它是通过某事物对另一事物进行理解、认知和把握。隐喻的认知过程往往是以日常经验为基础理解抽象、主观的对象，形成某一具体概念与另一抽象概念间的对应关系。具体概念与对应的抽象概念的联系媒介便是两者间存在的相似性。他还认为，触觉是最原始、低层次的感觉，而视觉、听觉等为后期的、高层次的感觉，通感比喻只能从原始低层向高层次感觉单向扩张，逆向则不成立。但「重い」的语义较多，若仅分析通感部分恐怕不够全面和客观，因此才有了3.3中基本义的确立和各派生义的分析。而以往的研究中，往往仅关注到通感比喻现象的存在，而忽略了对基本义及各义项间派生顺序的分析，缺乏系统性和客观性。从这一点而言，本文很好地避免了该问题。

5 结语

本文以日语形容词「重い」为研究对象，通过对形名组合"重い＋名"中名词语义的分析，对「重い」的语义进行了更全面细致的分类，确认其基本义为"重量重"，由此派生出其他各个义项，明确了所有义项之间的派生关系和扩张机制。其次，从通感角度分析了部分义项，发现「重い」可同时基于听觉、视觉、嗅觉、味觉进行多方向性扩张，这样的形容词十分有限，具有很高的研究价值。本研究不仅为日语多义性形容词的研究提供了新思路，也为「重い」的日语教学提供了新内容。作为今后课题，希望继续挖掘类似的通感形容词（如「軽い」「深い」「浅い」「苦い」等），作体系性分析，并对「重い·軽い」和「深い·浅い」这样的反义形容词之间的语义扩张的不对称性进行初步考查。

注
① 原例句为:「『重い料理には重いワイン』の基本だけは忘れないでほしい。
② 原例句为:湿気を吸い込んだ重い布団では、眠っている間もカラダが緊張したままの状態になる。
③ 『現代国語例解辞典第2版』(1997)、『新明解国語辞典』(1997)、『大辞林第2版』(1995)。

参考文献
[1] 青谷法子.形容詞「重い」の意味ネットワークに関する言語心理学的研究—高校生を対象としたアンケート調査の分析から—[J].東海学園大学研究紀要:人文学・健康科学研究編,2003(8):51-67.
[2] 青谷法子.形容詞「重い」の意味類推についての研究[J].東海学園大学研究紀要:人文学・健康科学研究編,2004(9):67-79.
[3] 西村義樹.換喩の認知言語学[M]//森雄一,西村義樹,山田進,他.ことばのダイナミズム.東京:くろしお出版,2008.
[4] 籾山洋介.多義語分析の方法—多義的別義の認定をめぐって—[J].名古屋大学日本語・日本文化論集,1993(1):35-57.

[5] 山梨正明.認知言語学原理[M].東京:くろしお出版,2000.
[6] 毛勇,曹捷平.カテゴリー理論による多義形容詞の一考察—形容詞「重い」に修飾された名詞を中心として—[J].香川短期大学紀要,2014(42):1-10.
[7] 李洪儒.试论词语层级上的说话人形象:语言哲学系列探索之一[J].外语学刊,2005(5).

作者信息
　　姓名:傅慧青
　　学校:上海外国语大学(博士研究生)
　　联系地址:上海市东体育会路411号上外生活区
　　电子邮箱:18767119956@126.com

基于语料库的林少华译者风格研究
——以《且听风吟》《挪威的森林》《海边的卡夫卡》为例

大连理工大学　于菲

1　引言

长期以来,传统的翻译理论认为译者在从事翻译工作的时候,应该以原文为基础,做到"忠实"与"对等",而不应该过多地凸显译者个性。但是 Baker(1993)将语料库与翻译研究相结合,提出了"译者风格"这一全新课题。此课题不再将原文作为译者翻译的唯一标准,而是开始尝试以译者的众多文学译著为语料,关注文学译者特有的语言特征。由此,基于语料库的翻译研究使人们开始重新审视译者身份。

从此之后,众多西方学者纷纷效仿 Baker 的研究方法,开展了一系列基于语料库的译者风格的实证研究。Winters(2005)通过比较分析美国作家 Fitzgerald 作品 The Beautiful and Damned 的两个德语译本中外来词的应用,发现 Orth-Guttmann 比 Oeser 更倾向于使用外来词和常用连接词。Bosseaux(2006)通过比较分析 Virginia Woolf 作品 The Waves 的两个法语译本,发现两位译者在异化和归化策略应用角度的不同。Saldanha(2011)提出了"原文本型译者风格"和"目标文本型译者风格"两种不同研究策略。前者侧重译者是怎样表现原文中的某些语言特征,而后者则侧重译者特有的语言特征。相比之下,国内有关译者风格的研究比较少,且较少采用后者的研究策略。

林少华因译村上春树《挪威的森林》而为大陆读者所熟知,此后陆续翻译了41本村上春树作品以及夏目漱石、川端康成等多部名家作品。林少华译作在中国大陆具有相当广泛的影响力,不仅引发了"村上春树热",进而还形成了一种社会文化现象。在当代中国翻译文学界,林少华占据着重要的一席之地。本文通过使用语料库定量分析法,对林少华整体、宏观的语言特征开展系统研究,不仅有助于深入研究林少华的译者风格、翻译策略和成功秘诀,而且有助于给青年译者以启示与借鉴,对我国翻译学的发展有重要的意义。

2　林少华译者风格研究现状与"林少华汉译小说汉日对译语料库"

2.1　林少华译者风格研究现状

对于林少华翻译村上春树文学,中日两国学者的评价差异明显。藤井省三(2009)以《挪威的森林》为中心,运用韦努蒂的"归化"和"异化"翻译理论,比较分析了赖明珠译本和林少华译本,断定林译为"归化翻译",并认为林少华属于典型的"汉语民族主义"和"文化民族主义"。但在中国方面,王成(2009)通过比较林少华翻译的夏目漱石的《心》和村上春树的《挪威的森林》的翻译文体,对藤井省三的观点进行了反驳,他认为'林译'倾向于归化翻译,但也并非完全归化;王志松

(2009)以《挪威的森林》和《舞舞舞》为例,从理论和事实两方面否定了藤井省三的结论;杨炳菁(2009)重新梳理解读了韦努蒂的"归化""异化"翻译理论,从文学翻译与翻译文学两个方面肯定了林译文本在传播以村上文学为代表的日本当代文学这一过程中发挥的巨大的推动作用。

值得一提的是,本文统计了中国知网(CNKI)收录的有关林少华译者风格研究的学术论文(2019年6月28日检索结果),搜索到相关文章62篇。其中核心期刊文章7篇(陶振孝 2008;王成 2009;杨炳菁 2009;林璋 2009;孙立春 2010;邹东来 2011;陈伯鼎 2009),博士论文2篇(杨炳菁 2009;柯子刊 2014)。9篇论文当中仅1篇论文(柯子刊 2014)涉及了使用平均句长、词性、语序等语料库定量法分析林少华译作《舞舞舞》的语言特点,但是深度和广度都不够。

总体来看,目前国内外林少华汉译研究有两个特点:(1)研究对象上,多局限在对个别原著(如《挪威的森林》)及其译本的研究上;(2)研究方法上,多从源语出发考察译者对原文中语言和文化等内容的处理,而探讨译者本身特有的语言特征的相关研究缺乏,且整体上定量分析林少华翻译共性的研究少之又少。这种局面的出现,不仅忽视了林少华其他众多同样很有价值的译本,而且也无法把握林少华的整体翻译风格及其所能提供的借鉴。为了解决上述问题,亟须创建一个全面而可靠的林少华汉译小说汉日对译语料库并开展全面系统的研究。

2.2 "林少华汉译小说汉日对译语料库"

本研究按照严格的语料库建库标准,建立了具有一定代表性的、经过标注的语料库——"林少华汉译小说汉日对译语料库"。受研究目的等因素的制约,我们目前未将林少华所有的译著及其日语原著收录进该语料库。我们制定的语料选取标准如下:(1)将林少华翻译同一个作家不同时期的作品的横向比较纳入研究范围;(2)将林少华在不同时期翻译不同作家的作品的历史发展过程考虑在内;(3)尽可能选取有多个汉译本的原著及其汉译本。

表1 林少华汉译小说汉日对译语料库

作者	小说(字数)、出版社、出版时间	汉译本(字数)、出版社、出版时间
村上春树	『ノルウェーの森』(29.4万) 講談社文庫 2004年	《挪威的森林》(20.9万) 上海译文出版社 2001年
	『海辺のカフカ』(47.5万) 新潮文庫 2002年	《海边的卡夫卡》(30万) 上海译文出版社 2003年
	『風の歌を聴け』(5.4万) 講談社文庫 2004年	《且听风吟》(4.6万) 上海译文出版社 2004年
三岛由纪夫	『金閣寺』(16.1万) 新潮文庫 2003年	《金阁寺》(10.9万) 花城出版社 1992年
夏目漱石	『心』(16万) 角川書店 2004年	《心》(9.7万) 花城出版社 2000年
川端康成	『雪国』(7.1万) 新潮文庫 2006年	《雪国》(5.2万) 南海出版社 2014年

3 林少华译文风格分析

胡开宝(2017)指出译者风格主要体现在同一个译者的不同译作之中。在分析这些译作在语言结构运用、翻译策略以及方法应用等方面所表现的共性特征基础上,可以一定程度上归纳译者

的翻译风格。本文研究选取的三本村上春树小说译作均是在2001年—2007年由林少华翻译,上海译文出版社出版的作品,且是在大陆地区销量排前五,多次再版的作品。基于现已部分创建完成的双语对译语料库,以北京外国语大学开发的中日对译语料库文学类汉译本、CEPC语料库(通用汉英双语对应语料库)文学类汉语原创作品等统计结果为参照,通过语料库定量分析与定性分析相结合考查2001年—2007年林少华具有代表性的3本译作(《且听风吟》《挪威的森林》《海边的卡夫卡》)在词汇(Guiraud's index,四字格,高频词)和句法(平均句长)两大方面表现出来的翻译特点,旨在从宏观角度和整体上揭示林少华的翻译风格及其一致性。

3.1 词汇层面

表2　Guiraud's index

作品(汉语/日语)	且听风吟		挪威的森林		海边的卡夫卡	
类符	5 089	3 494	9 973	7 251	14 034	9 655
形符	21 637	30 149	93 921	168 505	170 236	260 272
Guiraud's index	34.60	20.12	32.54	17.66	34.01	18.93

如表2所示,村上春树各部小说的字数各不相同,因此基于其汉译本考查林少华翻译风格的一致性,需要排除样本长度的影响。在清理后的文本中,形符指所有出现的词,类符指排除重复和大小写后不同的词。Baker(2000:250)指出,类符/形符比值的高低与作者/译者词汇使用的丰富程度和多样性成正比,而当所比较的文本长度不同时,类符/形符比值可能因类符聚集的均匀程度不同而受到影响,因此为了消除文本长度所带来的影响,Guiraud(1960)对TTR公式进行了改进,提出了 Root TTR($T/\sqrt{N}$)[①]。

从表2可知,《且听风吟》译本比值最高,这说明该译本中词汇的使用最为多样;《挪威的森林》译本比值最低,这说明该译本中词汇使用的丰富程度最低。两者比值相差2个单位,这可能是受原文的影响,因为在日文原创小说中,《且听风吟》比值最高,《挪威的森林》比值最低,两者相差小于三个单位。值得一提的是,所有译本的比值均高于原创小说的比值,且本文统计中日对译语料库文学类汉译本的 Guiraud's index 为29.29,三本书的比值均高于29.29。从以上发现可以得出,林少华不仅词汇使用较为丰富和多样,而且词汇使用的风格基本保持一致。

表3　四字格

四字格(挪威的森林)	赖明珠	林少华
次数	16	36
字数	4 635	4 533
频率	1.38%	3.18%

郭绍虞(1979:115)认为四字格是从古至今汉语中特有并具有十足的中国气派的产物;付克诚(1988)指出四字格符合我国人民传统的"以偶为佳""以四言为正"的审美要求;冯树鉴(1985)认为四字格的使用不仅可以使译文抑扬顿挫、朗朗上口,具有语音上的美感和节奏感,而且可以提高译文的质量,增加译文语言的美感和艺术感染力。所以本文统计译文中四字格出现的频率,一定程度上可以反映译文语言使用上的美感和文学性。

本文统计了《挪威的森林》第一章中赖译和林译四字格②出现的频率,可以从表3中看出林少华四字格使用的次数远高于赖明珠,相差20次。林少华较为频繁地使用四字格,一定程度上保证了译文语音和语言上的美感,增强艺术感染力。同时其汉语文章的基本行文方式符合大多数中国人对文学作品的审美要求。

表4 前十位的高频词(译本)

次序	且听风吟			挪威的森林			海边的卡夫卡		
	词	频率	%	词	频率	%	词	频率	%
1	的	1 094	5.06%	的	5 002	5.33%	的	8 955	5.26%
2	我	622	2.87%	我	4 306	4.58%	我	4 381	2.57%
3	是	393	1.82%	是	1 956	2.08%	是	3 329	1.96%
4	一	288	1.33%	不	1 859	1.98%	不	3 180	1.87%
5	不	277	1.28%	说	1 589	1.69%	在	2 548	1.50%
6	了	257	1.19%	你	1 100	1.17%	一	1 763	1.04%
7	在	250	1.16%	也	1 082	1.15%	说	1 757	1.03%
8	她	220	1.02%	了	1 028	1.09%	也	1 592	0.94%
9	说	185	0.86%	她	944	1.01%	你	1 538	0.90%
10	有	164	0.76%	人	894	0.95%	了	1 478	0.87%

表5 单数第一人称

小说	译本					原文				
第一人称	我	俺	咱	合计	%	私	僕	俺	合计	%
且听风吟	622	0	2	624	2.88%	59	466	32	557	1.85%
挪威的森林	4 306	0	5	4 311	4.59%	1 181	2 485	115	3 781	2.24%
海边的卡夫卡	4 381	0	13	4 394	2.58%	1	2 550	271	2 822	1.08%

从表4可以看到三本译作的单数第一人称代词"我"均位列第二名。由于人称代词本身就是一种"待遇表现",如稍有不慎用词不当,会对交际生活带来影响,因此,日本人在实际的语言沟通中,经常会省略人称代词。梁红梅(2010)指出,日语人称代词使用频率明显低于汉语。且在原创小说中,汉语第一人称代词的使用频率远高于日语。因此,在日译汉过程中,译者通常会根据需要,在译文中添加一定量的人称代词,以便明确意义,帮助理解。

本文首先统计译本与原文中单数第一人称使用频率。由表5中可知,译本《挪威的森林》比值最高,《海边的卡夫卡》比值最低,这可能是受原文影响。因为在原文中,《挪威的森林》比值最高,《海边的卡夫卡》比值最低。可以看出林少华在原文的基础上添加了一定量的人称代词帮助读者理解。

表6　单数第一人称"我"

小说	村上春树小说译本			CEPC 汉语文学类原创小说	中日对译语料库 汉语文学类翻译小说
	且听风吟	挪威的森林	海边的卡夫卡		
次数	622	4 306	4 381	5 052	29 980
词数	21 637	93 921	170 236	45.9万	126万
频率	2.87%	4.58%	2.57%	1.10%	2.38%

本文对单数第一人称"我"进一步比较,从表6可知,这三本译作的第一人称"我"的统计值均高于 CEPC 语料库的汉语文学类原创小说(1.10%)和中日对译语料库的汉语文学类翻译小说的统计结果(2.38%)。这说明林少华在翻译过程中比较热衷使用一定量的人称代词来明确上下文意思,以贴近中文的表达方式,便于中国读者理解接受。

3.2　句子层面

表7　平均句长

小说	且听风吟	挪威的森林	海边的卡夫卡
原作的句子数	2 323	10 154	18 127
原作的平均句长(词)	12.98	16.59	14.36
译作的句子数	3 665	17 758	26 124
译作的平均句长(字)	8.50	6.08	9.58

"句长"可以直观地反映出文体的简洁度和节奏,因为冗长拖沓的句子很难称得上是有节奏的。王克非(2009)指出以逗号为切分点更能反映句子内部组织结构特征;刘宓庆(2006)指出,一般汉语句子较短,以逗号进行句子切分,最佳长度短句是4字或9字,长句是11字到20字左右。

本文以逗号、分号、句号、叹号、问号五种符号作为句长标识,对译本的平均句长进行统计。从表7可知,这三本译作均在刘宓庆所提出的"最佳长度短句"标准之内。短句的多用,可以在一定程度上保证译文的节奏感和简洁度,同时符合汉语语境下大多数中国读者习惯阅读短句的思维定式,增强译作的可读性。

4　林少华汉译村上春树和夏目漱石小说风格比较

表8　不同作家的比较

译作	Guiraud's index	平均句长	四字格	第一人称"我"
夏目漱石译作	31.11	10.43	3.18%	4.48%
村上春树译作	33.72	8.05	3.16%	3.34%

从表8可知,林少华在翻译夏目漱石和村上春树作品时,在词汇丰富度方面,两位作家小说译作的 Guiraud's index 均高于中日对译语料库文学类汉译本的29.29。在平均句长方面,可以看出

夏目漱石小说译本平均句长高于村上春树小说译本,这可能是受原文影响,因为原文中,夏目漱石小说平均句长高于村上春树小说平均句长(柯子刊 2014),但是两者平均句长均小于11个字,整体上来看,还是多以短句为主。在四字格方面,夏目漱石小说译本第一章与村上春树小说译本第一章的四字格使用频率基本一致。在高频词方面,统计两位作家小说译作第一人称"我"的使用结果,其覆盖率均大于中日对译语料库的汉语文学类翻译小说(2.38%)和CEPC语料库的汉语文学类原创小说(1.10%)的统计结果。综上所述,两位作家的小说汉译本在以上四个方面具有很大的一致性。

5 结语

本文基于对"林少华汉译小说汉日平行语料库"的考察取得了如下三方面的发现。

(1)林少华译作词汇使用比较丰富和多样;较为频繁地使用四字格,一定程度上保证了译文语音和语言上的美感;在翻译过程中添加一定量的人称代词来明确上下文意思,增强文章的易读性;总体多用短句,提高了译文的节奏感和简洁度。

(2)村上春树小说汉译本在 Guiraud's index、平均句长、高频词的使用情况这三方面基本一致,这说明林少华汉译村上春树小说的翻译风格在这些方面具有一致性。

(3)林少华汉译村上春树小说与夏目漱石小说在 Guiraud's index、平均句长、四字格、单数第一人称"我"几个方面具有很大的一致性。

由于译者翻译的目的、时间、所处社会文化背景等的不同,同时由于各部小说在内容结构、语篇和叙事特征等方面所存在的差异,每部作品自然而然地呈现给读者不同的魅力。

综上所述,本文认为,村上春树小说得以在中国广泛传播,很大程度上得益于林少华独特的翻译。而一部好的译作与译者所持的翻译理念息息相关,林少华(2015)强调自己的翻译理念为"审美忠实",即忠实于原文的基础上,发挥汉语的优势,符合国人的审美。本文从定量分析的角度,在词汇丰富度以及高频词的使用频率等方面发现林少华的三本译作一定程度上受原文影响。而从整体多用短句和四字格的使用频率等方面得出林少华很大程度上以贴近大多数中国人阅读习惯的方式进行翻译。以上的发现为日后有关林少华译者风格的研究提供了一定量的数据支撑。

最后,本文对林少华汉译村上春树小说风格的考察和分析结果对青年译者翻译作品具有一定的借鉴意义:青年译者想翻译出文化接受度比较高的作品,需要在一定程度忠实于原文的基础上,发挥汉语的优势,使译文符合大多数国人的审美情趣。

注

① 本文采用目前学术界比较广泛使用的 unidic-MeCab2.1.2日语分词系统和NLPIR汉语分词系统对清理后的目标文本进行分词,然后通过 Microsoft Office 2010进行计算。
② 本文主要统计四字格中成语的部分。

参考文献

[1] 侯羽,刘泽权,刘鼎甲.基于语料库的葛浩文译者风格分析:以莫言小说英译本为例[J].外语与外语教学,2014(02):72-78.
[2] 胡开宝,谢丽欣.基于语料库的译者风格研究:内涵与路径[J].中国翻译,2017,38(02):12-18,128.
[3] 柯子刊.中国传统翻译理论观照下的林少华文学翻译研究[D].华东师范大学,2014.
[4] 柯子刊.村上春树文学翻译论争背后的译论之辨[J].重庆社会科学,2017(12):126-131.
[5] 毛文伟.基于中日对译语料库的汉日翻译文本特殊性研究:以小说文本为例[J].日语学习与研究,2014

(04):99-106.
[6] 王克非,胡显耀.基于语料库的翻译汉语词汇特征研究[J].中国翻译,2008,29(06):16-21,92.
[7] 刘宓庆.新编汉英对比与翻译[M].北京:中国对外翻译出版公司,2006.

作者信息
  姓名:于菲
  学校:大连理工大学(外国语学院日语系)
  联系地址:辽宁省大连市甘井子区凌工路2号
  电子邮箱:yf18941142753@163.com

类型学视角下综合性语言的合成指数及融合指数分析

上海外国语大学 陈雄洪

1 引言

传统的语言类型学中,类型分类法(Typological Classification)是一种共时的、主要根据词的形态结构来划分语言的方法,这种方法一般将世界语言分成4类——分析型语言、黏着型语言、屈折型语言和多式综合语。

但以上4种类型分类的形态特点并非是孤立的。例如Whaley(2006:132)指出,孤立语汉语中也存在着屈折性词缀,例如"朋友们"中表示复数的"们"。此外,汉语中也存在着很多复合词,如"图书馆"就是由"图书"和"馆"结合产生的。另外,日语中的"ている"这一附加形式也不只表达一种语法意义。

(1) ご飯—を—食べ＋ている
　　饭—宾格助词—吃—正在进行　　正在吃饭
(2) 日本—に—住ん＋でいる
　　日本—场所格—住—持续状态　　住在日本

综上,单从某种语言的形态特征来判断其形态类型是不科学的,具有片面性。

2 理论基础

与传统语言类型学不同,现代语言类型学研究试图找出不同形态类型语言间的共性关系。Sapir(1921)提出可以用2个参项来判定语言间的形态差异,即合成指数(index of synthesis)和融合指数(index of fusion),前者是计算每个词所含词素的数量,后者是计算一个词所含词素融合在一起(相对于可分割)的程度。通过合成指数,可判定某一语言是更接近典型的孤立语还是综合语;通过融合指数,可以判断某一语言更接近典型的黏着语还是多式综合语。

Greenberg(1960)对上述两个参项进行了数值确定。他指出,某种语言的合成指数计算公式为 M/W,融合指数计算公式为 A/J,其中 M 为语素,W 为单词数量,A 为黏着结构的数量,J 为语素连缀数量,J 的计算公式为语素的数量减去单词的数量,并统计了8种语言的两项指数如表1。

表1　Greenberg(1960)调查结果

类别	计算公式	梵语	盎格鲁—撒克逊语	波斯语	英语	雅库特语	斯瓦希里语	安南语	爱斯基摩语
合成指数	M/W	2.59	2.12	1.52	1.68	2.17	2.55	1.06	3.72
融合指数	A/J	0.09	0.11	0.34	0.3	0.51	0.67	—	0.03

Sapir(1921)对合成指数和融合指数与语言类型的关系进行了如下说明：

"融合指数只有当合成指数(即综合指标)大于1时才是相关的。因而，理想的孤立语有个低的合成指数，而多重合成语有个高的合成指数。通常被划为黏着语或融合语的语言处于中间位置；它们是按照它们的融合指数(即融合指标)来区分的(黏着语低，融合语高)。多重合成语通常有个低的融合指数。"

Greenberg(1960)也总结说，分析型语言合成指数为1.00～1.99，综合性语言为2～2.99，多综合性性语言合成指数在≥3。

通过与Greenberg(1960)研究的对比及上述内容可知，语素的认定标准、文体都会对合成指数及融合指数的计算造成影响。如会话文例(3)中就省略了「だ」，在实际统计中，是否补充「だ」都会造成合成指数的不同。此外，在跨语言研究中，如例(4)，韩语中的「이다」类似于日语的「だ」，但韩语界认为它是黏着性词尾，必须跟在名词、代词等后面使用，不可以跟在形容词后，而日语学界对「だ」是词还是语素的定义仍没有统一标准。可见，统一的语素判定标准对合成指数及融合指数的研究至关重要。

(3) A:学生―は―誰？
　　　学生―提示助词―谁―0　学生是谁？
　　B:私！
　　　我―0　　　　我！
(4) 누―가―학생―이―냐？
　　谁―主格助词―学生―体词谓词型词尾―基本阶疑问句终结词尾

3　语素的判定标准

本文在考虑Greenberg(1960)中出现的如语素、词根语素、派生词素、前后缀等调查对象的同时，结合Whaley(2006)第Ⅲ部分「形態論的類型論」中对语素的定义，对研究对象中的语素进行分类如图1。

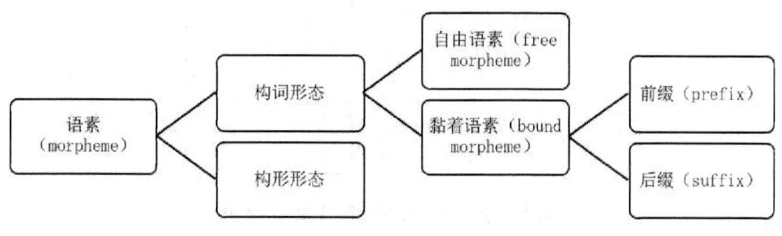

图1　语素的分类

本文主要从构词形态及构形形态两个方面来分析语素,构词形态主要指构成词语时的语素形态类型,而构形形态则表示有一定语法意义或起一定语法作用的语素形态类型,此处考虑到的语法范畴主要涉及性、数、格、时、体、态。

具体来讲,构词形态的语素有几个注意点。如「山道(やまみち)」是2个自由语素构成的合成词,「街路樹(がいろじゅ)」是由「街」「路」和「樹」3个语素组成的合成词,而「金(かね)」由1个语素构成,「お金(おかね)」由2个语素构成,其中「お」是派生词缀。

日语的构形形态主要涉及了数、格、时、体、态。如「今、この本は李さんたちに読まれている」,整句话一共有12个语素,词根语素有「今」「この」「本」「李」「読む」5个,黏着结构有「今」「この本は」「李さんたちに」「読まれている」4个。「は」「に」「たち」是3个构形语素,「読まれている」由词根「読む」及「れる」「て」「いる」三个构形语素构成。

本文采用铃木重幸(1972)的观点,把「だ」「です」「ます」都看作1个构形语素,「である」是由「だ」的终止形和「ある」2个语素构成的词。由于「ん」在古日语里有做否定助动词的用法,「ません」也表示否定,所以算2个语素。另外,如「持ち出す」「話し出す」这类的复合动词都看作2个语素,但由于语素在构词中的作用不同,前者的「出す」视作构词形态,后者视作构形形态。

最后,为了验证以上推论是否正确,特将上述例子导入「形態素解析ツール Web 茶まめ」进行语素分解,其分析结果与上述内容一致。

4 调查对象的选择及调查结果

上文已提及,不同文本可能会导致合成指数及融合指数计算结果的偏差。本文尽量选择多种文本进行调查,以避免这一偏差。

李绍伟(1991:59)从内容出发对文体进行分类如下图2。

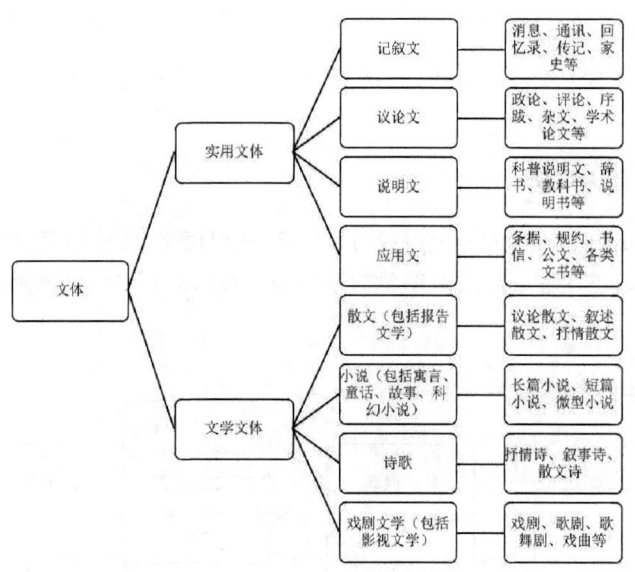

图2 李绍伟(1991)现代文体分类

根据上述分类,每种文体各随机选择100～110字进行语素分析。各文体的语素分解主要由

「形態素解析ツール　Web茶まめ」进行,然后再人工核验。结果如下表2。

表2　各文体日语合成指数及融合指数调查

文体	记叙文	议论文	说明文	应用文	散文	小说	诗歌	戏剧文学
作品名	福翁自伝	「アハレ」の意味の変遷	「ペーパークリップ」を代用する方法	總務省行政文書管理規則	城の先にて	こころ	雨にも負けず	白夜行
作者	福沢諭吉	蜂矢真郷	NTT DOCOMO	片山善博	志賀直哉	夏目漱石	宮沢賢治	東野圭吾
M语素数量	58	60	55	68	83	79	69	64
W单词数量	32	32	26	36	40	31	34	24
A黏着结构数量	22	19	11	16	24	22	29	20
J语素连缀数量	26	28	29	32	43	48	35	40
合成指数 M/W	1.81	1.88	2.12	1.89	2.08	2.55	2.03	2.67
融合指数 A/J	0.85	0.68	0.38	0.5	0.56	0.46	0.83	0.5

　　从上表可知,相较于文学文体,日语书面文体的合成指数较低。造成这种现象的原因多在于单词的使用上,如文学文体会多用复合动词、和语词,且更接近口语体,而书面文体多用汉字词,单词量波动不大的情况下,合成指数自然会增高。其次是融合指数都在0.5左右波动,只有记叙文、议论文、说明文及诗歌波动较大,由于诗歌的文体过于特殊,故不做讨论,总体来说还是实用文体的融合指数更高,其原因在于语素连缀的数量差异较大,即书面文体的文节比文学文体少。

　　通过计算表2中各种文体的合成指数及融合指数平均值可得出日语的合成指数约为2.13,融合指数约为0.59。由于实际生活用语更接近文学文体,所以日语的实际合成指数应该大于2.13。其结果与Greenberg(1960)总结所说综合性语言合成指数为2~2.99相一致。

5　诸语言的合成指数及融合指数相关与回归分析

　　Whaley(2006:138)对合成指标及融合指标之间的关系进行了如下说明:
　　"对于孤立型语言来说,融合指标是无意义的。但由于综合性语言具有较强的黏着性倾向,所以对它而言,合成指标与融合指标之间有着明确的相关性。"
　　曾五一(2007:156)指出,相关分析和回归分析是研究现象之间相关关系的两种基本方法。所谓相关分析,就是用一个指标来表明现象间相互依存关系的密切程度。所谓回归分析,就是根据相关关系的具体形态,选择一个合适的数学模型,来近似地表达变量间的平均变化关系。
　　综上,为了进一步探讨综合性语言的合成指数及融合指数关系,根据Greenberg(1960)确定

出数据样本如表3。

表3 综合性语言合成指数及融合指数分析样本

类别	梵语	盎格鲁-撒克逊语	日语	雅库特语	斯瓦希里语
合成指数	2.59	2.12	2.13	2.17	2.55
融合指数	0.09	0.11	0.59	0.51	0.67

接下来,将合成指数看作变量 X,融合指数看作变量 Y。制成散点图,如图3。该图反映了变量 X(合成指数)与变量 Y(融合指数)之间的相关关系。

图3 合成指数及融合指数散点图

由于数据样本有限,图3并不能十分清晰地反映出合成指数及融合指数之间的相关关系,因此引入如下公式 r,即样本相关系数进行分析,通过计算得出样本相关系数 r 为－0.0632893250884389,由于 r 为负且其绝对值位于0到0.2之间,因此可得出综合性语言的合成指数及融合指数呈现出极弱的负相关或无相关特性。

一般当变量之间存在显著的相关关系时,会进一步利用数学模型进行回归分析。但为了进一步说明合成指数及融合指数这两个参项之间的关系,本文在上述分析的基础上做回归分析。通过对样本数据分析,导出回归统计结果如下表4。

表4 综合性语言合成指数及融合指数回归统计结果

回归统计	
Multiple R	0.063289325
R Square	0.004005539
Adjusted R Square	－0.327992615
标准误差	0.316182359
观测值	5

根据统计结果可知,相关系数 R(Multiple R)值为0.063289325,与上面统计的样本相关系数 r 正负相反;决定系数(R Square)代表回归模型与实际数据的拟合程度,其值为0.004005539,证明该模型与实际数据拟合程度低;校正决定系数(Adjusted R Square)指决定系数 R 可以用来评价回归方程的优劣,随着自变量个数的增加,R 将不断增大,此处为－0.327992615,主要体现了样本数量较少。标准误差也是用来描述回归模型与实际数据的拟合程度,其值0.316182359。综上,总体来说该模型与实际数据之间的拟合程度不高,有可能是受样本数量影响,也有可能是因

为两个参项之间相关性不强,由于篇幅限制,在此不再深入讨论。

表5 综合性语言合成指数及融合指数方差分析结果

方差分析					
	df	SS	MS	F	Significance F
回归分析	1	0.001206150	0.00120615	0.01206494	0.919471357
残差	3	0.29991385	0.09997128		
总计	4	0.30112			

表5中,第2列 df 对应的是自由度(degree of freedom),第1行的回归自由度 dfr 等于变量数目,为1;第2行残差自由度 dfe 等于样本数目减去变量数目再减1,为3;第3行为总自由度,等于样本数目减1,为4。

第3列第3行为总离差平方和,记作 SST,值为0.30112。第2行为 SSE 残差平方和,是用回归线无法解释的离差平方和,为0.29991385,该数值越大,意味着拟合效果越差。第1行 SSR 是回归线可以解释的那一部分离差平方和,称为回归平方和,值为0.001206148,其中 SST 等于 SSR 与 SSE 之和,表4中的决定系数便是 SSR 除以 SST 的计算结果。

第4列 MS 对应着均方差,第一行为回归均方差 MSR,第二行为剩余均方差 MSE,MSE 值越小,拟合效果越好,从数据来看,拟合效果不理想。第5列的 F 值主要用于线性关系判断。

第6列 Significance F 对应的是显著水平下的 F_α 临界值,其实等于 P 值,即弃真概率,那么1−P 则为真的概率,因此,Significance F 的值应该越小越好,而本文中 P 为0.919471356940706,因此置信度为8.052864%。

由上述分析也可看出该回归分析的拟合程度较差,可信度偏低。

表6 综合性语言合成指数及融合指数参数估计分析结果

	Coefficients	标准误差	t Stat	P-value	Lower 95%	Upper 95%	下限95.0%	上限95.0%
Intercept	0.563623706	1.5507326	0.36345641	0.74036619	−4.371499514	5.49874693	−4.3714995	5.49874693
X Variable 1	−0.073366655	0.6679379	−0.1098405	0.91947136	−2.199043159	2.05230985	−2.1990432	2.05230985

表6第2列 Coefficients 对应了回归系数,其中截距 a 为0.563623705819351,斜率 b 为−0.0733666547661553,由此可建立回归模型如下。

$$\hat{Y}_f = 0.563623705819351 - 0.0733666547661553 \hat{X}_f$$

第3列为回归系数的误差,误差值越小则参数的精确度就越高,其统计信息已经包含在后面的 t 检验中。第4列 tStat 对应着统计量 t 值,是回归系数语标准误差的比值,在一元线性回归中,F 值与 t 值都与相关系数 R 等价,所以相关系数检验已包含了这部分信息。第5列为 P 值,如果它大于显著水平 α 的值则接受原假设,小于 α 则拒绝原假设,上述 P 值明显小于 α,所以 Whaley(2006:138)的假设应该不能成立。最后几列则给出了回归系数以95%为置信区间的上限,即截距变化在−4.371499514到5.498746926之间,斜率变化在−2.199043159到2.05230985之间。

总体来讲,本节在默认 Whaley(2006:138)所提出的综合性语言的合成指标与融合指标之间有着明确的相关性这一观点正确的基础上,通过对样本进行相关及回归分析,构建出了融合指数

Y 与合成指数 X 之间的函数关系为 $\hat{Y}_f = 0.563623705819351 - 0.0733666547661553\hat{X}_f$,但在验证这一假设时,无论是样本关系数、决定系数、标准误差、均方差、显著水平,还是 P 值验证都证明了该回归模型拟合程度差,两个变量之间的相关性不强。造成这一现象的原因有可能是样本数量过少,导致数据分析困难,也有可能是两个参项之间相关性不强,由于篇幅限制,在此不再深入讨论。

6 结语

为了找出综合性语言在类型学上的特征,以及明确各种特征之间的相关性,本文开始便指出了传统语言类型学中对语言类型划分的不足,然后引入了现代语言类型学中,Sapir(1921)所提出的合成指数及融合指数,并以 Greenberg(1960)及 Choi H.Y(2013)对两个参详的数值确定方法为基础,首先明确了从构词形态及构形形态上对语素的进行分类的标准,其次又从实用文体及文学文体两个方面确定了研究对象范畴。通过对日合成指数及融合指数的调查发现,日语实用文体的合成指数偏低,文学文体的合成指数偏高。而日语的融合指数多在0.5上下波动,体现了日语的黏着性的特点。最后指出日语合成指数为2.13,融合指数为0.59的结论,与 Greenberg(1960)所总结的综合性语言合成指数标准一致。

为了进一步探讨合成指数与融合指数的关系,本文以几种综合性语言的合成指数及融合指数为样本,进行了相关及回归分析。通过分析得知融合指数 Y 与合成指数 X 之间的函数关系为 $\hat{Y}_f = 0.563623705819351 - 0.0733666547661553\hat{X}_f$,但是相关及回归分析中的其他指标表明,融合指数与合成指数之间相关关系极弱,且模型与实际数据拟合程度差,不能通过 P 值验证。

本文在数据分析时多有不足,如分析的文体样本较少,语料容量较小等。在后期回归分析时,样本也较少。这在一定程度上会造成回归分析的偏误。由于篇幅有限,以上问题均留待以后解决。

参考文献

[1] 李绍伟.问题分类的原则与现代文体分类[J].贵州教育学院学报,1991.
[2] 瞿霭堂.论汉藏语言的形态 [J].民族语文,1988.
[3] 曾五一,肖红叶.统计学导论[M].北京:科学出版社,2007.
[4] リンゼイ J.ウェイリー.言語類型論入門言語の普遍性と多様性[M].大堀壽夫,古賀裕章,山泉実,訳.東京:岩波書店,2006.
[5] Greenberg J H. A Quantitative Approach to the Morphological Typology of Language[J]. International Journal of American Linguistics,1960,26(3).
[6] Sapir E. Language:an introduction to the study of speech[M].New York:Harcourt. Brace & World,1921.
[7] 최형용.한국어 형태론의 유형론[M].서울:박이정,2013.

作者信息

姓名:陈雄洪
学校:上海外国语大学(日本文化经济学院博士一年级)
联系地址:上海市虹口区大连西路550号
电子邮箱:chenxionghong@163.com

日本动漫电影《你的名字。》中的文化渗入

武汉理工大学　洪紫荆

1　前言

在新媒体时代的背景下,文化的传播方式已不再局限于传统文化宣传片,传播载体的可选择范围扩宽。其中,影视剧因其趣味性强和受众广的优点,在众多的文化传播载体中脱颖而出。日本动漫电影《你的名字。》因其剧情起伏紧凑、画风精美,广受大众喜爱,不仅在日本创下电影票房总收入第二的纪录,在中国也大受欢迎,至今仍是在中国获得最高票房的日本动漫电影。

《你的名字。》也引起了学者的关注,但迄今为止,学者对其的研究多侧重于影片的叙事方式,极少对影片中隐含的日本文化进行分析。其中,周维、陈隽(2017)重点分析了影片中传统元素的运用、本质及其影视效果,但缺乏对影片中传统元素和文化渗透影响的全面分析。张瑾(2017)重点分析了影片中的自然风景所体现的日本传统自然信仰,李佳瑶(2017)则列举了影片中所采用的真实地点,分析了圣地巡礼带来的虚拟动画和真实空间的交互调和,但两者均未细致分析影片中出现的日常生活情景的文化表征及其影响。基于以上的研究现状,本文将立足传统习俗、现代生活和真实地点,列举影片《你的名字。》中的文化意象,分析文化渗入所带来的影响和启示,从而为中国文化走出去提供一定的启示。

2　《你的名字。》中渗入的日本文化

文化作为能够被传承的意识形态,是凝结在物质之中又游离于物质之外的,因此《你的名字。》中渗入的日本文化不仅包含日本的传统文化,还包含日本人的生活方式,甚至包含日本本土的地点。本文将影片中隐含的日本文化大致分为传统习俗、现代生活、真实地点三类,依次进行说明。

2.1　传统习俗

影片中,女主人公宫水三叶的身份是守护宫水神社的世袭巫女。在日本的传统庆典中,巫女会穿上正式服装展示神乐舞,剧中的三叶还会制作供给神灵的"口嚼酒",即巫女亲自嚼白米饭,然后将嚼过的米饭保存使其自然发酵制成的酒。

前巫女三叶祖母掌握着日本传统的织机技术,会制作传统结绳。宫水三叶头上与立花泷腕上的"红线",不仅将男女主人公相连,而且贯穿了整个剧情。周维、陈隽(2017)指出影片中从哲学的角度,重新诠释了作为传统文化元素的结绳的释义,指出它既是时间的连接,也是血缘和灵魂交换的连接。

日本的传统习俗的一大特点便是对于神灵的信仰,故事的主线发展便是在神社进行,而男女

主人公的相遇也是被安排在东京的须贺神社台阶处,神社是日本地方文化的核心。作为日本文化的重要象征,巫女和神道在影片中频繁地被展现出来。

2.2 现代生活

影片中剧情更多围绕男女主人公立花泷和宫水三叶的各种日常生活展开,而电车更是频繁地出现在观众视野。通勤上学往返新宿和四谷靠的是电车,三叶前往东京寻找立花泷也是乘坐的电车,而两人的初次相遇也是在电车车厢里,结尾处也是在交错的电车上认出了对方等。影片中,电车承载了男女主人公无数的回忆。

此外,影片中既有极具地域特色图案的井盖,也有日本人日常生活的各类食物,如味噌汤、拉面、便当等,日本人善于将生活的细节展现给观众,或是日常的料理,或是上学通勤,正是这种生活场景往往更能打动观众,在将创作意图传递给观众的同时,更是能将最真实日常的日本以及日本人的面貌传递给世人,换个角度来看,这也是日本借助影视作品含蓄地传播日本文化的方式。

2.3 真实地点

《你的名字。》可被称为"圣地巡礼"的"启蒙"电影,其原因之一是导演将新海诚将真实取景投影到影片,片中出现了大量真实的日本地名和景色。李佳瑶(2017)即指出影片中的真实地点有:赤羽桥、天现寺桥、樱田门、玉川通川、厚川、三轩茶屋、四谷、代代木车站、千驮谷车站、新宿车站、六本木新城的展望台、六本木国立新美术馆、飞驒图书馆、DOCOMO塔、须贺神社、气多若宫神社等。

影片中男主人公立花泷的日常生活涉及大量东京新宿一带的真实场景,如他上学往返的新宿站和四谷站,常去的 Cafe La Bohéme 咖啡店、约会时路过的六本木新城的展望台、国立新美术馆等。尤其是结尾处男女主人公的相遇使须贺神社的台阶成为"圣地巡礼"的热门地点。

李佳瑶(2017)提到影片中还存在依据真实地点设置虚构地点的现象,如女主人公三叶所守护的宫水神社的实体是飞驒日枝神社,陨石湖的实体是位于长野市的诹访湖等。

随着剧情的推动,日本本土的场景也自然而然地呈现给了观众,民众的生活面貌、日本的发展现状也自然地展现给了世界,从而潜移默化地不断更新人们对日本的认知。

3 文化渗透给中国所带来的影响与启示

《你的名字。》拥有大量的中国粉丝,影片中传统习俗、现代生活和真实地点等所渗入的日本文化对中国人的影响力不容小觑。中国动漫电影产业正处于引进吸收国外优秀作品的发展期,因此我们在享受作品的同时,也需要吸收其精粹,探索发展中国动漫电影的有效途径。

3.1 中国动漫电影市场的现状

根据公开数据资料整理显示(图1),2012—2016年动漫电影在中国市场增长显著,商业性质的关注度不断扩大[①]。日本动画协会的调查数据显示,2016年中国签约日本动漫作品355部,成为日本动漫海外市场中的最大市场;2017年日本动漫产业市场规模达到2.15万亿日元,比2016增加大约1 600亿日元,创历史最高纪录,并指出其重要原因是动漫游戏在中国的流行。

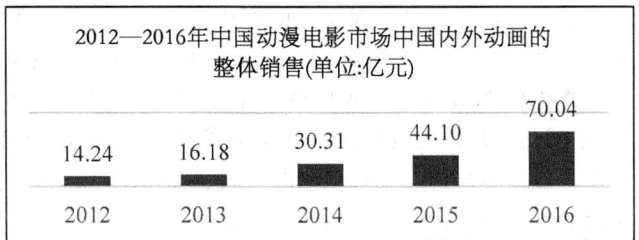

图1 2012—2016年中国动漫电影市场中国内外动画的整体销售（单位：亿元）

数据调查显示（图2），2017年中国动漫电影市场总票房为47.17亿元，相较去年减少了22.87亿元；其中，国产动漫电影总票房为13.29亿元，占比28%，而国外动漫电影总票房为33.88亿元，占比72%。②综上可知，中国动漫电影产业呈不断增长趋势，但中国动漫电影市场仍然被日美等国外动漫所占据。

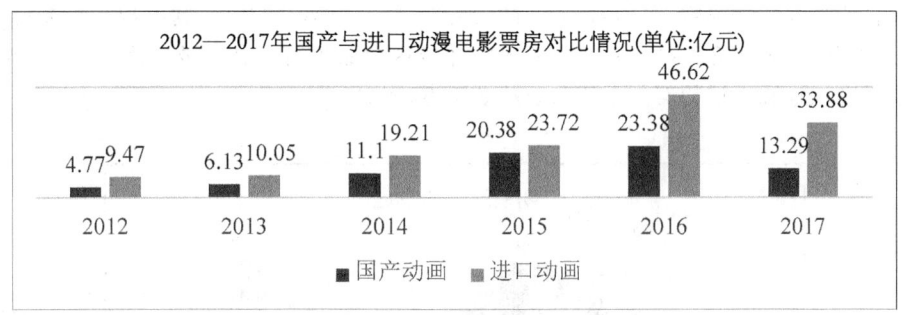

图2 2012—2017年国产与进口动漫电影票房对比情况（单位：亿元）

3.2 文化渗透给中国所带来的启示

3.2.1 传承传统文化，实现现代嬗变

影片中三叶家祖孙三代坚守着宫水家的传统文化，这其中不仅有她们对于传统文化的崇敬之心，更有她们对其的理解接受和进一步诠释发展，传统文化才得以传承。倪莉（2018）指出日本动漫电影能以鲜明的民族特征立足于全球动漫电影市场的关键原因便是以传统文化为基础，结合社会现状，以现代视角重新解读传统文化，使其在现代社会获得新的价值。既能够传承传统文化，又能做到传统文化与现代社会的结合，实现传统文化的现代嬗变，这是值得中国动漫电影学习的一点。

此外，影片中所呈现的巨石、清泉、古树等自然元素构成的优美风景也蕴含着日本人敬畏自然的文化观念。张瑾（2017）指出日本人的原始信仰中，自然元素都是神的化身，"万物有灵论"也构成了日本神道教的思想基础。

3.2.2 生活多元化，展示现代中国

影片通过男主人公立花泷的视角，给观众呈现了日本现代都市繁华喧闹的生活景象，便利的交通——电车、人文建设——井盖图案设计、络绎不绝的人群等，这是一个现代化都市该有的生活状态，并让观众潜意识将该生活景象作为一个现代化都市的判断标准。为追求更高的生活品质，人们会潜意识地去模仿影片中的日本现代都市生活，蕴含着日本文化的各种生活元素进入中国，虽然有助于推动中国的现代化发展和现代生活的多元化发展，但包含中国文化的生活元素的利用率降低，甚至导致中国文化的发展受到制约。

同时,影片中男主人公立花泷的繁华喧闹便利的都市生活和女主人公宫水三叶的闲暇静谧偏远的乡村生活,两地的生活景象在形成鲜明的对比的同时,日本城乡的真实状态也展现出来了。观众可能会有意识地将中国和日本的城乡生活景象进行对比,如中国乡村的城镇化发展迅速,交通购物更为方便,中国北上广深的现代化程度也可以和日本都市相媲美,我国也应学习日本,有意识让动漫电影等影视作品展现出现代中国的发展状况,将中国新时代的新风貌展示给世界,这也是中国文化输出的一种方式。

3.2.3 宣传本土文化,带动旅游业发展

《你的名字。》中所涉及的大量日本真实地名,呈现的日本各地真实风景已经不仅是单纯的风景了,更是与主人公的生命、人生、爱情等融为一体的风景,以此为背景,加上剧情的烘托、演员的表现力等,在日本内外掀起了"圣地巡礼"的热潮。李佳瑶(2017)指出这让动画制作者认识到动画所带来的商业利润不仅限于票房和周边,还可以将虚拟动画场景和真实空间场景结合,从而带动旅游业的发展,此外直接描绘实际景色还能降低制作成本。

马蜂窝数据研究中心发布的2018年《圣地巡礼:全球新旅游用户行为分析报告》显示,65%的人以动漫作为巡礼的主要主题(图3);60%的90后有过"圣地巡礼"经历,其中47%曾多次巡礼,90后是"圣地巡礼"的主要客群(图4);97%的人对非景区取景地打卡持开放态度,影片中的非传统景区的取景地在巡礼人群的努力下成为新旅游景点(图5)。

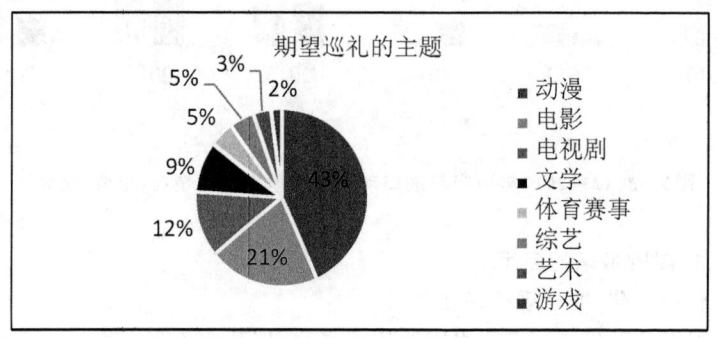

图3　2018年马蜂窝旅游用户期望巡礼的主题占比

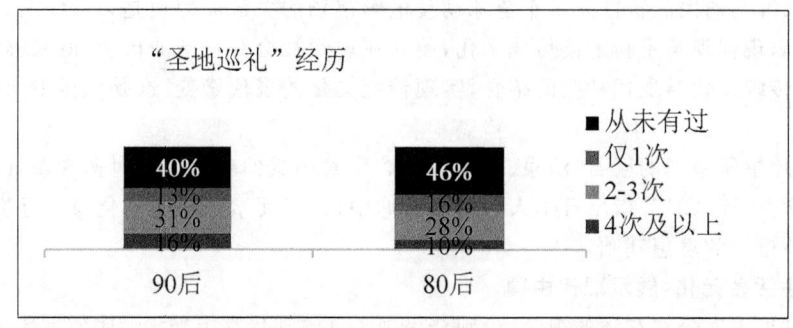

图4　2018年马蜂窝旅游用户中90后和80后"圣地巡礼"的经历

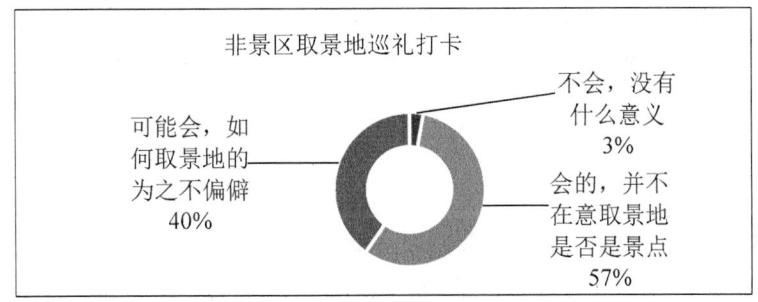

图5　2018年马蜂窝旅游用户对非景区取景地巡礼打卡所持态度

由此可以看出,日本动漫在中国的影响力之大,且其受众群体是下至儿童,上至青年,甚至老年人的社会各年龄阶段的人群,而广大受众群体的"巡礼"行为不仅带动日本传统旅游景区的发展,并能自发地创造新的旅游景区,动漫、受众群体、取景地三者构成的良性循环使得旅游产业实现持续繁荣发展。

中国拥有广袤的土地和各具地域特色的风景,应学习日本的文化宣传方式,在动漫电影等影视作品中适当地插入中国文化习俗和地域风貌,使作品本身更具有真实性,文化内涵也得到丰富,从而有别于传统的旅游宣传片,不仅能以潜移默化的方式宣传中国文化,推动中国文化走出去,也能吸引更多国外游客,达到文化产业带动旅游产业等产业间联动发展的目的。

4　结语

日本动漫电影《你的名字。》之所以广受全世界好评,正是因为导演在日本本土风景的背景下,将巫女、结绳和神社等日本传统文化元素,同电车等现代都市生活元素巧妙糅合进男女主爱情故事中,同时影片中蕴含着对日本传统文化内涵的现代解读,呈现出日本现代多元化生活,从而以鲜明的民族文化特征收获大量观众,实现日本文化的传播,带来"圣地巡礼"等经济效益。而中国动漫电影市场正在被日美等国外动漫所占据,中国动漫电影要制作出"走出国门"的高质量高水平的作品,在现阶段的发展期不仅要学习日本将传统文化和现代社会融合,实现中国传统文化的现代嬗变,更要展现中国现代多元化生活,从而使世界通过影视作品这一文化载体了解中国现代风貌、中国文化,进而推动旅游业等产业发展。

注

① 2017年我国动画电影行业票房统计及市场规模预测分析[EB/OL].(2018-09-19).https://www.chyxx.com/industry/201809/678201.html.
② 马蜂窝:全球新旅游用户行为分析报告[EB/OL].(2018-10-26).https://zhuanlan.zhihu.com/p/47718518.

参考文献

[1] 周维,陈隽.解析《你的名字。》中日本电影传统元素运用[J].电影评介,2017(08):104-106.
[2] 张瑾.《你的名字。》中的风景意象与文化表征[J].电影文学,2017(21):119-121.
[3] 李佳瑶.日本文化审美下的新海诚动画电影:以《你的名字。》为例[J].当代电影,2017(07):194-196.
[4] 倪莉.立足传统,着眼当下:浅析新海诚《你的名字》中日本传统文化的表达[J].艺术教育,2018(11):104-105.

[5] The Association of Japanese Animations. Anime Industry Report 2017 Summary（Revision）[R/OL].（2018-03-20）.aja.gr.jp/download/anime-industry-report-2017-summary_revision.

作者信息
  姓名：洪紫荆
  学校：武汉理工大学（研究生）
  联系地址：湖北省武汉市洪山区武汉理工大学鉴湖校区
  电子邮箱：569448654@qq.com

日本語学習者における叙法副詞の使用
—日本語学習者コーパスI-JASの分析を通して—

東京外国語大学　胡娜

1　本発表の動機と目的

　副詞は、形態的に活用できず、構文上の必須成分でもないため、忘れがちな存在である。しかし、叙法副詞は副詞のカテゴリーに属しているが、話者の発話態度を表し、構文上は文末表現と様々な共起関係、共起制限を持っているため、『文の叙法性の「語彙・文法的」な表現手段』とも言われている（工藤 2000:188）。このような複雑な特性を持つ叙法副詞を学習する際には、学習者が正しく使用できるのか、どのような困難を覚えるのか、が疑問になる。先行研究を調べたところ、日本語教育において副詞習得に関していくつかの事例研究があるが、コーパスに基づいた体系的な研究は、管見の限り見受けられなかった。そのため、本研究は大規模の学習者コーパスI-JASを利用し、叙述副詞と文末表現との共起関係という側面に焦点を当て、学習者の使用傾向を調べる。本研究の調査課題は以下の2点である。
　（1）どのような叙法副詞が使用されているのか。（量的調査）
　（2）どのような誤用が見られるのか。（誤用調査）

2　調査対象になる叙述副詞

　本調査を進める上で副詞の分類は避けることができないため、ここで簡単に一般的な分類方法を触れておく。副詞は一般的に「情態副詞」「程度副詞」「陳述副詞」の3つに分類される。工藤（2000）は陳述副詞を叙法副詞、評価副詞、取り立て副詞と分類されている。さらに、呼応関係があるかどうかにより、叙法副詞を行為的な叙法副詞、認識的な叙法副詞、条件的な叙法副詞、下位叙法副詞に分けている。

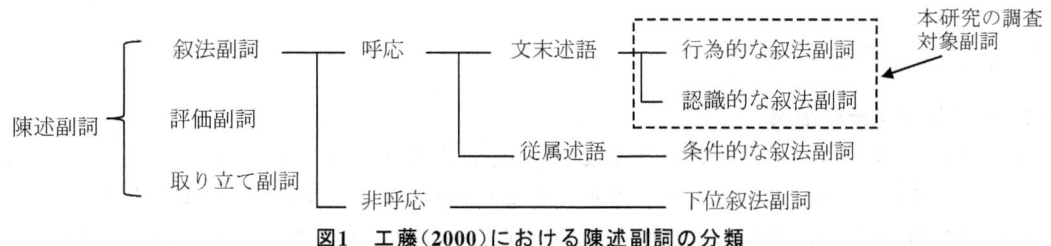

図1　工藤（2000）における陳述副詞の分類

本研究は工藤(2000)の分類に従い、文末表現と共起関係がある行為的な叙法副詞と認識的な叙法副詞に絞って、学習者の使用状況を考察する。工藤(2000)は、命令・依頼・推量などといった文の叙法との意味・機能的な対応関係に基づいて叙法副詞と認識的な叙法副詞を16個の下位カテゴリーに分け、さらにそれぞれの下位カテゴリーに属する代表副詞を列挙した。本研究は、挙げられた134個(延べ語数)の代表例を日本語能力試験出題基準(2004)の語彙リストと対照し、学習目標語彙となっているかどうかを確認した。また、工藤がリストした「頼むから」「できれば」「できるだけ」「ことによると」「もしかすれば」のような一語形ではないものを排除した。最終的に、70個(異なり語数)の叙法副詞が残った。本稿では、この70個の叙法副詞を検索対象とする。

3　調査方法

調査は、国立国語研究所で公開されている『多言語母語の日本語学習者横断コーパス』(以下 I-JAS)を利用した。このコーパスは12の異なる母語を持つ海外の教室環境学習者、および日本国内の教室環境・自然環境の日本語学習者の発話データと作文データを横断的に収集し、収録したコーパスである(迫田他 2016)。1人の学習者に対して7種類12のタスク(以下の表1)を行っていることも大きな特徴の1つである。本研究は日本語学習者における叙法副詞の使用傾向を明らかにすることを目的としているため、学習者の母語と日本語能力レベルを問わず、現在公開されているすべての学習者のデータを検索する。データ検索は、I-JAS付属の検索システムであるI-JAS中納言2.4.2短単位データ20180502版を用い、各副詞を「語彙素読み」と追加条件「品詞－大分類－副詞」という2つの条件で検索した。検索の結果、7,629文が抽出された。

表1　I-JASの課題のバリエーション

	番号	課題	記号		番号	課題	記号
発話データ	①	ストーリーテリング1	ST1	作文データ	⑤	ストーリーライティング1	SW1
		ストーリーテリング2	ST2			ストーリーライティング2	SW2
	②	対話	I			メール1	m1
	③	ロールプレイ1	RP1		⑥	メール2	m2
		ロールプレイ2	RP2			メール3	m3
	④	絵描写	D		⑦	エッセイ	e

4　調査の結果

4.1　一回目のデータ抽出

下記の表2が示しているように、出現数により、副詞を大まかに4つにグループ分けた。グループ①は出現数1,000以上のもの、グループ②は出現数100以上1,000未満のもの、グループ③は出現数10以上100未満のもの、グループ④は出現数10未満のものである。グループ①にある「とても」に目を向けると、出現数は1,576であり、2番目に多い。一般的に、「とても」

は「とても美味しい」のように程度副詞として初級レベルで教えられるが、「私にはとてもできない」のように叙法副詞としての用法はほとんど教えられていないだろう。学習者は叙法副詞としての「とても」について知っているのか、使えるのか、さらに産出された1,576文の中に、叙法副詞として使用されたものはどのぐらいあるのか、が疑問になる。

「品詞－大分類－副詞」という条件で検索したため、副詞の下位分類まで区別できず、叙法副詞として使われているのかが不明である。また、副詞は、本来、連用修飾専門の単語であるが、品詞が変わり連用修飾語以外の文成分になることもある。さらに、叙法副詞の中には多義語が多いため、各産出文での副詞の用法を判断しなければならない。そのため、抽出された産出文のExcelデータを用いて、手作業で1つずつ確認した。

表2　一回目のデータ抽出の結果

	各副詞と使用数
①出現数1,000以上	多分(1,707)　とても(1,576)　もう(1,223)
②出現数100以上	いつも(611)　よく(609)　まだ(447)　全然(419)　勿論(171)　どうして(150)
③出現数10以上	まあ(86)　どうも(66)　ちょうど(62)　絶対(57)　なぜ(54)　ぜひ(47)　なかなか(47)　きっと(25)　必ず(25)　別に(25)　まったく(24)　どうぞ(23)　どうしても(23)　普段(13)　あるいは(10)
④出現数10未満	大抵(8)　なるべく(7)　なんと(7)　わざわざ(6)　なんて(5)　いったい(3)　たしか(3)　当然(2)　まるで(2)　けっして(2)　あんがい(2)　わざと(1)　せめて(1)　まさか(1)　どうやら(1)　少しも(1)

4.2　各用法における日本語学習者の使用状況

確認の結果、叙法副詞として使われたのは3,464文であった。用法別でまとめると、表3のようになっている。

表3　各用法における学習者の使用頻度

順位	工藤(2000)の分類	使用数	割合	叙法副詞の代表例
(1)	B(認識的な叙法)推測・推定	1,820	48%	多分
(2)	B(認識的な叙法)否定	643	20.3%	全然、まったく、なかなか、まだ
(3)	B(認識的な叙法)習慣・確率	324	10.2%	よく、いつも、必ず、きっと
(4)	B(認識的な叙法)質問・疑念	207	6.5%	いったい、なぜ、どうして
(5)	B(認識的な叙法)断定	171	5.4%	勿論
(6)	B(認識的な叙法)確信	107	3.4%	絶対、きっと、必ず
(7)	A(行為的な叙法)願望・当為	80	2.5%	ぜひ、どうしても
(8)	B(認識的な叙法)肯定	30	0.9%	必ず、ぜひ

(続き)

順位	工藤(2000)の分類	使用数	割合	叙法副詞の代表例
(9)	A(行為的な叙法)依頼	23	0.7%	どうか、どうぞ
(10)	A(行為的な叙法)勧誘・申し出	15	0.5%	まあ、さあ
(11)	B(認識的な叙法)比況	13	0.4%	まるで　ちょうど
(12)	B(認識的な叙法)感嘆・発見	12	0.4%	なんと、なんて
(13)	B(認識的な叙法)不確定	12	0.4%	あるいは
(14)	A(行為的な叙法)意図	7	0.21%	わざわざ
(15)	A(行為的な叙法)意志	0	0%	ひたすら、あくまでも
(16)	B(認識的な叙法)伝聞	0	0%	なんでも

「推測・推定」の使用数は一番多く、48%を占めている。表2で見た「推測・推定」の代表例「多分」の使用数は1,707であり、「推測・推定」用法の94%を占めている。つまり、日本語学習者は「推測・推定」の意味を表す際に、繰り返して「多分」を使用する可能性が高いと言えよう。「推測・推定」の次には「否定」「習慣・確率」「質問・疑念」「断定」「確信」「願望・当為」が続いている。1%を超えていない用法には、「肯定」「依頼」「勧誘・申して」「比況」「感嘆・発見」「不確定」「意図」「意志」「伝聞」がある。また、「必ず」「きっと」「ぜひ」のような複数の用法を持っている多義副詞については、それぞれの用法を判断し、改めて使用数を数えた。

4.3　日本語学習者の使用した叙法副詞のレベル分布

『日本語能力試験出題基準』(2004)を参照し、検索対象になった70個の叙法副詞の使用あるいは未使用状況をレベル別でまとめた。

表4　日本語学習者の使用した叙法副詞のレベル分布

	使用	未使用
N1	どうやら、当然、わざわざ、なんと、よく	ひたすら、いっそ、さぞ、とかく、大概 大方、よほど、無論、いかにも、さも、ひょっと、格別、さほど、てんで、とうてい、いまさら
N2	わざと、せめて、まさか、少しも、まるで あんがい、いったい、なんて、なるべく 大抵、あるいは、普段、どうしても まったく、別に、絶対、まあ、勿論、全然	どうか、なにぶん、あくまでも、なんとか はたして、恐らく、なんでも、必ずしも、ちっとも、めったに、さっぱり、どうせ、どだい
N3	もう、ぜひ、なかなか、きっと、必ず、たしか、けっして	あえて
N4	どうぞ、なぜ、どうして、いつも、多分、どうも、ちょうど、とても、まだ	さあ

表4が示しているように、学習者に使用されたものを左側に、使用されていないものを右側にまとめた。使用されたものは40個があれば、未使用されたものは31個がある。左右両方

を比較したところ、N4、N3レベルでは、使用されたものは未使用されたものより多いが、N2レベルでは使用であれ、未使用であれ、数が多いことが明らかとなった。N1レベルでは、未使用のものは使用のものより圧倒的に多かった。日本語学習者にとって、これらの叙法副詞習得の難易度が違うと言えよう。つまり、N4とN3レベルの叙法副詞は比較的に習得しやすいが、N2レベルでは目標叙法副詞が最も多いが、その中習得しやすいものがあれば習得しにくいものもある。さらに、N1レベルの叙法副詞は学習者にとって習得しにくいと推測できるだろう。今回の調査はコーパスを利用、課題が限られているため、未使用されたものの習得状況を考察できなかった。今後、さらに検討する必要があると思われる。

4.4 日本語学習者における叙法副詞の誤用

4.4では学習者の使用例から見られた誤用をまとめる。李凌雲(2011)の分類に倣い、叙法副詞の選択、文末モダリティーおよび述語との共起という2つの視点から、学習者の産出文を分析すると主に以下の3種類の誤用タイプがあることがわかる。まず、A類の類義副詞の混同である。叙法副詞には類義語が多いため、それらの区別は学習者にとっては難しいだろう。B類とC類は叙法副詞と文末モダリティーとの共起関係に関する誤用である。B類の叙法副詞と共起する文末モダリティー表現の不使用は、いわゆる叙法副詞と共起する文末モダリティー表現を使うべきところには使っていない誤用である。C類は、叙法副詞と共起する表現の誤用。ここでいう共起表現は文末表現に限らない。

A　類義副詞の混同
誤用例：宿題は必ず（絶対）やっていない。

B　叙法副詞と共起する文末モダリティー表現の不使用
誤用例：aさん：有名なところ、観光スポットを教えて下さい。
　　　　bさん：んー、レティーロ公園、ぜひ行きます。→行ってください。
　　　　aさん：そうですか。

C　叙法副詞と共起する表現の誤用
誤用例：なかなか慣れる（→慣れないです）ようになりました。
　　　　暖かくて、まるで春の（→春のような）感じがします。

5　まとめと今後の課題

副詞「多分」の使用率は他のものより大幅に上回っている。また、用法別で見ると、「推測・推定」を表す叙法副詞の出現率が最も高いことが分かった。日本語学習者は「推測・推定」の意味を表す際に、繰り返して「多分」を使用する可能性が高いと指摘した。更に、日本語能力試験出題基準(2004)の目標語彙リストに準じ、使用された叙法副詞と使用されていなかった副詞をレベルごとにまとめた上、習得しやすい叙法副詞と習得しにくい叙法副詞を明らかにした。最後に、誤用分析したところ、叙法副詞の使用に関して主に3つのタイプの誤用が見られた。まず、類義副詞の混同、そして、叙法副詞と共起する文末モダリティー表現の不使用と陳述副詞と叙法副詞と共起する表現の誤用という3つのタイプがあることがわかった。

本研究はあくまでも大規模な日本語学習者コーパスを用い、網羅的に日本語学習者におけ

る叙法副詞の使用傾向、誤用傾向を考察したものである。今後は、日本語母語話者の使用傾向を明らかにした上で、日本語学習者の属性、いわゆる学習者母語、日本語能力レベル、学習環境などの要因がどのように叙法副詞の習得と関連しているのかを詳しく調査する。

参考文献

[1] 王冲.日本語陳述副詞「きっと」と中国語語気副詞"一定"との対照研究―日本語教育における陳述副詞「きっと」の指導のために―[J].人間文化論叢,2004(7):325-334.

[2] 王冲.副詞「きっと」の習得に関する研究―中国人日本語学習における典型的用法から考える―[J].日本語教育論集,2006(22):19-31.

[3] 王冲.認知言語学的観点を取り入れた陳述副詞「きっと」「必ず」の意味研究:日本語教育のために[D].東京:お茶の水女子大学大学院(未公開),2007.

[4] 工藤浩.副詞と文の陳述のタイプ[M]//森山卓郎,仁田義雄,工藤浩.日本語の文法3 モダリティ.東京:岩波書店,2000:188-191.

[5] 小林典子.外国人日本語学習者による副用語の誤用:誤用例の分類の試み[J].筑波大学留学生教育センター日本語教育論集,1988(3):29-47.

[6] 小林典子.「必ず・確かに・確か・きっと・ぜひ」の意味分析[J].筑波大学留学センター日本語教育論集,1992(7):1-17.

[7] 小口悠紀子.日本語学習者の物語発話に現われる評価表現[J].第四回学習者コーパス・ワークショップ&シンポジウム予稿集,2018:20-29.

[8] 国際交流基金.日本語能力試験出題基準[M].東京:凡人社,2002.

[9] 呉珠煕.「きっと」「必ず」の意味・用法[J].筑波応用言語学研究,1999(6):41-53.

[10] 佐治圭三.外国人が間違えやすい日本語の表現の研究[M].東京:ひつじ書房,1992.

[11] 杉村泰.現代日本語における蓋然性を表すモダリティ副詞の研究[M].東京:ひつじ書房,2009.

[12] 張根壽.「必ず」の共起条件と意味[J].筑波日本語研究,2002(7):48-62.

[13] 張璇.陳述副詞の習得上の問題点に関する研究―中国人日本語学習者を対象として―[J].教育学研究紀要,2009(55):525-530.

[14] 中村嘉宏.語彙習得の諸相[J].佐賀大学文化教育学部研究論文集,2011,15(2):35-54.

[15] 李明姫.中国人日本語学習者音声資料を利用した誤用分析―副詞の使用とその誤用傾向について―[J].東アジア日本語教育・日本文化研究,2010(13):161-172.

[16] 李凌云.日本語の陳述副詞の習得について[J].東アジア日本語教育・日本文化研究,2011(14):537-551.

[17] 李在鎬,石川慎一郎,砂川有里子.日本語教育のためのコーパス調査入門[M].東京:くろしお出版,2012.

作者情報

　　氏名:胡娜

　　学校:東京外国語大学(総合国際学研究科　博士後期課程)

　　連絡先:183-0002 東京都府中市多磨町1-4-2　メビウスメルズ212

　　メールアドレス:huna0904@outlook.com

日本語学習者のメールから見られる言語転移
―断り場面における中日表現の相違を通して―

京都大学　馬云霏

1　研究背景と目的

　近年の日本では、日常生活において電子メールは通信手段として最も頻繁に使われている。電子メールによる情報伝達は、知らせ、尋ね、依頼、断りなどが挙げられる。一方、中国では、WeChatやQQを皮切りに、多くの即時通信アプリケーションがあるため、電子メールによるメッセージの伝達はあまり多くない。また、日本のように電話番号は普通プライベート情報として扱うことなく、連絡手段として相互交換されていることが多い。学校の先生や職場の上司のような人に対しても、目上であるにもかかわらず、特に添付資料がなければ、SNSで連絡を取ることが多い。このように、中国と日本の電子メールには大きな異なりがあると思われる。

　日本語学習者にとって、電子メールを用いて、相手に頼むこと、また相手からの要求を断ることも少なくない。その場合には、表現の選び方、展開の流れによって断りの理由に誤解を招く可能性もあると考えられる。しかし、中国ではあまり電子メールを書かない中国人日本語学習者は、日本にいればいるほど、日本の電子メールの書き方や礼儀に慣れることが多い。こうして、文化や慣習などが中国と異なる日本に長年滞在し、日本語に堪能な学習者が中国人対象に中国語でメールを書く際、滞在している国の言語、すなわち日本語の影響を受けることがある。そして、日本語がわからない中国人にとって、文章が不自然だと思われてしまう場合もよく観察される。中国語の場合は、当面や電話で断ることが多いが、メールで相手を断ることが少ないである。身内の人や親しい人の場合ならまだしも、あまり親しくない、または目上の相手にとって、表情が読み取れない文面上のやり取りでは、相手を誤解される恐れがある。そのため、失礼にならないように文章を送り、相手に遂行させる行為に細心の注意を払うことが必要とされる。

　本研究の目的は、中長期日本に滞在する中国語を母語とする日本語学習者、日本語学習歴も滞日経験もない中国語母語話者、また日本語母語話者を対象に、親しい関係の人との断り場面を想定した電子メールにおけるメールの特徴、言語転移の実態とその原因を明らかにすることである。また、学習者の母語による影響と目標言語による影響、及び中間言語語用論の特徴はどのようなものであるかについても、第二言語習得の観点から考察し、その傾向を明らかにする。

2 調査方法

2.1 協力者とデータ収集

本研究では、中長期日本滞在中国語母語・日本語学習者(日本滞在歴4年以上、日本語学習歴6年以上の大学院生)、中国語母語話者(大学院生)、日本語母語話者(大学院生)各20名(すべてのグループも、男性10名、女性10名)に、同じく親しい関係である上下関係が異なる二つの場面(親友の授業への誘い、自分の指導教員から懇親会参加への案内)を断ることを想定したメールの文章を、中国語母語・日本語学習者は日本語と中国語、中国語母語話者は中国語、日本語母語話者は日本語で作成してもらった。さらに、3グループの協力者から各5名を抽出し、深層インタビューを行い、その発話について分析を行った。調査は2017年9月で行った。

2.2 データの分析方法

中間言語は、第二言語及び外国語の学習者が言語を習得する過程で生み出す言語体系であり、また学習者の頭の中のシステムとして、時間の経過に伴って変化する、母語とも目標言語とも異なる過渡的、動的な言語体系として考えられている(Selinker 1972)。つまり、中国人日本語学習者が電子メールによる断る行為を行う際に用いるストラテジーは典型的な中国語でもなく、典型的な日本語でもない可能性があると思われる。そこで、電子メールによる断る行為において、中国語メールと日本語メールの特徴と相違点、また中国語話者日本語学習者の逆行転移の実態を明らかするために、上下関係を持たせた二つの設定場面を通し、日本語学習歴も日本滞在歴もゼロの中国語母語話者(CNS)が電子メールで他人を断る際に用いるストラテジーと、日本語学習歴も日本滞在歴もある中国語話者日本語学習者(JFL)が使用するストラテジー、及び日本語母語話者(JNS)のストラテジーを整理し、それぞれを照らし合わせて分析する。

データの分析単位として、李(2008)と大友(2009)の分類、及び王・聞(2015)が挙げている発話要素を参考にし、電子メールによる断る行為に見られる発話要素を表1のように18の要素に整理した。

表1 日中の電子メールにおける断る行為に見られる要素

発話要素	中国語例	日本語例
呼称	xx同学/老师	～さん/先生
挨拶	您好/老师好	こんにちは
名乗り	我是xx	私は～です
導入	感謝来信	メールありがとうございます/ご連絡いただきありがとうございます
事情描写	关于你邮件说的这件事	要件ですが/XXXについてですが
フェイス緩和①	非常光荣/我很想参加的	とても残念ですが/とてもうれしいですが/ぜひ参加したいのですが
詫び①	非常抱歉/实在不好意思	大変申し訳ありませんが/恐れ入りますが

(続き)

発話要素	中国語例	日本語例
詳しい事由	我奶奶生病了我要照顾她/我第二天要考试	次の日にテストがあるため、準備しなければなりません/休みが取れないため、アルバイトに行かなければなりません
曖昧な事由	我那天有点私事/我那天不太方便	私用があるため/都合により
拒絶	我想我不能参加了/我就不去了/我应该不可以了	出席できません/参加できません
遺憾	这么难得的机会真的太可惜/很遗憾	せっかく誘ってくださいましたが
詫び②	真的很抱歉	本当に申し訳ございません
相手の理解	希望得到您的谅解	ご理解のほどよろしくお願いいたします
フェイス緩和②	下次一定参加	またチャンスがあればぜひ参加させてください/チャンスがあればぜひお願いします
詫び③	再次表示抱歉	再びお詫び申し上げます
祝福	祝老师工作顺利/身体健康	先生のご健康をお祈りします/先生のご活躍をお祈りします
よろしく表現	今后也请多关照	どうぞよろしくお願いいたします
署名	XXX	XXX

3 データの分析

表1が示した発話要素に基づき、CNS、JFL、JNSのメールにおける18個の発話要素についての使用状況を集計した結果を統計した。表2は、CNS、JFLのメールのサンプルと分析方法を示したものである。

表2 中国語のサンプル（中国語母語話者と中国語話者日本語学習者の例）

中国語母語話者	中国語話者日本語学習者
小A（呼称） 　不好意思欸，（詫び①）我数学很差，那门课对我来说太难了。（詳しい事由）我还是不修了。（拒絶）下次要是有机会再一起上其他的！（フェイス緩和②）不好意思哈。（詫び③） （CNS005）	小A（呼称） 　下午好！（挨拶） 　感谢你的来信！（導入） 　关于你说选课这件事（事情描写），我觉得我这学期课太多了，有点吃不消。（詳しい事由）我看我这个学期就算了。（拒絶）不好意思啊，（詫び②）难得你邀请我，我却不能一起上。（遺憾）下次有机会再一起选吧。（フェイス緩和②） XX（署名） （JFL007）

(続き)

中国語母語話者	中国語話者日本語学習者
B老师(呼称) 　老师好,(挨拶)我是XXX。(名乗り) 　实在是很抱歉,(詫び①)那天是我奶奶的80岁生日,全家人打算为她庆祝生日,要到外面吃饭。(詳しい事由)因此我不能参加恳亲会了。(拒絶) 　真的很对不起,(詫び②)请您谅解！(相手の理解) XXX(署名) (CNS010)	B老师(呼称) 　老师好(挨拶),我是XXX。(名乗り) 　感谢老师的通知。(導入) 　关于恳亲会,(事情描写)非常抱歉。(詫び①)我想我不能参加了。(拒絶)因为第二天我正好要去参加一个面试,因此需要好好的准备一下。(詳しい事由)错过这么难得的机会真的很遗憾,(遺憾)同时希望能得到老师您的体谅。(相手の理解) 　真的很对不起,(詫び②)请您谅解！(相手の理解) 　祝老师一切顺利！(祝福) XXX(署名) (JFL008)

3.1　中日の断りメールの特徴

上記述べたデータを分析した結果を表3にまとめる。まず、上下関係によって、日本語学習歴もない滞日経験もない中国語母語話者(CNS)も日本語母語話者(JNS)も、ストラテジーの使い分けが存在する。具体的には、まず親しい友人の場合、CNSもJNSも、「挨拶」「名乗り」「導入」のような前置きを省くことがほとんどであるが、目上の先生に対してはより揃った書式で書くことが観察された。また、親しい友人に対して、CNSもJNSも詳しい事由と共に「直接断り」というようなポジティブ・ポライトネス・ストラテジー(PPS)を多用する(CNS:16名,80％;JNS:19名,95％)のに対して、同じく親しいではあるが、先生の場合において使い分けも見られる。具体的には、CNSがとても詳しい事由で相手に説明する傾向が多く(18名,90％)、日本語母語話者はその理由をはっきり言えず、婉曲な言い方と共に「間接断り」などのネガティブ・ポライトネス・ストラテジー(NPS)を好む(17名,85％)ことを明らかにした。また、導入と祝福において差が見られた。さらにインタビューから、CNSは「詳しい事由」は相手が誤解しないように、自分の事情について理解してもらうためのPPSと考えていることが多いのに対し、JNSはプライバシー侵害の理由で回避していることが多いという現象が解った。それは中国と日本の文化の差異の影響だと思われる。中国では、私用のプライベート度がそこまで高くなければ、その私用をほかの人に言う場合が多く、そのため、言わない方がおかしく思われる可能性が高い。一方、日本では、私用のプライベート度に関係せず、プライベートである以上、それを言い出さない習慣があるため、同じ上下関係である親しい人でなければ私用を具体化しないことが観察された(JNS、親しい友人の場合:詳しい事由19名,95％;曖昧な事由3名,15％;親しい先生の場合:詳しい事由1名,5％;曖昧な事由17名,85％)。また、今回の結果から、CNS女性はCNS男性よりも「詳しい事由」に対する説明が長く、相手のフェイスを考えて、それに理解してもらうための説明が観察される。一方、JNS女性は「私用のため」で断ることが多いが、JNS男性は「先約あり」という簡潔な理由で断ることがほとんどであることが分かった。

表3　中日の断りメールの発話要素の使用頻度

発話要素	CNS 使用頻度（N=20）				JNS 使用頻度（N=20）			
	友人へ		先生へ		友人へ		先生へ	
呼称	12	60%	19	95%	7	35%	18	90%
挨拶	5	25%	11	55%	3	15%	9	45%
名乗り	4	20%	11	55%	3	15%	15	75%
導入	1	5%	4	20%	16	80%	16	80%
事情描写	5	25%	10	50%	7	35%	12	60%
フェイス緩和①	7	35%	9	45%	12	60%	10	50%
詫び①	4	20%	10	50%	14	70%	13	65%
詳しい事由	16	80%	18	90%	19	95%	3	15%
曖昧な事由	4	20%	2	10%	1	5%	17	85%
拒絶	20	100%	20	100%	20	100%	20	100%
遺憾	5	25%	12	60%	6	30%	5	25%
詫び②	3	15%	10	50%	14	70%	16	80%
相手の理解	7	35%	11	55%	3	15%	9	45%
フェイス緩和②	15	75%	15	75%	8	40%	11	55%
詫び③	9	45%	5	25%	2	10%	14	70%
祝福	1	5%	11	55%	0	0%	0	0%
よろしく表現	3	15%	12	60%	3	15%	13	65%
署名	10	50%	20	100%	4	20%	11	55%

3.2　中国語話者日本語学習者のメールの特徴と言語転移

JFLのメールの要素の使用頻度とCNS、JNSと比べた結果を以下の表4、表5に示す。

表4では、友人へのメールの比較データを示している。まず、左側はCNSとJFLが中国語で書いた友人へのメールの使用頻度である。χ二乗検定と有意差 p を考察したところ、「名乗り」「導入」に有意差が見られた。また右側のJFLとJNSが日本語で書いた友人へのメールの使用頻度のデータにおいて、「挨拶」「名乗り」「導入」「詫び②」「祝福」の要素は有意に差があることがわかった。

表5では、先生へのメールの比較データを示している。まず、左側はCNSとJFLが中国語で書いた友人へのメールの使用頻度である。χ二乗検定と有意差 p を考察したところ、「名乗り」「導入」「詳しい事由」「曖昧な事由」「署名」の五つの要素に有意差が見られた。また右側のJFLとJNSが日本語で書いた友人へのメールの使用頻度のデータにおいて、「詳しい事由」「遺憾」「詫び②」「祝福」の4つの要素は有意に差があることがわかった。

そのため、今回のJFLのメールは、CNSともJNSとも異なる形があることが確認された。まず、「親しい友人」の場合の中国語の場合において、CNSは、「挨拶」（5名，25%）、「名乗り」（4名，20%）、「導入」（1名，5%）、「事情描写」（5名，25%）、「遺憾」（5名、25%）において使用頻度が低いと観察されるが、JFLは、いずれも使用頻度がCNSより高いと観察された［「挨拶」（9名，

45％)、「名乗り」(13名,65％)、「導入」(10名,50％)、「事情描写」(10名,50％)、「遺憾」(11名,55％)]。それが日本語を勉強したための影響ではないかと考えるものの,日本語版メールにおいて、JNSの使用頻度は「挨拶」(3名,15％)、「名乗り」(3名,15％)、導入(16名,80％)、事情描写(7名,35％)、遺憾(6名,30％)であるため、JFLは「名乗り」「導入」においてどちらとも異なることが分かった。

表4　友人へメールの発話要素の比較（左側：CNSとJFLの中国語；右側：JFLとJNSの日本語）

発話要素	CNS(N=20)とJFL(N=20)の比較				JFL(N=20)とJNS(N=20)の比較			
	CNS使用者数	JFL使用者数	χ^2	p	JFL使用者数	JNS使用者数	χ^2	p
呼称	12	13	0.107	0.774	13	7	3.600	0.058
挨拶	5	9	1.758	0.185	9	3	4.286	0.038
名乗り	4	13	8.286	0.004	13	3	10.417	0.001
導入	1	10	10.157	0.001	10	16	3.956	0.047
事情描写	5	10	2.667	0.102	10	7	0.921	0.337
フェイス緩和①	7	8	0.107	0.704	8	12	1.600	0.206
詫び①	4	8	1.905	0.168	8	14	0.636	0.057
詳しい事由	16	17	—	1.000	17	19	—	0.605
曖昧な事由	4	3	—	1.000	3	1	—	0.605
拒絶	20	20	—	—	20	20	—	—
遺憾	5	11	3.750	0.053	11	6	2.558	0.110
詫び②	3	4	—	1.000	4	14	10.101	0.001
相手の理解	7	4	1.129	0.288	4	3	—	1.000
フェイス緩和②	15	12	1.026	0.311	12	8	1.600	0.206
詫び③	9	6	0.960	0.327	6	2	—	0.235
祝福	1	5	—	0.182	5	0	—	0.047
よろしく表現	3	3	—	—	3	3	—	—
署名	10	9	0.100	0.752	9	4	2.849	0.091

表5　先生へメールの発話要素の比較（左側：CNSとJFLの中国語；右側：JFLとJNSの日本語）

発話要素	CNS(N=20)とJFL(N=20)の比較				JFL(N=20)とJNS(N=20)の比較			
	CNS使用者数	JFL使用者数	χ^2	p	JFL使用者数	JNS使用者数	χ^2	p
呼称	19	19	—	—	19	18	—	1.000
挨拶	11	15	1.758	0.185	15	9	3.750	0.053
名乗り	11	18	6.144	0.013	18	15	—	0.407

（続き）

発話要素	CNS(N=20)とJFL(N=20)の比較				JFL(N=20)とJNS(N=20)の比較			
	CNS使用者数	JFL使用者数	χ^2	p	JFL使用者数	JNS使用者数	χ^2	p
導入	4	11	5.227	0.022	11	16	2.849	0.091
事情描写	10	11	0.100	0.752	11	12	0.102	0.749
フェイス緩和①	9	9	—	—	9	10	0.100	0.752
詫び①	10	12	0.404	0.525	12	13	0.107	0.744
詳しい事由	18	12	4.800	0.028	12	3	8.640	0.003
曖昧な事由	2	12	10.989	0.001	12	17	3.135	0.077
拒絶	20	20	—	—	20	20	—	—
遺憾	12	17	3.135	0.077	17	5	14.545	0.000
詫び②	10	10	—	—	10	16	3.956	0.047
相手の理解	11	9	0.400	0.527	9	9	—	—
フェイス緩和②	15	12	1.026	0.311	12	11	0.102	0.749
詫び③	5	10	2.667	0.102	10	14	1.667	0.197
祝福	11	15	1.758	0.185	15	0	24.000	0.000
よろしく表現	12	10	0.404	0.525	10	13	0.921	0.337
署名	20	15	—	0.047	15	11	1.758	0.185

　一方，親しい先生へのメールにおいて、JFLとCNSの中国語のメールにおいて、「名乗り」「導入」「詳しい事由」「曖昧な事由」「署名」において有意差が見られた。そのうち、JFLとJNSの日本語のメールにおいて、「名乗り」「導入」「曖昧な事由」「署名」において有意差が見られなかったため、JNSが中国語で先生へメールをするときに、日本語のメールの影響を受けていることがあると考えられる。一方，中国語メールでよく観察される「祝福」は、日本語メールにおいてJNSは使わない(0名,0%)が，JSLは15名(75%)であったため、JNSが日本語で先生へメールをするときに、中国語のメールの影響を受けていることもあると考えられる。また，JSLが特有する「曖昧な事由＋詳しい事由」という表現があり、曖昧な事由を自ら詳しく説明する様子も観察される(6名,30%)。第2言語の作文産出における第1言語の関与、とくに第1言語の作文力との関連は深いである(石橋 2004)ため、学習者が中国語を参考にして日本語のものを書くことが多く、学習者は日本で長期間滞在において自身の言語を変化しつつ、その言語は中国語的でもなく日本語的でもない、両方の影響も受けている中間言語になっている可能性が示唆された。

4　今後の課題

　以上のように、中国語と日本語の断り場面における電子メールの特徴を明らかにしたうえで、中国語母語話者・日本語学習者が書いた中国語メールは、中国語、日本語両方の影響を

受けて、中国語メールとしても日本語メールとしても不自然なところが見られた。その原因は、まず文化間の差異の存在、また学習者は在日経験と伴い、文化や言語の混同を発生することがあると示唆された。加えてその結果には、男女間でも差が見られ、女性の間によく使われている断りのストラテジーも観察された。今後の計画としては、まず調査データを増え、女性の中国語母語話者、中国語母語話者・日本語学習者、日本語母語話者を対象に、ジェンダー、文化の側面からそのメールの書き方の相違を明らかにする予定がある。それによって、中国語話者日本語学習者が中国語または日本語を運用する際に、日本語、中国語の影響を排除し、自分の構文により多くの注意を喚起できるようになること、および日本語教育および異文化コミュニケーション教育、また中間言語語用論研究の示唆となるものを提示したいと考える。

参考文献

[1] 石橋玲子.第2言語の作文産出における第1言語の関与—第1言語の作文力との関連から—[J].茨城大学留学生センター紀要,2004(2):1-12.

[2] 王玉明,聞芸.電子メールによる依頼行動に関する日中対照研究—ディスコース・ポライトネス理論の観点から—[J].東アジアへの視点,2015(12):53-59.

[3] 大友沙樹.電子メールにおける依頼のストラジー日中対照の観点から[J].国際文化研究,2009(15):61-72.

[4] 李宜真.依頼の言語行動に関する日中語対照研究—ポライトネスの観点から—[J].東北大学高等教育推進センター紀要,2008(3):117-129.

[5] Selinker L. Interlanguage[J]. International review of Applied Linguistics Teaching,1972(10):209-231.

作者情報

氏名:馬云霏
学校:京都大学(大学院人間環境学研究科)
連絡先:京都府京都市左京区吉田二本松町
メールアドレス:504598411@qq.com

日本語作文学習における学習者オンライン協働の効果と課題

京都大学　余文龍

1　研究背景と目的

　中国語話者日本語学習者の多くは、「読む」「聞く」「話す」の技能は上達していると感じるが、書いた作文はなかなか良い作文になれないと感じる人が多い。その理由は、①教師がテスト対策を中心としたテーマで学習者に書かせる形式が多く、学習者の学習意欲も低いこと、②教師が学習者一人一人に応じた作文の指導は難しいことが挙げられる。このような状況であるため、教師添削法には限界があるともいえるだろう。

　以上のような問題点があることから、近年、教師中心の指導法とは異なる教育法として、協働学習であるピア・ラーニングが注目を集めている。ピア・ラーニングの学習観に基づいた学習活動の一つ、ピア・レスポンス（PR）とは、「作文学習の中で学習者が自分たちの作文をより良いものにしていくために、仲間（peer）同士で読み合い、意見交換や情報提供（response）を行いながら作文を完成させていく活動」（池田 2004:37）であり、その効果の実証も行われている（原田 2006，田中 2008，劉 2008，田中 2011，原田 2015など）。さらに、PRが作文に及ぼす影響について分析し、教師添削と比較した結果、PRは自己推敲においてプラスの影響を及ぼし、さらに自律的な学習を促す効果がある（原田 2015）。したがって、PRによる作文の練習法には効果があると考えられる。

　しかし、問題点として、学習者はPRにおける仲間のフィードバックへの信頼性が低く、その効果には否定的なビリーフも見られる（田中 2011）。学習者が批判的なフィードバックに不快感を持つ場合やコミュニケーションの挫折を引き起こす場合もある（原田 2015）。教師に対する依存心が強い学習者がいる（臼杵 2002）ため、ほかの学習者からフィードバックをもらっても、それを信じないで参考にしない場合もある。さらに、学習者それぞれは自分の視点及び判断基準でフィードバックをするため、そのフィードバックは必ずしもいい修正に繋がるとは限らない。学習者の間には逆の意見を持つこともあるため、フィードバックを参考にしようとする学習者は戸惑いやすい。最後に、学習者は評価者とは異なった評価視点を持っている可能性もあるため、学習者のみのフィードバックでは、作文の質を上げる限界があると考えられる。

　したがって、本論文では、中国語話者日本語学習者のPR活動の全過程に関わる一連の要因を日本語母語話者による評価を通して考察し、日本語作文学習における学習者オンライン協働の効果と課題を明らかにする。

2 研究課題

学習者のオンライン協働を中心に、以下の点について検討、分析する。
①学習者の相互フィードバック(peer feedback、以下 PF)はどれほど適切であるか
②学習者はPRの各プロセスをどのように取り組むか
③PRを通して、作文の改善に効果があるか

3 研究方法

予備調査の結果から、本調査では、説明文課題A「好きな映像作品(アニメ、ドラマ)の紹介」と意見文課題B「男女の友情について」について課題文を作成し、協力者に書いてもらった。学習者それぞれが書いた2つの作文の初稿と修正稿を評価対象として考察する。

3.1 学習者協力者と作文作成

本調査の協力者は、中国語を母語とする日本語学習者30名(全員が日本語能力試験N1に合格した日本語専攻の大学生、大学院生)である。調査の依頼と承諾書を渡し、調査説明と課題文説明を配った。調査は2016年5月に行った。協力者の作文初稿作成、PR及び修正稿作成は、全て筆者が提供したIDとパスワードを利用し、中国のブログで行った。5人を一つのグループにし、30名をランダムでA〜F、計6グループに分けた。外部の干渉を防ぐため、各学習者の作文は、自分とそのグループメンバーの4名しか見られなかった。また、学習者が書いたフィードバックの有効性について評価者に判断してもらうため、「箇条書きで書くこと」「ほかの4名全員にフィードバックすること」「フィードバックは日本語で書くこと」と指示した。さらに、どのようにフィードバックするかについて、中国語版の「調査の流れとフィードバックの説明」を作成し、協力者に渡した。研究の流れは、表1に示す。

表1　作文オンラインPR活動の流れ

作文作成の流れ	説明
Step1 作文A、Bについて各自の初稿を作成する	10日間で、作文A、作文Bの初稿を各自作成すること。また、各自の初稿を配布されたブログに投稿すること
Step2 ほかのグループメンバーの作文を読んで、フィードバックし合う	「箇条書きで」「ほかの4名全員にフィードバックする」「フィードバックは日本語で書く」を前提にし、1週間以内にPRを完成すること
Step3 PFを読んで、それを参考しながら修正稿を作文C(Aの修正)、D(Bの修正)として作成する	一週間以内に、ほかのグループメンバーからのフィードバックを読んで、自分が適切だと思ったフィードバックを参考にして、自己推敲しながら修正稿を作成すること。ブログに新しい投稿として再投稿すること

3.2 評価者協力者と評価

愛知県内のX大学に在籍する大学生、大学院生14名に、作文の評価を頼んだ。そのうち、6名が作文A(C)、作文B(D)両方の評価に参加し、残りの8名は作文A(C)か作文B(D)、どちらかの評価に参加した。評価シートは、田中他(2014)が提案した「Good Writingのための評価基

準」を参考にし、分析的評価として①「目的・内容」、②「構成・結束性」、③「読み手」、④「日本語正確さ」、⑤「日本語適切さ」5つの項目に分け評価シートを作った。また、総合的評価を見るため、「全体感覚・総体印象」という項目を設立した。さらに、予備調査の結果から「評価基準」以外の要素が評価に影響を及ぼすかどうかを調べるため、「エクストラポイント」項目を設定した。これについては、評価者各自の評価視点を考察するため、具体的な採点基準を配らず、評価者各自に任せた。

学習者間のPFの有効性及び評価者との視点の差異を見るため、一つ一つの作文に対するPFをすべて集め、「学習者間PFまとめ」を作った。評価者が初稿を見ながら、「確かにそうである、そう思う」の場合は「○」「少し微妙、どちらでもない」の場合は「△」「違う、そうではない」の場合は「×」「意味不明」は「?」「関係のないフィードバック」は「××」のように、その初稿に対するフィードバックの適切さを判断してもらった。表2は評価の流れとその説明である。

表2　評価の流れと説明

評価の流れ	説明
Step1 初稿である作文A(B)の評価	3週間に渡ってA(B)001～A(B)030を評価してもらって、また評価の理由をコメントしてもらった
Step2 初稿に対するPFの判断	評価者に初稿を見ながら、その初稿に対するほかの学習者のフィードバックの適切さを判断してもらった。（Step1と一緒にやっても構わない）
Step3 修正稿である作文C(D)の評価	3週間の後、C(D)001～C(D)030を評価してもらい、また評価の理由をコメントしてもらった

3.3　課題の考察・分析方法

課題①については、上記「学習者間PFまとめ」の各種類のフィードバックの数と、評価者はそれを判断した結果を比較し、分析する。

課題②については、PRに参加した学習者に、PR活動の各ステップに対する学習者ビリーフの質問紙調査を行った。質問紙の結果を考察し、さらにその裏付け調査も行う。

課題③については、評価者が評価したPR前（作文A、B）とPR後（作文C、D）の評点を比較し、統計分析を行う。その統計の結果を考察する。

4　結果と考察

4.1　学習者のPFの効果

田中他（2014）が提案した「Good Writingのための評価基準」を参考にし、学習者のフィードバックは、「①内容PF」「②構成PF」「③読み手PF」「④文法PF」「⑤日本語表現PF」「⑥その他PF」の6つに分けた。今回の結果は、表3に示す。

表3　学習者PFの種類と適切さの判断

	総計	内容PF	構成PF	読み手PF	文法PF	日本語表現PF	その他PF
「○」の数（A）	225.4	42.1	20.8	30.6	84	29.5	18.4

(続き)

	総計	内容PF	構成PF	読み手PF	文法PF	日本語表現PF	その他PF
総数（A）	337	57	29	61	117	44	29
%（A）	66.88%	73.87%	71.73%	50.16%	71.80%	67.06%	63.45%
「〇」の数（B）	263.2	36.7	20.5	40.1	90.4	56.7	18.8
総数（B）	355	45	25	62	123	73	27
%（B）	74.14%	81.56%	82.00%	64.68%	73.50%	77.67%	69.63%

　作文A（課題Aの初稿）における、30名の学習者の合計PF数は337個である。PF総数337個のうち、10名の評価者が「〇」と判断したPFの平均数は225.4個（66.88%）である。各分類のPF数から見ると、一番数が多いのは「文法PF」（117個、34.72%）であり、次に「読み手PF」（61個、18.10%）、「内容PF」（57個、16.91%）である。「文法PF」においてPF数が多かった理由の一つは、数名の学習者が各自のグループメンバーに、「文法PF」をたくさんしたからだと考えられる。評価基準外の「その他PF」は29個があり、それは学習者において、「評価基準以外に重視すべき点がある」と推察される。

　作文B（課題Bの初稿）では、合計PFの数は355個である。PF総数355個のうち、10名の評価者が「〇」と判断したPFの平均数は263.2個（74.14%）である。各分類のPF数から見ると、一番PF数が多いのは「文法PF」（123個、34.65%）、次に「日本語表現PF」（73個、20.56%）、「読み手PF」（62個、17.46%）である。「文法PF」においてPF数が多かった理由は、課題Aと同じように、一部の学習者の文法ミスが多かったため、何名の学習者は10個以上「文法PF」をもらったからだと考えられる。

　以上の結果から、評価者と学習者の視点が一致しているところもあるが、異なっているところもあるとわかった。確かにPFを参考にすれば、自己推敲と自己修正を促進することができるが、評価者の視点と異なっている学習者のPFを参考に修正しても、必ず良い評価につながるとは限らない。

　まず、「内容PF」については、評価者の視点は学習者の視点とそれほど異ならなかった。さらに、意見文の場合は一致している点が多いので、学習者は「内容PF」を参考にすれば、内容について多少効果がある自己推敲と自己修正が行えると考えられる。

　次に、「構成PF」については、説明文の場合は、評価者間においても異なった視点があるが、一致している点もあるため、一概には言えない。一致している点は、学習者の視点と異なる場合があるため、効果がある自己推敲と自己修正が必ずしも行えるとは限らない。意見文の場合は、評価者間でもかなり一致しており、さらに学習者の視点と一致した場合が多いため、効果がある自己推敲と自己修正が行えると推察される。

　「読み手PF」の場合、「学習者はほかの学習者のライティング自体と関係ない話をフィードバックする」「学習者が指摘した問題点に評価者は同意しない」のように、PFのうち、的確でないPFがある程度存在するため、良い方向への修正とつながる自己推敲と自己修正の干渉になる場合があると考えられる。

　「文法PF」「日本語表現PF」の場合、学習者がPFを参考にして修正すれば、多少自分の文法、日本語表現を直すことができるが、PFには「指摘の点が間違えた」「指摘されていない」な

どの問題が存在するため、PFだけではすべてのミスを修正することができない。また、評価者は、学習者自身では「文法」「日本語表現」の問題を発見、指摘することが難しいため、「文法」「日本語表現」においては、学習者PFでは限界があることが示唆された。さらに、評価者から、「日本人学生から学ぶ」という提案もあった

最後に、「その他PF」の場合、説明文は多少異なるが、意見文は一致するところがある。学習者は評価者との視点の差異は多少存在するが、学習者の自己推敲によって、多少効果がある自己推敲と自己修正が行えると考えられる。

4.2　PRにおける学習者の取り組み

学習者が実際にPRの各プロセスに参加する際、PRに対してどのようなビリーフを持っているか、またどのように行動するかを解明するため、質問紙調査と裏付け調査を実施した。質問紙では、①PFに対するビリーフ、②PRの各プロセスに対するビリーフ、③PRの有効性と意義に対するビリーフを中心に行った。また、学習者の答えとそのPFのやり方、また修正稿への反映を参照しながら、インタビューの形で学習者の実際行動の原因を尋ねた。

その結果、全体的に言えば、PRに対する積極的なビリーフを持つ学習者が多く、さらに学習者は積極的にPRの各プロセスに参加し、その成果も効果的に見えることが多い。しかし、PR活動を実際に行う際、「積極的にフィードバックしない」「積極的に修正しない」のような現状が存在する。

その裏付けとして、学習者のインタビューから、まず、学習者は自分が積極的に取り組んだと思っても、個人差が見られる。各学習者がほかの学習者へのPFの総数から、学習者は主に「積極的」「中立的」「控えめ的」に分類することができる。「PRは有意義である」と思いながら、「できるだけ役に立ちたい」と思ってほかの学習者へたくさんPFをする「積極的」な学習者もいるし、「一番大事なところを言えばいい」と思ってほかの学習者全員に1つしかフィードバックしない「控えめ的」な学習者もいる。そのため、数から見れば、「一番大事なところを言えばいい」は消極的に見える。また、「積極的に修正しない」については、学習者が指摘自体を正しいと認識しても、その必要性を感じなければ、修正を行わないことがある。このような学習者各自が持っている学習スタイルがPR活動に影響を与えるならまだしも、まじめでない、適当に作業を終わる学習者が存在し、彼らがもたらす悪い影響は避けられないと考えられる。このように、PRは1つの作文学習法として限界があり、ある程度しか学習者の作文の質の向上と書く能力の向上につながらないことが示された。

4.3　PRにおける作文改善の効果

30名の学習者がPRを通して書いた課題Aと課題Bの初稿と修正稿を評価者に評価してもらったため、その評点結果を利用して、PRによる作文成績の効果を考察する。まず、各課題10名の評価者の評価データをウィルコクソンの符号順位検定にかけた結果として、課題Aは「全体感覚・総体印象」項目において、5％水準で統計的に有意差が見られなかったが（p＝0.061＞0.05）、他の評価項目において有意差が見られた。課題Bについては、すべての評価項目において、修正稿は初稿より有意に評点が高かった。ほぼすべての項目に有意差があるため、評点の向上が見られ、PRによって作文の評価は確実に向上したと考えられる。

また、各課題文10名の評価者の評価データから、各評価者の説明文の初稿（A）、その修正稿（C）と、意見文の初稿（B）、その修正稿（D）の30編の平均評点及び標準偏差SD値をまとめた。SD値から見ると、多くの評価者の初稿の評点のばらつきは大きかったが、修正稿の評点のばらつきは減少したことが観察された。それは、一部の学習者はPFを参考にすることに

よって、自分の作文を改善したため、評点全体のばらつきが初稿より縮小したと推測される。一方、平均評点を見ると、修正稿の平均評点は初稿の平均評点より高くなっていたが、一部の評価者の評価項目において修正稿の平均評点は初稿より低くなっていたことが観察される。そのため、学習者はPFを参考にしても、必ずしも良い方向へ修正できるとは限らない。

また、今回の30名の上級レベルの学習者が書いた2つの課題の作文の平均評点は表4に示す。今回の結果、6点満点のうち4.5点前後の項目はほとんどである。そのため、上級学習者としても、また作文についてさらに勉強する必要があると考えられる。

表4　学習者の作文の平均評点

作文	全体感覚・総体印象	目的・内容	構成・結束性	読み手	日本語・正確さ	日本語・適切さ
Aの初稿	4.33	4.42	4.29	4.16	4.15	4.21
Aの修正稿	4.42	4.63	4.46	4.37	4.49	4.46
Bの初稿	4.24	4.37	4.34	4.35	4.32	4.32
Bの修正稿	4.41	4.49	4.62	4.53	4.57	4.52

5　まとめと今後の課題

以上述べてきたように、学習者のみのPRはある程度作文学習を活性化させ、質的に一定の効果があると考えられる。しかし、今回の結果から、学習者のPFには「指摘できない」「指摘自体がおかしい」という問題があり、さらに学習者にはそれぞれのタイプがあるため、PFを全面的に行うためには、基準が必要である。学習者のための作文の基準を学習者に提供し、作文学習のプラットフォームを作成し、そこで練習を重ねれば、学習者にはよい勉強になるだろうと考えられる。今後の課題として、学習者PRのための基準の開発とプラットフォームの作成、さらにそこで練習する効果を検討する必要があると考える。今後は更なる研究を行い、その成果を中国の日本語作文教育に貢献したい。

参考文献

[1] 池田玲子.日本語学習における学習者同士の相互助言(ピア・レスポンス)[J].日本語学,2004,23(1): 36-50.

[2] 臼杵美由紀.学習ビリーフに関するインタビューをもとに—学習ストラテジーと学習者・教師の役割—[J].JALT日本語教育論集,2002(6):9-18.

[3] 田中信之.ピア・レスポンスの効果—作文プロダクトの観点から—[J].応用言語学研究論集,2008(2):1-10.

[4] 田中信之.日本語教育におけるピア・レスポンスの研究—有効性と自律性の観点から—[D].金沢:金沢大学,2011.

[5] 田中真理.阿部新.Good Writingへのパスポート—読み手と構成を意識した日本語ライティング—[M].東京:くろしお出版,2014.

[6] 原田三千代.中級学習者の作文推敲過程に与えるピア・レスポンスの影響—教師添削との比較—[J].日本語教育,2006(131):3-12.

[7] 原田三千代.協働的フィードバックとしてのピア・レスポンス[M]//大関浩美.フィードバック研究への招待.東京:くろしお出版,2015:139-179.

[8] 劉娜.ピア・レスポンス活動によって作文学習意識はどう変わるか―JFL環境の中上級中国語母語話者を対象に―[J].言語文化と日本語教育,2008(34):78-81.

作者情報

　　氏名:余文龍

　　学校:京都大学(大学院博士後期課程)

　　連絡先:京都府京都市左京区吉田二本松町

　　メールアドレス:yutaandmakoto@yahoo.co.jp

「たけくらべ」における「他者」とその「視線」*

上海外国语大学　郭婷

1　先行研究

　「たけくらべ」は樋口一葉が明治28年（1895年）1月から29年（1896年）1月まで、一年間を通じて断続的に『文学界』に連載した小説で、初めて文壇に大きな反響を巻き起こした代表作の一つである。「吉原」という特殊の地域に住んでいる子供たち：定めで花魁のお姉さんの後道を追う「大黒屋」の美登利、龍華寺の息子信如、高利貸しの田中屋の正太郎、横町組の頭長吉、貧乏人の息子三五郎たちの子供から大人の世界への成長物語を描いた。
　先行研究では、塩田良平(1960)が「階級的劣等感」、前田愛(1978)が「子供たちのアソビの空間」と「大人のアソビの空間」という二つの異質なアソビの空間、藤井貞和(1984)が「子供から大人への転換期、境界線上の位置にある登場人物たち」、松阪俊夫(1983)が「大黒屋の大巻を中心とする大人の世界の大きな円、大黒屋の美登利を中心とした子供の小さな円」など、この小説の主題を指摘した。
　他には、「噂話の集成」（前田愛 1981：188）という一葉が開発した小説の方法、「一葉は傍観者としての酔えない目で、低い声ながら明治の繁栄と悲惨の矛盾を鋭く突いた」（竹西寛子 1981：192）などの角度からの分析もある。
　この小説では成長する子供たちの視線の関係に注意すべきだと本稿筆者が思う。「見る」と「見られる」関係に満ちているこの小説を、本論文では「視線」[①]という視界で、成長する過程に他者の視線と対抗し続けている中に、自己の主体性、自己認識を探そうとするが、最後に負けてしまった美登利のことを、他の子供たちに合わせて検討するつもりである。

2　「他者」と「視線」

　サルトルによると、「見ると見られる」という行為は主体と対象を構築する。「見ている人」は視線の主体で、「見られているもの」は視線の対象である。「視線」は「自我」の存在を確認し、「他者」の存在をも確認する。ここの「他者」は「自我」を見ている存在である。「自我」と「他者」は決然に対立するもので、主体としての自我と客体としての他者は共生的ではなく、衝突的なものである。つまり私が他者を見るか、あるいは他者が私を見る。どっちかしかない。私が他者を圧倒して、他者を対象化するか、あるいは他者が私を圧倒して私を対象化す

---

* 本論文は「上海外国语大学导师学术引领计划项目」の支援を受けているものである。

る。そして、自我と他者は多重な視線の混じりによって、その主体と客体の地位を転換させる可能性がある。

　だから、「視線」の理論には四つの存在がある。「主体─私」(この世界を見ている私)、「対象─私」(他人の視線の目標・対象になった私)、「主体─他人」(この世界と私とを同じく見ている他人、「主体─私」を「対象─私」に転換した他人)、「対象─他人」(「主体─私」に見られている目標・対象、私に見られている他人)。これらはお互いに転換できる関係である。他者が私を見ている時、私からも他者を見ることができる。私を見ている人を、私が見ているとき、他者の主体性を崩して自分の主体性を築くことができる。これはいわゆるサルトルが言った「他人は地獄だ」ということである。他人に見られるのか、あるいは他者の視線に勝って他者を見るのかということである。

　「見ると見られる」という関係の中に、どうやって主体性を保つのか、これは美登利の変貌に関わっていると思う。美登利は視線の主体・客体位置の状況と「自己認識」を密接に関連している。その位置の変わりに従い、「自己認識」も動揺している。最後、美登利は完全に周りの他者の視線に負けてその主体性を失い、「主体─私」から「対象─私」になった。美登利にとって、「対象─私」は主体性・アイデンティティを確認することはできない。他人の視線に負けた、見られる対象に過ぎない自分を拒否しているから、美登利が変貌したのだと思う。

3　「地獄」のような「他者」たち

3.1　信如と長吉

　美登利の主体性を潰し始めた信如と長吉は「見る主体」として、最初から最後まで「見られている対象」の美登利を無視している。二人にとって美登利はただの見られている対象に過ぎない。しかし、視線の主体として意識的に客体の美登利を拒否し、一生懸命無視しようとする信如とは違い、長吉は美登利という客体を完全にその意識に入っていない。

3.1.1　信如

3.1.1.1　「無視」という「視線」

　家族の原因[②]で、他者の視線をも怖がっている信如は、「見られている対象」になる宿命を背負っている美登利との一切の関わりを拒否し、もし関わったら自分も「見られている対象」になる恐れがあるから、美登利をわざと無視したのである。無視も視線の一種で、これで美登利は「見ている視線」と「わざに見ない・無視する視線」という二重の視線に晒されていたのである。

　信如の何度の「意地悪」をようやく意識した美登利もなんとなく自分のアイデンティティの虚しさ(見ている地位の偽り)を意識した。しかし、美登利が持つ「価値」は、ただ自分が「非乞食」「非遊芸人」(見られる対象じゃない)だけであるが、一方、自分が「非乞食」であることを、自分のアイデンティティの価値を証明することはできない。故に彼女は信如の意地悪に対する反論の言葉が失い、小説の1回目の絶交、信如との絶交を宣言した。これは美登利の主体性への懐疑の兆しだと思う。

3.1.1.2　「無視」の反復

　この後、信如と美登利とが出会った場面がいくつかあるが、二人の間には、美登利からの自信を持っていない眼差しと、その眼差しにさらされている信如の後ろ姿ばかりが繰り返し、実質的な進展は何もできなかった。

信如はひたすら美登利の視線に晒されるのを怖がり、美登利との関わりをみんなに知られるのを一生懸命避けているだけである。一方、主体性を懐疑し始めた後、美登利の「見る主体的な地位」への自信もだんだんなくなっていく。こういう時に「草履事件」に遭われ、美登利の懐疑と好きな人への視線の不確かさが深まった。これから美登利はこっそり後ろから信如の姿を見ていただけで、信如が自分の視線を意識するのを期待しながら怖がっている。
　中には、雨に遮断されてもらった美登利の視線に注意すべきだと思う。
　筆屋の前の場面でも、大黒屋の前の場面でも美登利は雨にその視線を遮断されてもらった。雨が降っているおかげで、美登利は気付かれずに信如を長い間見ることができた。雨は美登利の自信なさと不確かさを守り、拒否しあっている二人を一つの空間に置かせる役割を持っている。でも、「軒の雨だれ前髪に落ちて、おお気味が悪いと首を縮め」(第11章)たから、同時に、雨によって、自分の主体性が幻だということも美登利に知られた。

3.1.2　長吉

　「乱暴の子供大将に頭の子」(第2章)の長吉は草履事件で美登利のアイデンティティの虚しさをみんなの前に顕在化させ、露呈させる役割を果たしたが、皮肉的に長吉にとって美登利は「見られている対象」として、その視線からほぼ完全に疎外されていた。
　美登利の視線の主体・客体的位置の転換の兆しを、語り手はその額に草履が投げられたという設定で読者と作中人物の前に露呈した。長吉は美登利が自信を持っていたその「主体的な地位」を認めないだけではなく、対象としている美登利も無視している。しかもこの草履事件は美登利の好きな人、信如の名を借りていたのである。女王様の時期の美登利にとって、長吉による「女郎め」とか「姉の跡付きの乞食め」(第5章)というような罵りは、決して許せないが、しかし、彼女にはそれをくつがえすに足る「自己」はない。信如のために芽生えたアイデンティティへの懐疑はこれで深めた、他者の視線から逃げたくなり、「学校を嫌がる」(第6章)ようになった。

3.2　正太と三五郎

　正太と三五郎はそれぞれ視線の主体性と客体性を保って、その位置が一貫して変わらない存在である。

3.2.1　正太

　吉原遊郭を中心とする一帯に金銭的支配をなす田中屋の跡取りたる正太郎は、経済的な優越感で「見る主体位置」が成立し、経済的な状況が変わらない以上、その位置も変わらない。これは正太の自意識だけではなく、周りの人[②]も正太をその位置に置かれている。最後に変貌した美登利から絶交を宣言されたのは、見られている対象から見る主体への美登利の拒否、彼の視線の主体性に対する抵抗からだと思う。いずれも買う客になる正太と買われる女の美登利との関係は、「廓内の大きい楼にも大分の貸付がある」(第4章)から遊客と遊女の関係以上に冷酷だと指摘した。

3.2.2　三五郎

　対照的になっている子供は貧しい車引きの家の三五郎である。動作や会話などから自らを道化者にしたてる三五郎はわざと意気地なしに滑稽なことをして、みんなを笑わせたりする。これは子供の集団のおける自分の立場をちゃんと分かっている三五郎がそのグループに入るために意識的に「三五郎と言へば滑稽者と承知して」(第4章)、「見られている客体・対象」つまり「客体―私」になったからだと思う。これは美登利とも対照的になっている。
　三五郎は自己認識を「対象―私」に決めたから、その客体的な位置も始めから終わりまで変

わっていない。祭り(草履事件)の日の夕暮れ、宿敵・表町組の正太への復讐を計った横町組の長吉の襲いに、被害の的になったのは三五郎と美登利だったのも、運悪かったではなくて、二人とも見られている対象からだと思う。

4　視線への美登利の戦い

4.1　動きゆれている視線の立場

美登利の身には、二回の視線の立場の逆転があった。

4.1.1　「田舎者」から「女王様」へ

よそ者(田舎から来た、話に訛りがあった)として大音寺前の子供集団に繰り込まれた美登利は、初めのうち町内の娘たちからその田舎ぶりを嘲笑された。見られている対象としての辛さで、「三日三夜泣き続けた」(第3章)。でも、その後「今は我より人を嘲り」(第3章)、見る主体へ逆転できた。その転身を可能にしたのは、大黒屋からもらった豊かな小遣いである。

草履事件まで、「子供中間の女王様」として「アソビの世界に君臨する」美登利は活発でお侠のように生きてきた。この時は見る立場に立ってすべての人と物は彼女の視線の下に置かれているようだから自信を持っていた。つまり、「主体—私」が保っている。それは以下のような場面に現れている。

(1) 子供の遊びを主宰し、吉原と大音寺前のすべての注目を集めている。
(2) 活発に信如に話し掛けたりした。
(3) 遊芸人の女大夫を呼び止めて明鳥の一節を歌わせた。

これについて塩田良平(1960)は「美登利の体内に潜む流民の血を証している」と指摘したが、これは美登利の見る主体性への自信と確認だと本稿筆者が思う。

4.1.2　「女王様」から「乞食」に

草履事件で、長吉に額に泥草履を投げつけられた美登利は「乞食」に転落し始め、「よそ者」「見られている対象」に過ぎない自分がみんなの前に露呈させられた後、見る立場の自信も揺れ始めた。これは信如への視線が隠れはじめたことに暗示されている。

(1)雨の夜の筆屋の場面、大黒傘を肩に筆屋の軒先から遠ざかって行く信如の後ろ姿を美登利がこっそり見ている(第11章)。
(2) 大黒屋の前の場面、困っていた信如を庭から「小隠れて覗」(第13章)いていたが、勇気を出して助けの紅入友禅の布を信如の前に投げたが、信如に無視された。この雨に濡れた布は主体的な位置への美登利の試みとその失敗を象徴すると思う。

4.1.3　「初店事件」[④]で完全に「対象—私」になった

見られている対象へ転落した後、美登利は豹変して毎日「薄暗き部屋」に伏せた。
(1) すべての人の目つきを怖がっている。
(2) 正太郎とも絶交した。
(3) 学校を完全に辞め、友達との遊びも絶った。

このときの美登利は水仙の造花を拾った。この造花は「実らなかった恋のシンボル」(瀬戸内晴美 1984;247)、「子供たちがそれぞれ大人へ変貌する中にあってただ一人信如のみは不変のままの結晶」(山田有策 1986;98)だと指摘されたが、本稿筆者はこれから見られる対象として生きていく美登利のシンボルだと思う。

4.2 他者の視線への恐怖

　自己と他者との視線の主体・客体関係の相剋で、視線の対抗の勝負状況により美登利の自己認識・アイデンティティも動揺している。見る主体性と自己認識とを関連させ、見る立場の確保を自己認識・アイデンティティの唯一の基準としている。他者の視線を恐がっていて、「見られている対象」としている自分を拒否している。視線の対抗に勝ったら、つまり「主体—私」であれば美登利はアイデンティティを得、活発で陽気に生きられる。負けて「対象—私」になったらそのアイデンティティが失い、性格が変貌した。

　これは美登利の内面的な認識と変化の経緯であるが、他の子供たちの状況と合わせて分析すれば、最初から最後まで変わらない美登利の「見られている対象」としての位置が分かる。「子供中間の女王様」としていた間に、美登利は主体性を持ち、自己認識を持っていたが、実はそれは偽りの自己認識である。大黒屋の楼の主、おばさんたちと両親の怪しい「大切がる様子」（第3章）と、吉原の金銭に支配されている大人たちの金銭のルールの影響を知らず知らずのうちに身につけている大音寺前の子供たちのお世辞で作られた偽りの認識である。「女王様」の時期であっても、朝湯帰りの美登利の美しさを、廓帰りの若者たちの間で取沙汰されたことと、変貌した（初店した）後、団子屋の背高が際物屋になってお金を貯めて美登利を買いに行くと言ったことなどからも分かる。

5　結論

　本論文は美登利の変貌をめぐって、他者とその視線という角度で、成長する過程における他者の視線（信如と長吉、正太と三五郎）と、その視線と対抗しつつ、自己認識を探そうとしたが、最後に失敗した美登利のことを検討したものである。

　自己と他者との間の「視線の主体・客体関係」の相剋から苦悩や孤独が生じ、その対抗の勝負状況で美登利の自己認識・アイデンティティも動揺している。見る主体性と自分の自己認識とを関連させ、美登利は見る立場の確保を自己認識・アイデンティティの唯一の基準としている。他者の視線を恐がっていて、「見られている対象」としている自分を拒否しているから、美登利の身に二回の性格の変化が生じたのだと思う。視線の対抗に勝ったら、つまり「見る主体位置」が保てば美登利はアイデンティティを得、活発で陽気に生きられる。負けて「見られている対象」になったら主体としての自己が解体し、そのアイデンティティも失ったのである。この小説は他者の視線に負けてしまう美登利の戦いを描いたと思われる。

注

① サルトル（Jean-Paul Sartre,1905年—1980年）、フーコー（Michel Foucault,1926年—1984年）、ラカン（Jacques Lacan,1901年—1981年）は代表、他にはフェミニズムの男性の視線、植民地主義の視野での視線などがあるが、ここではサルトルの視線についての理論をもとにする。

② 僧侶でありながら欲深な父、商売に熱中する母、「素人にして捨てておくは惜しい」だから「茶屋の店」（第9章）を開いたお姉さんに対する信如の嫌悪感と恥ずかしさ。

③ 正太の子供たちの間の表町組の頭の地位と、大音寺前の大人たちから見ても特別な位置を持っていることを作者が噂話の手法で読者に伝えた。

④ 変貌の原因を初潮説（前田愛、和田芳恵、塩田良平など）に解説したが、佐多稲子が初店説を打ち出したあと、派手な論議になった。野口富士男、大岡昇平、松坂俊夫も佐多説に賛成した姿勢を示し

た。初店であろうと、初潮であろうと、その原因は何かに関わらず、これは語り手がわざにそう設定したのだと思う。見られている立場にいる美登利、話す権力が無い美登利をあわらしているのだと思う。

参考文献

[1] 瀬戸内晴美.名作の中の女たち[M].東京:ドメス出版,1984.
[2] 樋口一葉.明治の古典3 たけくらべ・にごりえ[M].東京:学習研究社,1981.
[3] 藤井貞和.国文学解釈と教材の研究[M].東京:学燈社,1984.
[4] 前田愛.展望[M].東京:岩波新書,1978.
[5] 前田愛.樋口一葉の世界[M].東京:平凡社,1981.
[6] 松坂俊夫.増補改訂:樋口一葉研究[M].徳島:教育出版センター,1983.
[7] 山田有策.国文学 解釈と鑑賞[M].東京:至文堂,1986.
[8] 萨特.存在与虚无[M].陈宜良,译.北京:生活・读书・新知三联书店,1997.

作者情報

氏名:郭婷
学校:上海外国語大学(博士後期課程3年生)
連絡先:上海市虹口区大連西路550号
メールアドレス:kakutei@163.com

無縁社会とSNSの流行
―社会心理学から―

上海対外貿易大学　羅栄霞

1　はじめに

　無縁社会という現代的な社会問題は、2010年NHKが「無縁社会」をスペシャリストとして取り上げたことで注目された。無縁社会とは、家族、地域、会社などにおける人との絆が薄れ、孤立する人が増えている社会のことである。旧来の日本では、親族、地域社会、会社などの所謂血縁、地縁、社縁などで比較的濃密な人間関係が形成されてきた。三つの縁が相互扶助、相互監督のシステムとして機能してきたが、近年、こうした繋がりが急速に失われ、自らから孤立している人が増えているという。

　無縁の背景には、核家族化・非婚化・長寿化による単身世帯の増加や雇用形態やライフスタイルの変化や集団主義から個人主義へとの思想観念の変化などがある。しかし、親族がいても音信不通になったり、地域との交流がなかったりして、病気などの緊急時にSOSを発することができない人も多く存在することが明らかになってきた。その結果、家族や企業に期待されてきた相互扶助の機能が既に失われた。なぜ現代の日本人は自ら無縁化するのだろうか。また、無縁の深刻化には一体どういう心理が働いているのだろうか。

　一方、今老若男女を問わず多くの日本人が、SNSと呼ばれる交際機能が備わるアプリを用いて、誰かとの繋がりを求めている。SNSとは、インターネット上のコミュニケーションを促進する登録制のサービスで、ソーシャルネットワーキングサービスのことである。SNSには自己のプロフィール、ブログ、写真などを公開したり、インターネット上のコミュニティを構築したり、他人のプロフィールやコミュニティを検索するなどの機能を備えている。SNSを用いて、友人、知人の間に限らず、趣味、居住地、出身校などが異なる人の間でも、新たな人間関係を構築できるという。なぜ現代の日本人はフェイス・トゥ・フェイスの交流ではなく、非リアルの世界で顔見知ぬ人との交流を望んでいるのだろうか。また、本稿ではSNSの流行にはどういう心理要素が動作しているのかを解明したいと思う。

2　カレン・ホーナイー理論

　1910年代にアドラーとユングがフロイトから離反した後、精神分析は20年代から30年代にかけて、発展的な時期を迎えることになった。そして、後期のフロイトが自我を中心に新しい理論モデルを提唱したこともあり、その関心は自我に向けられるようになっていた。その中で、サリヴァン、フロム、ホーナイなど、新フロイト派と呼ばれた人々が活躍し始めるこ

とになる。新フロイト派は文化的要因を重視した学派だが、それは不要な仮説性を削ぎ落とした現実的な精神分析である。

　1939年に新フロイト派としてのカレン・ホーナイーは、『新精神分析法』を著わしてパーソナリティの形成に社会的および環境的要因の重要性を強調する。ホーナイーはロイトのリビドー理論を批判し、幼児性欲よりも文化的要因や社会的要因を重視する。そして、去勢コンプレックスよりも幼児期の環境と対人関係の役割に注目し、幼児期に十分な愛情を受けられないときに幼児の抱く不満と敵意にみちた孤立感や無力感を〈基本的不安〉と名付け、それを神経症発生の素地と考えている。ホーナイーは神経症発生の主因を資本主義社会機構におき、女性の歴史的、社会的な従属的地位についても先行研究がある。

　ホーナイによれば、フロイトは本能的な欲動を重視し、神経症患者の傾向を生物学的な因子に帰着させており、パーソナリティに及ぼす文化の影響を軽視しているという。文化や価値観の影響を考慮しなければ、精神分析はその社会の価値観における「正常」への適応を目指すだけとなり、その価値観が神経症の一因であることを忘れてしまう。自我は文化によって規定されているのであり、弱くなった自我を変えることこそ治療の仕事だというのである。要するに、文化や価値観を要因として捉え、自我の内心変化を分析することが重要なことである。本論では、日本人が置かれる社会環境や対人関係から人の内心変化を分析していきたい。

　環境の影響によって自分自身や他人に対する関係が損なわれると、子供は強い不安を感じ、この不安に対処するために様々な防衛を試みる。その結果、強迫的な行為を繰り返す「神経症的傾向」が形成され、不安を回避する唯一の手段となる。しかし、それは自分自身を疎外し、かえって人間関係を損なう機会を増やし、別の不安をもたらすことにもなるので、柔軟性のない神経症的な性格を発達させることになる。要するに、神経症的傾向とは内的規範の歪みであり、それが強く固着して身につくと、人格障害と呼ばれるようになるのである。

　したがって、神経症的傾向の実際の機能とその結果を知ることができれば不安を大幅に減り、他人との関係も改善されるはずなので、神経症的な行為が実際に何をもたらすのかを考える必要がある。この場合、分析家と患者の信頼関係が不可欠だが、特に転移が極めて重要となる。ホーナイは、フロイトのように転移を幼児の型の反復だとは考えず、現実的な感情関係として捉え、治療関係があくまで現実的な人間関係として考える必要があると述べる。つまり、患者の現実的な人間関係を踏まえて神経症の傾向の作用を分析すべきである。

　実際、一般の人にも神経症の傾向の人のような矛盾だらけの行為が見られる。例えば、結婚したい女性が男性に近づけようとしない、母親として子供を愛しながら彼らの誕生日すら忘れる、人に優しいが自分だけに厳しい人、孤独に憧れているが独立することを怖がるなどの例が挙げられる。現代では、日本社会における無縁問題とSNSの流行からも矛盾しているような関係があるのではないかと考える。本稿では、ホーナイーの理論に用いて、日本の無縁社会の深刻化とSNSの流行から見られる心理作用を分析していきたいと思う。

3　無縁社会

3.1　無縁社会の現状とその社会ネットワーク

　NHKの調査（2010）によると、9人のうちに一人の日本人が無縁の状態になっている。つま

り、日本の無縁社会という問題は既にこれほど深刻になっていることがわかる。無縁になっている日本人は誰との繋がりもなく、一人様の生活を送る。また、自ら人との交流の主動能力があっても、身を起こさず独りぼっちの世界に閉じこもることにする。

無縁者の社会はネットワークがボンディング型（結束型）のつながりであり、その特徴は閉鎖的、排他的、相互扶助・相互監視の機能がなく、匿名性がある。誰ともつながっていないため、コミュニティの繋がりもなく、他人との互酬性の規範による助け合いの機能がなく、信頼性が存在しないなどのマイナスの面がある。結果として、どのような状況に置かれても、他人に助けを呼ぶことができず、自分を危険の場にさらされ更に孤独死になる恐れがある。一方、こういう生活或いは社会ネットワークが人の心身ともに最大限の自由を与えると言われている。しかし、以上のマイナスの面の悪影響を考えると、やはり無縁社会から脱出する措置が考案しなければならないと思われる。

3.2 無縁社会に拍車をかける原因の分析

無縁社会から脱出する方法を提案する前に、現代の日本人が無縁に陥る原因を突き止めなければならない。以下のように、主に表面から見られる外の原因を分析したいと思う。国民生活基礎調査（2016年）の結果からグラフで見る世帯状況によると、「単独世帯」が1986年の18.2％から2016年の26.9％までに上昇し、「夫婦のみの世帯」が14.4％から23.7％までに上昇し、いずれも増加の傾向にあるという。また、65歳以上のものの「単独世帯」も1986年の13.1％から2016年の27.2％までに上昇するという。そして、児童のいない世帯は53.8％から76.6％までに達しているという。つまり、核家族化、単身世帯の増加が進んでいることにより、無縁社会を促進していると考えられる。

また、平成31年（2019年）総務省統計局の労働力調査によると、役員を除く雇用者に占める非正規の職員・従業員の割合は38.1％と4期連続の上昇を見せたという。現職の雇用形態（非正規の職員・従業員）についた主な理由について、「自分の都合の良い時間に働きたいから」「正規の職員・従業員の仕事がないから」「家計の補助・学費などを得たいから」などの答えがある。つまり現代の雇用形態が非正規雇用が主となると考えられる。他に失業者のうち、仕事をつけない理由について、「希望する種類・内容の仕事がない」「条件にこだわらないが仕事がない」などの回答がある。これらの回答から、就職環境や待遇などが就職希望との差が大きく、仕事につけたくてもつけられない現状にある。つまり、現代の働き方に問題があると考えられる。同調査によると、非労働人口のうち、就業希望者（就業は希望しているが、求職活動をしていないもの）は327万人で、就業非希望者（就業を希望していない者）は3,782万人もいるという。就業希望者であれ非希望者であれ、いずれも何らかの理由で求職しようともしないことが伺える。以上のことから、非正規雇用の割合、失業者、非労働人口の増加により、無縁社会を深刻化させるのではないかと思われる。

3.3 無縁になる主体とその心理

以上に述べたことに踏まえて、無縁になる原因は核家族化、単身世帯の増加、非正規雇用、失業者、就職非希望者などの増加にある。言い換えれば、家族世帯の構成の変化と雇用形態の変化により、無縁が深刻化になる一方である。本論で考えられる無縁の主体はこうした内的と外的の要素の影響を受けて、自ら一人様の生活を選択してしまった。ホーナイーの説によると、私達の心理と感情を決定する主因は私達が生きる文化環境、個人環境、生活環境であるため、個人が置かれる特殊の文化環境がそれに与える各方面の影響を考慮しないと個人の人格のメカニズムに理解できないという。そのため、前の節に述べた要素がどのよう

に個人に影響したのか、日本の文化を取り入れながら個人の心理変化を分析していきたい。

まず、無縁社会が低年齢化しているところから、日本の社会にある家庭環境が個人に与える影響が無縁の原因とは切り離すことができないことが分かる。2013年NHKにより放送されたドキュメンタリー「働き盛り1万4千人の声」を例として、家庭と社会は個人の心身に影響する経緯を分析する。この番組では、家庭のトラブルに耐えず家出して一度孤独の生活を送る少女がいた。家庭環境が悪くなり、家庭成員に対する信頼がなくなり、更に家庭外の人も信用できず、彼女の目に映るすべての人が敵に属するものである。人と接触が少なければ少ないほど、経験が乏しいことに加え、彼女はますます人を敵視する傾向に発展する。最終的に、内心にためてきた焦慮の思いが外の世界に転移し、世界に恐怖心を抱いて、世界が怖いと思い込んでしまう。外部の世界に対する焦慮がさらに発展し成長していく恐れがあるので、特に他の人と付き合う際、競争心と向上心がなくなり、自分が誰にも必要されていないだろうと思って、さり気ない冗談でも彼女にとって残酷な打撃と仲間はずれの意味になる。要するに、彼女のような不幸な家庭環境に影響された子供たちが、自己保護の能力が弱く、他人より傷つきやすいことになる。ホーナイーの節によると、前に述べた家庭環境は、最終に内心に蔓延しつづき、持続的に増強させる孤独感及び敵意に満ちることにより、何の術もない絶望感が生まれる結果に導くのである。つまり、不幸の家庭環境が個人の心理に自己否定し、すべてを敵視し、孤独感と絶望感を感じさせるなどの悪影響を与えることが分かる。

また、同番組では、過労や人間関係などの原因で失業し再就職できない40代の男性が印象に残る。失業と共に家庭が崩壊し、彼らは誰とも交流せず、一人様の世界に浸る。他人を疎遠するという明らかな特徴から、この状況はホーナイーが『心の葛藤』の中で述べた人を避けることであることが分かる。驚くべきことに、彼らは自分まで疎外し、物事に対し感情を持たなくなり、自分の愛しさ、憎しみ、欲望、思い、恐怖、怨み、信仰等が分からなくなり、本当の自分を見失う羽目になっている。結果、彼らは意識的に或いは無意識のうちに、他人との距離を保ち、できる限り他人との感情上の連絡を断ち切ることにしている。以前彼らは職場などの社交的な場で、きっと競争心や向上心のある人であっただろうが、否定されることを積み重ね、現実の残酷さを避けるため、自己の心を封じさせ、周囲のすべてに感じようとしないことにする。即ち、現実逃避のため自己麻痺にしていることが分かる。

以上のことから、家庭環境や社会環境が個人に自己否定による孤独感と絶望感、現実逃避のため自己麻痺などの心理変化を発生させることが分かる。

4 SNSの流行

4.1 SNSの流行の背景

日本国内では2010年頃からスマートフォンが広く普及して、近年ではスマートフォン保有率が7割を超えている。それに伴いSNSの利用者は10－20代にとどまらず、40－50代以上の年齢そにも拡大しており、2018年度末までにはSNS利用者数は7,486万人に達するという。SNS上で自分の私生活について発信したり、写真を載せたりすることが若者の間では極普通のことになっている。SNSは、手紙や電話、メール以外で、相手を邪魔することなくリアルタイムで自分の思いを馳せる場所になっている。つまり、現代社会はスマートフォンの普及により、個人メディアが発信しやすいことになっていることとが分かる。

また、2011年2月1日に放送されたNHKスペシャル『無縁社会—あらたなつながりをもとめ

て～新たな繋がりを求め―』によると、無縁社会の中で無縁者がネットを通じて誰かとの繋がりを求める思いが見られた。言い換えれば、SNSには情報発信の機能を備えるほか、人と人の絆を築く或いは交流する機能もあることが分かる。また、他に情報収集、のぞきみや購買などの目的でSNSを利用する人もいる。

以上のことから、SNSの流行の背景には、スマートフォンの普及とSNSにある実用の機能性が原因にあると考えられる。

4.2　SNSの交流方式の特徴とその社会ネットワーク

昔の交流方式は対面し、或いは文通などによるものであるが、現代社会では、SNSなどのルーツで距離が遠く離れても、更に知り合いでなくても交流できるようになっている。つまり現代のSNSによる交流方式が、場所、時間、面識などの制限がなくなり、かつてないほどの便利性があることが分かる。

その社会ネットワークが無縁社会のネットワークと真反対で、ブリッジング型（橋渡し型）の繋がりであり、開放的、流動的、独立性の重視、相互関心、当事者意識などの特徴がある。こうした橋渡し型の社会ネットワークは結束が弱くトラブルが少ない一方、繋がりが強くないため助け合うという互酬性の規範がうまく機能できない可能性がる。つまり、こうした社会ネットワークが自由度が高いことに対し、絆が弱く助け合うことが不確定であることが分かる。そこで、更なる強固な絆を構築するためには、SNSを利用するものの心理を解明しなければならない。

4.3　SNSの主体とその心理

先行研究では、承認欲求心理に駆使されてSNSを利用すると述べたが、現実の各方面の要素を含めて考えば、他の心理もあるのではないかと考えられる。ホーナイーの説によると、すべての対人関係には基本的な焦慮が存在し、焦慮を緩和させるためには自己麻痺などの方式がある。アルコールや睡眠薬の他に、麻痺という目的を達成するにはいろいろの方法がある。例えば、孤独を恐れるため積極的に社会活動に参加する方法がある。しかし、人と対面する時に、また新しい焦慮が生まれる可能性があるので、やはり社会活動は孤独から脱出したい彼らにとって無理なことである。そのため、SNSは対面する必要もなく、簡単に交流できるため、彼らにとって最適な社交的な場になっている。

また、SNSの利用から、個人は自己を理想化する心理が見られる。そのための一つの方法は他人から認め或いは衝突を避けるために、人格のある面を抑えてそれに反する方面を表に出すことである。もう一つの方法は自己と他人を一定の距離に置かれ、衝突を作用できないようにすることである。更に、無縁社会と同じように、SNSの利用も現実逃避を目的とし、ネット上の世界に生きていて、現実社会の交流を望まないことが見られる。以上のことから、自己を理想化する自己麻痺と現実逃避の心理が、SNSの利用を促進するのではないかと考えられる。

5　無縁とSNS

無縁者とSNSの利用者は現実の人間関係や社会環境に不安を感じることにより、不安を解決するために、他人を疎遠し更に自分自身を疎外することによって、自己保護の目的を果せようとする。しかし、他人と自分を疎外することに伴い、別の不安を生じるので、結局このサイクルに綴じ込まれ、脱出することができないことになる。つまり、無縁になることも

SNSを無闇に頼ることも、現実の人間関係と社会環境を原因で、すべてを疎外することにより自分を守ろうとする措置である。以上のことにより、無縁の深刻化とSNSの流行には、本当の自分を見失うことによる孤独感、現実逃避のための自己麻痺などの共通心理が見られる。

　前に述べたことにより、繋がりが失う或いは繋がりを求めたくないことが原因で無縁社会を一層推し進める一方、ある程度の繋がりを求めて対面する必要もなく利便性が高いSNSを利用している日本の若者が多くいることが分かる。一見矛盾しているように見えるが、実際これは無縁社会の深刻化とSNSの流行が相互作用しているのである。無縁に陥ることを避けるために、日本の若者はSNSを利用して、誰かとの繋がりを求めている一方、SNSの世界にあるすべてが非リアルであることに気が付き、また無縁の状態に戻るのではないかと考えられる。SNSは無縁からの脱出に道を提供しているが、やはり今のSNSでの付き合いはネット上での非リアルの世界に存在するもので、一旦この現実に気が付けば、SNSには頼らなくなるだろう。そのうえ、現実の世界に戻ることも容易にできないため、人は無縁に陥るしかない。つまり、SNSでの付き合いが現実の交際に転じることができなければ、無縁とSNSの相互作用が永久に続いていくだろう。

　無縁は完全的な孤立する状態で、これに対しSNSの交流は現実の世界のものではないが、少しでも人と世界と繋がっている。また、無縁になる主体が繋がりを求めていないが、SNSの利用者が自ら人との繋がりを望んでいる。つまり、無縁者とSNSの利用者は主に孤立である状態とつながりを求める態勢が違うことが分かる。

　そこで、無縁の深刻化を緩和させるためには、以上に述べた無縁社会とSNSの流行の相違点を参考にしなければならない。現在、公的な支援が頭打ちになったので、日本人が依存しているSNSが無縁問題の解決に力を貸すことができるのではないかと考える。つまり、SNSの流行に乗り、ネット上の社会ネットワークを構築するべきだと思われる。一方、ネット上の社会ネットワークでは自我を中心とし、自我を思い通りに再構築できるが、現実の人間関係や社会環境に戻らなければ、やはり根本的な内心の葛藤と外の世界に対する恐怖心が解決したとは言えない。

6　結論と今後の課題

　本稿では、日本の無縁深刻化とSNSの流行に関する資料をまとめ、両者の心理や関連性について分析した。その結果、社会環境や実際の人間関係により日本人が孤独感、無力感と現実逃避のために自己麻痺などの心理が生まれ、無縁になることもSNSに頼ることもそれに対応する措置であることが明らかになった。今後の課題としては、SNSの付き合いを架空な物ではなく現実の人間関係に転じさせる方法を論じたい。

参考文献

［1］総務省統計局.労働力調査（詳細集計）平成30年（2018年）平均（速報）.［EB/OL］.(2019-05-14).www.stat.go.jp/data/roudou/rireki/nen/dt/pdf/2018.pdf.
［2］厚生労働省.平成28年国民生活基礎調査の概況.［EB/OL］.(2018-07-20).www.mhlw.go.jp/toukei/saikin/hw/k-tyosa/k-tyosa16/dl/16.pdf.
［3］小辻寿規.高齢者社会的孤立問題の分析視座［J］.Core Ethics，2011(7):109-119.

[4] 正木大貴.承認欲求についての心理学的考察—現代の若者とSNSの関連から—[J].現代社会研究科論集,2018(12):25-44.
[5] 福田アジオ,古家信平,上野和男,他.図説日本の民俗学[M].東京:吉川弘文館,2010.
[6] 霍尼.我们时代的神经症人格[M].辛怡,译.北京:中国华侨出版社,2017.
[7] 霍尼.我们内心的冲突[M].辛怡,译.北京:新世界出版社,2017.

作者信息
  姓名:罗荣霞
  学校:上海对外经贸大学
  联系地址:上海市松江区文汇路600弄一期宿舍86栋
  电子邮箱:18323004@suibe.edeu.cn/13631789573@163.com

学習者ビリーフから見る学習観問題の一考察
―学習者ビリーフと自己評価を中心に―

京都大学　張心悦

1　研究背景と目的

　学習者はそれぞれ個性を持ち、様々な学習スタイルが存在する。その中において、学習ビリーフは学習者自分で強く抱いているアイデンティティの一種であり、ビリーフの優劣を評価することができず、学習者の学習に大きく影響する。場依存型、場独立型にもかかわらず、授業内外のストラテジーの使い分け、学習動機・目標の明確さ、危機感とセルフ・モチベーションの強さ、自己の可能性への肯定的ビリーフが影響していることと考えられる。学習者は、自律的意識を持っており、授業では、先生の話を聞くことを重視する。学習者は教室を必要な知識・情報を得る場、自己の学習における問題解決の場と捉える傾向が高いと言えるが、各自の学習ビリーフにより、重要視する点が異なり、それによって「自分なりのやり方」が生じ始める。

　しかし、学習者毎に経験が異なるため、個々の学習ビリーフも異なっており、先生の同じ意見や方法に対しても、学習者の中に異なる意見が存在すると思われる。そして、学習者が自身のビリーフを持ち、自律的に学習を進めていく。学習者自律[①]は、学習者の教室内での積極的な態度を期待するだけではなく、教師が教室外での学習も意識しなければならない。また、学習者が、独力で計画―実行―評価の学習過程を行えるようになることが最終目標ではなく、むしろ、教師の理解と援助が重要である。

　以上のことから、本稿は、学習者のビリーフと自己評価、および学習者のビリーフと関わる様々な学習観の関係を明らかにするため、質問紙調査を行った。その結果、教師が学習者ビリーフを理解し、より良い学習法と教育法を探究する必要があると考えられる。

2　先行研究

　臼杵(2005)は、中国の環境にある教師主導型授業形態を主な学習経験としながらも、上級レベルにまで日本語力を高めることのできた秘訣は、まず自己認識であるとし、自己の日本語レベルを向上させるためのストラテジーとして、実際の場面で日本語を用いる機会を作ると述べた。学習者のビリーフを明確にし、教師の対応の変化や新しい授業形態への取り組みによって、学習者が新しい学習経験を持てば、それが今後の学習者のビリーフに影響すると指摘した。

　長坂・木田(2011)は、中国の大学で教える中国人NNT85名を対象とし、会話力向上のため

の指導に関する質問紙調査を行った。彼は、教室の中では伝統的な繰り返し、暗記、中国語への翻訳といった自由度の低い活動が頻繁に行われ、学習者が意見や感想を述べたり説明や描写を行ったりする自由度の高い活動の実施率が低いとし、それは会話力育成に貢献すると指摘し、中国の日本語教育が伝統的な教え方から脱却していない状況を示している。

浜田(2010)は、中国の大学で教えている教師6名に、(1)自分が日本語を教える時に何を重視しているか、(2)良い言語教師とはどのような人であるか、2つの質問を提示し一人あたり30～40分のエピソード・インタビューを実施した。その結果、中国人教師は「あるべき」行為のモデルに沿って緊張を強いる「規範的モード」と、緊張から解放する「表現的モード」の間のバランスを取りながらコミュニケーションのモードを選択していると述べた。すなわち、教科書に沿った規範的枠組みでテストによって緊張を与えるような形と、学習者と教師とのコミュニケーションや学習者の内発的動機づけを重視する形を選択しつつ教育を行っているということであると指摘した。

小池(2002)は、教育現場の日本語教師三人の内省により構築した質問項目にHorwitz(1987)が構築したBALLI(Beliefs About Language Learning Inventory) 4)の質問項目を訂正追加して、質問項目をリストアップし予備調査として七人の上級日本語学習者に対してリストアップした質問項目を使用した課査、及び日本語の上達要因、学習者ビリーフ、解答形式に関するインタピューを実施した。そして予備調査の結果から、質問項目の再構成を行い、指摘された理解しにくい言葉、表現などの改良を加えた結果、100問の選択問題の質問紙調査が作成した。

以上、学習者ビリーフに関わる学習観、および教師が学習者ビリーフによる教室の改善の重要性が十分にみられ、そして本稿は、小池(2002)が作成した100問から23問を取り上げ、10問が最近の日本語教育に関わる視点、7問はKaufmann(2005)が提唱した学習観であった。

3 研究方法

3.1 協力者

今回の質問紙調査は、主に来日3年未満の中国人留学生26名を対象にし、回収した20部を研究対象にした。協力者の全員は日本語能力試験N1合格者であり、19名の日本語学習歴は5年以上であり、1名は半年であった。

この20名協力者の中に、16名が中国の日本語専門で大卒をし、日本で交換留学のため短期滞在、日本の大学院を進学予定者と日本の大学院生であった。全員は日本での滞在時間が2年以内であった。またそのうち、4名は日本語専門出身ではない。1名は大学でドイツ語専門出身、ゼロから日本で3ヶ月日本語を勉強し、N1突破した学生であり、他の3名は経営関係専門であった。

3.2 質問紙調査の説明

質問紙調査は、自由解答問題8問と選択問題40個に構成され、自由解答は、「日本語専門の進学理由」「大学での日本語授業の週間平均コマ数」「大学での日本語科目」「興味がある、役に立つ、つまらなくて役に立たない科目」「勉強していなかったが大事だと思うこと」「自分の日本語の長所と短所」「日本語勉強に一番大事なこと」「理想な日本語教室」について、自由記述をしてもらうという形である。日本語専門ではない方は、最初の大学に関する調査は記入なしで、「どうやって独学する」という質問に答える。

選択問題では、各自「非常に賛成(重要)」「賛成(重要)」「どちらでもない」「あまり賛成(重要)ではない」「まったく反対」という五つの選択肢があり、質問紙調査協力者に自分の意見と最も合う選択肢を選択してもらうの形である。

4 自由解答式の質問の結果と考察

まず、日本語を勉強するきっかけに関しては、20人の質問紙調査の結果から、「将来、日本に留学したい」「日本がきれいなので日本が好き」「日本語を聞いて勉強したくなった」「日本文化(アニメ、漫画、ドラマ、ゲーム)が好き」「日本語の同時通訳に興味があった」など、「積極的な学習動機」(「内的な学習動機」)を持っている学習者が15人である。その中、「日本語を聞いて勉強したくなった」など直接的に日本語に関わる原因を「直接的積極な学習動機」4人と、「日本文化に興味があった」などの間接的に日本語に関わる原因を「間接的積極な学習動機」11人と分けた。「よくわからないが、日本語を勉強すればいい仕事ができやすい」「外国語を勉強したいが、別に何の外国語でもいいが、日本語をなんとなく選択した」「両親が指示したから」「友人が選択したから私も」「留学したいけど、両親が心配なので遠い国には行けなくて日本にした」のような「中立的な学習動機」(「外的な学習動機」)も見られる。

次に、授業時間と科目に関しては、1週間の日本語授業は平均8コマから10コマで、3年生の日本語科目は最も多いことがわかった。そのうち、全員が受けたことのある授業は「基礎日本語」「読解」「聴解」「作文」「会話」である。「役に立つ」科目は、聴解が最も多く、20人の11名が「聴解」が非常に役に立つと答えた。次は「会話」「基礎日本語」である。理由として、「聴解練習が多かったので今は日本人の話を大体わかる」「聴解材料によって日本のことを知ることができた」などがある。一方、「日本文学」「日本文化」は日本語学習に重要な一環であるが、「つまらなくて役に立たなかった」科目として挙げられ、20人の中で9人が「とてもつまらなかった」と書いた。

一方、「文法」については賛否両立である。役に立つ理由として「文法なければ文が作れない」「文法がわからなければ文章が読めない」などが挙げられる。一方、役に立たない理由は「教室で勉強した文法は日常生活ではなかなか使わない」が圧倒的に多く、また「文法をもっと効率的に勉強したい」などがある。この点は学習者の個人ビリーフにも関係があると考えられる。

第三に、自分への自己評価について、客観的に自己評価することが難しいと考えられる。学習者に自己評価してもらうことによって、「内省」が発生される。そこで、「自分が何か不足を認識し、何かをやればよかった」という考えを発生した理由を考察したい。

学習者010の自己評価が「話の理解、自分の会話力に自信はあるが、単語力が足りない。辞書とか何冊を覚えてよかったのに」と自己評価した。フォローアップインタビューの結果、「自分が交換留学の間、日本人とコミュニケーションするのが順調であるが、たまに、聞き取れなかった単語があることと、授業の中に出た新出単語がある。そして、同じ交換留学として来たAさんが何でも知っていて、まるで物知り博士のように見えた。そのAさんは辞書を3冊暗記したと話したので、うらやましかった。私も辞書を暗記したらよかったと思い始めた」との発言があった。

以上の学習者の話によって、日本人と話す、日本で授業をするという実際場面で経歴したことで、自分の長所と短所を認識し始めた。そして「辞書を暗記した物知り博士」の「理想像」

を見て、自分もそのようになりたいという気持ちが生まれ、内省を行った。以上の分析から、学習者に「理想像」の提示は、自己評価と内省を促進する手段であると考えられる。

第四に、日本語を勉強する最も大切なものについて述べられた。学習者にとって、日本語を勉強する最も大切なものは、「根性」「熱情」「興味」「動機」「目的」などがあるが、最も多いのは「目標と必要性」であった。理由として、「あってもなくてもいいものは、勉強のモチベーションを維持できない」「目標がなければ、他の事情があったらすぐ諦める。スケジュール通りにできない」などの声があった。学習者によって、今まで教師は授業シラバスを学習者に提示することはあまりないため、学習目標は曖昧である。そのため、今後はシラバスを活用して、学習者に「学習目標」などを知ってもらうこともとても大事であると考える。

最後に、学習者の理想的なクラスに関するものである。今までの教室活動では、学習者が一方的に教師の講義を聞くのが多いのである。理想的な教室について、学習者は「少人数クラスで発言できる教室」「学習者主体ができる、ディスカッションができるクラス」「単一の知識を灌ぐのではなく、実践的に日本語をマスターできるクラス」「自分の成長を見える授業」「自信が感じられ、もっと勉強したくなるクラス」を挙げている。そのため、教師中心のクラスでは学習者を満足できないと考えられる。今までの「理想的な日本語教室」に関する議論及び提言が数多く研究されてきたが、学習者から直接の声を聴いて、改善案を考えるのもいい方法であると考えられる。

5 多項選択式の質問の結果と考察

本調査で使った項目は、主に今までの教育方法、学習方法及び教師のビリーフに関する教育観が多いため、ある程度で信頼性が高いと推測した。ここでは、「非常に賛成」と「賛成」の総計を総数に割って、「賛成率」として計算し、「反対」と「非常に反対」の総計を総数に割って、「反対率」として計算し、表を作成した。

5.1 賛成された項目

表1の結果、14項目が80％以上の賛成率を持ち、反対率がほぼ見えないのである。14個の項目は、「日本語を勉強するには日本文化を知る必要がある」「日本語を正しく話すためには、日本文化、日本文学についての知識が必要」「実際の日本語の使い方を学習するべきである」「時間をかかっても簡単な文型から難しい文型へと徐々に積み上げて学習していくほうが最終的に実力がつく」「日本語母語話者と同じように話せるようになりたい」「たくさん読めば書くことも上手になる」「書いた文の誤りを先生に直してもらって学習することが重要である」「単語（特に動詞、副詞）を覚える時、例文で覚える」「学習した文型は書いて覚えることが重要である」「教師から文法規則の明確な説明を受けることが重要である」「日本語を勉強するには、アニメを見たり、雑誌を読んだりするような自然習得がわざわざ意識的に勉強することより効率的である」「人によって、外国語習得の特別な才能を持っている天才がいる」「日本語学習の最初の時期に誤りを訂正されないと、その誤用がずっと残って後で直すのが難しい」と「自分の日本語の誤りをわかるようになることはとても大事である」である。

賛成率の順番から見ると、「日本語を勉強するには日本文化を知る必要がある」は、100％の賛成率がある。学習者全員は「日本文化を知る必要がある」と考えていた。また、「日本語を正しく話すためには、日本文化、日本文学についての知識が必要である」という項目も95％達したことで、日本文化、日本文学は、学習者の日本語勉強に欠かせない存在であると

いう認識が見られた。しかし、上記の「自由解答」では、日本文化、日本文学の授業に対し「つまらなくて役に立たなかった」と評価され、学習者は日本文化の授業から「役に立つ」ことを勉強できなかったと考えていた。日本文化の授業のやり方及び内容のフォローアップインタビューが必要であると考えられる。

他の項目は、例えば「日本語母語話者と同じように話せるようになりたい」において議論が存在する。現在の日本語教育現場では、「外国人は外国人の話し方があるから、母語話者と同じように話さなくでもよい」のような革新的な考え方が生まれ始めたにも関わらず、学習者側では「日本語母語話者と同じように話せるようになりたい」というビリーフが強く、ギャップが見られる。どのように学習者に伝え、また学習者の考え方をどのように変えることも今後考えるべきである。

表1　80％以上賛成が得られた項目

	項目	非常に賛成		賛成		どちらでもない		反対		非常に反対		賛成率
		人数	%	人数	%	人数	%	人数	%	人数	%	%
Q17	日本語を勉強するには日本文化を知る必要がある	10	50%	10	50%	0	0%	0	0%	0	0%	100%
Q21	日本語を正しく話すためには、日本文化、日本文学についての知識が必要である	18	90%	1	5%	1	5%	0	0%	0	0%	95%
Q19	実際の日本語の使い方を学習するべきである	6	30%	13	65%	1	5%	0	0%	0	0%	95%
Q23	時間がかかっても簡単な文型から難しい文型へと徐々に積み上げて学習していくほうが、最終的に実力がつくと思う	2	10%	17	85%	1	5%	0	0%	0	0%	95%
Q20	日本語母語話者と同じように話せるようになりたい	13	65%	6	30%	0	0%	1	5%	0	0%	95%
Q15	たくさん読めば書くことも上手になる	3	15%	15	75%	2	10%	0	0%	0	0%	90%
Q31	書いた文の誤りを先生に直してもらって学習することが重要である	7	35%	11	55%	2	10%	0	0%	0	0%	90%

(続き)

項目		非常に賛成		賛成		どちらでもない		反対		非常に反対		賛成率
		人数	%	人数	%	人数	%	人数	%	人数	%	%
Q5	単語（特に動詞、副詞）を覚えるとき、例文で覚える	6	30%	12	60%	2	10%	0	0%	0	0%	90%
Q1	学習した文型は書いて覚えることが重要	2	10%	15	75%	3	15%	0	0%	0	0%	85%
Q18	教師から文法規則の明確な説明を受けることが重要である	2	10%	15	75%	3	15%	0	0%	0	0%	85%
Q39	日本語を勉強するには、アニメを見たり、雑誌を読んだ理のような自然習得がわざわざ意識的に勉強することより効率的である	2	10%	15	75%	3	15%	0	0%	0	0%	85%
Q33	人によって、外国語習得の特別な才能を持っている天才がいる	5	25%	11	55%	2	10%	2	10%	0	0%	80%
Q4	日本語学習の最初の時期に誤りを訂正されないと、その誤用がずっと残って後で直すのが難しい	13	65%	3	15%	0	0%	3	15%	1	5%	80%
Q8	自分の日本語の誤りをわかるようになることはとても大事である	4	20%	12	60%	0	0%	4	20%	0	0%	80%

5.2　反対された項目

　表2の結果、8項目が40%以上の反対率を持っている。賛成率のほぼ見えない項目もあるが、賛否両立の項目も見られる。8個の項目は、「日本語を勉強するには教科書がなくでもいい」「日本語を勉強するには、文法規則の勉強は大事ではない」「語学に成功するには、最も大事なのは言語適性（才能）である。才能がない人は頑張るとしても、そんなにいい結果はないと思う」「日本語の作文は、意味が通じれば、別に母語話者のような表現を使わなくてもよい」「読むときに、一つ一つの語彙を理解し、文をつなげて読むことが重要」「語彙量を増やすため、一番いい方法はたくさんのリーディングをし、自分の単語リストを作ること」「一冊の教科書より、多くの教科書で勉強するほうがいい」「たくさんの文法規則を勉強すれば話すこ

とも上達する」である。

注目されるところは、「日本語を勉強するには教科書がなくてもいい」は、ほぼ全員が反対している項目である。教科書の種類については、一冊で専念するや、多種多様な教科書こそ勉強できるという異なるビリーフが持っている学習者がいる。Kaufmann(2005)は生教材などを用いて外国語を勉強したが、それはきちんとした教科書ではないと考えられる。特に、Kaufmann(2005)が最初段階では文法のインプットがなくてもいいと主張し、文法は大量なリーディングや聴解練習によって身につけると主張したが、この文法学習ビリーフへの賛成率が0であった。また彼は、語彙量を増やすために最も良い方法は多量なリーディングをし、自分の単語リストを作ることであるとされるが、この方法に対して、賛成しない学習者が多いのである。

表2　40%以上反対が得られた項目

	項目	非常に賛成		賛成		どちらでもない		反対		非常に反対		反対率
		人数	%	人数	%	人数	%	人数	%	人数	%	%
Q27	日本語を勉強するには教科書がなくでもいい	0	0%	1	5%	3	15%	7	35%	9	45%	80%
Q40	日本語を勉強するには、文法規則の勉強は大事ではない	0	0%	0	0%	5	25%	10	50%	5	25%	75%
Q35	語学に成功するには、最も大事のは言語適性（才能）である。才能がない人は頑張るとしても、そんなにいい結果はないと思う	4	20%	4	20%	2	10%	7	35%	3	15%	50%
Q36	日本語の作文は、意味が通じれば、別に母語話者のような表現を使わなくでもよい	0	0%	8	40%	2	10%	10	50%	0	0%	50%
Q3	読むときは、一つ一つの語彙を理解して、文をつなげて読むことが重要	0	0%	8	40%	4	20%	6	30%	2	10%	40%
Q37	語彙量を増やすため、一番いい方法はたくさんのリーディングをし、自分の単語リストを作ること	0	0%	8	40%	4	20%	8	40%	0	0%	40%

(続き)

項目		非常に賛成		賛成		どちらでもない		反対		非常に反対		反対率
		人数	%	人数	%	人数	%	人数	%	人数	%	%
Q28	一冊の教科書より、多くの教科書で勉強するほうがいい	0	0%	6	30%	6	30%	6	30%	2	10%	40%
Q14	たくさんの文法規則を勉強すれば話すことも上達する	0	0%	4	20%	8	40%	6	30%	2	10%	40%

5.3 中立的な項目

学習者のビリーフによって、様々な学習方法の中に、効く方法も効かない方法もあり、学習者自身でも判断しにくい場合がある。小さい頃から今までの学習方法には問題があると思うものの、完全に否定することができないと考えている。

単語帳は市販で多く売られているが、学習者がより多く覚えるため、電車やバスなどの交通機関を利用する際、単語帳を利用し単語を覚えることが少なくないである。Kaufmann(2005)は、この方法で単語を覚えても、実際場面で使えないと指摘し、単語帳をやめて、文脈を利用して多量に読むことで自身の単語帳を作るべきであると考えられる。学習者のインタビューによって、Kaufmann(2005)の指摘は的確であるが、今までの単語帳の方法も否定できないと見られた。

また、学習者ほぼ全員は外国語習得の特別な才能を持っている天才がいると信じている。自分がそれほどの才能がないが、ある程度の能力を持っているとの自信が見られる。語彙量と文法の重要性も見えられるが、それ以外、他により大切なことがあるという意識も存在する。

5.4 賛否両立の項目

学習者毎に同じ項目へのビリーフが異なるが、一般的に言えば、項目への意見は比例均等(例えば全員は20名で、賛成は7名、中立は7名、否定は6名)もしくは傾向がある(例えば全員は20名で、賛成は17名、中立は2名、否定は1名等)と思われる。今回の結果、比例均等な賛否両立の項目がいくつあるため、それに対して学習者の考えを具体的に考察したい。ここでは、賛成と反対両方とも25％以上達した項目を「賛否両立のある項目」と見なす。

5.3で述べたように、ほぼ全員は、外国語習得の特別な才能を持っている天才がいると信じている。一方、自分があれほどの才能がないと思うと同時に、「自分なりの努力をすれば、きっと何かが達成できる」という「積極的な学習ビリーフ」と「自分なりの努力をしても、他人より劣っている」という「消極的な学習ビリーフ」がある。「消極的な学習ビリーフ」を持った学習者は、「あきらめずに勉強しているが、自分は才能がないことを意識し、才能がある人より頑張っても成果がよくない」と確信している。彼らにとって学習の意欲は自分の才能にあるのではなく、自分の根性及び熱情にある。

Kaufmann(2005)の、語彙量を増やすために最も良い方法は多量のリーディングをし、自分の単語リストを作ることに対し、賛否両立の意見が出てきた。賛成した学習者は、「確かに効率的な学習方法」と主張するのに対し、反対した学習者は、「私は今までも単語帳でやって

いた。別に自分の単語帳を作る意味はない、むしろ時間の無駄だ」と書いていた。

教科書に対するビリーフも賛否両立の傾向がみられる。30%の学習者が多様な教科書、参考書を利用したいのである。理由として、「一冊の教科書では、必ず何か足りないことがある」「教科書の中心が違うので、様々な教科書を参考して勉強するのは一番いい」「学習者が同じ教科書ずっとやっているとモチベーションが下がり、教科書を何冊使ったら好奇心を維持しやすい」などの意見がある一方、「教科書の問題ではない、問題は学習者自身だ」「そんなに時間がないので、一冊の教科書に専念すればいい」などの反論も見られる。今後、教室での教科書選択も工夫する方が良いと考えられる。

6 まとめと今後の課題

本稿は、学習者のビリーフと自己評価、及び学習者のビリーフと関わる様々な学習観の関係を明らかにするため、学習者の学習ビリーフに関する学習者の自己評価及び学習方法のビリーフを中心に、質問紙調査を行い、考察と分析を行なったのである。

質問紙調査の内容は自由解答式の質問項目及び多項選択式問題が含まれる。自由解答式の質問項目からの結果として、(1)学習者の学習背景と学習ビリーフは、自分の経験に最も影響され、「理想像」を抱いている場合、自己内省が発生しやすいと推測される。(2)日本語を勉強する理由は自発的な原因と間接的学習動機があり、間接的積極的な学習動機が最も多いことが見られる。(3)文法に対するビリーフが人によって異なるが、文法の学習はなくではいけないとみられ、Kaufmannの文法学習理念に賛成できない学習者が多かった。今後の教室活動も学習者のビリーフを考慮すべきである。

また学習観において、同じ項目に対しても、「大体賛成」「大体反対」「中立」「賛否両立」と4つの異なる傾向がある。今後の課題として、学習者のために、正確な学習観と内省を促進する対策を考える必要があり、特に日本文学、日本文化の授業への対応策を考えるべきである。

今後の課題は、まず、今回は在日中国人学習者を対象にしたが、院生の学習者が多いため、彼らが反映している中国日本語教育現場の問題は、今はすでに改善された可能性がある。そのため、中国で日本語を勉強している学習者のビリーフを調査し、現在の教育現場の問題点と学習者のニーズを把握する必要がある。今後は、中国国内の日本語学習者に同じ質問紙調査で調査を行うことである。次に、様々な学習ビリーフに関する学習観から、現役教師と学習者にさらにインタビューを行い、教育現場の特徴と問題点から、より理想的な学習法と教育法を探究したい。

注

① ここでは青木(1998)の定義を用いる。青木(1998)によると、学習者自律とは「学習者が自分のニーズや希望に役立つように、自分の学習をコントロールするための能力」である。

参考文献

[1] 青木直子.学習者オートノミーと教師の役割[R]//分野別専門日本語教育研究会.自律学習をどう支援するか報告書[出版地不明:出版者不明],1998.
[2] 臼杵美由紀.上級中国人学習者の日本語学習に対する意識と成功への鍵—インタビュー調査からの

考察—[J].上越教育大学研究紀要,2005,24(2):531-543.
[3] 小池真理.質問紙の回答の不安定性を引き起こす要因—学習者ビリーフを調査する質問紙を使用して—[J].北海道大学留学生センター紀要,2002(6):37-52.
[4] 長坂水晶,木田真理.中国の大学の日本語授業における会話指導に関する調査—中・上級レベルを対象とした教室活動の実態と教師の意識—[J].国際交流基金日本語教育紀要,2011(7):43-57.
[5] 浜田麻里.中国人日本語教師の言語教育観に関する一考察—エピソード・インタビュー法による探求の試み—[J].京都教育大学国文学会誌,2010(36):67-76.
[6] Kaufmann S. The Way of the Linguist: A Language Learning Odyssey[M]. Bloomington: Author House, 2005:21-33.

作者情報
　氏名:張心悦
　学校:京都大学(大学院)
　連絡先:京都府京都市左京区吉田二本松町8 エルフィール102
　メールアドレス:xinyue1124zhang@gmail.com

与格標識としての「に」に関する分析
—意味地図モデルに基づいて—

杭州師範大学　呉忆釧　劉琛琛

1　はじめに

　意味地図モデル理論（semantic map model）は1982年にAndersonにより提出され、最初は完成相の研究に用いられた。その後、意味地図モデルに関する研究が進むにつれ、意味地図は多言語の対照分析の新しい手段として多用されるようになっている。

　意味地図の研究対象は、多義的言語形式であり、つまり、複数の意味や機能を持つ言語形式である。異なる言語において、複数の意味や機能が同一の形式で表されるのは、偶然ではなく、何らかの関連性があり、人類の認知的共通性を反映していると考えられる（張敏2010）。Croft（2001）が提唱した意味地図連続性仮説（The Semantic Map Connectivity Hypothesis）に基づき、この関連性は連続の空間に投射される。具体的な言語のある形式の概念空間への投射がその意味地図となる。

　本稿では、Haspelmath（2003）の研究に踏まえ、ヨーロッパ諸言語に基づいて作成した与格の概念空間（Haspelmathの研究は第2節で紹介する）は、与格標識としての「に」にも適用できるかという問題を明らかにし、日本語の与格の意味地図を描き、意味地図モデルが多言語に対する適用性を検証することを目的としている。

2　先行研究

2.1　与格の概念空間

　Haspelmath（2003）ではドイツ語、フランス語、英語、ロシア語などのヨーロッパ諸言語を考察したうえで、与格を間接的目的語、つまり動詞の間接対象と定義し、与格の概念空間を描いた。Haspelmath（2003）によると、ヨーロッパ言語における与格は、前置詞や語形変化などによって標記されることが多いことがわかる。

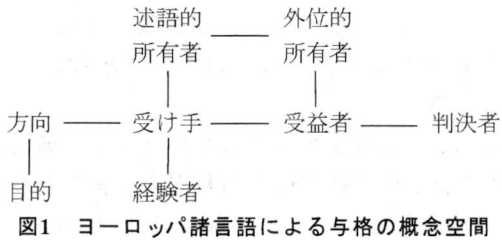

図1　ヨーロッパ諸言語による与格の概念空間

図1からわかるように、ヨーロッパ諸言語の与格には主に＜述語的所有者＞＜外位的所有者＞＜方向＞＜受け手＞＜受益者＞＜判決者＞＜目的＞＜経験者＞の八つの意味節点[①]がある。

2.2 「に」格・与格に関する先行研究

現代日本語の「に」格・与格の用法や意味に関する研究が多く挙げられる。例えば、Sakadane & Koizumi(1995)、菅井三実(2001)、森山新(2003)、高橋太郎(2005)、高田大介(2006)など。

Sakadane & Koizumi(1995)では、数量詞遊離、助詞を伴う分裂文、助詞を伴わない分裂文との3つのテストを行い、日本語の「に」を①挿入の「に」、②コピュラの「に」、③後置詞、④与格の格標識の4つのタイプに整理した。

表1 Sakadane & Koizumi(1995)による格標識と後置詞の区別

	数量詞遊離	助詞を伴う分裂文	助詞を伴わない分裂文
格標識	OK	*/??	OK
後置詞	*	OK	*/?/OK

Sakadane & Koizumi(1995)では、自動詞と共起した指令の受け手や間接主語を表す「に」は挿入の「に」の範囲に属し、語とつなぎ、コピュラの構造に関連している「に」はコピュラの「に」であると指摘している。また、依存関係を表す「に」や受動文の行為者などの「に」は後置詞であるのに対し、動詞の間接対象及び位置変化を表す自動詞と共起する「に」は与格標識であるとしている。さらに、動作の方向性が明らかではない相互作用を示す「に」や自他動詞と共起した方向を表す「に」は、格標識にも後置詞にもなりうるから、曖昧であると指摘している。つまり、Sakadane & Koizumi(1995)では、Haspelmath(2003)と同じく間接目的語を与格と認める他、位置の変化を表す自動詞と共起する「に」も与格に帰している。

菅井三実(2001)では、「に」格を「与格」と同義に扱い、その意味役割により、「に」を「方向」「到達点」「密着点」「収斂先」「存在点」「目的」「伝達先」「要素」「結果」「経験者」「起点」「動作者」「原因」「時間」の14の用法に設定している。そのうえ、①空間次元、②非空間次元、③周辺的意味の三つのグループに分け、「に」を「一体化」という一つの軸の上で程度差（近接性、到着性、密着性、収斂性）のある連続体として考え、各グループの「に」を一元的に整理している。

森山新(2003)では、認知言語学の観点から、「に」の様々な用法を①移動の着点、②移動の起点、③存在の位置関係、④経験の主体という四つのカテゴリーに分類し、「に」格用法のプロトタイプは「彼に手紙を送る」のような与格の用法であると指摘している。

高橋太郎(2005)では「に」格を連用格と認識し、「に」格を①間接的な対象、②動作や状態のかかわる場所、③動作や状態がなりたつ状況、④結果やようす、認識の内容、⑤補助的な単語とくみあわせるとの五つの類別に大別したうえ、20種の用法に整理している。また、格的な意味をもつ後置詞を考察し、「において」「について」「にとって」「にむけて」などの「に」格支配の後置詞を10種類挙げている。

与格は間接目的語と対応し、主に授受動詞をはじめとする三価動詞に支配される構文に存在すると言われており、例えば、授与構文にある授与者、被授与物、被授与者は、それぞれ主格、対格、与格の位置に置かれる。しかし、高田大介(2006)では、フランス語、ラテン

語、ギリシャ語などの言語資料を考察したうえ、与格を間接目的語の枠組みで考察するというやり方に反論を出し、非間接目的語の与格はむしろ普通であるため、与格は三価動詞のみと共起するのではなく、自由な格であると指摘している。

高田(2006)で定義された与格はある種の動詞に拘らず、より全面的に日本語の「に」格の意味を考察することができるため、本稿では、高田(2006)の説を受け入れ、日本語の与格を助詞「に」によって標識され、項としての資格を持ち、ある文法的関係を担う名詞句であると定義する。ただし、「気になる」「頭に来る」「役に立つ」など慣用句に用いられる「に」と高橋太郎(2005)で後置詞と見られる「に」は特別なものであり、格助詞と見做されないため対象外となる。

3 日本語与格の意味節点

与格「に」の意味節点を確定するために、コーパスから収集したデータを分類し、調査を行ったうえで、「に」の意味を分析した。まず、現代日本語書き言葉均衡コーパス(中納言)から「に」を含む例文を500句抽出し、与格に属する例文を選別した。つぎに、選別した例文に用いられた「に」の意味を分析し、整理したうえで、日本語与格の意味地図の意味節点を確定した。

3.1 与格の「に」の意味項目

例文を選別し分析した結果、与格「に」の意味を以下のように、12の項目に整理した[②]。

(1)＜方向＞：近づけようとする所や進む所

①馬車以外の選択肢は、船で海岸線に沿ってバレンシアに行くことだった。

②現場に入ることはあっても、実際に作業するのは初体験。

例文①と②からわかるように、意味(1)の「に」が標識した名詞は場所を指すことが多く、「に」の後に来る動詞は「沿う」「入る」のように方向性があり、ある場所に近づけようとする傾向を持つものが多い。つまり、この場合の「に」が表すのは動作が向かう所、＜方向＞である。

(2)＜接触点＞：近づいて接する所や触れ合う所

③油をたらして火を止め、器に盛って、ワンタンをのせる。

④それを右手首にぬろうとしていたリサはじっと見ていた。

例文からわかるように、「に」に前接する名詞は位置や場所を表すものが多く、それに、後接する動詞は方向性があり、移動を表す動詞であるという点においては意味(1)と共通しているが、動詞の表す動作が名詞の表す場所や位置に接触するという点は異なっているから、区別される必要がある。そのため、この場合の「に」の意味節点を＜接触点＞と設定する。

(3)＜存在点＞：人・物の所在や動作結果の存続場所

⑤日記にも何個所かで叱られたことを書いているが…

⑥大きな高張ちょうちんは、…何かあるごとに道に掲げて照明代わりにしたもの…

⑦なぜ、ユダヤ人がこのように見知らぬ他国にいる外国人である日本人を招待するのであろう。

例文⑤では、動作主が「叱られたこと」を「日記」に書き、結果として「日記」に存在すると理解してもよかろう。同じことは例文⑥でも観察され、「道」は「ちょうちん」の存在点ということは明らかである。さらに、例文⑦では、言うまでもなく、「他国」は「外国人」の所在、存在

点を指す。つまり、「に」の前には存在の位置や場所を表す名詞が現れる。存在を表すという点は、意味(1)と(2)と異なっているから、この場合の「に」は＜存在点＞を指すと言える。

(4)＜目的＞：実現させようとすること

⑧次の日の夜に、二人は妻も同伴で食事に行くことになっているのだ。

⑨その鋭い洞察を、自分の研究に使うのと同じくらい、他者の可能性を見抜くことにも発揮できるのだ。

例文⑧と⑨で観察されるように、「に」の前に用いられる名詞は、通常、後接する動詞の表す動作の目的を表すため、この場合の「に」の意味節点を＜目的＞とすることができる。

(5)＜原因＞：ある物事の状態を引き起こしたもと

⑩今この瞬間にも、紛争で命を失う人々、貧乏に苦しむ子がいることを、知り、考えることは…

⑪そんなたくさんの人とメールしてたら何か、返事に困ることがたくさんありそうだし…

例文⑩は「貧乏」のため、「子」が「苦しむ」状態になり、例文⑪は動作主が「返事」で「困る」状態に陥ることである。つまり、この場合の「に」の指す名詞は、後に来る「苦しむ」「困る」と言った状態を引き起こしたもとであるため、「に」が指すのは＜原因＞であると言える。

(6)＜受け手＞：動作を受ける側

⑫当時の親のつとめは子どもに従順を教えることだった。

⑬最寄りの郵便局に持ち込むか、郵便局に戸口集荷を依頼します。

⑭文章は少しも難しくない。人に何かを伝えるための文章なら、難しく書いてはいけないのだから。

例文⑫の「子ども」は「教える」という動作の受け手であることは明らかであり、例文⑬⑭も同じく、「に」が標識した名詞は後接動詞の表す動作を受ける人や場所などであることが観察され、この場合の「に」は＜受け手＞を指すと考えられる。

(7)＜経験者＞：ある物事を体験したことのある人

⑮ぼくに聞こえてきたのはぜんぜん別のメッセージだった。

⑯彼に幽霊が見える。

例文からわかるように、この場合の「に」の後接する動詞は知覚や能力を表すものであり、前に来る名詞は人を指すことが多い。この場合において、ある人がある知覚の体験を持つことを表しているから、「に」が＜経験者＞を指すと言えよう。

(8)＜動作者＞：動作を行う人

⑰実は、川上にようす見てくるよう、たのまれたんだ。

⑱ただの人間ではなく、力の強い守護神に守られ、空を飛んだり自分の姿を見えなくしたりすることもできます。

この場合の例文は全て受動文であり、「に」の前に来る名詞は、後接動詞の表す動作を行う人を指している。つまり、この場合の「に」は＜動作者＞を指すと考えられる。

(9)＜起点＞：物や情報の出どころ

⑲親に借りるからイイと断ってきた。

⑳私は電話の掛け方は子供の頃に親や祖父母に習うというより、真似ているうちに習得しましたけど…

例文⑲と⑳からわかるように、「に」の後接動詞は「借りる」「習う」といった情報や物を獲得する意味を持つ動詞であり、「に」の前に来る名詞は情報や物の出どころである。つまり、こ

の場合の「に」は、＜起点＞を表している。ただし、この＜起点＞は具象的に物事の始まりを表すわけではなく、抽象的に出どころを表しているのである。

(10)＜受益者＞：所有権の移りを伴い、恩恵を受けるもの

㉑私は、「まあ、せっかくおかあさんからもらったものを、他人にあげたりしちゃいけないと思う」と言って、話を終わりにして…

㉒「ママって、花を摘んであたしにくれた女の人よ」と少女は答えた。

これらの例文は、後接動詞が表す動作により、物の所有権が「に」の指す名詞へ変わるという点において共通している。この場合の「に」の指す名詞が動作を受ける点は意味(6)の＜受け手＞と同じであるが、物の所有権の変化や恩恵性が含まれる点は＜受け手＞と異なるから、区別される必要があると考えられる。したがって、この場合の「に」を＜受益者＞とした。

(11)＜判決者＞：状態の判断を受け入れるもの

㉓体にいいから赤ワインを飲んでいるという人までいる始末だ。

㉔「解熱鎮痛剤が胃にわるい」というのは前にお話しした通りですが…

この場合の「に」の後に来るのは通常、形容詞である。また、「に」が指す名詞に対し、よしあしなどの状態の判断することにより、この「に」は＜判決者＞であると考えられる。

(12)＜結果＞：変化の最終状態

㉕次のような結論になる。

㉖五十年の歳月は持て余すほどの情熱のあった時間を、穏やかな月日に変えてしまう。

例文㉕と㉖からわかるように、「に」の後に「なる」「変える」などの変化を表す動詞が現れる場合、前に来る名詞は変化の最終状態、つまり変化の結果を表すものが出やすい。したがって、この場合の「に」は＜結果＞を表している。

上述した用法の他、「に」には手段・道具(例えば、鎖に繋がれる)、状況(例えば、一緒に、共に)、時間(例えば、その時に)などの用法がある。しかし、馬慶株(1992)で指摘されているように、動作の行い方や時間などを表す名詞句は述語補足語であり、項とは認めがたいから、道具・手段、時間、状況などを表す「に」を与格と認めない。

3.2　日本語与格の意味地図の節点

3.1の分析に基づき、本稿では与格「に」の意味節点を＜方向＞＜接触点＞＜存在点＞＜目的＞＜原因＞＜受け手＞＜経験者＞＜動作者＞＜起点＞＜受益者＞＜判決者＞＜結果＞の12の用法に設定し、表2のようにまとめられる。

表2　与格「に」の意味節点

意味節点	定義	後接動詞・形容詞の例	後接動詞・形容詞の特徴
方向	近づけようとする所や進む所	「入る」「沿う」「出かける」…	方向性がある；ある場所に近づく
接触点	近づいて接する所や行きつく所	「乗る」「座る」「入れる」…	方向性がある；所在や位置が変化する
存在点	人・物の所在や動作結果の存続場所	「ある」「いる」「書く」「掲げる」…	方向性がある；存在を表す

（続き）

意味節点	定義	後接動詞・形容詞の例	後接動詞・形容詞の特徴
目的	実現しようとして目指す事柄	「行く」「使う」…	目的性がある
原因	ある物事の状態を引き起こしたもと	「苦しむ」「困る」…	ある状態を表す
受け手	動作を受けるもの	「伝える」「知らせる」「頼む」…	情報の伝達を伴う；動作の相手がいる
経験者	ある知覚体験を持つ人	「聞こえる」「見える」…	知覚・能力を表す
動作者	動作を行う人	「頼まれる」「守れる」…	受動態
起点	物・情報の出どころ	「借りる」「習う」…	方向性がある；情報や物を獲得する
受益者	利益を受けるもの	「あげる」「くれる」「やる」…	物の所有権の移動を伴う；動作の相手がいる；恩恵性がある
判決者	状態の判断を受け入れるもの	「いい」「わるい」…	ある状態を表す
結果	変化の最終状態	「なる」「変える」…	変化を表す

4　与格「に」の意味地図

　この節は、Haspelmath(2003)を参考に、第3節で設定した意味節点をもとにし、与格「に」の意味地図の作成を試みる。

　意味地図を作成する際には、主に三つの注意点があると考えられる。

　第一、意味節点の間には内在的な関連性がある。張敏(2010)によると、節点のつながり方（例えば隣接するかしないか、節点と節点の遠近など）は概念の内的関係を表すため、節点は特定の順序によってつながれることがわかる。この順序は複数の言語を検証したうえで決めるものである。

　第二、回路(loops)をできるだけ回避する。張敏(2010)では、意味地図はある程度で言語の形式と機能との対応関係が予測できると指摘している。それゆえ、回路が出れば、作成した意味地図は対応関係への予測力を失い、意味地図モデルの理論価値も弱まることになる。

　第三、各言語の概念空間への投射は連続したものである。Croft(2001)の意味地図連続性仮説(The Semantic Map Connectivity Hypothesis)によると、意味地図は連続した投射であり、切り口が出てはいけないことがわかる。したがって、Haspelmath(2003)に基づき、日本語与格の意味地図を描くときに、ヨーロッパ諸言語の与格の意味地図に適用できる節点の並べ方は、可能な限りに変わらないほうが良いと思われる。それは、Haspelmath(2003)の節点の並べ方を変えると、元の図に適用するヨーロッパ諸言語の意味地図は成立しなくなるからである。

　つまり、Haspelmath(2003)の地図の節点の位置を変えないことを前提とすれば、原地図にない＜接触点＞＜存在点＞＜原因＞＜動作者＞＜起点＞＜結果＞などの意味節点の並べ方を

考えなければならない。

　まず、＜方向＞＜接触点＞と＜存在点＞の内在的関連性を考えると、この三つの節点は同じく空間的用法であり、意味的に順々に進むことがわかる。三つの節点とも方向性を持つが、＜方向＞はただ前進の傾向を表し、＜接触点＞はある方向へ進み、接触する所であり、＜存在点＞は方向性のある動作が行い、最終的に存続する場所である。つまり、＜方向＞の次に＜接触点＞が続き、その次に＜存在点＞が並べることになる。

　次に、＜原因＞は動作を引き起こす客観的な存在であるのに対し、＜目的＞は動作の目指す主観的な目当てである。しかし、この二つの節点とも動作の内的動機・出発点にあり、関連性を持つため、隣接することになる。

　それから、＜起点＞は物や情報の来源であるのに対し、＜動作者＞は動作を行う主体であり、一種の出所と理解してもいいから、両者とも動作の元という意味を持つと考えられる。つまり、＜起点＞と＜動作者＞の内包する意味が似ているから、隣接することができる。

　最後に、＜判決者＞というのは一種の判断結果であり、同じく変化の最終状態である＜結果＞と内在的関連性があるから、同列されるべきであると考えられる。

　以上の注意点を考慮に入れ、与格「に」の意味地図を次の図2にように作成できる。

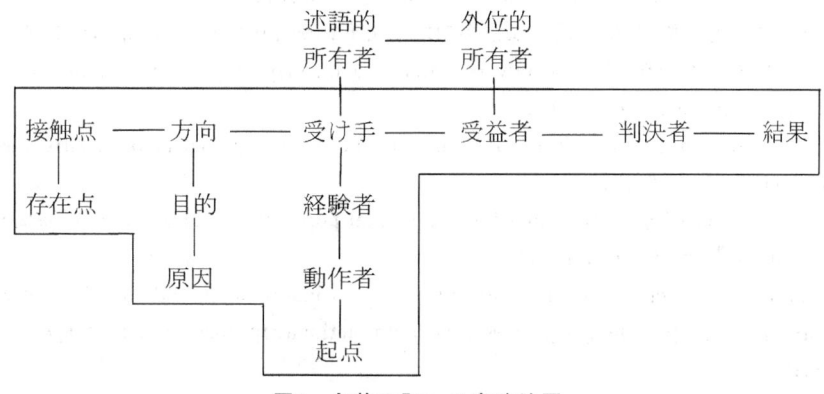

図2　与格の「に」の意味地図

　図2から次のようなことがわかる。まず、ヨーロッパ言語に基づいて作成された意味地図は日本語の与格にも部分に適用できる。与格「に」の意味節点において、Haspelmath(2003)と重なった部分は＜方向＞＜目的＞＜受け手＞＜経験者＞＜受益者＞＜判決者＞であるが、＜接触点＞＜存在点＞＜原因＞＜動作者＞＜起点＞＜結果＞はHaspelmath(2003)の地図にない節点である。これは人間の認知上における共通点と相違点を反映し、意味地図モデルが多言語分析道具としての価値も証明している。次に、ヨーロッパ諸言語では与格が前置詞や語形変化などによって標記されるのに対し、日本語では菅井三実(2001)、高田大介(2006)で指摘されているように、格助詞「に」でしか標記されないと考えられる。それは、日本語では助詞が語と語の関係を示す役割を担うからであろう。

5　おわりに

　本稿では、Haspelmath(2003)の与格の意味地図に基づき、コーパスから「に」を用いた例文

を抽出し、与格に属する例文を選別して分析を行った。それによって、与格標識の「に」の意味節点を確定し日本語与格の意味地図を作成した。その結果として、ヨーロッパ言語に基づいて作成された意味地図は日本語の与格にも部分的に適用できる。これは意味を原点とした意味地図が多言語の分析道具としての適合性を証明している。

しかしながら、今回作成した与格「に」の意味地図は主に日本語の標準語を対象に作ったものであり、日本の方言にも適用するかを更に検証する必要がある。そのため、より全面的な日本語与格の意味地図を作成するには標準語だけでなく、日本各地方の方言も調査するべきだと考えられ、それを今後の課題としたい。

注

① 意味節点とは、意味地図の基本要素で、意味の観点から定義し、文法的な意味や用法などを反映するものであり、アナリチックプリミティブ（analytic primitive）とも呼ばれている。
② 例文①～㉖は現代日本語書き言葉均衡コーパス（中納言）から引用したものである。

参考文献

[1] 李小凡,张敏,郭锐.汉语多功能语法形式的语义地图研究[M].北京:商务印书馆,2015.
[2] 马庆株.汉语动词和动词性结构[M].北京:北京语言学院出版社,1992.
[3] 张敏."语义地图模型":原理、操作及在汉语多功能语法形式研究中的运用[J].语言学论丛,2010(42).
[4] Anderson L B. The 'perfect' as a universal and as a language-particular category[J]. Typological Studies in Language,1982(1):227-264.
[5] Croft W. Radical Construction Grammar: Syntactic theory in typological perspective[M]. Oxford: Oxford University Press,2001.
[6] Haspelmath M. External possession in a European areal perspective[M]//Payne D, Barshi I. External possession. Amsterdam: Benjamins,1999:109-135.
[7] Haspelmath M. The geometry of grammatical meaning: semantic maps and cross-linguistic comparison[J]. The new psychology of language: cognitive and functional approaches to language structure,2003(2):211-242.
[8] Sadakane K, Koizumi M. On the Nature of the "Dative" Particle ni in Japanese[J]. Linguistics,1995(33):5-33.
[9] 菅井三実.格助詞「に」の意味特性に関する覚書[J].兵庫教育大学研究紀要:2,2000,2(2):13-24.
[10] 菅井三実.現代日本語の「に」格に関する補考[J].兵庫教育大学研究紀要:2,2001,21(2):13-23.
[11] 高田大介.与格とは何か—与格選択の自由度について—[J].日本フランス語学会例会発表,2006.
[12] 高橋太郎.日本語の文法[M].東京:ひつじ書房,2005.
[13] 森山新.認知的観点から見たヲ格とニ格の意味・用法の違い[J].日本語教育研究,2001(4):19-28.
[14] 森山新.認知的観点から見た格助詞ニの意味構造[J].Foreign Language Education,2003,10(1):229-243.

作者信息

姓名:吴忆铡
学校:杭州师范大学（硕士研究生一年级）
联系地址:浙江省杭州市余杭区余杭塘路杭州师范大学仓前校区
电子邮箱:19906811757@163.com

研究生论文

姓名：刘琛琛
职称：副教授
单位：杭州师范大学
联系地址：浙江省杭州市余杭区余杭塘路杭州师范大学仓前校区
电子邮箱：hryucc@hotmail.com

二战后日本遭遇的贸易摩擦及其应对策略研究
——以日美贸易摩擦为中心

上海外国语大学　马莉鑫

1　引言

第二次世界大战后,日本经济高速发展,1968年成为世界第二大经济体。在这一过程中"贸易立国"战略对日本经济增长发挥了巨大作用。但同时,日本经济、贸易的迅速发展,打破了原有的世界格局,同世界各国、各地区间的贸易摩擦不断发生,其中日美间的贸易摩擦最引人注目。

2　第二次世界大战后日美贸易摩擦的发展演变及其应对策略

2.1　纺织品贸易摩擦及其应对策略

20世纪50年代,日本确立了"贸易立国"的发展战略,致力于振兴出口。由于当时日本劳动力成本低廉,纤维制品、伞、胶合板等大量劳动密集型的轻工业产品低价出口,在美国和欧洲市场上引起了混乱。1955日本棉纺织品在美国市场上所占比重从17.4%(1951年)急剧上升到60%以上。这种状况对美国纺织行业造成了严重的威胁,特别是1955年出现的"1美元1件衬衫事件",更是引起美国纺织行业的不满,他们强烈要求美国政府对其进行制裁(侯俊军,王耀中 2006:34)。在这种情况下,日美两国政府举行了谈判。为回避矛盾,日本接受美国政府的要求,1956年,日本纺织业实行自愿出口限制(Voluntary export restraints, VER)。

从60年代末期到70年代初,围绕纺织品的贸易摩擦时有发生。1969年7月在日美经济合同委员会上,尼克松(Richard Milhous Nixon)政府提议就日本纺织品自愿出口限制签订双边协定。日本以对美出口未侵害美国企业利益为由拒绝。但是美国态度坚决,以总统选举公约①、美国经济衰退等理由强迫日本进行自愿出口限制。1972年1月日本首相佐藤荣作不顾通商产业省及业界的反对签订了《日美纺织品协议》,规定通过限制平均出口增长率来限制对美纺织品的出口。

2.2　钢铁贸易摩擦及其应对策略

20世纪50年代,美国钢铁产业盛况空前,钢铁制品的价格完全在制造商的控制之下,是典型的垄断产业。为追求利益最大化,企业不仅把工资上涨等原因导致的成本增加转嫁给产品价格,还不断压制设备投资和技术开发。20世纪50—60年代,美国钢铁产业劳动者的平均工资远高于日本和欧洲各国平均水平。这导致美国钢铁价格居高不下,国际竞争力显著减弱。1959年,因钢铁行业出现长达116日的罢工,钢铁产品的进口显著增加。

1968年,美国钢铁制造商为抵制进口产品的威胁开始采取降价措施,并请求约翰逊(Lyndon Baines Johnson)政府采取进口限制措施,于是,美国和日本及欧洲各国签订了自愿出口限制协定(1969年1月—1971年8月)。1971年协定到期美国采取了进口限制措置。1975年6月,美国特种钢制

造商在美国钢铁工人联合会①的支持下以进口产品侵害本国产品为由向政府申请保护措施。日美间缔结了市场秩序维持协定(OMA)。日本的妥协态度使美国制造商的态度更加激化,1976年美国针对日本挑起倾销诉讼。但是卡特(Jimmy Carter)政府担心进口限制会导致钢铁价格上涨,于是成立了"钢铁问题特别委员会",从价格规制的角度规定了进口钢铁的基准价格(トリガー価格),如果低于基准价格,政府可以自动进行倾销调查。

基准价格的实施使来自日本的钢材减少,但是来自西欧、加拿大以及亚洲新型工业国家的钢材增多。为改变这种状况,1980年3月美国钢铁公司对欧共体主要钢铁制造商提起倾销诉讼。为避免钢铁行业的双重保护制度,商务部停止了基准价格制度。1984年1月,白斯汉姆钢铁厂(Bethlehem Steel)和美国钢铁工人联合会根据通商法第201条向美国国际贸易委员会(ITC)申请救济措施。ITC认定薄板等5种产品受到侵害并向里根(Ronald Wilson Reagan)政府提出救济建议。9月里根政府拒绝该建议,同出口各国达成自愿出口限制协议。对日本的限制标准是消费的5.8%,限制时间是5年。

2.3 彩色电视机贸易摩擦及其应对策略

1960年,日本开始向美国出口黑白电视机。同年美国电子工业协会(EIA)针对日本制造的电视机提起倾销诉讼。1968年EIA对日本11家彩色电视机制造商提起倾销诉讼,1971年3月除索尼外的10家彩色电视机被认定倾销。

第1次石油危机后的1975年和1976年,日本制造的廉价节能彩色电视机在美国很畅销。1977年,美国和日本签订彩色电视机相关的市场秩序维持协定(OMA),将对美出口数量限制在每年175万台。以此为契机,日本制造商开始本地化生产,因为出口数量减少,对美自愿出口限制在1981年终止。

进入80年代,日美贸易摩擦不断激化。摩擦发生的领域涉及汽车、半导体等美国经济支柱产业。

2.4 汽车贸易摩擦及其应对策略

第二次世界大战后,美国的汽车产业一直走在世界最前端。20世纪60年代,小型汽车的需求增加,特别是石油危机后汽油价格上升使人们更倾向于购买节能的小型汽车。但是美国三大汽车公司[通用汽车公司(GM)、福特汽车公司(Ford)、克莱斯勒汽车公司(Chrysler)]生产的汽车追求大型化和高级化,无法应对人们对小型汽车的需求,这导致外国特别是日本生产的小型汽车不断涌入美国市场。从表1可以看出,从1970年到1980年的10年间,日本汽车在美国市场上的市场比率由3.7%上升到21.5%,年均增长率是1.78%,日本汽车在美国进口汽车中所占的比率也由1970年的24.3%上升到1980年的80.6%,年均增长率为5.63%。

表1 日本汽车占美国国内消费和进口品的市场比率(单位:%)

	1970年	1973年	1975年	1978年	1980年
日本品比率	3.7	6.5	9.4	12.0	21.5
日本品/进口品	24.3	42.5	51.6	67.8	80.6

资料来源:林直道 1995:235。

早在1975年,全美汽车工人联合会(United Auto Workers,UAW)就针对日本汽车提起过倾销诉讼。1980年,福特公司和UAW根据1974年通商法第301条以日本进口车增加为由向政府申请救济措施。但是美国国际贸易委员会(ITC)认为美国汽车业绩不佳是因为内需不振以及石油价格上升导致对小型汽车的需求增加,而制造商没有妥善应对,并不是进口车的增加导致的。因此,政府没有对日本汽车采取进口限制措施。1980年9月2日,共和党候选人里根在总统竞选演说

中提出汽车产业救济问题。1981年5月,里根总统公布汽车产业救济政策,要求日本采取自愿出口限制措施。1981—1983年对美出口165万台,1984年对美出口18万台,1985—1991年对美出口230万台,1992—1993年对美出口165万台(外务省 2020)。日本汽车对美出口限制持续了13年,直到1994年3月才被废除。

自愿出口限制对日美两国汽车制造商的影响有:(1)美国三大汽车制造商的收益增加,但是三大制造商并没有把这部分收益用于汽车产业投资和技术开发,而是用于增加员工工资或者投资其他领域;(2)为应对自愿出口限制措施,日本开始致力于改变出口结构,同时通过生产程序的合理化降低成本增加收益;(3)本田、丰田、日产等日本制造商通过本地化生产减少出口。

2.5 半导体贸易摩擦及其应对策略

20世纪50—60年代,美国半导体公司聚焦于军事用途,在半导体技术创新方面处于领先地位,日本的半导体产业虽然在技术发明和创新方面没有取得任何重大突破,却在民生领域中发掘半导体新技术广泛应用潜力方面做出了贡献(冯昭奎 2018:28)。1978年,在对日半导体贸易中,美国首次出现经常收支赤字(－2 900万美元)。1980年,摩托罗拉在64K字节存储器(Dynamic Random Access Memory,DRAM)领域占据最大市场份额。但是到1981年末,由于NEC、日立、东芝大量生产,日本的市场份额达到70%。在此背景下,日美在半导体贸易中引发激烈的贸易摩擦。

1977年3月,美国成立半导体行业协会(Semiconductor Industry Association,SIA),同年4月,SIA针对日本的进口壁垒和政府补助金问题进行批判。1978年2月,SIA请求美国政府同日本就进口壁垒消除问题以及市场秩序维持协定(OMA)进行谈判。1982年,安倍晋太郎通产大臣因担心半导体等高新技术贸易摩擦的激化,提议召开日美高新技术论坛,4月成立高新技术产业工作部(U.S.-Japan Work Group on High Technology,HTWG),11月向日美政府提出设立联合数据收集系统以及促进高科技产品进口措施(日本)的建议。1982年,美国商务部表示,将调查日本芯片商对美国的廉价倾销。日本通产省马上下达了出口指南,要求日本半导体产业自动减少对美出口,提高对美出口产品价格。其后又要求日本公开"超大规模集成电路(VLSI)技术研究组合"(1976—1980年)的一千多项专利,全面废除日本半导体关税等(冯昭奎 2018:28)。1985年,美国制定《半导体芯片保护法》,根据此法,英特尔(Intel Corporation)对NEC、摩托罗拉对日立提起知识产权侵权诉讼。1985年6月,SIA根据通商法第301条对日提起倾销诉讼,同年9月,美国超微半导体公司(Advanced Micro Devices,AMD)、英特尔(Intel Corporation)、美国国家半导体公司(National Semiconductor Corporation,NSC)针对日本制造的可擦除可编程只读存储器(Erasable Programmable Read Only Memory,EPROM)提起倾销诉讼。此外,美国通过"广场协议",迫使日元大幅度升值,提高日本出口产品的价格。在美国的强压下,日美两国于1986年9月2日缔结《日美半导体协定》(有效期:1991年—1996年)。协定的主要内容是:(1)放宽外国半导体的市场准入;(2)为事先预防倾销,日本政府要监控向美国及第三国出口半导体的价格等情况;(3)美国政府中断正在进行的倾销调查等。这意味着日本的半导体存储器生产被剥夺了经营自由,完全处在日美两国的监控之下。1991年日美缔结《第二次半导体协议》,明确规定美国半导体产品在日本的市场份额由现在的10%增长至20%。1996年7月日美《第二次半导体协议》期满。20世纪90年代,随着个人计算机的普及,微处理器(MPU)的市场需求不断增大。1993年,美国凭借先进的微处理器技术,在半导体市场占有率上又超过日本,美国英特尔公司从日本NEC公司夺回了"世界最大半导体芯片企业"的桂冠。所以美国放过了日本,没有续签第三次半导体协议。

2.6 "广场协议"和MOSS协议

20世纪80年代,美国财政赤字剧增,对外贸易逆差大幅增加,美国希望通过美元的贬值来增加产品的出口竞争力,以改善美国国际收支不平衡状况。在这一背景下,美、日、德、法、英五国于

1985年9月22日签署了著名的"广场协议"。广场协议要求五国政府联合干预外汇市场,诱导美元对主要货币的汇率有秩序地贬值,以增加产品的出口竞争力,改善美国国际收支不平衡状况,解决美国巨额贸易赤字问题。"广场协议"后,美国贸易收支逆差由1985年的1 265亿美元下降到1989年的1 090亿美元,但是美国对日贸易逆差不断增加,由1985年的462亿美元增加到1987年的563亿美元、1988年的518亿美元、1989年的491亿美元;在美国贸易逆差中所占的比重由1985年的39.2%增加到1988年的43.7%、1989年的44.8%(赵瑾 2002:54-55)。

在这种情况下,美国将矛头指向了日本市场的封闭性,要求日本进一步开放日本市场,这些具体体现在放宽残存的进口限制(主要是农作物),进一步降低关税水平,改善标准认证制度,撤除政府采购等非关税贸易壁垒等方面(福川伸次 2017)。1985年,日美达成MOSS(Market-Oriented, Sector-Selective Taks)协议,即"市场导向型个别领域协议",要求日本放松对电器通信、林业产品、医药医疗器械及电子计算机等领域市场准入标准,扩大日本对上述美国优势产品进口。

3 总结

日本经济发展所处的阶段不同,导致日美贸易的表现形式和解决方式也不同。从20世纪50年代到90年代,日美贸易摩擦从以轻纺工业品为主的劳动密集型产业扩展到以钢铁、船舶、化学品等机械工业为主的资本密集型产业,从以汽车、办公机械为主的知识与技术密集型产业扩展到以半导体、光学仪器为主的高附加值的高科技产业领域,摩擦范围不断扩大。日美贸易摩擦不断发展激化的过程就是日本产业结构不断转型升级的过程。当一国的产业发展到触碰美国的高新技术产业等支柱性产业,美国认为威胁其国家安全时,美国就会采取一切可能的措施抑制该产业的发展,直到新的支柱性产业出现取代该产业,或者美国重新占有绝对优势时才会容忍其他国家的发展。

20世纪50—60年代,日美贸易摩擦以纺织品和钢铁为主,当时采取的主要对策是日本实行自愿出口限制(VER);70—80年代前半期,日美贸易摩擦以电视机和汽车为主,日本对美国的大量出口对美国产业造成影响,为解决贸易摩擦,起初是实行自愿出口限制(VER),后期开始进行对外直接投资,进行本地化生产,在海外建立生产基地,本地生产本地销售;80年代后期—90年代,日美贸易摩擦以半导体等高科技领域为主,解决的方式由自愿出口限制转向市场开放,实行内需主导型经济发展战略(图1,表2)。

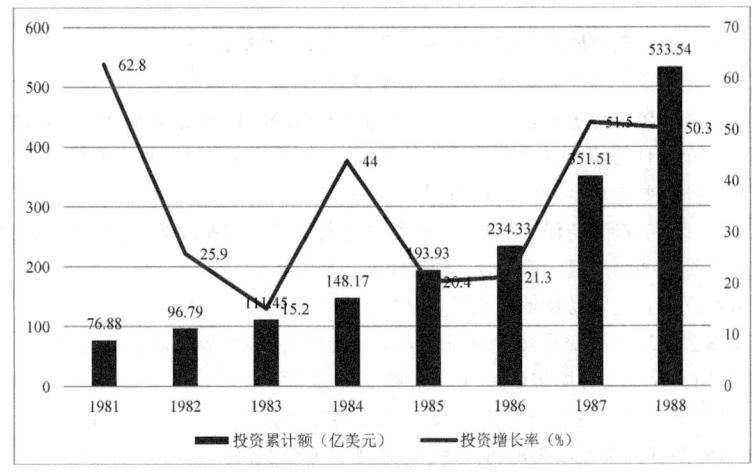

图1 1981—1988年日本对美国直接投资累计额及增长率
(根据顾国梅 2003:38中的数据制作)

表2　日本应对贸易摩擦的措施

日美贸易摩擦种类	应对措施
纺织品贸易摩擦	《日本纺织品协议》、自愿出口限制（VER）
钢铁贸易摩擦	自愿出口限制（VER）、市场秩序维持协定（OMA）
彩色电视机贸易摩擦	市场秩序维持协定（OMA）、本地化生产（对外直接投资）
汽车贸易摩擦	自愿出口限制（VER）、本地化生产（对外直接投资）、日元升值（广场协议）
半导体贸易摩擦	出口指南、自愿出口限制（VER）、提高出口价格、日元升值（广场协议）、《日本半导体协定》、废除关税、放宽市场准入

资料来源：作者整理。

二战后，日本经济迅速发展，不同经济时期，日本所处的地位不同，日美贸易摩擦的解决方式也不相同。50—60年代前期，日本是以轻工业和重工业为主的中等发达国家，日美两国的经济地位决定了日美贸易摩擦的方式是：美国对日本进行谴责—日本进行反击—双方谈判—日本妥协让步—摩擦缓和。即美国在企业界的要求下，对日本施加压力，日本迫于无奈进行妥协，实行自愿出口限制（VER）。1968年，日本超越德国成为世界第二大经济体，日美贸易摩擦也由发达国家与中等发达国家之间的贸易摩擦转变成发达国家与发达国家之间的贸易摩擦，日美贸易摩擦的解决方式也由日本单方面实行自愿出口限制（VER）转变为日美两国协调解决。与此同时，随着1995年WTO的成立，在处理日美贸易摩擦上，由美国经常动用301条款和超级301条款以单边贸易措施相威胁的单边贸易解决方式过渡到通过WTO贸易争端解决机制进行多边贸易谈判的解决方式。

注

① 在1968年美国总统竞选中，共产党的理查德·尼克松为了获得乔治亚州等南部地区的支持，在选举公约中提出将限制从日本等地进口纤维制品。
② 美国钢铁工人联合会（United Steelworkers Union）是美国强大的工会（USW）组织之一，其全称是"钢铁、造纸、林业、橡胶、制造业、能源以及相关工业与服务业的国际工会"。

参考文献

[1] 陈子雷.日本当年如何以柔克刚化解贸易摩擦[N].文汇报，2018-11-02.
[2] 冯昭奎.日本半导体产业发展与日美半导体贸易摩擦[J].日本研究，2018(3).
[3] 福川伸次.日本加入关贸总协定的经验、全球化与结构改革[N].国务院发展研究中心，2017-07-07.
[4] 侯俊军，王耀中.中美、日美纺织品贸易摩擦比较及其启示[J].国际贸易问题，2006(4).
[5] 刘瑞.日美贸易摩擦镜鉴与启示[N].经济日报，2018-04-12.
[6] 平力群.日美贸易摩擦的产生与激化：兼析国家利益主义的美国贸易政策[J].日本研究，2018(2).
[7] 任平.美国挑起贸易战的实质是什么？[N].人民日报，2018-08-10.
[8] 徐梅.中美贸易摩擦与日美贸易摩擦的比较分析[J].日本学刊，2014(3).
[9] 赵瑾.日美贸易摩擦的历史演变及其经济全球化下的特点[J].世界经济，2002(2).
[10] 张一品.里根时期的美日贸易摩擦研究[D].沈阳：辽宁大学，2013.
[11] 林直道.现代日本经济[M].色文，译.北京：北京大学出版社，1995.
[12] 顾国梅.对里根时期日美贸易摩擦的再思考[J].常熟高专学报，2003(5).
[13] 外务省.日米通商交涉の歴史（概要）.[EB/OL].(2020-01-30).www.mofa.go.jp/mofaj/gaiko/tpp/pdfs/j_us_rekishi.pdf.

作者信息
　　姓名:马莉鑫
　　学校:上海外国语大学(博士一年级)
　　联系地址:上海市虹口区大连西路550号
　　电子邮箱:1650902837@qq.com

中国語"超〜"の文法化についての一考察*

杭州師範大学　査雁豪

1　はじめに

近年、中国では"超酷""超帅""超可爱"などの言葉が日常生活やインターネットでよく聞かれる。"超〜"は元来動詞として使用されていたが、社会や言語の発展につれ、上記のような副詞的接頭辞用法もよく見られるようになった。では、中国語"超〜"はどのような形で文法化されたのか。本稿ではコーパスを利用して、中国語"超〜"の文法化プロセスを調査し、それを明らかにしたい。

2　先行研究

中国語"超〜"の副詞的接頭辞用法に関して多くの研究がなされている。彭小川、严丽明(2006)は、広東語に基づいて"超〜"の副詞的用法を研究したが、例はほとんど広東語であり、文法化プロセスについて言及しているが、それほど詳しいものではない。また、葛荣、徐丽萍(2008)は、"超〜"は南北朝時代に副詞的用法がすでに現れており、現代における"超〜"の接頭辞用法は古代からの言語継承と革新であるということを主張した。しかしながら、南北朝という時代については確証が得られていない。耿庆强(2009)は、共時的な研究方法を用いて接頭辞的用法という角度から"超〜"の文法用法を考察したが、通時的な状況については述べられていない。吕桂宁、海柳文(2012)は、"超〜"に関する新しい用法について調査を行った。特に、"超〜"の動詞や形容詞としての用法について定量統計及び定性分析を行ったが、文法化に関しては触れていない。顾铭(2013)は、通時的及び共時的な角度から"超〜"の文法化プロセスを分析し、接頭辞用法への文法拡張の原因にまで言及したが、文法化プロセスに関して曖昧なところがある。

先行研究から、"超〜"の副詞的接頭辞用法に関する分析にいくつかの共通点があることがわかる。まず、副詞的接頭辞用法の現れた具体的な時期は明らかにされていない。一方で、文法化プロセスに関する品詞の変化は一致している。

---

* 本論文は2019年度中国国家社会科学基金プロジェクト[「文法化と語彙化の接点に関する中日対照研究」(研究代表者王忻)、19BYY194]の助成を受けたものである。

3 "超〜"の文法化のプロセス

"超"は動詞、形容詞及び副詞という三つの品詞を持っている。動詞には、「①跳跃。②跃过,跳过。③提拔,擢升。越级,破格。④超过,胜出。⑤超出（一定的程度或範围）。⑥在某个范围以外；不受限制。」という六つの意味がある。形容詞には、「①超脱,超凡。②惆怅。③遥远。④出色,高超。」という四つの意味がある。副詞は、2016年にはじめて《现代汉语词典（第7版）》に収録され、「程度が甚だしいさまを強調する」という意味しか持っていない。

現代中国語には、"超可爱""超厉害"などの言葉が多い。形式的には同じように見えるが、実際には"超〜"の後ろについている語の品詞だけでなく、"超"そのものの品詞も異なる。例えば、

(1) 超地域、超时代的汉字可以贯通古。（CCLコーパス①）
(2) 术数在放弃了对于超自然力的信仰并且试图只用自然力解释宇宙的时候,就变成科学。（冯友兰《中国哲学简史》）
(3) 外星人又教会人类制造超智能机器人的技术。（江猎心《圈套》）
(4) 很喜欢这款绿色,功能强大,超喜欢。（BCC②）
(5) 心情超不爽。（BCC））
(6) 能够把几十年来形成的超稳定的经济结构一成不变地维持到现在这样的水平,实属不易。《人民日报》

例(1)(2)の"超"は動詞であり、「地域や時代、自然の力を超える」という意味である。例(3)は知能ロボット（"智能机器人"）を修飾する形容詞で、ロボットのインテリジェンスを強調するものである。ここにある"超"は「スーパー」という意味である。例(4)の"超"は副詞的接頭辞用法であり、後ろの動詞"喜欢"を修飾し、「とても好き」という意味である。例(5)の"超"は気分が良くないこと（"不爽"）を修飾する程度副詞（接頭辞）として使用されている。例(6)の"超"は例(5)と同じく、形容詞を修飾する副詞的接頭辞用法である。異なるところは、例(5)は否定形と組み合わさっている点である。

以上の例によると、"超〜"は動詞、形容詞及び副詞（接頭辞的用法）という3つの品詞の性質を有していることがわかる。また、接頭辞として使用される場合、後ろにつく品詞が異なることも明らかである。"超〜"の文法化プロセスを明らかにするために、次は通時的角度から考察する。

3.1 古代語の"超"に関する分析

大堀（2012：30）は、文法化を、「語彙的要素（動詞、名詞など）が意味的に抽象化し、文法的要素（とりわけ膠着的接辞/屈折形態）となったもの」という脱語彙化（delexicalization）に改めて定義した。"超"は具体的な意味から抽象的意味へ変化し、客観的意味から主観的意味に変化した末に、新しい用法が生まれ、動詞的用法から形容詞的用法へ変化した。そして、時代の変遷につれ、"超"の形容詞的意味が漂白され、連語の意味が後ろの形容詞に移り、"超"の副詞的接頭辞用法への変化の基礎を築いた。また、コーパス調査により、春秋時代に入ると、はじめて動詞としての用法が現れた。

(7) 左右皆免胄而下拜,超乘者三百乘。［左丘明《国语》春秋時代（紀元前770年—紀元前476年）］
(8) 曰:"挟太山以超北海,语人曰'我不能',是诚不能也"。［孟子等《孟子·梁惠王上》戦国中期（紀元前250年—紀元前150年）］

例(7)の"超"は動詞として使用されており、「跳躍」という意味を表す。そして、後ろにつ

いている"乗"は名詞的用法である。二つの語を結合し、"超乗"という連語の用法が固定した。コーパス調査によると、"超乗"という用語は清朝まで使用されていたが、「とびあがる」という意味から離れ、「勇ましい様や勇者」という意味へと拡張している。

(9) 至如超乗之士,莫匪百金,縠骑之才,岂惟七萃。[王钦若等《史书:册府元龟》北宋(1005年—1013年)]

(10) 一曰简精锐。窃见首领既降,部曲渐多,概遣,恐鼓舞非宜;全留,又刍粟难给,莫若十中选一,千中选百,择其超乘,按名补伍。[侯方域《上三省督府剿抚议》清朝(1618年—1655年)]

これは"超"と"乗"の二語が融合し、語義を構成要素から予測することができないため、語彙化のプロセスであるといえる。一方、例(8)にある"超"も動詞的用法で、「～を横切る。またがる」という意味である。例(7)と異なり、例(8)の"超"は後ろの名詞"北海"との緊密度が低く、「述語＋目的語」という構文が成り立ち、語彙化されていない。

以上の内容から、"超"は「跳躍」という動作動詞から空間的な長距離を超えるという抽象的な意味へ拡張したことがわかる。形式においても動詞から出発して二つの方向へ発展していった。一つは後ろの語との緊密度が高くなり語彙化されたものである。もう一つは意味的に漂白され、メタファーなどを通して、度合いの高さを強調するような用法まで拡張され、機能上形容詞的用法へ変化したものである。

(11) 虽有荣观,燕处超然。[老子《老子》春秋時代(紀元前770年—紀元前476年)]
(12) 若是者,超轶绝尘,不知其所。[庄周《庄子》戦国時代(紀元前475年—紀元前221年)]
(13) 出不入兮往不反,平原忽兮路超远。(屈原《楚辞》戦国時代)
(14) 心怵惕而烦冤兮,蹇超摇而无冀。(屈原《楚辞》戦国時代)
(15) 书左仆射西丰县开国侯新除镇军将军沈文季,业宇流正,鉴识超凡,秉兹恭恪,诚著匪躬。(严可均《全梁文》清朝)
(16) 林公云:"王敬仁是超悟人。"[刘义庆《世说新语》六朝(403年—444年)]
(17) 夫麟凤与麇雉悬绝,珠玉与砾石超殊。[刘勰《文心雕龙》六朝(501年—502年)]②
(18) 泡花,南人或名柚花。春末开,蕊圆白如大珠,既拆则似茶花,气极清芳,与茉莉素馨相逼。番人采以蒸香,风味超胜。[范成大《桂海虞衡志·志花》宋朝(1175年頃)]

上記例文出典にある書物の具体的作成時期について諸説あるが、作成時代ごとに並べた順序に関しては問題がないと思われる。例(11)にある"超"は"超然"という連語の形で形容詞的機能を果たしている。意味は「凡俗を超越した、非凡」であり、現在でも使用されている。コーパスによると、これは"超"の最初の形容詞的用法である。そして、例(12)(13)(14)(15)にある"超"も形容詞的用法であるが、"超轶绝尘""超远""超摇""超凡"のような連語の形で表れている。これらの"超"は後ろの形容詞と同じ意味を持っている。"超轶绝尘"は「ぬきんでること」を、"超远"は「遠い」④ことを、"超摇"は「不安な様子」をそれぞれ示している。"超凡"は現代語の"超凡"と同じ、「非凡」という意味を表している。そして、"超轶绝尘""超摇"というような連語は時間及び言語発展につれ、使用率が低くなり、死語になってしまった。その一方、"超远""超凡"のような使用率が高い語は現在に至るまで使用されている。特筆すべき点は、例(17)にある"超悟"は最初の副詞的接頭辞であることが、本稿のコーパス調査により明らかとなったことである。これは「とても賢い」という意味である。ところが、CCLコーパスの調査から、副詞的接頭辞用法は古代においての使用率が非常に低いと考えられる。最後に、例文の出典からわかるように、"超～"の形容詞的用法は動詞的用法よりやや遅れた時期から現れている。

3.2 現代語の"超"に関する分析

現代語の"超"に関して、まず次の例から見ていく。

(19) 8种机型的空中客车飞机,座位从124个到335个,航程分短、中、远和超远。(《人民日报》)
(20) 精神领袖必须具备超凡的意志力,纵使困难如泰山压顶也不会有丝毫动。(成杰《史玉柱传奇》)
(21) 给自己一点压力,适时让自己绽放一次,你会发现其实自己很优秀,很超凡。(BCC)
(22) 原来超利害的热恋,只存在于成熟的心灵们互相团凝的时候。(俞平伯《杂拌儿·梅什儿》)
(23) 虽然在离家超远的地方,可是和大家一起过节,还是好开心。(BCC)

例(19)にある"超远"は形容詞的用法であり、「より遠い」という意味を表す。例(23)の"超"は副詞的接頭辞で「非常に」という意味であり、後ろの"远"は形容詞的用法で「遠い」という意味である。"超远"は「とても遠い」という意味である。一方で、例(20)(21)にある"超凡"は両方とも形容詞的用法である。例(21)の"超凡"は副詞的接頭辞"很"に修飾されているため、形容詞であることがわかる。また、例(22)は現代における最初の副詞的接頭辞用法例である。

以上の内容をまとめると、次のとおりである。"超～"の形容詞的用法は古代から現在に至るまで使用されており、例(19)の"超远"と例(20)(21)の"超凡"のように最初の用法を保持しているものが存在することが、その証拠である。また、時代及び言語発展につれ、"超～"の文法化も進んでいる。例(23)の"超远"は一つの連語から"超"＋"远"という二つの語の組み合わせ用法へと変化したものである。ここにある"超"は連語から独立し、脱語彙化過程を経ている。

その原因の一つは、"超～"の意味の違いである。例(19)の"超远"にある"超"と"远"は同じ「遠い」という意味を表し、両方とも形容詞である。それに対し、例(23)の"超远"にある"超"は言語発展につれ、形容詞的用法が漂白され、意味も「とても」「非常に」へと変化した。一方、例(20)(21)の"超凡"にある"超"は「平凡を超える」という意味で、まだ動詞的意味が残っているため、意味の転移が完全に起こらず、形容詞的用法のままで現在に残っている。

さらなる考察を通じて、現在、副詞的接頭辞用法が定着していることがわかる。以下の例をみられたい。

(24) 《口技》的故事基本就是在讲一场骗局,骗子超厉害,没有其他的托儿,自己跟自己玩儿。(CCLコーパス)
(25) 帕恩这个人超会指使人做有的没的,而且跟他在一起的话就算有几条命都不够……(水野良《罗德岛战记》)
(26) 比尔博注意到了他们的身影,虽然极少遇到他们,但他超喜欢精灵的。(J.R.R.托尔金《魔戒》)

例(24)から(26)にある"超"は全て副詞的接頭辞用法であり、意味は「非常に」と近く、度合いの高さを表す。例(24)は、形容詞"厉害"を修飾し、「非常にすごい」という意味である。例(25)は可能動詞"会指使"を修飾し、「人に事をやらせることが上手」という意味である。例(26)は心理動詞"喜欢"を修飾し、「とても好き」という意味である。例からみると、"超～"の副詞的接頭辞用法は一般的に話し言葉で用いられることが多い。文学作品にも出ているが、普通、登場人物の会話の中にみられる。

ブリントンとトラーウゴットは、語の使用率が高くなることは文法化の一つの特徴であると指摘している(布林顿,特劳戈特 2013:47)。語の使用率が高ければ高いほど、文法化の度合いが高くなる。現代に入ると、ネットの普及に伴い、より自由に発言できるようになったこ

とから、新語の誕生や文法化現象の発生が促進された。"超～"の文法化現象はその一つの例である。副詞的接頭辞用法の使用率が高くなり、流行語にまで発展し、文法化への変化を促進した。

4　おわりに

　コーパス調査を通じて"超～"は春秋時代(《国語》)に入ると、動詞としての用法が現れた。そして、時代の発展につれ、元来の"跳躍"という意味から離れ、抽象的な意味へ変化し、動詞としての用法が薄くなり、形容詞に偏るようになった。その結果、形容詞としての"超～"が生まれた。また、連語の形で使用されている形容詞は、前に位置する"超～"の形容詞的用法が漂白され、形容詞の性質が後ろの形容詞に移るようになり、最後に脱語彙化され、文法化に向かって進んでいった。その結果、六朝時代に"超～"の副詞的接頭辞用法が生まれた。しかしながら、使用率は高くなかった。民国初期に入ってから、副詞的接頭辞用法がようやく定着するようになった。特に、現代に入ると使用率がより高くなり、一時流行語にまで発展した。使用率の向上につれ、文法化変化も加速された。複数の母語話者へのインタビューによると、使用率が爆発的に増加したのは、21世紀に入ってからである。

　以上の内容をまとめると、次のとおりである。①"超～"は動詞から形容詞へ、形容詞から副詞的接頭辞へという流れで文法化された。②動詞的用法と形容詞的用法はともに春秋時代に現れたが、動詞的用法の方がやや早かった。③副詞的接頭辞用法は六朝時代に現れたが、広く普及するのは21世紀に入ってからである。より分かりやすいように次の表1にまとめる。紙幅の都合で、"超～"に関する接頭辞の具体的な用法については今後の課題としたい。

表1　中国語"超～"の文法化プロセス

内容	説明
接頭辞への変化過程	動詞→形容詞→副詞的接頭辞
動詞的用法の現れ時間	春秋時代(《国語》,紀元前770年—紀元前476年)
形容詞的用法の現れ時間	春秋時代(《老子》,紀元前770年—紀元前476年)
副詞的接頭辞用法の現れ時間	六朝[《世说新语》,刘义庆(403—444年)著]
副詞的接頭辞用法の普及時間	21世紀初期

注

① CCLコーパスは「北京大学中国语言学研究中心语料库」のことをさす。北京大学中国言語学研究センター制作。
② BCCは「北京语言大学汉语语料库」のことをさす。北京言語大学制作。
③ "犹迥异"(大いに異なる)という意味である。(搜韵网 https://sou-yun.cn/QueryAllusion.aspx)
④ 《漢語大詞典》:超远(超遠)(1)遥远。《楚辞・九歌・国殇》:"出不入兮往不反,平原忽兮路超远。"

参考文献

[1] 大堀壽夫.文法化の広がりと問題点[J].言語,2004(33):26-33.
[2] 葛荣,徐丽萍."超 X"类词的来源初探[J].合肥师范学院学报,2008(1):97-99.

[3] 耿庆强."超～"字新用法初探[J].常熟理工学院学报,2009(9):96-99.
[4] 顾铭.现代汉语"超～"的多角度研究[D].扬州:扬州大学,2013.
[5] 布林顿,特劳戈特.词汇化与语言演变[M].罗耀华,郑友阶,樊城呈,等,译.北京:商务印书馆,2013.
[6] 吕桂宁,海柳文."超～"的新用法[J].河池学院学报,2012(4):35-40.
[7] 彭小川,严丽明.广州话形成中的程度副词"超～"探微[J].广西社会科学,2006(2):158-162.
[8] 中国社会科学院语言研究所词典编辑室.现代汉语词典:第7版[M].北京:商务印书馆,2016.

作者情報
　　氏名:查雁豪
　　学校:杭州師範大学(修士課程)
　　連絡先:浙江省杭州市余杭区余杭塘路杭州師範大学
　　メールアドレス:zhayanhao@126.com

2019年大学日语教育与日本学研究国际研讨会研究生学术论坛获奖情况

日语语言学研究组
　　一等奖　刘胭脂（上海外国语大学）
　　二等奖　刘仝乐（北京外国语大学）
　　三等奖　吴忆铏（杭州师范大学）　何雪梅（名古屋大学）

日本文学研究组
　　一等奖　张凡（杭州师范大学）
　　二等奖　孙萌（同济大学）
　　三等奖　吴天娇（立命馆大学）　王天然（复旦大学）

日语教育研究组
　　一等奖　郎寒晓（名古屋外国语大学）
　　二等奖　余文龙（京都大学）
　　三等奖　马云霏（京都大学）

日本社会文化研究组
　　一等奖　朱蔼琳（神户大学）
　　二等奖　钱海英（明治大学）
　　三等奖　梅原启（明治大学）